Beck'scheReihe
BsR 4010

„Oh Jahrhundert, oh Wissenschaft, es ist wert zu leben", schrieb der fränkische Humanist Ulrich von Hutten 1518 im freudigen Bewußtsein, soeben den Beginn einer neuen Zeit zu erleben. Fünf Jahre später war der gekrönte Dichter tot: geächtet und aus seinem „unterdrückten Vaterland" geflohen, starb er elend und einsam auf einer Insel in der Schweiz. Das Schicksal Huttens spiegelt im Kleinen Glanz und Elend einer Epoche deutscher Geschichte wider, in der sich zwischen Reformation und Französischer Revolution das gesellschaftliche Leben grundlegend wandelte. Zwischen dem zünftischen Handwerker im mittelalterlichen Imperium Karls V. und dem aufgeklärten Bürger im Duodezfürstentum der Goethezeit liegen drei ereignisreiche Jahrhunderte, in denen Historiker schon seit Generationen nach den Wurzeln moderner Existenz fahnden.
Die in diesem Lesebuch versammelten Texte – allesamt aus dem Programm des Verlags C. H. Beck – zeichnen den alles andere als geradlinigen Weg in die moderne Welt farbig, facettenreich und anschaulich nach.

Paul Burgard, Dr. phil., arbeitet nach dem Studium der Geschichte, Politikwissenschaft und Romanistik als freier Publizist in Saarbrücken.

Die Frühe Neuzeit

Ein Lesebuch zur deutschen Geschichte
1500-1815

Herausgegeben von
Paul Burgard

VERLAG C.H.BECK

Mit 4 Abbildungen

Die Deutsche Bibliothek – CIP-Einheitsaufnahme
Die Frühe Neuzeit: ein Lesebuch zur deutschen Geschichte 1500–1815 / hrsg. von Paul Burgard. – Orig.-Ausg., limitierte Sonderaufl. – München: Beck, 1996
  (Beck'sche Reihe; 4010)
  ISBN 3 406 41233 5
NE: Burgard, Paul [Hrsg.]; GT

Originalausgabe
ISBN 3 406 41233 5

Limitierte Sonderauflage
Umschlagentwurf: Uwe Göbel, München
Umschlagabbildung: Nicolas Lancret,
Tanz in einem Pavillion, um 1720 (Ausschnitt),
Verwaltung der Staatlichen Schlösser und Gärten, Berlin,
Foto: Jörg P. Anders, Berlin
© C. H. Beck'sche Verlagsbuchhandlung (Oscar Beck), München 1997
Gesamtherstellung: C. H. Beck'sche Buchdruckerei, Nördlingen
Gedruckt auf säurefreiem, alterungsbeständigem Papier
(hergestellt aus chlorfrei gebleichtem Zellstoff)
Printed in Germany

Inhalt

Vorwort 9

I. Gesellschaftlicher Umbruch und religiöse Revolution

Horst Rabe: Die Bevölkerung des Reichs zu Beginn der Neuzeit. 14
Ulrich Muhlack: Die Geburt der Neuzeit im Geist der Antike. 19
Ursula Hess: Humanistische Musterehe 24
Heinrich Schipperges: „Ganzheitliche" Heilkunst. Die Lehren des Paracelsus 30
Michael Harbsmeier: Drei Deutsche in Amerika 36
Hans Rupprich: Die Heilige Schrift in klarem Deutsch . 41
Martin Greschat: Der Sieg des göttlichen Wortes. Eine Reichsstadt wird reformatorisch. 45
Margaret L. King: Standhafte Klosterfrauen 50
Hans Belting: Wider die papistischen Götzen. Die Logik des Bildersturms 54
Peter Blickle: Unchristliche Steuern 59
Hans-Jürgen Goertz: Die Verfolgung der Täufer 64
Johannes Brosseder: Augsburg 1530 – ein „ökumenischer" Reichstag. 69
Alfred Kohler: Das Ende des Universalreiches 72
Martin Greschat: Krieg für den rechten Glauben 77
Reinhard Baumann: „Gewaltige" Geschäfte: die Söldnerunternehmer 80
Horst Rabe: Der Augsburger Religionsfrieden 84

II. Von der Konfessionalisierung zum Großen Krieg

Bernhard Diestelkamp: Köln bleibt katholisch 92
Volker Press: Ein Außenseiter auf dem Kaiserthron ... 98
Hans Rupprich: Der „Urfaust" 106
Richard van Dülmen: Die vielen Gesichter der Stadtgesellschaft 110
Bernd Roeck: Kleider machen Ordnung 116
Brian Levack: Kleine und große Hexenjagd 122
Manfred Vasold: Die Allmacht des Todes: Pest in den Städten 128
Erich Trunz: Biographisches an der Bahre. 131
Bernhard Diestelkamp: Ein Gotteslästerer in den Mühlen fremder Justiz 135
Knut Schulz: Gemeinde kontra Kurfürst. 141
Michael North: Schlechtes Geld und großer Gewinn: die Kipper und Wipper 146
Bernd Roeck: Eine Reichsstadt unter Beschuß. Augsburg im Dreißigjährigen Krieg 153
Michael Stolleis: Westfälischer Frieden und Reichsverfassung 161

III. Barocke Welten und der Aufstieg des Absolutismus

Heide Wunder: Frühneuzeitliche Partnerschaftsvermittlung 168
Hans Jakob Christoffel Grimmelshausen: Verkehrte Ehewelt. 172
Michael Stolleis: Lektüre für gute Hausväter 176
Hagen Schulze: Spielarten des Absolutismus. 181
Jürgen Rainer Wolf: Geld braucht das Land 186
Arnold Angenendt: Prozession und Wallfahrt im Reformkatholizismus 192
Urs Herzog: Märlein und Moral von der Kanzel 195

Albrecht Schöne: Als die Bilder sprechen lernten 198
Richard Alewyn: Die Nacht zum Tage machen 202
Cornelius Neutsch/Harald Witthöft: Anleitungen zum richtigen Reisen 205
Rainer Beck: Kein Platz für Romantik. Der Wald als Ressource der Landwirtschaft 210
Wilhelm Treue: Gesellenwanderung im 17. Jahrhundert. 215
Heide Wunder: Professionelles Haushalten......... 220
Ruth Gay: Zwischen Repression und Toleranz: Die jüdische Gemeinde von Berlin 225
Ulrich Im Hof: Fürstliche Wissenschaft 230
Hans Poser: Nichts ist ohne Grund. Die Philosophie des Gottfried Wilhelm Leibniz................. 233
Volker Press: Auf dem Weg zur Staatsmacht 236
Wolfgang Braunfels: Die Hybris von Landesfürsten... 243

IV. Aufgeklärte Kultur in aristokratischem Gewand

Hans-Ulrich Wehler: Dezentralisierter Frühkapitalismus: das Verlagswesen 250
Sven Aage Jørgensen: Medienrevolution 253
Bärbel Kern/Horst Kern: Die Kindheit als Experiment 256
Otfried Höffe: Ein Leben für die Vernunft 262
Shmuel Ettinger: Jüdische Aufklärung 267
Meta Klopstock: Empfindsame Liebe mit familiären Seitenhieben 271
Hansjörg Küster: Die Zähmung der Natur 275
Voltaire: Preußen oder die beste aller Welten 279
Walter Salmen: Am Hof spielt die Musik 285
Wolfgang Amadeus Mozart: Wortspiele eines Wunderknaben 289
Nicholas Boyle: Fürstenhof mit Stallgeruch: Weimar 1775 292

Rudolf Braun/David Gugerli: Das Bürgertum tanzt aus der Reihe 299
Rainer Beck: An Feiertagen ins Schlaraffenland 305
Walter Weber: Wo bleibt die Gastlichkeit? Wirtshäuser im 18. Jahrhundert 309
Sven Aage Jørgensen: „Geheimnisvolle" Tugendschulen 315
Hans-Ulrich Wehler: Warum gab es keine deutsche Revolution? 319

Autoren- und Quellenverzeichnis 326
Abbildungsverzeichnis 339

Editorischer Hinweis: Die Überschriften der einzelnen Beiträge wurden vom Herausgeber gewählt, die Texte teilweise gekürzt, Anmerkungen und Quellenhinweise gestrichen. Textkürzungen und Erklärungen des Herausgebers sind durch eckige Klammern kenntlich gemacht.

Vorwort

Seit geraumer Zeit hat sich für die Jahrhunderte zwischen Reformation und Revolution der Begriff der „Frühen Neuzeit" etabliert. Trotz umfangreicher Bemühungen von Autoren und Verlagen erscheint sie noch immer als eine Grauzone der deutschen Geschichte, als eine Zwischenzeit, in der das ‚dunkle' Mittelalter verschwand und die Moderne begann. An so unterschiedliche Persönlichkeiten wie Luther, Wallenstein oder Goethe mag man hier denken, zahlreiche Kriege und Krisen kommen in den Sinn, die Gesellschaften der Renaissance, des Barock und der Aufklärung ziehen vor dem geistigen Auge vorbei. Als Epoche mit einem eigenständigen Profil ist die Frühe Neuzeit jedoch relativ unbekannt geblieben.

Dabei versuchen Wissenschaftler bereits seit dem 19. Jahrhundert, Einheit zu stiften. Jacob Burckhardt, Max Weber oder Norbert Elias – um nur die prominentesten Vertreter zu nennen – entwickelten ihre Theorien von der Individualisierung, Rationalisierung und Zivilisierung vor dem historischen Hintergrund der Vormoderne. Nach einigen Jahrzehnten intensiver Erforschung sind diese Klassiker noch immer die meistzitierten Gewährsleute bei der Interpretation der Frühen Neuzeit. Allerdings ist man von der Geradlinigkeit, mit der in jenen Entwürfen Geschichte geschrieben wurde, inzwischen weit entfernt. Das Bild ist komplexer, vielschichtiger, auch widersprüchlicher geworden, voller Ambiguitäten, die die Frühe Neuzeit gewissermaßen programmatisch in ihrem Namen vereint.

Einiges von diesem Facettenreichtum soll mit dem vorliegenden Lesebuch – zusammengestellt aus Veröffentlichungen des Verlages C. H. Beck – vermittelt werden. Um die erste Orientierung zu erleichtern, wurde eine chronologische Gliederung gewählt, die mit bekannten Zäsuren operiert. Dazu gehören natürlich Anfang und Ende der Frühen Neuzeit in Humanismus bzw. Französischer Revolution (die übrigens schon von den Zeitgenossen als gravierende Einschnitte wahrgenommen wurden), aber auch solche markanten Ereignisse wie der Augsburger Religionsfrieden oder der Westfälische Frieden, deren Ergebnisse die Geschichte des Alten Reiches im Prinzip bis zu dessen Ende bestimmten.

Daneben stand das Bemühen, inhaltliche Schwerpunkte zu setzen, ohne den Blick für die Vielfalt zu verlieren. Einige Themen drängten sich auf. Der erbitterte Kampf um den rechten Glauben zum Beispiel ist nicht umsonst in mehreren Kapiteln vertreten. Seine Dauer und Intensität mag heute, in einer säkularisierten Optik, befremdlich erscheinen. Er kann aber auch nur dann richtig verstanden werden, wenn man ihn nicht als religiös-kirchliches Problem isoliert, sondern als ein Phänomen beschreibt, das – zumindest 150 Jahre lang – buchstäblich alle Bereiche des gesellschaftlichen Lebens berührte. In ähnlichem Umfang wurde die neuzeitliche Staatsbildung berücksichtigt. Es ist dies die Geschichte vom Untergang des mittelalterlichen Imperiums – eine Welt, in der noch Karl V. lebte –, von Verfassungskonflikten, von der Monopolisierung von Machtmitteln, von der Etablierung autonomer Landesfürsten mit absolutistischer Legitimation. Ein drittes Gravitationszentrum bildet die Kultur des Barock und der Aufklärung. War diese Kultur im ersten Fall die Kulisse, vor der sich höfische Selbstinszenierung und adlig-patriachalische Machtentfaltung abspielten, so präsentiert sie sich im zweiten Fall als Experimentierfeld für bürgerliche, emanzipatorische Lebensformen – die allerdings in Deutschland ihr aristokratisches Umfeld nicht sprengen konnten und wollten.

Neben Texten, die die großen politischen, ökonomischen oder kulturellen Entwicklungslinien referieren, stehen solche, die Alltag und Lebenswelt der frühneuzeitlichen Menschen illustrieren. Prominente Namen begegnen uns hier, wenn wir mit der Philosophie Leibniz' konfrontiert werden, uns an Voltaires satirischer Abrechnung mit Preußen erfreuen dürfen oder den Lebensweg Immanuel Kants kreuzen. Das Interesse gilt aber ebenso den vielen namenlosen Frauen und Männern, die oft ein weniger glanzvolles Schicksal hatten. Die Hexenverfolgung, der gerade in Deutschland tausende von Menschen zum Opfer fielen, die ständige Präsenz des Todes im Angesicht von Kriegen und Seuchen, die Knappheit der Ressourcen, die das Leben auf dem Land noch im 18. Jahrhundert zu einem fast permanenten Existenzkampf machten, dürften auch dem zivilisationsmüdesten Vertreter der Gegenwart die Illusion von der vormodernen Idylle rauben.

Es ist eine Binsenweisheit, daß (fast) jede Geschichte zwei Seiten hat. Für die Frühe Neuzeit scheint das in besonderem Maße zuzutreffen. Deshalb wurden hier einige Kapitel so arrangiert, daß sie mit- und nebeneinander, komplementär oder als Kontrastprogramm gelesen werden können. Reformatorische Bürger neben katholischen Ordensfrauen, die Heterogenität der Stadtgesellschaft neben dem Versuch, symbolisch Ordnung in dieses Chaos zu bringen, der literarische Topos vom Weiberregiment neben den offiziellen Anweisungen zur hausväterlichen Gewalt: aus solchen Spannungsfeldern und Ungleichzeitigkeiten bezog die Frühe Neuzeit ihre besondere Dynamik. Im permanenten Wechselspiel von traditional und modern, von mittelalterlich und neuzeitlich, mag sie als eine Epoche des Übergangs erscheinen. Freilich: auch solche Zeiten gewinnen bei genauerem Hinschauen – dann doch – ihr eigenes Profil.

Auersmacher, im Juni 1996 *Paul Burgard*

I. Gesellschaftlicher Umbruch und religiöse Revolution

Horst Rabe

Die Bevölkerung des Reichs
zu Beginn der Neuzeit

Das Heilige Römische Reich deutscher Nation – einschließlich der Schweizer Eidgenossenschaft und der Niederlande, aber ohne Reichsitalien – dürfte um 1500 eine Bevölkerung von gut 16 Millionen Menschen gehabt haben, von denen etwa zwei Millionen in den Niederlanden, noch einmal gut zwei Millionen in Böhmen und seinen Nebenländern, 550000 bis 600000 in der Schweiz lebten. Das war nahezu ein Viertel der gesamten europäischen Bevölkerung. Von den anderen europäischen Ländern kam Frankreich mit wohl 15 bis 16 Millionen Einwohnern der Bevölkerungszahl des Reichs sehr nahe. In Italien lebten zur gleichen Zeit zehn bis elf Millionen Menschen; die Bevölkerung der Pyrenäenhalbinsel wird auf etwa neun Millionen geschätzt, die der britischen Inseln auf knapp viereinhalb Millionen. Die Bevölkerungsdichte des Reichs war im Westen höher als im Osten, wies aber auch sonst – in Abhängigkeit vor allem von der Bodenbeschaffenheit und der wirtschaftlichen Struktur der einzelnen Regionen – große Unterschiede auf. In gewerbe- und städtereichen Landschaften etwa der Niederlande erreichte die Bevölkerungsdichte mit 70 oder mehr Einwohnern pro Quadratkilometer Spitzenwerte, wie sie das zeitgenössische Europa sonst nur in den alten Städtelandschaften Oberitaliens aufzuweisen hatte. Die durchschnittliche Bevölkerungsdichte des Gesamtreichs mag bei gut 20 Einwohnern pro Quadratkilometer gelegen haben. Das Reich war damit siedlungsmäßig vergleichsweise gut erschlossen und bot zugleich noch erhebliche Landreserven für einen Zuwachs der Bevölkerung; allerdings lagen diese Landreserven vor allem im Norden und Osten, während der dichter besiedelte Westen und Süden des Reichs, jedenfalls bei gleichbleibender landwirtschaftlicher Produktivität, eher an die Grenzen des Nahrungsspielraums stoßen mußte.

Das Reich zählte rund 4000 Städte. Das war ein erstaunliches Ergebnis der mittelalterlichen Städtepolitik; die Zahl der Städte Mitteleuropas sollte bis zum 19. Jahrhundert kaum noch zunehmen. Ihre Einwohnerzahlen waren freilich von denen des 19. und 20. Jahrhunderts noch weit entfernt. Bei nahezu 90 Prozent von ihnen handelte es sich um Kleinstädte mit deutlich unter 2000 Einwohnern, und wohl nur wenig mehr als 40 Städte erreichten eine Bevölkerungszahl von mehr als 10000 Menschen; die größten von ihnen – mit mehr als 25000 Einwohnern – waren Köln, Prag, Nürnberg, Augsburg, Lübeck und Danzig, dazu eine Reihe von Städten der weit urbanisierten Niederlande, insbesondere Gent, Brügge, Ypern, Brüssel und Antwerpen.

Und obwohl in einigen Regionen des Reichs die Urbanisierung bereits weit vorangeschritten war – die Grafschaft Holland wies um 1514 einen städtischen Bevölkerungsanteil von gut 50 Prozent auf, in Brabant dürften es zur gleichen Zeit an die 40 Prozent gewesen sein –, stellte der Grad der Verstädterung des Reichs insgesamt mit kaum mehr als 25 Prozent im europäischen Vergleich nur einen Mittelwert dar. Im übrigen fehlte es in Deutschland an der klaren ökonomischen und politischen Vorzugsstellung einer Stadt, wie sie insbesondere Paris für Frankreich oder auch London für England innehatten. Das bedeutete eine reiche Vielfalt städtischer Lebensformen, wirkte sich aber als Minderung der politischen Rolle des Bürgertums aus: Von den Möglichkeiten politischen Einflusses, wie ihn die Bürger von London oder Paris in ihren Ländern ausübten, war das deutsche Bürgertum weit entfernt. Daß die großen Kaufleute der oberdeutschen Reichsstädte im Zeichen des sogenannten Frühkapitalismus im Europa des beginnenden 16. Jahrhunderts eine nicht nur wirtschaftlich, sondern auch politisch bedeutende Position einnahmen, darf darüber freilich nicht verkannt werden.

Schon die geringere Bevölkerungsdichte wie der geringere Grad der Verstädterung unterscheiden die demographischen Verhältnisse der beginnenden Neuzeit deutlich von denen des 19. und 20. Jahrhunderts. Es gab daneben aber auch noch andere, elementare Unterschiede, deren Bedeutung für die materiellen Lebensbedingungen wie für das Lebensgefühl der Menschen jener Epoche kaum überschätzt werden kann. Der wichtigste dieser Unterschiede bestand in der bei weitem höheren Sterblichkeit des 16. Jahrhunderts, in der für jeden einzelnen nahezu ständig präsenten Gefahr des Todes.

Daß allenfalls die Hälfte aller Neugeborenen des 16. Jahrhunderts das Erwachsenenalter erreichte, dürfte eine allgemein gültige Feststellung sein – übrigens auch, daß die Kindersterblichkeit beim niederen Volk noch deutlich höher war als in den sozial gehobenen Schichten. Merklich besser stand es um die Lebenserwartung der Erwachsenen; ein Lebensalter von 60 oder mehr Jahren war keine Seltenheit. Indessen galt ein Mann in den Fünfzigern doch schon als alt, in den Sechzigern als Greis, und vor allem: Auch die Erwachsenen in ihren besten Jahren lebten doch in dichter Nähe zum Tod. Sie sahen jedes zweite ihrer Kinder vorzeitig sterben, jeder zweite von ihnen verlor den Ehepartner nach weniger als zehnjähriger Ehedauer.

Der hohen Sterblichkeit der Zeit entsprach eine nicht minder hohe Geburtenrate. Sie lag mit 30–40 pro Tausend der Bevölkerung etwa doppelt so hoch wie in den mitteleuropäischen Ländern um die Mitte des 20. Jahrhunderts; nach großen Epidemien stieg sie gar auf 50 oder 60 pro Tausend an und glich damit die eingetretenen Bevölkerungsverluste in oft erstaunlich kurzer Zeit wieder aus. Bezieht man die Geburtenziffern auf die einzelnen Ehen, so ergibt sich, daß auf jede biologisch vollständige Ehe, bei der also beide Ehepartner bis zum Ende der Fruchtbarkeit der Frau lebten, durchschnittlich etwa sechs Geburten fielen.

Die durchschnittliche Familie des 16. Jahrhunderts wie überhaupt der vorindustriellen Zeit, jedenfalls in Mittel-

und Westeuropa, war beileibe keine „Großfamilie" – übrigens auch nicht im Sinne einer Mehrgenerationenfamilie, in der die Großeltern mit der Kernfamilie aus Eltern und Kindern einen Haushalt gebildet hätten; grundsätzlich formierte die Kernfamilie jeder Generation einen eigenen Haushalt, zu dem außer Eltern und Kindern zwar das Gesinde sowie das berufliche Hilfspersonal des Hausherrn gehörten, aber gerade nicht die Großeltern oder Geschwister der Eltern.

Heiraten durfte grundsätzlich nur, wer über ein hinreichendes Einkommen zur Einrichtung und Aufrechterhaltung eines eigenen Haushalts verfügte; das aber traf – abgesehen von den wenigen Angehörigen gehobener freier Berufe – im wesentlichen nur auf selbständige Landwirte, Kaufleute und Handwerksmeister zu, und deren Zahl regulierte sich nach den ökonomischen Strukturen und Konjunkturen. Wenn nicht gerade eine besonders günstige Konjunktur die Gründung neuer Landwirtschafts- oder Handwerksbetriebe nahelegte, mußte mithin jede heranwachsende Generation mit der Heirat warten, bis die ältere Generation ihre berufliche Position räumte, und vielen Menschen blieb die Möglichkeit einer Eheschließung überhaupt versagt. Eine gewisse Milderung dieser Restriktionen ergab sich immerhin für die seit dem 15. Jahrhundert neu aufkommende Schicht gewerblicher Lohnarbeiter in Stadt und Land, deren Einkommen zur Not eine Familie ernähren konnte; doch fiel deren Anteil an der Gesamtbevölkerung um 1500 noch nicht sehr ins Gewicht.

Die hohe Konstanz der demographischen Strukturen schloß nachhaltige und folgenreiche Veränderungen in den Bevölkerungszahlen nicht aus, und gerade das beginnende 16. Jahrhundert war durch einen deutlichen Umschwung der Bevölkerungskonjunktur gekennzeichnet. Das späte Mittelalter war die Zeit eines tiefen Bevölkerungseinbruchs und einer nachfolgenden, langanhaltenden Bevölkerungsstagnation gewesen. Die um die Mitte des 14. Jahrhunderts über Europa hereinbrechende Pestwelle hatte die europäischen Völker rund ein Drittel, in manchen Regionen über die Hälfte ihrer Menschen gekostet, und von diesen Verlusten hatte sie sich über ein Jahrhundert lang nicht erholt.

Die Grundphänomene der spätmittelalterlichen Bevölkerungskrise waren um 1500 noch weitverbreitet; doch machten sich daneben immer stärker und bald beherrschend die Zeichen eines grundlegenden Bevölkerungsumschwungs bemerkbar. Die Bevölkerung begann wieder zu wachsen, zu Beginn des 16. Jahrhunderts – und seitdem für einige Jahrzehnte – mit jährlichen Bevölkerungsüberschüssen von über sechs Prozent. In der Folge zogen die Agrarpreise an; das ließ die Erweiterung oder Neugründung bäuerlicher Betriebe rentabel werden und wirkte so wiederum als Wachstumsanreiz für die ländliche Bevölkerung. Verfallene Höfe wurden neu aufgebaut, wüst gewordene Böden neu in Kultur genommen. Im einzelnen wird man für die Datierung dieser Trendumkehr wie für ihre Ausmaße zu Beginn des 16. Jahrhunderts wiederum mit erheblichen regionalen Unterschieden zu rechnen haben. Wenn z.B. aus der sächsischen Herrschaft Lauterstein berichtet wird, um das Jahr 1500 seien von 320 Häusern noch rund hundert „ganz wüst gestorben" gewesen, so war der Umschwung im Westen des Reichs offenbar schon viel weiter vorangeschritten; in manchen traditionell dichtbesiedelten Regionen machten sich bald sogar Symptome einer drohenden Überbevölkerung bemerkbar.

Tatsächlich hielt das Bevölkerungswachstum, wenngleich mit allmählich zurückgehenden Zuwachsraten, das ganze 16. Jahrhundert hindurch an – eine Konstante der Entwicklung, deren Bedeutung für die deutsche Wirtschafts- und Sozialgeschichte der Epoche nicht leicht zu überschätzen ist.

Ulrich Muhlack

Die Geburt der Neuzeit im Geist der Antike

Der Humanismus erwächst aus einer Krise der herkömmlichen kirchlich-christlichen Welt, des mittelalterlichen Universalismus, der mittelalterlichen res publica christiana. Man kann diese Krise im allgemeinen dadurch kennzeichnen, daß das alte System sich mit Problemen konfrontiert sieht, denen es mit seinen Kapazitäten immer weniger gewachsen ist, und schließlich Gegenkräfte auslöst, die sich ihm zunehmend überlegen zeigen. Von den jeweiligen historischen Umständen hängt es ab, in welcher Form die Krise in Erscheinung tritt. In Italien handelt es sich um einen Zusammenbruch kaiserlicher und päpstlicher Vorherrschaft, der dem Aufstieg der Renaissance-Staaten Raum gibt. Es ist Signatur dieser Staaten, daß sie gegenüber dem traditionellen hierarchisch-imperischen System faktisch autonom werden und ein „Dasein rein tatsächlicher Art" führen, nach der „der Staat als berechnete, bewußte Schöpfung, als Kunstwerk" gilt [Jacob Burckhardt]: [. . .] Prototypen des modernen Staats und des modernen Staatensystems in Europa [. . .] Demgegenüber erlebt Deutschland eine Zerrüttung des Reiches und der Kirche und im Gegenzug eine ständig anschwellende Bewegung zur Reichs- und Kirchenreform und damit zur Reform der res publica christiana. Das Reich soll sich aus der äußeren Ohnmacht erheben und die feudale Anarchie im Innern überwinden; die Kirche soll, gemäß den Gravamina der deutschen Nation, eine Umgestaltung an Haupt und Gliedern erfahren. „Die allgemeine Reformationstendenz, die aus den Konzilien von Konstanz und Basel übrig geblieben war, erscheint in Deutschland in besonderer Stärke und in besonderer Art" [Paul Joachimsen]. Die Reichsreform unter Maximilian und die Luthersche Reformation sind Kulminationspunkte dieser Reformbewegung; die letztere führt in ihren Konsequenzen schon qualitativ darüber hinaus. In anderen Ländern nimmt die Krise einen anderen Verlauf.

Man muß den Humanismus offenbar zuvörderst als Reaktion oder Reflexion auf diese Krise auffassen. Er setzt es sich überall zur Aufgabe, die jeweiligen Gegenkräfte zu legitimieren. Der italienische Humanismus sucht die autonome Existenz der Renaissance-Staaten, der deutsche die Forderung nach Reform der res publica christiana zu rechtfertigen. Die humanistischen Autoren gründen diese legitimierende Funktion auf die Ausarbeitung einer Bildungskonzeption: einer Konzeption zur Bildung des Individuums, das die neue Ordnung der Dinge tragen soll. Ziel ist eine formale Bildung der Sinne, Kräfte, Fähigkeiten, die den Menschen vor allen anderen Lebewesen auszeichnen: „eruditio institutioque in bonas artes" und damit „humanitas". Im Mittelpunkt steht dabei die Einheit von ethischpraktischer und ästhetischer Bildung, die sich aus einer Zusammenschau des Guten und des Schönen ergibt: „Das Problem des Humanismus ist [...] ein Problem der Formung und der Normierung. Als Problem der Formung ist der Humanismus primär ästhetisch, aber so, daß in den ästhetischen Werten die ethischen als beschlossen gedacht werden" [Paul Joachimsen]. Die wesentliche Vermittlung dieser beiden Seiten vollzieht sich durch die Sprache; Hauptmittel humanistischer Bildung werden Texte, die Tugend durch Stil oder Stil durch Tugend empfehlen. Die inhaltliche Ausprägung dieses Bildungsgedankens variiert wiederum entsprechend den jeweiligen historischen Umständen. Dem italienischen Humanismus ist es um staatsbürgerliche Gesinnung und gesellschaftliche Konvention, um Bildung zu den neuen Formen politischen und sozialen Lebens zu tun, die die Renaissance hervorgebracht hat, dem deutschen um reichspatriotisch-religiöse Gesinnung, um gebildetes Nationalbewußtsein und gebildete Frömmigkeit.

Die humanistische Bildungskonzeption wird im Gegensatz zur Scholastik und durch Wiederbelebung der Antike ausgearbeitet: „Die Ersetzung der Scholastik durch die Antike als ein selbständiges geistiges Ganzes, das ist das eigentliche Problem, das sich der Humanismus stellt" [Paul Joachimsen]. Die Scholastik, Inbegriff des der mittelalterlichen res publica christiana inhärenten Bildungsgedankens, ist den Humanisten, nach ihren Prämissen, vor allem ein Gegenstand ethisch-ästhetischer Kritik: Sie prangern die moralische Unverbindlichkeit und die ästhetische Formlosigkeit der scholastischen Sophisterei an. Sie verzichten dagegen weithin auf eine Auseinandersetzung mit den Inhalten der Scholastik. Auch wenn dieser Verzicht vielfach einer Geringschätzung entspringt, involviert er eine prinzipielle Anerkennung. Damit wird, ungeachtet aller Kritik, eine Koexistenz des Humanismus mit der Scholastik möglich, die, naturgemäß besonders in Deutschland, bis zur Figuration eines „scholastischen Humanismus" gehen kann. Die Wiederbelebung der Antike gilt der Epoche, die hinter der Scholastik liegt. Die Humanisten wenden sich zum griechisch-römischen Altertum, um aus ihm die für die Gegenwart gültigen Maximen ethisch-praktischer Normierung und ästhetischer Formung zu gewinnen. Diese Wiederbelebung ist gewiß keine Neuentdeckung; die antike Tradition ist auch im Mittelalter präsent. Aber die fundamentale Differenz besteht darin, daß im Mittelalter immer nur antike Fragmente in heterogenen Zusammenhängen erscheinen, während im Humanismus die Antike insgesamt zur ausschließenden Norm erhoben wird: [. . .] „Der Humanismus belebt die Antike neu, nicht um ein paar Werkstücke oder Pfeilerfiguren mehr für den mittelalterlichen Kulturbau zu gewinnen, sondern er will die Antike als ein Ganzes von selbständigem Kulturwert der eigenen Welt entgegensetzen, er will aus ihr die Maßstäbe für seine eigene Lebenshaltung gewinnen" [Paul Joachimsen]. Die Humanisten geben dieser Differenz immer wieder Ausdruck. Der Gegensatz gegen die Scholastik läuft ihnen zuletzt darauf hinaus, daß ihnen die Heterogenität der antiken Tradition im Kontext des scholastischen Denkens bewußt wird. Die Wiederbelebung der Antike soll in mehreren Schritten ablaufen: Das erste Bedürfnis ist die Aneignung der Quellen des griechisch-römischen Altertums, voran der antiken Literatur; danach kommt es, im Fortgang von der Rezeption zur Produktion oder Reproduktion, auf eine Erneuerung der Literatur nach antikem Vorbild an; am Ende wird die praktische Bewährung der in der antiken Literatur enthaltenen und in der erneuerten Literatur wiederholten Bildungsnormen gefordert. Die verschiedenen Ansätze des Humanismus bedingen im Verhältnis zur Antike verschiedene Schwerpunkte. Der italienische Renaissance-Humanismus rekurriert primär auf das republikanische Rom, der deutsche Humanismus auf die christliche Antike, aber etwa auch auf Texte wie die „Germania" des Tacitus, aus der er, im klassizistischen Medium einer „interpretatio Romana", das eigenständige Muster einer deutschen Kultur ersieht.

Zum vornehmsten Betätigungsfeld der Humanisten wird das Unterrichtswesen an Lateinschulen und Universitäten. Sie halten an dem herkömmlichen formalen Aufbau fest mit der propädeutischen Fakultät der Sieben Freien Künste, die in die Fächer des Triviums (Grammatik, Rhetorik, Dialektik) und Quadriviums (Arithmetik, Geometrie, Musik, Astronomie) eingeteilt sind, und den drei höheren „berufsbezogenen" Fakultäten der Theologie, Jurisprudenz und Medizin. Sie betreiben aber eine Reform der Unterrichtsinhalte. Ausgangspunkt ihrer Bemühungen ist eine Umgestaltung der Trivialfächer. Der scholastische Trivialunterricht stellt alles auf die Einübung grammatikalischen, rhetorischen und zumal dialektisch-logischen Handbuchwissens ab. [...] Diese Unterrichtsweise dient hauptsächlich der Vorbereitung auf das theologische Studium, in dem ein geschulter Verstandesgebrauch benötigt wird, um die Einheit von Offenbarung und Vernunft einzusehen. Dagegen machen die Humanisten den Trivialunterricht zur Pflanzstätte ihres Programms ethisch-praktischer und ästhetischer Bildung. Grammatik und Rhetorik erhalten die Aufgabe, eine lebendige Kenntnis der lateinischen Sprache zu vermitteln: der „lingua nobilissima", die die reinen Formen schöner Rede und „die Tugenden des vollkommenen Menschen" verbindet [Otto Herding]. An die Stelle der Dialektik tritt mehr und mehr die Ethik. Grundlage ist bei alledem die systematische Lektüre antiker Schriftsteller; die scholastischen Handbücher werden höchstens noch ganz am Anfang des Unterrichts benutzt. Solange die traditionelle Anordnung der Fächer andauert, ist es unausweichlich, daß diese Reform des Trivialunterrichts auf den Unterricht im Quadrivium und schließlich auf den Unterricht in den drei höheren Fakultäten ausstrahlt, zu einer „Humanisierung" des Unterrichtsbetriebs insgesamt führt. Auch und gerade die Theologie kann sich dieser Konsequenz nicht entziehen: „Sollte also der alte propädeutische Konnex zwischen Artes und Theologie nicht zerschnitten werden, müßte eine Reform der Artes strenggenommen auch eine Reform der Theologie nach sich ziehen" [Johannes Helmrath]. Das wichtigste Ergebnis ist, daß alle Fächer neu auf die einschlägigen Texte der Antike zurückgeführt werden: die Fächer des Quadriviums auf Autoren wie Euklid und Plinius, die Theologie, außer auf die Bibel, auf die Kirchenväter, die Jurisprudenz auf das authentische römische Recht, die Medizin auf Hippokrates und Galen. In der Logik dieser Entwicklung liegt die Fundierung eines durchaus veränderten Wissenschaftsverständnisses.

Es ist allerdings gegenüber manchen Irritationen im Gang der neueren Forschung darauf zu insistieren, daß die Bedeutung des Humanismus nicht auf eine Reform des Unterrichtswesens reduziert werden darf. Bildung hat für die Humanisten immer eine globale Dimension; sie stellen ein allgemeines Bildungsideal auf, das ihnen einer förmlichen Weltanschauung gleichkommt. Die Unterrichtsreform ist, sosehr sie tatsächlich im Vordergrund steht, nur ein Ausschnitt aus diesen übergreifenden Bestrebungen, kann nur von ihnen her interpretiert werden. Es ist ein sinnfälliger Ausdruck für diese weltanschauliche Bildungshaltung, daß die Humanisten ein ungebrochenes Vertrauen in die universale Macht der Bildung zur Schau tragen. Geneigt, alle Lebensfragen als Bildungsfragen aufzufassen, von einer Erneuerung der Bildung die Erneuerung der Welt zu erwarten, liefern sie die Demonstration oder Manifestation eines bis dahin unbekannten Bildungsoptimismus.

Wir bemerken zuletzt eine soziale Implikation des humanistischen Bildungsgedankens. Es entspricht einer als „humanitas" verstandenen formalen Bildung der Sinne, Kräfte, Fähigkeiten, daß ihr Erwerb ein Kriterium gesellschaftlicher Wertschätzung darstellt, das die herkömmliche ständische Gliederung überlagert, freilich ohne sie als solche zu negieren. Der humanistische Gemeinplatz, „daß die Tugend adelt und nicht die Abstammung" [Otto Herding], stellt, inmitten der bestehenden Adelsgesellschaft, die Möglichkeit einer Aristokratie der Bildung aus allen Ständen hin. Die humanistische Bewegung selbst ist gewissermaßen ein Urbild dieser neuen durch Bildung strukturierten Gesellschaft; sie umfaßt Literaten verschiedener ständischer Provenienz: ein eigener Stand, der keinem der traditionellen Stände einverleibt werden kann.

Ursula Hess
Humanistische Musterehe

Im Jahre 1498 heiratet Margarete Welser – ihr Vater Anton Welser ist der Schöpfer eines Wirtschaftsimperiums – den Doktor beider Rechte Conrad Peutinger. Er ist 33 Jahre alt, seit kurzem in verantwortungsvoller Position als Stadtschreiber, außenpolitischer Berater und diplomatischer Vertreter für die Handelsmetropole tätig. Als Initiator und geistiger Mittelpunkt eines humanistischen Zirkels, der berühmten „Sodalitas litteraria Augustana", die nach Conrad Celtis' Plan zusammen mit weiteren gelehrten Gesellschaften in Deutschland eine fundamentale Erneuerung in Wissenschaft, Kultur und Gesellschaft nach antikem und italienischem Muster bewirken soll, verbinden ihn Freundschaften mit vielen prominenten Humanisten seiner Zeit. Seine umfangreiche Korrespondenz mit der kulturellen Elite nördlich der Alpen – Pirckheimer, Celtis, Beatus Rhenanus, Erasmus, Reuchlin, Hutten, Aventin, Brant und vielen anderen – weist ihn als „hochgelehrten Mann und Zierde der Wissenschaft" („homo multae eruditionis, literarum decus") aus, wie Trithemius in seinem „Catalogus illustrium virorum Germaniae" vermerkt. Kaiser Maximilian, dessen vertrauter Rat er sich nennen kann, hört ihn in vielen historischen, politischen und künstlerischen Fragen. Als Antikensammler und Besitzer einer reichen Privatbibliothek Anziehungspunkt von Gelehrten, initiiert er durch seine antiquarisch-historischen Kenntnisse und philologische Akribie die humanistische Quellenkunde ganz wesentlich.

In dieses kulturelle Umfeld kommt die junge, talentierte und gebildete Margarete Welser 1498; ihr Ehemann berichtet in einem Grundsatzbrief an den berühmten Reuchlin: „Ich habe eine Jungfrau zur Ehe genommen, noch nicht achtzehn Jahre, züchtig, maßvoll, schön, ehrbar (pudicam, temperatam, pulchram, honestam) und ziemlich vertraut mit der lateinischen Literatur (latinis literis imbutam)." Hier spricht unverkennbar der Humanist, der die lateinische Bildung seiner Frau in der Reihung der Vorzüge ans Ende setzt, weil er weiß, daß nur die *femina docta* auf dem humanistischen Parkett reüssieren wird.

Die grundsätzliche Rollenverteilung von Mann und Frau beim ‚Entree' in die *respublica litteraria* ist noch deutlich traditionell, die Dominanz des *vir doctus* bei der Eröffnung des gelehrten Dialogs unübersehbar. Erfahren in der Gelehrten-Hierarchie und in den Spielregeln humanistischer

Selbstdarstellung, tritt er als Regisseur und Vermittler der Frau auf der literarischen Bühne auf. Peutingers Einführung seiner Margarete beim prominenten Reuchlin liest sich wie eine Parallelaktion zu Willibald Pirckheimers Initiative, der aus Nürnberg an Reuchlin schreibt: „Ich bitte Dich, wenn Du mich liebst, schreibe doch einmal an Caritas lateinisch, ich werde sie veranlassen, Dir zu antworten."

Folgt man in den überlieferten Quellen den Spuren weiblicher Gelehrsamkeit im Hause Peutinger, so formieren sich die verstreuten Einzelaussagen, vor allem in den Briefen, zu einer sorgfältig und strategisch geplanten literarischen Konstruktion, deren Ziel ein nach außen sichtbares und beispielhaftes Modell einer humanistischen Ehe und Familie ist, das gezielt auch die Töchter einbezieht. Wie im Fall der Nürnbergerin Caritas, die unter der Regie ihrer gelehrten Briefpartner zur Leitfigur wurde, beruht auch Peutingers Inszenierung einer humanistischen Modell-Ehe auf dem Konsens der *respublica litteraria*. Zweifel, an einer bloß eitlen, prestigesüchtigen Privatlegende mitzuwirken, scheint bei keinem der Mitakteure aufgekommen zu sein. Zu sehr war man sich in den Humanistenzirkeln Nürnbergs und Augsburgs der kulturpolitischen Aufgabe bewußt, eine neue Gesellschaft auf der Basis produktiver Antikerezeption und in Konkurrenz zu Italien zu schaffen, und dazu gehörten eben auch die *feminae doctae* deutscher Nation.

Im Geist dieses ehrgeizigen Kulturprogramms entstanden neben seinen vielfältigen politischen und juristischen Verpflichtungen Peutingers erste Werke, die von einem neuen, an die Antike angebundenen Geschichtsbewußtsein inspiriert sind. Der enge Überlieferungszusammenhang seiner historischen Publikationen mit Texten zur *eruditio* und Literaturfähigkeit seiner Frau beweist die kulturpolitische Brisanz des Themas der Frauenbildung und eines humanistischen Familienmodells in der literarischen Diskussion um 1500. Seit 1499, dem Jahr seiner Verheiratung, verfolgt er die Idee, Frau und Töchter als humanistische *exempla* eines neuen Frauentyps zu präsentieren. Über die Söhne, die bald nach 1500 geboren werden, wird weniger geredet. Ihre humanistische Ausbildung ist in der Gesellschaftsschicht Peutingers bereits selbstverständlich.

Parallel zur humanistischen Ausbildung und öffentlichen Präsentation der Peutinger-Töchter läßt sich in den Quellen die gezielte ‚Modellierung' Margarete Welsers zur humanistisch-literarischen Partnerin ihres Mannes verfolgen. Neben Reuchlin, Celtis, Hutten, Blasius Hölzl ist es vor allem Michael Hummelberg (1487–1527), prominenter Humanist, Theologe und Philologe, mit den bedeutendsten Männern seiner Zeit im Briefgespräch, der von Conrad Peutinger als Gutachter und Herold von Margaretes literarischem Talent herangezogen wird. Zusammen mit seiner 1505 gedruckten Inschriftenausgabe, die auch Julianas [Tochter Peutingers, Anm. d. Hg.] Rede enthält, schickt Peutinger 1512 den Entwurf eines Werks seiner Frau zur Begutachtung, Korrektur und Würdigung an Hummelberg mit dem ausdrücklichen Hinweis, sie habe diese lateinischen „Collectaneen" mit Sorgfalt *(„diligentia")* und mit seiner Hilfe („auxilio nostro") eigenhändig („manu sua") verfaßt. Das Werk trägt den Titel „Epistola Margaritae Velseriae" und ist eine nach humanistischer Manier in Briefform geschriebene, hochgelehrte, numismatisch-epigraphische Abhandlung mit einer programmatischen Einleitung zur Rolle der gelehrten schreibenden Ehefrau. Jenseits der textkritischen Probleme ist in unserem Argumentationszusammenhang bemerkenswert und wichtig, daß in einem lateinischen gelehrten Text dieser Zeit eine Frau als Sprechende und Schreibende auftritt und – unterstützt von ihrem Mann und der sie umgebenden Gelehrtenrepublik, – ein Bekenntnis zu einem gemeinsamen intellektuellen und produktiven Leben abgibt. Im Gegensatz zu Hieronymus Emser, der in seinem Werk „Ein deutsche Satyra" von 1505 die Mühen einer Gelehrtenfrau beschreibt, die – inhaltlich von den Studien ihres Mannes weit entfernt – ihm bis spät in die Nacht die Kerze halten muß, vertritt Margarete – und mit ihr wohl Conrad Peutinger – nach zwölfjähriger Ehe noch immer die Maxime, daß das Leben einer *socia* und *assecla studiorum* keine Belastung, sondern geistigen Lustgewinn bedeutet. Für sie ist das gemeinsame Studium der richtige Weg zum richtigen Leben („vita recta et sincera"). Allerdings betont Margarete in ausdrücklichem Kontrast zu Emser, dessen Text sie kritisch gelesen hat, daß in einer humanistischen Ehe neuen Stils nicht mehr die Frau dem Mann die Kerze halte, sondern bei „hängender oder stehender Kerze" selber lese und schreibe. Allen gebildeten und charaktervollen Mädchen und Frauen („puellis, mulieribus moratis et eruditis") rät die „Epistola", den unproduktiven Dienst an der Kerze („servicium candelarium") aufzugeben und sich eigener und gemeinsamer Produktion mit dem Mann zuzuwenden. Den Freunden des Peutinger-Paares war es jedenfalls kein Problem, in welchem ‚prozentualen' Verhältnis beide an der Produktion beteiligt waren, wie die humanistischen Würdigungen der Zeit beweisen. Margaretes und Conrads „Epistola" bringt eine positive und doch sehr moderne, kritische Definition der Ehe, die für die Frau nicht „excusatio" sondern „occasio discendi", eine intellektuelle Chance, Herausforderung, nicht eine bequeme Entschuldigung für den Rückzug aus einem eigenen Bildungsweg sein soll. Die Liebe, *amor,* ist dabei der beste Lehrmeister („magister optimus"), und das bedingt im neuen, humanistischen Konzept vor allem auch einen pädagogischen Impetus der privilegierten Männer, ihre Frauen liebevoll zu emanzipieren. Hier liegt der Schlüssel zur Konstruktion dieses Peutinger-Textes, der Ergebnis gemeinsamen Studiums – für Margarete eine Quelle des Vergnügens („voluptas") – und Beitrag zu einer idealistischen Frauen- und Partnerphilosophie ist. Im Konsens mit der sie umgebenden Gelehrtengesellschaft wird hier der Bildungsvorsprung des gelehrten Manns zur wirksamen Außendarstellung des deutschen Humanismus und zur literarischen Emanzipation der Frau genutzt.

Peutinger schrieb 1521 einen großen Brief an Erasmus, der an ein persönliches Treffen mit ihm und Thomas Morus in Brügge im Hoflager Karls V. anknüpft und Erasmus zur Übersiedlung nach Basel gratuliert. Nach einem Kompliment zu dessen imposanter Hieronymus-Ausgabe leitet er geschickt zum eigentlichen Thema über, einer programmatischen Beschreibung seines gelehrten Lebens mit Margarete Welser. Schauplatz ist die Bibliothek des Hauses. Seine Frau arbeitet an einem eigenen Schreibtisch, wie er ausdrücklich betont:

Ecce, quid heri actum, paß auf, was gestern geschah: Es war am zweiten Sonntag im Advent [...] entspannt erfreute ich mich [...] an meinen Münzen und der Lektüre [...] des Tacitus. In meiner Nähe saß meine Frau Margarita an einem eigenen Schreibtisch. Sie hatte Deine lateinischen Erklärungen zum Neuen Testament und die [...] wenig gelungene alte Übersetzung ins Deutsche vor sich. Mit den Worten ‚Ich lese Matthäus im 20. Kapitel und sehe, daß unser Freund Erasmus dem Matthäus etwas hinzugefügt hat‘, rief sie mich von meiner Arbeit weg. Ich entgegnete: ‚Und was ist es?‘ Sie wiederum: ‚Er redet von etwas, das im Deutschen nicht enthalten ist.‘

Margarete drängt im folgenden nun zu einer ausführlich beschriebenen textkritischen Analyse mit allen gelehrten Konkordanzen der Bibliothek und man kommt zum Ergebnis, daß Erasmus den ursprünglichen griechischen Text am adäquatesten wiederhergestellt hat. Peutinger schließt: „Ich hoffe, es ist Dir nicht unangenehm, daß Du als weithin berühmter Praeceptor nicht nur mich, sondern auch meine Frau tagtäglich belehrst."

Margaretes Fama wurde auch ohne ein literarisches Denkmal aus der Feder des Erasmus weiterverbreitet. Die süddeutschen Humanisten hielten ihr Bild als *mulier doctissima, optima et erudita coniunx* lebendig. Den letzten erhaltenen Beitrag zu ihrer Apotheose liefert Sixtus Birk, der als humanistischer Sodale Xystus Betuleius auch mit Caritas und Olympia Morata Verbindung hatte. Drei Jahre vor Peutingers Tod widmet er ihm seinen 1544 in Basel gedruckten Kommentar zu Ciceros „Cato maior", einer Schrift über das Alter, und spiegelt den Freund in Ciceros Gedanken und Erfahrungen. Als besonderen Glücksfall würdigt er seine Partnerschaft mit Margarete Welser, die für ihn zu den ‚Heroiden' („mulier inter heroidas numeranda") der Epoche zählt. Gegen die Konvention ihrer Zeit habe sie sich den Wissenschaften gewidmet, ihre Kinder sogar in sie eingeführt und sei so ein seltenes Beispiel ihres Geschlechtes in ihrem Jahrhundert.

Heinrich Schipperges
„Ganzheitliche" Heilkunst. Die Lehren des Paracelsus

Die erste und grundlegende Säule der Medizin ist die Philosophie. Ärztliche Erkenntnis nimmt ihren Ausgang von der äußeren Welt, vom „examen naturae". Aus dem Wissen um die Natur erst können wir das innere Wesen ableiten. Zu wissen, wie die Natur sei und was sie macht, das allein ist philosophisch gedacht und ärztlich gehandelt. Es kann keinen anderen Weg geben, „zu ergründen die Wahrheit, des Leibes Anliegen und gesundes Wesen". Philosophie meint demnach das Umfassende der sichtbaren und der unsichtbaren Natur, die beide ein Arzt möglichst genau untersuchen soll.

Für Paracelsus ist dabei der Leib, das „corpus", der äußere Ausgang, um an das Wesen des gesunden und kranken Menschen zu kommen; der Körper ist damit aber auch der methodische Schlüssel, der die Geheimnisse des Ganzen öffnet. Dieser Leib ist nicht nur ein Medium zwischen dem Makrokosmos und dem Mikrokosmos; er ist eine ganze Zwischenwelt für sich. Als der fachkundige Interpret menschlicher Leiblichkeit weiß der Arzt um Krankheit und Gesundheit, er „begreift den Puls im Firmamente, die Physiognomie in den Gestirnen, die Chiromantie in den Mineralien, den Atem in den Winden, die Fieber im Erdbeben usw". So umfassend soll diese Philosophie sein und darin eingeschlossen das Mittel der Heilung, daß sie wisse, was dies alles seinem Wesen nach sei. „Und wenn ihr sprecht, ob ich mich unterstehen wolle, eine neue Philosophie zu machen? So sage ich ja – und billig ja!"

Eine Medizin ohne Philosophie ist für Paracelsus nicht denkbar. Die Philosophie macht den Arzt und nichts anderes; denn: „es ist ein grob Ding an einem Arzt, der sich einen Arzt nennt und ist der Philosophei leer und kann ihr nit". Philosophie meint das Sichtbare an jener Natur, die der Arzt zu untersuchen hat. Die Philosophie aber soll im „Licht der Natur" derart gelehrt werden, „daß in ihr der Mensch ganz erscheine und begegne, daß man in ihr finde alle Krankheiten und Zufälle, Gesundheit und Trübsal, alle Glieder und Gliedmaßen, alle Teile und der Glieder Teilung, so viel am Menschen und im Menschen ist oder sein mag und soviel man in der Natur sehen, wissen und erfahren kann, so viel vom ersten Menschen bis zum letzten einfallen mag oder eingefallen ist –, so ganz und vollkommen, daß auch die Augen, die Ohren, die Stimme, der Atem in der Welt gefunden wird, auch die Beweglichkeit, die verdauenden Organe, die austreibenden, die anziehenden und alles, was im Leibe not wäre zur Hülfe, zur Gesundheit, zu allen Dingen [...] Und so das alles auswendig an dir erfahren worden ist und du somit in diesen Dingen erfahren bist, alsdann geh' in den inneren Menschen". Im Inneren, da ist nun die ganze Welt noch einmal wiederzufinden, ein Endokosmos, oder wie Goethe das nannte: „Im Innern ist ein Universum auch".

Aus dieser wachsenden Erkenntnis der Welt und der Individuen in ihr kann der Arzt dann eingreifen, kundig seine Hand anlegen, also behandeln, wobei diese Praxis wiederum Instrument einer immer intensiveren Erfahrung von Welt und Mensch ist. In diesem inneren Menschen ist die ganze Welt, das Universum noch einmal abgebildet. „Der nun also ein philosophus ist, der sol als dan in die fakultet der arznei treten und das eußer in das inner wenden; das umbwenden gibt den arzt, so aus der großen welt die kleine wird." Wer diesen Weg nicht geht, der bleibt ein „experimentator", was besagen will: „ein geratwoler und verzweifelter hoffer".

Mit Bedacht hat Paracelsus zur Grundlegung der zweiten Säule der Medizin das *Buch des Firmaments* erwählt: „Und der dies Buch nicht erfährt, der kann kein Arzt sein noch geheißen werden." Aus der „firmamentischen Sentenz" erst, aus dem Kontext von Natur und Geschichte, erfahren wir Anfang und Ausgang der Krankheiten: Nur durch die Kunde von der Zeit kommen wir in die „hohe Schul der Arznei". Über das Firmament erst, also die Erkenntnis des Zusammenhangs von Natur und Geschichte, erfährt der Arzt das Wesen jener Elemente der Natur, der Luft wie des Feuers, der Erde und des Wassers, die uns so sehr auf den Leib geschnitten sind. „Denn die Elemente und der Mensch sind näher und gefreundeter denn Mann und Weib." Gerade als ein Arzt, der aus dem Licht der Natur handelt, muß der Astronomus „nicht allein den leiblichen Lauf der Natur, sondern auch den Lauf des Himmels erkennen". Die Gesetzlichkeit der Natur wird kompensiert durch eine Gesetzlichkeit der Zeit, die dem Arzte „des Himmels Inwurf" zeigt. Ohne diese zweite Kategorie wäre er gezwungen, bei all seiner Naturkenntnis doch nur „verworren in seiner practik umzugehen". Wir haben daher möglichst genau zu erkennen „den Eingang des Himmels in uns und daß er sich in uns solle leiben (verkörpern)".

In seiner Leibhaftigkeit ist der Mensch durch das Gestirn zwar geleitet, aber keineswegs naturhaft determiniert; das Gestirn bestimmt weniger die Natur als die Zeit. Die Gestirne formieren gerade nicht den Körper, „sie verleihen nur die Zeit".

Während unter dem Leitbild der „Philosophia" die große Welt als ein Modell für die kleine aufgezeigt wurde, versucht das Schlüsselwort der „Astronomia" diese Naturordnung ihrer historischen Struktur nach zu deuten. Das Gestirn erst bildet den Menschen in seiner konkreten Leiblichkeit aus, um aus dem animalischen Substrat eine humane Existenz zu machen. Die Zeitdimension erklärt nicht zuletzt auch die mögliche Umkehrung und Veränderung aller Naturkräfte innerhalb einer befristeten Existenz. In die Strukturen werden mit dem zweiten Schlüsselbegriff die Prozesse gedacht: Zum Aufbau der Welt tritt der Ablauf der Zeit. Das Geschichtete und das Geschichtliche, sie beide kommen im Menschen zur Einheit. „Eine jegliche Stunde gibt eine neue Art, damit nichts gleich bleibt."

Diese zeitgebundene Wirklichkeit manifestiert sich als „greiflicher" Leib, ein Leib, der auch den psychischen Kosmos repräsentiert: Das sind „unsichtige Ding und doch leibliche Ding". Hier geht es nicht allein um handgreifliche Erfahrungstatsachen, sondern um greifbare Erfahrungen von Kräften, nicht nur um Objekte, sondern um das Subjectum; „der Lauf des Himmels" macht einen bald fröhlich, bald wieder traurig. Gerade diese unberechenbaren Störungen gehören zur Existenz. Sie beruhen jedoch nicht auf Einflüssen der Gestirne und schon gar nicht auf Einwirkungen von Zaubergeistern oder Teufeln!

Mit dem Leitbild der „Astronomia" ist ein Novum in die Krankheitslehre eingeführt, das die alte kosmologisch orientierte Humoralpathologie prinzipiell in Frage stellt, um nunmehr am Leitfaden des Leibes das anthropologische Prinzip in das Weltverständnis der Wissenschaften einzuführen. Die Fülle und Folge durch die Welt und in der Zeit aber weist mit innerer Konsequenz auf einen weiteren Weg: War es bisher immer noch eine Ordnung der Strukturen des Lebendigen, die in Natur wie Geschichte gesucht wurde, so kommt Paracelsus nunmehr auf das uns eher geläufige Problem zu sprechen, wie daraus wohl auch eine konkrete Ordnung der materiellen Prozesse werde.

Als den „dritten grund medicinae" führt Paracelsus die „Alchimia" ein, die Feuerkunst, das „Werk Vulcani". Denn die Natur „gibt nichts an tag, das auf sein stat vollendet sei, sonder der mensch muß es vollenden. dise vollendung heißet alchimia".

Mit der Philosophie des Leibes und über die Gestaltung der Geschichte wird der Arzt vertraut mit dem Prozeß der Stoffe. Die Alchimie setzt dabei das in Gang, was ohne das „Amt Vulcani" nicht geschehen könnte. Da die Welt der Naturstoffe aber nicht fertig bereitet vor uns liegt, vielmehr in den Schlacken verborgen ist, ist es die Aufgabe der „Kunst Vulcani", das Unnütze vom Nützlichen zu trennen, um die Welt in ihre „ultima materia", in ihr heiles Wesen, zu bringen. So macht es der Vulcanus im Magen, der „Archaeus", so auch der Vulcanus da draußen, die Technik. Alle die Bilder von Präparieren und Destillieren, vom Zirkulieren und Sublimieren, alle diese Teilprozesse an der Materie, sie sind auch „alle im menschen als wol als in der eußerlichen alchimei, die dise praefigurirt".

„Natur" ist jetzt nicht mehr die statisch abgeschlossene Schöpfung, sondern der dynamische Auftrag des Menschen zur Transmutation der Welt. Auf die gleiche Weise wird auch das Pharmakon zu einem wirksamen Naturstoff, der in ein Ordnungsgefüge eingreift, um es zu verändern, zu wandeln, zu bessern. Der Alchimist wäre damit nichts anderes als jener große Künstler im „opus magnum", der die einzelnen Aspekte der vorgegebenen Stoffe ganz genau unterscheidet: Das Gift tut er in seinen Sack, und das Gute läßt er dem Leibe. Denn der Mensch wird ständig gezwungen, beides in sich aufzunehmen und so auch Gift, Krankheit, Tod zu essen und zu trinken. Es bleibt uns keine andere Möglichkeit, als jenen Alchimisten einzusetzen, „der uns vom Schöpfer gesetzt ist und gegeben: der uns soll das Gift vom

Guten scheiden, damit wir keinen Nachteil davon empfangen".

In seinen *Defensiones*, den berühmten Verteidigungsreden aus dem Jahre 1537, hatte Paracelsus seinen Gegnern die provozierende Frage gestellt: Ob sie denn wohl wirklich wüßten, was Gift sei und was nicht? „Oder aber ob im gift kein mysterium der natur sei?"

„Alle ding sind gift, und nichts ohn gift; alein die dosis macht, das ein ding kein gift ist. als ein exempel: ein ietliche speis und ein ietlich getrank, so es über sein dosin eingenommen wird, so ist es gift; das beweist sein ausgang. ich geb auch zu, das gift gift sei, das aber darum möge verworfen werden, das mag nicht sein, dieweil nun nichts ist, das nit gift sei, warumb corrigirt ir? allein darumb das das gift kein schaden tu". Darum sollte man sich durchaus klar darüber sein, wo man Gift anwenden darf und wo nicht, wie man es jeweils zu korrigieren und zu dosieren hat, auf daß es nicht zu sehr schade!

Grundgesetzlichkeiten dieser Dimension sind vielleicht erst uns heute klar geworden, wo wir Tag für Tag erfahren, daß keine Substanz wirkt ohne Nebenwirkung, und daß die Schädigung wächst mit dem Treffereffekt, und zwar so sehr, daß an die Stelle der seuchenartigen Infektionen die nicht weniger seuchenhaften Intoxikationen getreten sind. So knapp gegeneinander abzumessen sind sie immer noch, damals wie heute: der Nutzen und die Noxen einer Medizin. So eng ist die Pforte! „So nun geht das Tor in die Arznei, also ist der Weg in sie, also muß sie gelernt werden. Und was außerhalb von dem ist, das ist ein erdacht' Ding, Fantasei, ohne Grund. Darum so bewegt's der Wind hin und her wie das Rohr, das ist: sie können keinen beständigen Grund finden, der gewiß sei". Bei Paracelsus finden wir somit die konsequente Ausweitung des anthropologischen Konzeptes auf die Umwelt und Mitwelt und damit auch zum ersten Male eine ökologisch orientierte Medizin.

In seiner Vorrede *Über die podagrischen Krankheiten* hatte Paracelsus noch einmal an seine Wanderwege durch ganz Europa erinnert, an seine Enttäuschungen über die Wolfsärzte und die Polsterprofessoren, den Unverstand der Apotheker und ihre „unziemlichen Geldforderungen". „Da verließ ich", so schließt er, „der alten Skribenten Bücher und Schriften mitsamt ihrem Geschwätz, das da pflegen die von den hohen Schulen". Aus den akademischen Ziergärten sieht er sich in einen anderen Garten verpflanzt, auf die Äkker der Notdurft. Denn die Natur ist es, die die Arcana gewaltig gesetzt und zusammen komponiert hat, was da zusammengehört: „die natur ist der arzt, du nicht; aus ir mußtu, nicht aus dir; sie sezt zusamen, nicht du. schau du, das du lernest, wo ire apoteken seien". Im Licht der Natur haben wir zu suchen, was unsichtig am Werke ist.

Das allein aber ist „die Art des Lichts der Natur", daß der Mensch wachsen und reifen soll. „Der ist ausgewachsen, der sein Selbst empfindet; der ist fremd, der in ein Unbekanntes geht." Daher kommt für Paracelsus alles darauf an, daß „der arzt ganz werde", daß er wissen soll „von der art des leibs", daß er wachsen soll wie der Feigenbaum und so groß und so reif werde, daß er „nicht allein mensch für sich selbst ist, sonder auch für all ander".

Michael Harbsmeier
Drei Deutsche in Amerika

Nicolaus Federmanns Bericht über seine Teilnahme an einer von den Welsern organisierten Expedition ins Innere Venezuelas 1529 bis 1532 bewegt sich ganz in der spanischen Tradition. Die ursprünglich spanische Handschrift wurde erst 25 Jahre nach seiner Heimkehr ins Deutsche übersetzt und als Buch veröffentlicht, um später auch in verschiedene

Reisesammlungen aufgenommen zu werden. Federmann war Soldat höheren Ranges und verantwortlich für den Verlauf der Expedition, deren Mannschaft aus einer Truppe von 110 Spaniern zu Fuß, 16 zu Pferde, und 100 „Indios naturales" als Träger bestand. Obwohl Federmann verspricht, „sitten, weiß und gebräuch" der verschiedenen „Nationen" zu beschreiben, zu denen er Kontakt aufnimmt, ist sein Bericht grundlegend von strategischen Rücksichten geprägt. In erster Linie geht es ihm darum, sich mit möglichst vielen der untereinander verfeindeten Nationen zu verbünden, denn ohne lokale Unterstützung wäre das gesamte Unternehmen unmöglich gewesen.

Seine Vorgehensweise, die er selbst erstaunlich offen dargestellt hat, bestand darin, die Indianer „unter seiner Kayserlichen Majestät Gehorsam und Succession" zu bringen, indem er, meist aus dem Hinterhalt, von jeder neuentdeckten Nation eine Anzahl Männer, Frauen und Kinder notfalls mit Gewalt entführte, die eine Hälfte als Geisel zurückhielt, während er die anderen, reich mit Billig-Geschenken beladen, zu ihrem *Cacique* mit dem Auftrag zurückschickte, er solle kommen, um noch mehr Geschenke und die übrigen Gefangenen zu holen.

Der Erfolg rechtfertigte diese Strategie. Federmann mußte nur Sorge tragen, daß die untereinander befeindeten Indianerstämme seine Truppen nicht jeweils nur als Verbündete ihrer Feinde ansahen und dementsprechend behandelten. Er mußte mit anderen Worten versuchen, sich auf die lokalen Verhältnisse einzulassen, ohne von ihnen vereinnahmt zu werden.

Mit der allergrößten Selbstverständlichkeit konnte der Soldat davon ausgehen, daß auch seine Leser sich nicht daran stoßen würden, daß er Geschenke und „Freundschaft" allein zur Unterwerfung und Unterjochung einsetzte. Es bedurfte noch keiner Beschreibung von exotischen Gestalten oder schlimmen Gebräuchen der indianischen Nationen, um seine Vorgehensweise zu rechtfertigen. Dementsprechend gibt es auch kaum ausführliche ethnographische Schilderungen; nur manchmal ist kurz von Kannibalismus und einmal von ganz besonders häßlichen und widerspenstigen Zwergen die Rede.

Ganz anders bei Hans Staden, der zwischen 1548 und 1555 insgesamt mehr als vier Jahre als Soldat in Brasilien und davon mehr als neun Monate als Kriegsgefangener der Tupinamba zugebracht hat. Sein Reisebericht, ebenfalls im Jahre 1557 erstmals veröffentlicht und allein im 16. und 17. Jahrhundert über 37mal nachgedruckt und übersetzt, ist mehr als ein dramatischer Bericht seiner Reise, Gefangennahme und Befreiung. In einem zweiten Teil wird in nicht weniger als 39 Kapiteln ausführlich die Lebensweise der Indianer beschrieben. Unter Überschriften wie: „an was sie glauben", „wie sie ihre Wohnungen bauen", „wie sie Feuer machen", „was für eine Regierung und Obrigkeit sie haben", liefert Hans Staden eine enzyklopädisch anmutende Darstellung aller Aspekte des Alltagslebens der Tupinamba.

Ein Grund für diese Ausführlichkeit, mit der sich kaum einer der frühen deutschen Reiseberichte im entferntesten messen kann, ist wohl in der Tatsache zu suchen, daß Johann Dryander, Professor der Medizin in Marburg, Verfasser zahlreicher medizinischer und anatomischer Schriften, nicht unwesentlich am Entstehen des Buches beteiligt war. Schon die Kapitelüberschriften deuten an, daß vermutlich er es war, der Staden systematisch die vielen Fragen gestellt hat, die der Soldat und spätere Pulvergießer nach besten Kräften zu beantworten suchte.

Entscheidend für den erstaunlichen Erfolg des Buches war allerdings die Tatsache, daß die Tupinamba angeblich Menschenfresser waren, wie der Autor schon auf dem Titel vermerkt: ‚Wahrhaftig Historia und beschreibung eyner Landschafft der Wilden/Nackten/Grimmigen Menschfresser Leutehn in der Newenwelt America gelegen [...]'. Und das bei weitem ausführlichste und gründlichst illustrierte Kapitel des zweiten Teils trägt die Überschrift: „Die feierlichen Gebräuche der Wilden beim Töten und Essen ihrer Feinde. Womit sie die Feinde totschlagen und wie sie mit ihnen umgehen".

Es ist hier nicht der Ort, ausführlicher auf Stadens Beschreibung oder die komplizierten Fragen des Kannibalismus in der Neuen Welt einzugehen. Uns interessiert nur der Zusammenhang, der zwischen Kannibalismus einerseits und ethnographischer Ausführlichkeit andererseits zu bestehen scheint. Staden, der Gefangene der Tupinamba, mußte sich ganz anders als etwa Federmann auf die Indianer einlassen: Federmann hat sich der Versuchung, fremde Lebensformen zu erfahren, gar nicht erst stellen müssen. Staden konnte nur vermeiden, ihnen zu erliegen, indem er sich mit allen Kräften in dem einen, alles überschattenden Punkt von ihnen distanziert: Indem er den Kannibalismus zur Hauptsache erklärt.

Weder Federmann noch Staden können als typische Beispiele früher deutscher Entdeckungsreisen angesehen werden. Federmanns distanzierte Zurückhaltung und Stadens ethnographische Überschwenglichkeit waren eher die Ausnahme. Beträchtlich näher zu dieser Regel kommen wir, wenn wir uns einem dritten deutschen Soldaten des 16. Jahrhunderts zuwenden.

Ulrich Schmidel hielt sich von 1534 bis 1553, also fast zwanzig Jahre lang, in Brasilien auf. Er hat an zahlreichen Kriegs- und Beutezügen ins Innere des Landes teilgenommen, und sein 1567 erstmals gedruckter Reisebericht schildert ausführlich die zahlreichen kriegerischen Auseinandersetzungen, an denen er als gemeiner Soldat beteiligt war. Ganz wie Federmann hat Schmidel die Indianer hauptsächlich auf dem Schlachtfeld kennengelernt. Anders als dieser läßt er sich aber auch auf ethnographische Fragen ein. Im Vordergrund der in der Regel kurzen Einschübe zwischen den Schlacht- und Kriegsberichten steht das Essen, vor allem das, was die Indianer mit den ungebetenen Gastfreunden zu teilen bereit sind. Wichtig sind daneben – in recht stereotypen Wendungen – die physischen Kennzeichen der verschiedenen Nationen: ob sie nun „kurtz und dick" oder „lang und stark" seien, ist in vielen Fällen sein einziger Kommentar. Nicht der Körper selbst, nicht also etwa „Rassenunterschiede", sondern die Frage, wie die verschiedenen Nationen ihre Körper behandeln und bearbeiten, ist der Angelpunkt von Schmidels wilder Völkerkunde: Die *Scherues* „seind am Leib blawe gemahlt von oben bis auff die Knie unnd siehet aus als wenn man Hosen mahlete. Die Weiber aber seind auff eine andere Manier gemahlet, auch blawe, von den Brüsten an biss auff die Scham, gar künstlich, sie gehen mutternacket unnd sein schön auff ihr Manier".

Allzu fremd sind dem Soldaten letztlich die fremden Lebensformen nicht. Die *Cendies* zum Beispiel „haben keine eigene Wohnung sondern ziehen im Landt herumb gleich wie bei uns die Zigeuner"; die Untertanen der *Maipais* „müssen ihnen arbeyten und fischen und was ihnen sonsten zu thun geschafft wird gleich wie heraussen die Bauwern einem Edelmann unterworffen seyn"; die *Zehmie* sind „gleich wie hie zu Land die Bauwern hinder iren Herrschafften seßhafft". Schmidel beschließt den ethnographischen Teil seines Berichts mit einem Eingeständnis: „Sonsten haben diese Leuth ihre sondere Wollust und Freudt allein mit embsigen Kriegen. Sie essen und trincken, seind Tag und Nacht voll und Tantzen auch gerne. In summa: sie führen dermassen ein Wildes, rohes Epicurisch Leben dass es nicht genugsam außzusprechen oder zu beschreiben ist".

Es waren weder Nicolaus Federmann noch Hans Staden, sondern es war Ulrich Schmidel, der das Modell für die zukünftigen deutschen Entdeckungsreisenden lieferte: Erst die zahlreichen Teilnehmer an den Expeditionen der holländischen Ost- und Westindischen Kompanie haben im Laufe des 17. Jahrhunderts vermocht, die wilden Träume und Erfahrungen der frühneuzeitlichen Völkerkunde „genugsam auszusprechen oder zu beschreiben".

Hans Rupprich
Die Heilige Schrift in klarem Deutsch

Luther betätigte sich als Bibelübersetzer erstmals bei seiner Ausgabe der sieben Bußpsalmen (1517); 1518 und 1521–1524 verdeutschte er noch zwölf weitere Psalmen; an neutestamentlichen Stücken hatte er vor Beginn seiner vollständigen Übersetzung des Neuen Testaments das Magnificat und die Evangelien und Episteln der Weihnachts- und Adventpostille übertragen. Als Luther im Dezember 1521 in Wittenberg weilte, legte ihm Melanchthon nahe, das gesamte Neue Testament zu übersetzen. Die Arbeit wurde sogleich nach der Rückkehr auf die Wartburg in Angriff genommen. In zweieinhalb Monaten war ein Entwurf fertiggestellt, den Luther nach seiner Heimkehr nach Wittenberg im März 1522 mit Melanchthon als guten Kenner des Griechischen einer genauen Durchsicht unterzog. Im Mai 1522 begann bei Melchior Lotther d. J. der Druck, im September war er beendet *(September-Testament).*

„Das Newe Testament Deutzsch" erschien in Folioformat in einer Auflage von 3000 bis 5000 Exemplaren in Wittenberg im Verlag von Lukas Cranach d. Ä. und Christian Döring mit 21 Holzschnitten und zahlreichen Initialen. Der Übersetzer, Verleger, Drucker und das Jahr waren nicht angegeben. Der Band kostete einen halben Gulden [d. s. 10½ Groschen, was etwa dem Wochenlohn eines Zimmerergesellen entsprach]. Bereits im Dezember 1522 war eine zweite Auflage *(Dezember-Testament)* notwendig, die Hunderte von Verbesserungen enthielt. Sie erschien noch immer anonym, am Schluß aber wird der Verleger Melchior Lotther genannt. Erst die dritte Auflage 1524 gab den Namen des Übersetzers auf dem Titelblatt an. Bei allen Neuauflagen nahm Luther immer wieder Verbesserungen vor. Wichtig sind in dieser Hinsicht die Auflagen von 1526, 1527, 1529, 1530. Erst unterstützte ihn dabei Melanchthon, später bildete Luther eine ganze Revisionskommission aus den Wittenberger Fachgelehrten Melanchthon, Aurogallus, Cruciger, Jonas. Noch vor der legitimen Dezember-Ausgabe wurde das Neue Testament in Basel nachgedruckt. Ein Augsburger Drucker folgte mit Auflagen im Januar, Februar, März und Juni 1523. In den folgenden zwei Jahren erschienen 14 autorisierte Ausgaben und 66 Nachdrucke. Im Jahre 1525 übertrug Olaus Petri Luthers Neues Testament ins Schwedische. In den Jahren 1522–1534, bis zum Erscheinen der Lutherschen Vollbibel, kamen 87 hochdeutsche und 19 niederdeutsche Ausgaben des Neuen Testaments heraus.

Schon im Sommer 1522 begann Luther mit der Übersetzung des weit schwierigeren und umfangreicheren Alten Testaments aus dem Hebräischen. Es erschien zunächst in Einzelteilen: der Pentateuch im Sommer 1523, die historischen und poetischen Bücher nebst dem Psalter 1524, die kleinen Propheten 1526/27, Jesaja 1528, Weisheit 1529, Daniel 1530, ‚Die Propheten alle Deudsch‘ 1532, Jesus Sirach 1533. An der Übersetzung der übrigen Apokryphen waren Melanchthon u.a. beteiligt. Von den fünf Büchern Moses lagen bis 1534 bereits 29 hochdeutsche und 5 niederdeutsche, vom Psalter 23 hochdeutsche und 5 niederdeutsche Ausgaben vor. Die erste hochdeutsche Vollbibel konnte Herbst 1534 bei Hans Lufft in Wittenberg veröffentlicht werden: ‚Biblia, das ist die gantze Heilige Schrifft Deudsch‘. Sie hatte Großformat, war in sechs Teile gegliedert, mit 117 Holzschnitten ausgestattet und kostete 2 Gulden 8 Groschen [etwa der Preis von fünf Kälbern]. Damit war das bedeutendste Buch der gesamten Weltliteratur in gutes Deutsch übertragen. [...]

Luther selbst hat sich mehrmals über seine Übersetzertätigkeit ausgesprochen, hat Auskunft gegeben über seine Art und Weise der Bibelinterpretation und Einblick gewährt in sein Sprachdenken. Am aufschlußreichsten sind der Schluß der ‚Vorrede auf das Alte Testament‘ (1523), in dem er die ungeheuren Schwierigkeiten betont, die sich seiner Bibelverdeutschung sowohl vom Urtext als auch von der Muttersprache her in den Weg stellten, der ‚Sendbrief vom Dolmetschen', den Luther am 12. September 1530 von der Coburg aus an Wenzeslaus Linck richtete und die ‚Summarien über die Psalmen und Ursachen des Dolmetschens' (1533). Das offene Sendschreiben beantwortet eine Anfrage über Luthers Übersetzung der Römerbriefstelle 3, 28 und über die Fürbitte der Heiligen und entwickelt daraufhin die Leitsätze, die er bei seiner Bibelübersetzung befolgte. Über die *sprachliche Grundlage* seiner Übersetzung sagt Luther in den ‚Tischreden':

„Nullam certam linguam Germanice habeo, sed communem, ut me intelligere possint ex superiori et inferiori Germania [d.h. die Oberdeutschen wie die Niederdeutschen]. Ich rede nach der Sechsischen cantzley [von der Luther irrtümlich glaubt], quam imitantur omnes duces et reges Germaniae; alle reichstette, fürsten höfe schreiben nach der Sechsischen cantzeleien unser churfürsten. Ideo est communissima lingua Germaniae."

Gleichwohl übersetzte er in ein Deutsch, für das „die mutter jhm hause, die kinder auff der gassen, der gemeine [einfache, schlichte] man auff dem marckt" die Leitlinien abgaben. Zusammenfassend wird man über Luthers Vorgehen bei der Übersetzung sagen können: Zuerst bemühte er sich um den genauen Sinn jeder Stelle; die Verdeutschung selbst gestaltete er frei, volkstümlich bildhaft, kräftig und frisch im Ausdruck; auch Fachwörter deutschte er ein; alles soll sowohl klar und verständlich als auch wohlklingend und rhythmisch bewegt sein. Luther wollte kein landschaftlich beschränktes Deutsch, sondern ein Deutsch, wie es von der kaiserlichen und kurfürstlich-sächsischen Kanzlei gebraucht wurde, keine abstrakte und künstliche Sprache, sondern ein Deutsch, das seine wesentliche Kraft im Wortschatz und Rhythmus aus der lebendigen Sprechsprache zog. Er geht nicht von der ihm geläufigen Umgangssprache aus, sondern richtet seine Absicht auf die überlandschaftliche Ausgleichssprache der Kanzlei seines Landes. Im Bestreben, verschiedene Sprachmöglichkeiten zu verbinden, will er eine Sprache, die an der Wurzel bleibt und sich doch zur Höhe entwickelt. Luthers seelische Grundlagen für sein sprachlich-dichterisches Schaffen liegen in seinem tiefen religiösen Erleben, als sprachliche Voraussetzungen wird man auf die volkstümliche Erbauungsliteratur des 14./15. Jahrhunderts, die Perikopen und Plenarien mit ihrem Umgangsdeutsch und auf die bereits vorhandene ausgedehnte Übersetzungsliteratur hinweisen müssen. Das Zeitalter folgte Luther zunächst weniger in seinem genauen Wortlaut und seiner Schriftgestalt, sondern als Ausleger und Deuter der Bibel. Die hl. Schrift war für die Menschen kein Sprachdenkmal, sondern ein Dokument der göttlichen Offenbarung. [...]

In der mittelalterlichen Kirche spielte in der Frage der göttlichen Offenbarung auch die Tradition eine Rolle. Exeget der Bibel war die Kirche. Nun wurde die gesamte scholastische Theologie beiseite geschoben, die hl. Schrift als einzige Glaubensquelle erklärt und die Bibel in die Mitte der Theologie und der Liturgie gerückt. Wyclif, Luther wie Zwingli übersetzten die Bibel in die Volkssprachen und gaben sie kommentarlos jedermann in die Hände. Durch den Wegfall der autoritativen Hermeneutik und durch die weiteste Verbreitung der gesamten Bibel in Laienkreisen wurde der subjektiven Exegese und willkürlichen Schriftauslegung freiester Raum gegeben. Neben den berufenen Interpreten Luther, Melanchthon, Zwingli, Calvin konnte auch der Sektierer und der theologisch unverständige Benützer herauslesen, was er für gut befand und was er suchte. Von der altkirchlichen Seite wurde daher Luthers Neues Testament sogleich verboten.

Martin Greschat

Der Sieg des göttlichen Wortes. Eine Reichsstadt wird reformatorisch

Auch in Straßburg fanden die Gedanken Luthers vor allem durch den Buchdruck und die Predigt Verbreitung. 1519 sind sechs Schriften des Wittenbergers in Straßburg gedruckt worden, 1520 waren es bereits 16. In den folgenden Jahren stieg die Produktion reformatorischer Literatur in der Stadt steil an, angefangen bei streng theologischen Werken über polemische Texte bis hin zu Flugschriften und Pamphleten. Konnten anfangs die Gegner des Neuen noch mithalten, verloren sie bald das Interesse der Käufer und den Schutz der Obrigkeit. Kennzeichnend für diese Entwicklung war der Umgang mit dem Franziskaner und großen Polemiker Thomas Murner. Seine rüde Streitschrift „Von dem großen Lutherischen Narren" erschien am 19. Dezember 1522 und wurde bereits am 22. 12. vom Rat verboten. Außer Johannes Grüninger arbeiteten nun alle Straßburger Drucker für die Reformation.

Nur sehr wenig wissen wir von jenen Männern, die zuerst in Straßburg im Sinne Luthers predigten. Halten konnte sich in seiner Stellung in der Stadt lediglich Matthias Zell, der Pfarrer der Münstergemeinde. Nachdem er zunächst Luther verteidigt hatte, erklärte er im Sommer 1521, er wolle nun allein das Wort Gottes verkündigen. Seinen Erfolg verdankte er einerseits seinen volkstümlichen Predigten, die mehr als 1000 Hörer aus allen Schichten der Bevölkerung anzogen. Zunächst sprach er in der St.-Lorenz-Kapelle im Münster, dann auf dessen Kanzel. Als ihm diese entzogen wurde, bauten ihm die Zimmerleute ein eigenes Rednerpult. Daß er gleichwohl nicht vertrieben wurde, lag andererseits an den erheblichen Spannungen zwischen dem Bischof, dem Domkapitel sowie dem Rat der Stadt: Als der Bischof, rechtlich korrekt, auf die Entlassung von Zell drängte, protestierte das Domkapitel dagegen und einigte sich mit dem Rat, ihn gewähren zu lassen, solange er nur Gottes Wort und keinen Aufruhr predige. Der Bischof ließ jedoch nicht locker, sondern legte Zell im Dezember 1522 vierundzwanzig Anklagepunkte vor, in denen ihm nicht nur vorgeworfen wurde, daß er häretisch lehre, sondern auch seine Pflichten als Priester versäume und unverantwortliche Neuerungen einführe. Noch einmal kam eine Einigung zustande, weil der Rat an Zell festhielt. Auch mochte es scheinen, daß sich das Problem durch das Auslaufen des Vertrages von Zell 1523 von selbst erledige. Aber inzwischen hatte das Mandat des Reichsregiments vom 6. März 1523, allein das heilige Evangelium zu verkündigen, die Situation erheblich verändert.

Unterschiedliche Überzeugungen und Interessen verbanden sich jetzt oder prallten aufeinander in einer zunehmend aufgewühlten und erhitzten Atmosphäre. Eindeutig war die Zielsetzung der städtischen Führungsschicht. So uneinig man sich fraglos in der Einstellung gegenüber der reformatorischen Bewegung war, so einträchtig fanden sich die Ratsherren in dem Bestreben zusammen, die Entwicklung fest in der Hand zu behalten und sie für die Durchsetzung der eigenen Vorstellungen zu nutzen. Dementsprechend wurde bei den Verhandlungen mit den Konventen über die Erneuerung des „Schirms", d.h. des städtischen Schutzes für die Ordensniederlassungen – aber auch den Kollegiatstiften und dem Hohen Chor –, seit Ende 1522 Druck dahingehend ausgeübt, daß die Kleriker Bürger werden sollten. Im Sommer 1523 folgte die Abschaffung des „ewigen Zins", den die Nutznießer von Häusern oder Äckern, die der Kirche gehörten, an diese zu entrichten hatten. Gegen eine einmalige Zahlung in Höhe des Dreißig- bis Fünfzigfachen dieses Zinses konnten die Mieter oder Pächter jetzt Eigentümer werden. In derselben Zeit wurde nach dem Vorbild Nürnbergs eine neue Almosenordnung eingeführt. Sie verband in charakteristischer Weise traditionelle Vorstellungen mit reformatorischen Gedanken. Im christlichen Gemeinwesen sollte niemand Not leiden. Aber es sollte auch niemand faulenzen und von der Arbeit anderer leben. Deshalb wurde der Bettel verboten und wurden bedürftige Einwohner nur dann unterstützt, wenn die vom Rat bestellten Almosenpfleger zuvor Mittellosigkeit sowie Arbeitsunfähigkeit festgestellt hatten. Der Gesichtspunkt der Sozialdisziplinierung der Bevölkerung verband sich darin mit dem gewandelten Verständnis des Bürgers von Arbeit und Leistung. Die antiklerikale Einstellung ist unübersehbar. Der Bettel hatte jetzt allen religiösen Glanz verloren.

Eindeutig war auch die Zielsetzung von Zell. Sie läßt sich an seiner „Christlichen Verantwortung" vom Frühsommer 1523 ablesen. In dieser ersten Druckschrift der Straßburger Reformation, die Zell dem Rat der Stadt widmete, verteidigte er sich nicht nur, sondern ging seinerseits zum Angriff über: Das Evangelium muß frei und offen für jedermann verkündigt werden, weil allein dadurch die Menschen zum Heil gelangen. Die Bibel und Gottes Geist sind die Grundlagen der Kirche – weshalb von daher alle ihre Ordnungen und Zeremonien gestaltet werden müssen. Und die Kleriker sind schließlich nicht Herren, sondern Diener der Gemeinde, wobei Zell besonders ihre Verantwortung für die kleinen Leute unterstrich. Mit diesen Gedanken gewann er die Herzen seiner Zuhörer. Natürlich gab es auch Gegner der neuen Lehre und viele Zögernde, Unentschiedene. In einer Flugschrift von 1522 heißt es:

„Sohn, willst Du mich anderes lehren,
als das, was meine Eltern geglaubt haben?
Das wäre mir für immer eine Schande.
Ich lasse mich auch nicht davon wegtreiben."

Aber Zells Anhang im einfachen Volk ebenso wie unter den Gebildeten drängte weiter, wollte von Vorbehalten ebensowenig wissen wie von vorsichtiger Vermittlung. Der Rat sollte doch endlich die Kirche säubern, forderte eine lateinische Flugschrift vom Spätsommer 1523, die Masse der

Priester mitsamt den vielen Messen beseitigen, den Besitz der Klöster und Stifte einziehen und nachdrücklich die Prediger fördern, die nicht auf den eigenen Vorteil blickten, sondern auf die Wahrheit Gottes und das Wohl der Gemeinde.

Derart weitreichende Schritte wollte Straßburgs Führung jedoch noch nicht tun. Wie man sich hier die weitere Entwicklung vorstellte, geht aus dem großen Ratsmandat vom 1. Dezember 1523 hervor, in dem der Beschluß des Reichsregiments der Bevölkerung in einer eigenen Fassung mitgeteilt wurde. Gewiß, nur das Evangelium sollte gepredigt werden. Aber auch die leidenschaftlichen Auseinandersetzungen zwischen Klerikern und Laien hatten aufzuhören, die Beschimpfungen und vor allem die aufreizenden Hetzreden. Alles das würde man fortan bestrafen. Der Rat wollte Ruhe und Ordnung in der Stadt. Seine Verordnung stellte eindeutig klar, daß für ihn der Maßstab aller weiteren Entwicklung hieß: „ein recht christliches Gemüt und die evangelische Wahrheit, aber auch brüderliche Liebe, Einigkeit und Frieden." [...]

Die unruhige, angespannte Atmosphäre in der Stadt hatte sich unterdessen noch verdichtet. Die Prediger drängten auf die Durchsetzung ihrer Überzeugung. Sie wollten den Sieg der Wahrheit Gottes in der Stadt. Während die Regierung taktierte, gewann die neue Lehre zunehmend Beifall und Unterstützung. Aber auch der Antiklerikalismus wuchs. Bucer beschwor Capito im Juli, alles daranzusetzen, um die altgläubige Opposition endlich niederzuringen. Er selbst stritt mit Murner über die Messe und veröffentlichte Anfang August eine lateinische Schrift „Über das Herrenmahl" (De caena dominica), worin er die Vorstellung, daß es sich bei der Messe um ein Opfer handele, scharf zurückwies. Aber zum eigentlichen Stein des Anstoßes war inzwischen Konrad Treger, der Provinzial des Augustinerordens, geworden. Dieser hatte im März 1524 in Fribourg in der Schweiz ein Buch mit hundert Thesen (Paradoxa) veröffentlicht, in denen nicht nur die Autorität der Kirche und ihrer Konzilien über die Bibel gestellt, sondern auch die reformatorischen Prediger als unwissende Verführer attackiert wurden. Besonders erbitterte die Straßburger, daß Treger zu keiner öffentlichen Disputation über seine Thesen mit ihnen bereit war. Treger wußte nur zu genau, daß ein solches Streitgespräch lediglich den Predigern nutzen konnte, weshalb er beharrlich den Standpunkt vertrat, allein der Bischof könne eine solche theologische Auseinandersetzung anordnen. Als Treger dann jedoch in seiner am 20. August in Straßburg veröffentlichten „Vermanung" nicht nur die Prediger, sondern auch die Bürger der Stadt als Ketzer und Aufrührer beschimpfte, kam es zur Explosion. Aus erregten Diskussionen und Zusammenrottungen vor den Konventen wurden am 5. September Gewalttätigkeiten. Man brach in die Klöster ein, plünderte und zerschlug u.a. Bilder in den Kirchen, jagte die bekannten Gegner der reformatorischen Bewegung und schleppte sie schließlich vor den Rat, der sie festnehmen mußte. Darunter war auch Treger.

Die Prediger hatten bereits vor dem Ausbruch der Revolte die Regierenden gemahnt, die kirchliche, aber auch die soziale Erneuerung zügiger voranzutreiben. Die Schuld an der sich steigernden Unruhe wiesen sie den Altgläubigen zu. „Von der Gegenseite begehren wir allein, daß ihr nicht gestattet wird, die Ehre Gottes ungehindert zu schmälern, den gemeinen Mann zu blenden und die Stadt mit gottlosen Lügen, wie das bisher geschehen ist, unruhig zu machen", schrieb Bucer. Der Rat forderte Ende September von den Predigern ein Gutachten über die strittigen Punkte, das Bucer umgehend niederschrieb. In zwölf Punkten faßte er die reformatorische Lehre über die Bibel sowie die Rechtfertigung zusammen und begründete die Ablehnung der Messe sowie aller menschlichen Zeremonien, von den Klostergelübden über die Anrufung der Heiligen bis zum Fegefeuer und der traditionellen Liturgie. Daß das Evangelium den

Gehorsam gegenüber der Obrigkeit lehre, unterstrich er schließlich ebenso nachdrücklich, wie er die Herrschaft des Papstes und der Konzilien über die Kirche verwarf.

Am 12. Oktober wurde Treger auf freien Fuß gesetzt. Er verließ die Stadt. Das bedeutete das Ende der offenen altgläubigen Opposition in Straßburg.

Margaret L. King
Standhafte Klosterfrauen

Geborgen in ihrer Frauengemeinschaft, der von den Zeitgenossen fraglos anerkannten Aufgabe des Gebets verpflichtet, skeptisch, was andere Formen weiblichen Wirkens betraf, fürchteten viele Nonnen nichts so sehr wie eine Veränderung ihrer Lage. Mit der Heraufkunft des Protestantismus machten sich männliche Reformatoren mit Feuereifer daran, die Nonnen aus ihren Klöstern zu befreien. Martin Luther persönlich ging mit leuchtendem Beispiel voran, als er in seinem heimatlichen Wittenberg die Klosterpforten sprengte und die ehemalige Nonne Katharina von Bora ehelichte. Nur blinde und verrückte Bischöfe und Äbte, behauptete er 1523 in seinem Pamphlet *Das Jungkfrawen Kloster gottlich verlassen mugen,* würden junge Mädchen dazu verdammen, im Kloster dahinzuwelken; denn „eyn weybs bild ist nicht geschaffen iungfraw tzu seyn, sonder kinder zu tragen". Anonyme Lutheraner forderten 1524 in einer Flugschrift, die „armen Jungfrauen" loszubinden; sie sollten nur so lange im Kloster bleiben, wie sie es selber wollten. Eine Nonne, die das Kloster verlassen wolle, solle es ihren Freundinnen gleichtun, einen Mann nehmen und ihren Nachbarinnen in der Welt dienen. Diese Freiheit wurde den Nonnen nicht ohne weiteres gewährt. Florentina, die Tochter eines Adligen aus Ober-Weimar, die mit sechs Jahren in ein Kloster gesteckt und mit elf gefirmt worden war, erkannte mit vierzehn, daß ihr die wahre Berufung fehlte. Als sie sich an Luther um Hilfe wandte, bevor sie schließlich aus dem Kloster floh, wurde sie auf Anweisung der Ordensoberen eingesperrt, geschlagen und gedemütigt.

In der Anfangszeit der Reformation setzte sich eine Stadt nach der anderen mit der Herausforderung durch die Klöster auseinander. Nicht alle Nonnen wollten befreit werden. Sie blieben der alten Kirche treu und wollten nichts mit der neuen Ordnung zu tun haben, in der das Recht auf Heirat zu einer – für diese Frauen unerwünschten – Pflicht geriet. Zumindest ein Kloster in Straßburg lehnte es ab, sich aufzulösen. Geduldig hörten die Ordensschwestern die hitzigen Pastoren an, die gekommen waren, um ihnen ihr Recht auf Freiheit zu verkünden. Sie fügten sich in ihr Schicksal, als man ihnen die Messe und die Beichte nahm. Aber sie gingen nicht nach Hause, wie die Stadtväter es von ihnen verlangten. Hier wie in allen protestantischen Ländern blieben überzeugte Ordensschwestern bis zu ihrem Tod im Kloster, manchmal als letzte Bewohnerinnen einer sterbenden Institution, in der sie ihr Seelenheil gesucht hatten. In Genf und in Nürnberg, den Schauplätzen der beiden folgenden Fälle, stießen eifernde Reformatoren auf ähnlich zähen Widerstand von Nonnen, die nicht nach Hause gehen wollten, weil das Kloster ihr Zuhause war.

Schwester Jeanne de Jussie, eine Nonne vom Orden der heiligen Klara, die in den Jahren unmittelbar vor der Reformation in einem Genfer Kloster lebte, hat einen Bericht über ihre Erlebnisse als treue Katholikin in einer Zeit der Umgestaltung hinterlassen: *Le Levain du Calvinisme, ou Commencement de l'hérèsie de Genève,* eine Chronik der Jahre 1526 bis 1535. Ihrer Ansicht nach war es Frauen mehr als Männern gegeben, den Angriffen auf die heilige Kirche und der protestantischen Verkehrung der Wertschätzung der Jungfräulichkeit zu widerstehen. Katholische Frauen

„häretischer" Gatten blieben fest im Glauben, bemerkt sie beifällig. Einige „Märtyrerinnen" wurden deshalb von ihrem Mann geschlagen und eingesperrt. Sie stahlen sich heimlich aus dem Haus, um die Messe zu hören, weil sie sich gegen den protestantischen Gottesdienst sträubten. Sie rüsteten sich und ihre Kinder zu bewaffneten Überfällen auf protestantische Frauen. Die Klarissinnen blieben standhaft, auch als protestantische Männer ihr Kloster plünderten und Reformatoren beiderlei Geschlechts versuchten, sie von ihrem Gelübde abzubringen. Sie verrammelten das Tor vor einer Lutheranerin, die ihnen 1534 die „Irrtümer" des Klostergedankens erklären wollte. Eine frühere Äbtissin, nun Protestantin und verheiratet, ermahnte sie: „Ihr armen Kreaturen! Wenn ihr wüßtet, wie gut es ist, neben einem braven Gatten zu leben, und wie gottgefällig es ist! Ich habe lange in jener Finsternis und Heuchelei gelebt, in der ihr euch befindet, aber der einzige Gott hat mich den Mißbrauch meines elenden Lebens erkennen lassen, und ich bin in das wahre Licht der Wahrheit gelangt. [...] Dank Gott allein habe ich schon fünf hübsche Kinder und lebe in guter Gesundheit." Die Nonnen spuckten sie an. Nur eine einzige ihrer Mitschwestern der heiligen Klara sei „abgefallen", berichtet Jeanne de Jussie mit Stolz. Sie selbst verließ mit ihren Gefährtinnen Genf im Jahre 1535 und zog nach Annecy in Frankreich um, wo sie schließlich Äbtissin des dortigen Frauenklosters wurde.

Caritas (mit dem Taufnamen Barbara) Pirckheimer aus einer der stolzesten Patrizierdynastien Nürnbergs war in den turbulenten Jahren der sich ausbreitenden Reformation Äbtissin eines Nürnberger Frauenklosters (ebenfalls vom Orden der heiligen Klara). In dieser Eigenschaft stand sie einer Gemeinschaft von rund sechzig Frauen vor, verwaltete ein beachtliches Vermögen, verhandelte direkt mit der städtischen Obrigkeit, baute die Klosterbibliothek aus und hielt Lateinschule für Mädchen. Ihre *Denkwürdigkeiten* schildern ihren heroischen Verteidigungskampf um das Kloster in der Zeit zwischen 1524 und 1528, als Nürnberg den Prozeß der Reformation durchmachte. 1525 gaben die Stadtväter ihr den Befehl, die Ordensschwestern ihrer Gelübde zu entbinden; die Nonnen sollten den Habit ablegen und das Kloster verlassen, die Vermögenswerte des Klosters inventarisiert werden und die ehemaligen Nonnen, sofern sie keine ausreichende Unterstützung von zu Hause erhielten, Zuwendungen für ihren Unterhalt bekommen. Caritas Pirckheimer entgegnete, die „Kinder" seien durch ihre Gelübde dem Allmächtigen verbunden und nicht ihr, und es stehe nicht in ihrer Macht, sie davon zu entbinden. Nur ein einziges Mitglied der Klostergemeinschaft lief bereitwillig zum Protestantismus über, doch gab es protestantische Familien, die die Entlassung ihrer Töchter aus dem Kloster verlangten. Die Töchter blieben lieber, wo sie waren.

Caritas Pirckheimer beschreibt die dramatischen Vorgänge, als drei junge Frauen gewaltsam von ihren zur Reformation übergetretenen Müttern aus dem Kloster geholt wurden. „Da lieffen die possen weyber herein als die grymigen wulfin. ... Sprachen dy müter zu den kinden, sie wern in schuldig gehorsam zu sein nach dem gots gepot; sie wolten gehabt haben, das sie hynaussgingen, dann sie weren darumb da, das sie ir sel auss der hell wolten erlossen, sie sessen dem teuffel in dem rachen, das kunten sie nymer an ir gewyssen erleiden. Schryen die kinder, sie wolten sich von dem frumen heiligen convent nit schayden, sie weren gar nit in der hel, aber wenn sies hynnaussprechten, wurden sies in abgrunt der hel furen, sie wolten ir sel an dem jungsten tag vor dem strengen richter von in fordern, wiewol sie ir müter weren. [...]" Die „Kinder" waren dreiundzwanzig, zwanzig und neunzehn Jahre alt; die beiden älteren waren dem Orden mit vierzehn, die dritte mit dreizehn beigetreten. Die Mütter, die sie zurückhaben wollten, mußten sie gewaltsam von ihrer Ersatzmutter, der Äbtissin, losreißen, die die Mütter nicht hindern durfte, ihnen aber auch nicht half. Eine Tochter protestierte: „Du pist ein mutter meins flaysch, aber nit meins geist, dann du hast mir mein sel nit geben, drumb pin ich dir nit schuldig gehorsam zu sein in den dingen, die wider mein sel sind. [...] Kriget ein ytliche muter mit ir dochter, verhyessen in ein weyl vil und trötten in ein weyl vil. Aber die kindt weynten und schryen unaufhörlich, weret der streyt und zangk ein lange zeit, redet die Katerina Ebnerin so dapfferlich und bestendiglich und bewertet alle ire wort mit der heiligen geschrif und fing sie in all iren worten und sagt in, wie sie so grosslich wider das heilig ewangelium handelten. Es heten darnach die herrn draussen gesagt, sie heten all ir lebtag des menschen geleichen nye gehort, sie het schier die gancze stundt an unterloss geredt, aber kein vergebens wort, sunder so wol bedechtlich, das ein ylichs wort 1 pfund het gewogen." Schließlich wurden die drei jungen Frauen aus dem Kloster gezerrt und, nach jahrelanger Trennung, nach Hause zu ihren Familien gebracht, die ihnen zwar leiblich, nicht aber seelisch verwandt waren.

Hans Belting

Wider die papistischen Götzen.
Die Logik des Bildersturms

Die Selbstdarstellung der Neugläubigen war auf das Gesicht einer bilderlosen Kirche angewiesen. Die Reinigung des Tempels von den Händlern und von den Bildern sollte die Zustände einer Urkirche, die noch nicht auf die schiefe Bahn geraten war, wiederherstellen. So sah man die Dinge, und so fand man den Angelpunkt der Kirchenreform. Ein gereinigter Tempel setzt aber voraus, daß man ihn erst einmal reinigt. In diesem Sinne ist der Bildersturm angewandte Bilderkritik. Allerdings ist er ein Thema mit vielen Facetten, ja auch mit Widersprüchen. Nicht einmal die Reformatoren waren sich darin einig, wie sie ihn bewerten sollten. Karlstadt betrieb ihn als Gelegenheit zum Aktivismus, Luther bekämpfte ihn als Gefahr des allgemeinen Umsturzes, und Zwingli vertrat mit der geordneten Bildentfernung eine Mittelposition zwischen den „Bilderstürmern" und „Bilderschirmern". [...]

Aber der Bildersturm war nicht nur eine Sache der Theologen. Er schloß den Aufstand gegen Kapital und Obrigkeit ein, mochten nun die Gegner verhaßte Grundherren, reiche Klöster ohne Steuerzwang oder die landfremde spanische Besatzung sein. Die Initiatoren des Bildersturms waren manchmal die Volksmassen, manchmal das Patriziat einer Stadt im Kampf mit der besitzenden Kirche, seltener die Theologen selber. Gerade der Symbolwert einer Säuberung des Tempels machte die Aktion zur scharfen Waffe in vieler Leute Händen. Man konnte damit ebenso die Kirche wie den örtlichen Magistrat oder reiche Grundherren treffen, die sich in kirchlichen Bildstiftungen die eigenen Denkmäler (*simulacra* in der Sprache des Erasmus von Rotterdam) gesetzt hatten. Damit sind Kontroversen der politischen und der Sozialgeschichte berührt, denen wir hier nicht nachgehen.

Die Pole, zwischen denen sich das Geschehen abspielt, sind am besten durch die Verhältnisse in Wittenberg und in Münster gekennzeichnet. In Wittenberg streiten im Frühjahr 1522 die Theologen um das Schicksal der Kirchenreform. Man brauchte dazu die Unterstützung des sächsischen Landesherrn. Deswegen wollte Luther jeden Aufruhr vermeiden, der die eigene Sache gefährden würde, und den alten Bildgebrauch im Falle des Kurfürsten sogar „zulassen. Es gibt Menschen, die diese (richtige) Meinung (von den Bildern) noch nicht haben", und sie kann man nur durch Predigt von ihrem Irrtum überzeugen.

In Münster dagegen haben die Wiedertäufer 1534 den Umsturz des Regimes herbeigeführt. Sie sind als Bewegung längst politisiert, weil ein Reichsgesetz sie zu Aufrührern gestempelt hatte. In Münster vertreiben sie den Bischof als Landesherrn und eröffnen den Angriff auf den Götzen Geld, indem sie das Kapital aus dem Verkehr ziehen und alle Kleinodien im Rathaus horten. Die endzeitliche Heilserwartung soll in der neuen Fleischwerdung des „Wortes" eingelöst werden, welche die Wiedertäufer im eigenen Friedensreich erblickten: Darauf spielt die Losung der Gedenkmünzen an. Von nun an solle man „Gott allein in dem lebendigen Tempel und Herzen der Menschen" und nicht mehr im Bild oder im Sakrament ehren, wie es bei einem der Anführer heißt. Die Bilder seien zu entfernen, damit ihr Gedächtnis aus den Herzen getilgt werde. Die neue Bewegung wollte sich in Münster von den Symbolen und von den Erinnerungen befreien, die in den Bildern verkörpert und verewigt waren. Die sichtbaren Garanten der Tradition waren ein Hindernis in der Stunde des Aufbruchs.

Die Revolutionäre von Münster, die nur eine Episode blieben, stehen am Rande des Hauptgeschehens der Reformation, das vom lutherischen und calvinistischen Flügel getragen wird und 1566 auch die Niederlande erreicht. Aber die religiöse Selbstbestimmung ist auch andernorts eng mit der politischen Selbstbestimmung gekoppelt. Die eine Emanzipation macht selten vor der anderen Halt. Die Repräsentation der alten Zeit, in der die Kirche und der Landesherr die öffentliche Kultur beherrschten, gerät in eine Krise, die in der Entfernung der Bilder manifest wird. Neue Formen und Träger der Repräsentation werden gesucht. Die private Kultur, die erst auf eine kurze Geschichte zurücksah, entwickelte sich um so rascher, je fragwürdiger die öffentliche wurde. Das Sammeln von Gemälden und Kleinbronzen, die unkontroverse Themen einführten, ist dafür ein wichtiges Indiz.

In Genf war der Bildersturm am 8. August 1535 das zentrale Ereignis für die Konsolidierung der Reformation. Die neuen Prediger beherrschten die Szene, nachdem der Bischof als Stadtherr vertrieben war. Calvin stieß 1536 zu ihnen, konnte aber erst seit 1541 ein theokratisches Regime in der Stadt errichten, in dessen Politik die alten Grenzen zwischen profanem und kirchlichem Leben hinfällig wurden. Die neue Ära, die nach der Säuberung der Kirchen gleichsam in einer Stunde Null begann, wurde in einer quadratischen Bronzeinschrift (99 cm²) gefeiert, die bis zum Jahre 1798 am Rathaus angebracht war: „Im Jahre 1535 wurde die Tyrannei des römischen Antichrists niedergerungen. Wir haben dem Aberglauben abgeschworen und die sakrosankte Religion Christi wieder in den Urzustand, seine Kirche in eine bessere Ordnung zurückversetzt. Die Stadt, deren Feinde wir in die Flucht trieben, erhielt nicht ohne ein Wunder des Himmels die Freiheit wieder. Senat und Volk von Genf haben zur ewigen Erinnerung daran das Monument an diesem Ort errichten lassen. Möge es für die Nachfahren ihren Dank an Gott bezeugen."

Das Denkmal, eine antikische Ehreninschrift in klassischem Latein, ist gleichsam eine ‚Ikone des Worts', die dem Bildgedächtnis das Schriftgedächtnis entgegensetzt. Zugleich ist es ein Manifest der humanistischen Bildung, in welcher der Geist, repräsentiert im Wort, über die Materie und das „äußerliche Bild" triumphieren sollte. Am Genfer Rathaus drückte die Inschrift den Sieg der ‚Aufklärung' und den Willen zur religiösen Selbstbestimmung aus. Sie tut dies in der Form der Proklamation und im Tonfall des Gesetzes, das alle, Prediger, Gemeinde und Stadt, an das Wort Gottes bindet. Die Religion war im Leben der Öffentlichkeit und des einzelnen durch das Bibelwort sowohl präsent wie repräsentiert. Jede Repräsentation im Bild war in der „Calvinischen Religion", wie sie ein niederländischer Kupferstich nennt, verpönt. Die Ehreninschrift der Stadt hält die Gründung einer neuen Ära im kollektiven Gedächtnis fest. Der Bildersturm (und nicht die drei Jahre frühere Einführung der Reformation) lieferte dafür das offizielle Datum.

Die Formen, in denen sich andernorts der Bildersturm vollzog, lassen manchmal erkennen, welche Motive hinter den Aktionen standen. Der Reutlinger Chronist Fizion beschreibt, wie im Jahre 1531 die Hauptkirche „ganz von abergläubischer Substanz und päpstlicher Abgötterei ausgesäubert wurde". Man zerstörte auch die Altäre „und riß die Bilder weg mit Gespött". Zwei Motive stehen dabei im Vordergrund. Es geht darum, die Ohnmacht der Bilder zu demonstrieren, denen man immer so viel Macht zugeschrieben hatte. Zum anderen will man die alten Institutionen, besonders die römische Kirche, bloßstellen, die mit solch wirkungslosen Bildern über die Menschen hatte Macht ausüben wollen.

Deshalb geht man einen Schritt über die bloße Entfernung der Bilder hinaus, wenn man sie am alten Ort stehen läßt, aber ihre Gesichter und Hände abschlägt, sie also jener Merkmale beraubt, mit denen sie die Menschen am meisten beeindruckt hatten. Wenn dann der Frevel ungesühnt blieb, war die Machtlosigkeit von Bildern, die nur aus totem Stoff bestanden, um so mehr bewiesen. Die Verhöhnung der Bilder war zuweilen wichtiger als ihre Entfernung. Die Bloßstellung der Institutionen, die diese Bilder verwaltet hatten, nahm manchmal die Form der stellvertretenden Bestrafung „in effigie" an. Wenn man die Schuldigen nicht erreichte, ließ man den Unmut an den Bildern aus, die sie zurückgelassen hatten. Das waren im normalen Strafrecht die Porträts und Wappen. Nun sind es die Kultbilder, in welchen man die alte Kirche bestraft. So kam es manchmal zu einem rituellen Akt, für den bekannte Methoden des Strafvollzugs gewählt wurden. Wenn die Bilder wie ihre eigenen Karikaturen, verstümmelt und verhöhnt, stehenblieben, konnte sich der Betrachter, der mit dem Respekt vor ihnen aufgewachsen war, immer neu seiner eigenen Emanzipation versichern.

Gegenüber der römischen Kirche, die man mit dem Bildersturm treffen wollte, rechtfertigten sich die Initiatoren mit der Bild- und Wortsatire des illustrierten Flugblatts. Man konnte den „Irrtum" Roms am besten entlarven, wenn man den Bilder- und Reliquienkult als Rückfall ins Heidentum denunzierte. Das ging besonders gut, wenn die „Parallelen" aus dem Judentum stammten, denn dort war jeder Bilderkult ein Abfall vom rechten Glauben gewesen und von Jahwe sofort bestraft worden. Salomons Götzendienst, zu dem ihn die fremdländischen Weiber verführten, ist ein einschlägiges Beispiel. In diesem Licht betrachtet, ist die Reformation eine ähnliche Rückkehr zum rechten Glauben, wie sie im Alten Testament auf jede Strafexpedition Jahwes erfolgt war. Was der Kirche Roms widerfuhr, nämlich durch das Handeln der Bilderstürmer, war in eben diesem Sinne nur eine neue Lehre aus der Geschichte, wenn man der Logik der Flugblätter folgt.

Peter Blickle

Unchristliche Steuern

Mit dem Hinweis auf die aufsteigende Linie von Steuerrevolten seit dem 16. Jahrhundert in Europa ist auch deren eigentliche Ursache benannt: Es ist der moderne Staat, der sich in der frühen Neuzeit zunehmend entwickelt und institutionalisiert. Ein wesentliches Kennzeichen des modernen Staates ist die Finanzierung seiner Aufgaben über Steuern. Das war im Mittelalter noch anders. Staatliche Aufgaben hatte der König oder Landesfürst aus seinen eigenen Einkünften zu finanzieren, die er in Form von Natural- oder Geldabgaben von seinen Untertanen bezog oder in Form von Zöllen über seine Regalienhoheit erwirtschaftete. Je umfangreicher die staatlichen Aufgaben wurden, je mehr sich der Staat von seiner ursprünglichen Funktion der Friedens- und Rechtswahrung in den Bereich der Wirtschafts- und Sozialpolitik vorwagte, um so größer wurden die administrativen Aufgaben und um so weniger reichten die traditionellen fürstlichen Einkünfte zur Bestreitung dieser wachsenden Verpflichtung aus.

Die Bauern und Bürger bekamen zu Beginn des 16. Jahrhunderts die Anfänge dieser Entwicklung zum modernen Staat zu spüren, und insofern sind sie, umgesetzt in die Form von Beschwerden und Forderungen, ein integraler Bestandteil des Bauernkriegs. [...]

Um den Stellenwert der Steuer als Belastung der Bauern im Gesamtgefüge der Bauernkriegsursachen ermessen zu können, bedarf es vorab einer Charakterisierung des Aufstandes selbst. Der Bauernkrieg war zweifellos die größte Massenerhebung in Europa vor der Französischen Revolution und darüber hinaus auch der Aufstand mit der weitestreichenden politischen Perspektive. Was die Aufständischen wollten, war eine neue gesellschaftliche und eine neue politische Ordnung: Die „Herrenstände" Adel und hohe Geistlichkeit – die bisherigen Träger von Herrschaft und Obrigkeit – sollten ihre privilegierte wirtschaftliche, soziale und politische Stellung aufgeben, was notwendigerweise eine neue staatliche Organisation erfordert hätte, die auf zwei Prinzipien gegründet werden sollte: *Gemeinden* sollten Grundlage der politischen Ordnung werden, politische Ämter auf dem Weg der *Wahl* vergeben werden. Auf diese Weise hoffte man, den „gemeinen Nutzen" zu mehren, wie eines der programmatischen Schlagwörter des Bauernkriegs hieß.

Entscheidende Impulse erhielten die Aufständischen von der gleichzeitigen Reformationsbewegung, die tendenziell eine Verchristlichung der gesellschaftlichen und politischen Ordnungen erstrebte. Von ihr bezogen die Bauern die Formel von der „brüderlichen Liebe", die es zu verwirklichen gelte. Die Schwarzwälder Bauern warben 1525 bei den Städten für den Beitritt zu ihrem Bündnis, „damit gemeiner christlicher Nutz und brüderliche Lieb widerum aufgericht, erbaut und gemehrt werde", und die Bürger und Bauern Tirols forderten eine neue Landesordnung, damit „brüderliche lieb gehalten und gemainer nutz gefürdert werd".

Gemeiner Nutzen und christliche, brüderliche Liebe waren die ethischen Normen einer Neuordnung, die die Bauern aus dem Evangelium zogen. Das „Evangelium ohne menschlichen Zusatz", das „reine Evangelium", von dem die Reformatoren – Luther, Zwingli, Butzer – so viel gepredigt hatten, lieferte den Bauern die Kategorien, an denen die bestehenden Verhältnisse gemessen – und kritisiert wurden. Damit konnte man gegen die als zu hoch empfundenen Belastungen der Güter angehen: „Wir sein beschwert, und der vil, so Güter innhaben", heißt es in einer weit verbreiteten Beschwerdeschrift, „das dieselbigen Güter die Gült [die Abgaben an die Grundherren] nit ertragen kinden und die Bauren das Ir darauf einbießen und verderben [...] das die Herrschaft [...] nach der Billigkeit ein Gilt erschöpf, damit der Bauer sein Arbeit nit umbsunst tue; dann ain ietlicher Tagwerker ist seins Lons wirdig."

Mit dem Evangelium konnte man die Frondienste anfechten: „Es ist unser hart Beschwerung der Dienst halben, wölche von Tag zu Tag gemert werden und teglich zunemen, begeren wir das man ain zimlich Einsehen darein tue, uns dermaßen nit so hart beschweren, sonder uns gnedig hierinnen ansehen [...] nach Laut des Wort Gots." In diesem Argumentationsfeld konnte man sich schließlich auch vehement gegen die Leibeigenschaft wenden: „Es ist der Brauch bisher gewesen, das man uns für aigen Leut gehalten hat, wölchs zu erbarmen ist, angesehen das uns Christus all mit seinem kostparlichen Plutvergiessen erlöst und erkauft hat, den Hirten gleich als wol den Höchsten, kain ausgenommen. Darumb erfindt sich mit der Geschrift, das wir frei seien und wöllen sein."

Reduziert man dieses anspruchsvolle Programm für Gleichheit und Gerechtigkeit, das seine Legitimation von einer neu verstandenen Christlichkeit bezog, auf seine wirtschaftlichen Ausgangsbedingungen, dann kommt der Steuer gewiß eine nicht unerhebliche Bedeutung im Rahmen der Aufstandsursachen zu: Sie widersprach der Kategorie der

Gleichheit, weil die Herrenstände Adel und Geistlichkeit von ihr befreit waren, und sie widersprach der Kategorie der Gerechtigkeit, weil sie die Bauern neben ihren Natural- und Geldabgaben an ihre Grundherren über das herkömmliche Maß der Billigkeit zusätzlich belastete. [...]
Wo immer flüchtige oder nähere Einblicke in das Finanzwesen der Territorien möglich sind, wird die Bedeutung der Steuer klar erkennbar: in Salzburg und in der Kurpfalz, in Tirol und Württemberg. Vom Ausmaß der steuerlichen Belastung der Bauern kann Franken konkretere Vorstellungen vermitteln: Die Landsteuer belastete das mobile Vermögen in den Jahren vor 1525 mit fünf bis zehn Prozent; die Weihsteuern, die anläßlich der Inthronisation eines Bischofs und damit nicht regelmäßig, im Hochstift Bamberg jedoch 1501, 1503, 1505 und 1522, zu entrichten waren, betrugen bei Stiftslehen zehn Prozent des Gesamtvermögens und erreichten für Güter außerhalb der bischöflichen Grundherrschaft Beträge bis zu 10 fl. Hinzu traten indirekte Steuern auf Wein und Bier, zum Teil auch auf Fleisch und Mehl, die eine Preiserhöhung von zehn bis zwanzig Prozent bedeuteten. Zusammen mit den Reissteuern, die 1519, 1523 und 1524 fällig wurden, bedeutete dies eine enorme Belastung, so daß letztendlich Steuern und Zinsen die Hälfte des jährlichen Einkommens verschlangen.

Es fehlte angesichts solcher Vorbilder natürlich auch in den kleineren Territorien nicht an Versuchen der Herren und Obrigkeiten, sich über die Steuern höhere Einkünfte zu sichern. Dies geschah in Stadtstaaten wie Basel oder Fürstabteien wie Kempten, wo der Steuersatz immerhin bei eineinhalb Prozent des Vermögens lag.

Daß Steuerbeschwerden in den Forderungskatalogen der Aufständischen vorkommen und gelegentlich auch einen breiten Raum einnehmen, erklärt sich nicht zuletzt aus der Tatsache, daß die Belastung der Untertanen die Toleranzgrenze wohl erreicht hatte. Wollte man die Ehre des eigenen

Standes wahren – um das zu gewährleisten war ein gesichertes Einkommen über die reinen Reproduktionskosten hinaus unerläßlich, schließlich galt es Hochzeiten, Begräbnisse und Taufen auszurichten –, konnten wachsende obrigkeitliche Anforderungen nicht stillschweigend hingenommen werden. Überschlägige Berechnungen gehen davon aus, daß die grundherrlichen Abgaben und Zehnten etwa ein Drittel des jährlichen Bruttoertrags eines Hofes ausmachten. [...]

Die Summe der Abgaben und Belastungen, verbunden mit einer rigiden Einzugspraxis, wurde schließlich als schiere Tyrannei empfunden. So verstehen sich die heftigen Zornesausbrüche in den radikalprogrammatischen Schriften des Jahres 1525: „Es sei auch die Zeit schon kommen", heißt es in einem Verfassungsentwurf vom Schwarzwald, „das Gott der weltlichen Herren Schinden, Schaben, Stöcken, Blöken, Zwingen, Tringen und ander Tyrannei nicht mehr leiden wölle. Sie tuen mit den armen Leuten wie Herodes mit den unschuldigen Kindelein". Und wortgewaltig äußerte sich Thomas Müntzer, der Theologe der Revolution, aus dem Norden: „Sieh zu, die grundtsuppe des wuchers, der dieberey und rauberey sein unsere Herrn und Fürsten, nemen alle creaturen zum Aigentumb [...] Darüber lassen sie dann Gottes Gepot ausgeen unter die Armen und sprechen: Gott hat gepoten, du solst nit stelen [...] Die Herren machen das selber, daß ihn der arme Man Feindt wirdt. Die Ursach des Aufruhrs wollen sie nit wegtun, wie kann es die lenge gut werden!" [...]

Die Revolution von 1525 ist militärisch niedergeworfen worden und damit als Revolution gescheitert. Der Siegeszug der Steuer war mit der Ausbildung des Staates weder in Deutschland noch in Europa aufzuhalten. Die Steuer, die als unregelmäßiger Beitrag in besonderen Notlagen im 15. und frühen 16. Jahrhundert erhoben wurde, von Kaiser und Reich zur militärischen Sicherung des Reiches und von den geistlichen Landesfürsten bei besonderen Belastungen wie der Entrichtung hoher Gebühren nach Rom für die päpstliche Investitur, wurde allmählich, spätestens im 17. Jahrhundert, zu einer regelmäßig wiederkehrenden Belastung mit deutlich steigender Tendenz.

Hans-Jürgen Goertz
Die Verfolgung der Täufer

Der Zweite Reichstag zu Speyer 1529 ist ein Meilenstein auf dem Wege zu neuzeitlicher Gewissensfreiheit. Er ist auch eine Wegmarke in der Geschichte der Intoleranz gegenüber Andersgläubigen und Nonkonformisten, sofern diese ohne politischen Schutz und Rückhalt waren. Auf der einen Seite steht die mutige Protestation der neunzehn evangelischen Reichsstände, die sich ihr religiöses Gewissen politisch nicht binden ließen, und auf der anderen Seite steht das Mandat, das die Todesstrafe gegen die Täufer reichsrechtlich verfügte. Wohl haben sich die evangelischen Reichsstände der Erneuerung des Wormser Edikts von 1521, das die Reformation verhindern sollte, widersetzt; sie haben jedoch nicht gegen die verschärften Verfolgungsmaßnahmen, denen die Täufer ausgesetzt werden sollten, protestiert. Das Wiedertäufermandat wurde vielmehr einmütig zum Reichsgesetz erhoben und dem Reichsabschied einverleibt. Der Speyerer Reichstag ist die Geburtsstunde des Protestantismus genannt worden. Es darf jedoch nicht vergessen werden, daß mit diesem Reichstag auch die Sterbestunde des Täufertums eingeläutet wurde. Einige Gruppen konnten die schweren Verfolgungen zwar überstehen, der vitale Schwung des Aufbruchs wurde aber gebrochen und verflüchtigte sich zu Kümmerformen täuferischer Gemeindebildungen. [. . .]

Der Inhalt des Wiedertäufermandats, genauer der „Konstitution", die dem Reichsabschied beigefügt wurde, ist schnell zusammengefaßt:

1. Wer wiedertauft oder sich der Wiedertaufe unterzogen hat, ob Mann oder Frau, ist mit dem Tode zu bestrafen, ohne daß vorher noch ein geistliches Inquisitionsgericht tätig zu werden braucht.

2. Wer sein Bekenntnis zu den Wiedertäufern widerruft und bereit ist, für seinen Irrtum zu sühnen, soll begnadigt werden. Er darf jedoch nicht Gelegenheit erhalten, sich durch Ausweisung in ein anderes Territorium einer ständigen Aufsicht zu entziehen und eventuell rückfällig zu werden. Die hartnäckig auf der täuferischen Lehre beharren, werden mit dem Tode bestraft.

3. Wer die Wiedertäufer anführt oder ihre Ausbreitung vorantreibt (Fürprediger, Hauptsacher, Landlauffer und die aufrührerischen Aufwiegler), soll „keines wegs", also auch bei Widerruf nicht, begnadigt werden.

4. Wer nach einem ersten Widerruf rückfällig geworden ist und abermals widerruft, soll nicht mehr begnadigt werden. Ihn trifft die volle Strafe.

5. Wer die Taufe für seine neugeborenen Kinder verweigert, fällt ebenfalls unter die Strafe, die auf Wiedertaufe steht.

6. Wer von den Täufern in ein anderes Territorium entwichen ist, soll dort verfolgt und der Bestrafung zugeführt werden.

7. Wer von den Amtspersonen nicht bereit ist, nach diesen Anordnungen streng zu verfahren, muß mit kaiserlicher Ungnade und schwerer Strafe rechnen. [...]

Das Begehren, gegen die Täufer strafrechtlich vorzugehen, ist nicht plötzlich auf der Tagesordnung des Reichstags erschienen. Es hat eine Vorgeschichte. Das erste Mandat gegen die Täufer wurde am 7. März 1526 in Zürich erlassen und am 19. November desselben Jahres durch ein weiteres bestätigt, ergänzt und verschärft: Nicht allein die Wiedertaufe wurde unter die Todesstrafe gestellt, sondern bereits auch die Predigt der Täufer. Diese beiden Mandate bildeten

die rechtliche Grundlage für das Todesurteil über den Täuferführer Felix Mantz, das zu Beginn des Jahres 1527 durch Ertränken in der Limmat vollstreckt wurde. Der Züricher Rat hatte zunächst versucht, die Täufer durch Disputationen, gutes Zureden und milde Strafen von ihren Anschauungen abzubringen. Als das jedoch nicht zum erwünschten Erfolg geführt hatte und die Täufer sich immer mehr ausbreiteten, entschloß sich der Rat zu rigorosem Vorgehen. Zwingli kommentierte das erste Wiedertäufermandat in einem Brief an Vadian, den Bürgermeister in St. Gallen, so: „wer sich von jetzt an noch taufen lasse, der werde ganz untergetaucht; das Urteil ist schon gefällt. So hat sich endlich die lang genug auf die Probe gestellte Geduld erschöpft." Der Rat hatte sich von diesem Mandat vor allem eine abschreckende Wirkung erhofft. Als Begründung für das Todesurteil gegen Mantz hat er es jedoch nur indirekt verwandt. In der Urteilsbegründung spielt nämlich weniger die Wiedertaufe als solche eine Rolle als vielmehr der Bruch des Eides, den Mantz einst geleistet hatte, hinfort nicht mehr zu taufen, – wie ja auch besonders auf die obrigkeitsfeindlichen und aufrührerischen Konsequenzen seines Handelns, die Zerrüttung des gemeinen, christlichen Friedens, hingewiesen wird. [...]
Die eidgenössische Schweiz, die übrigens auch zum Reichstag nach Speyer geladen war, ist *ein* Ursprungsland des Täufertums, ein anderes ist Mittel- und Oberdeutschland, das der Müntzerschüler Hans Hut mit missionarischem Eifer durchzog, um für ein mystisch-apokalyptisches Täufertum zu werben. Sehr schnell drang er mit seinen Anschauungen in die habsburgisch-österreichischen Lande ein und fand soviel Resonanz, daß Erzherzog Ferdinand I., König von Böhmen und Ungarn, bald auf die Täufer aufmerksam wurde. Die täuferische Bewegung sickerte sehr viel spektakulärer als die übrigen reformatorischen Bewegungen in Österreich ein und zog den Affekt gegen die Reformation allgemein auf sich. Vorgegangen wurde gegen alle

Reformbewegungen auf der Rechtsgrundlage des Wormser Edikts, so beispielsweise auch gegen den Schweizer Täuferführer Michael Sattler in dem aufsehenerregenden Prozeß in Rottenburg am Neckar im Mai 1527. Das Urteil lautete: „Zwischen dem Anwalt Seiner kaiserlichen Majestät und Michael Sattler ist zu Recht erkannt, daß man ihn dem Henker an die Hand geben soll. Der soll ihn auf den Platz führen und ihm allda zuerst die Zunge abschneiden, ihn dann auf den Wagen schmieden, zweimal mit einer glühenden Zange Stücke aus dem Leib reißen und ihm auf dem Weg zur Malstatt noch weitere fünf solcher Griffe geben. Darnach soll er seinen Leib als den eines Erzketzers verbrennen." Mit Recht hat Horst Schraepler hier von einem „Ketzerprozeß vor weltlichem Gericht" gesprochen. Ab 1527 scheint das Täufertum in Österreich so anzuwachsen, daß Ferdinand I. mit dem Vorgehen seiner Behörden und Gerichte gegen die Täufer selber befaßt wird und dieser Bewegung mit mehreren Mandaten Einhalt zu gebieten versucht. Im August 1527 bestätigt er noch einmal das Wormser Edikt und wendet sich nicht nur gegen die reformatorischen Bewegungen allgemein, sondern vor allem auch gegen die „new erschrockhenlich unerhört leren" der Täufer und Sakramentierer. Unter Hinweis auf das alte kaiserliche Recht droht er für diese Ketzerei die Todesstrafe an. Es finden sich hier allerdings noch keine Regelungen, wie im Falle eines Widerrufs von verführten Personen etc. zu verfahren sei. Wie ernst ihm die Verfolgung der reformatorischen Bewegungen ist, zeigt jedoch die detaillierte Beschreibung der Delikte und die präzise Festsetzung des jeweiligen Strafmaßes, auch die eindringliche Drohung gegen jeden, der dieses Mandat nicht strikt befolgt.

Das erste Mandat, das sich speziell gegen die Täufer wendet, wurde im Oktober desselben Jahres von Ferdinands oberösterreichischem Landeshauptmann erlassen; genaugenommen ist das kein Strafmandat, sondern eine Aufforderung an die Untertanen, die Täufer anzuzeigen und den Behörden zur Bestrafung zuzuführen. Bemerkenswert ist hieran, was in dem Mandat zuvor nur leise angeklungen ist, daß von diesen Ketzern nicht nur die christliche Einheit in Mitleidenschaft gezogen werde, sondern daß von ihnen auch „widerwillen, auffruer, abfallung der obrigkait und besunderung des gemein mans" ausgehen könne. Das ist offensichtlich eine Erinnerung an die Bauernunruhen der Vorjahre. Deutlicher noch kommt in dem Mandat Ferdinands I. vom Dezember 1527 zum Ausdruck, wie stark die Furcht vor einem „khünfftigen aufstandt von der gemain wider all ober- und erberkaitten" ist. So tritt allmählich neben den Ketzervorwurf auch der Vorwurf des Aufruhrs. Ketzerei und Aufruhr werden aber noch nicht miteinander identifiziert. Es wird nur gesagt, daß Aufruhr aus der Ketzerei folgen könne. Deutlich erkennbar wird aber die Tendenz zur Verschärfung der antitäuferischen Maßnahmen; das geht so weit, daß Ferdinand ein Urteil gegen Täufer in Steyr, das ihm zu milde ausgefallen ist, kassiert und in ein Todesurteil umwandelt.

Am 4. Januar 1528 wird schließlich in Speyer, dem Sitz des Reichsregiments, ein kaiserliches Mandat erlassen, in das zweifellos die Erfahrungen und Regelungen Österreichs eingegangen sind. Es wird gesagt, daß nach geistlichem und weltlichem Recht die Todesstrafe auf Wiedertaufe steht und daß die Wiedertäufer den Umsturz und die Abschaffung der Obrigkeiten im Schilde führten. Der Kaiser erinnert die Obrigkeiten an ihre Pflicht, gegen diese Bewegung streng vorzugehen. Die Schlußpassage dieses Mandats ist jedoch so abgefaßt, daß das vorher gesetzte Strafmaß nicht noch einmal ausdrücklich zur verpflichtenden Norm erklärt wird. Dies Mandat ist das erste auf Reichsebene und der unmittelbare Vorläufer des Wiedertäufermandats, das ein Jahr später auf dem Reichstag zum Reichsgesetz erhoben wird.

Johannes Brosseder
Augsburg 1530 – ein „ökumenischer" Reichstag

Kaiser Karl V., der im Februar 1530 die römische Kaiserkrone aus der Hand des Papstes empfing, hatte sich vorgenommen, die Glaubenseinheit auf anderen als den bisher beschrittenen Wegen wiederherzustellen. Am 21. 1. 1530 berief er für den 8. 4. 1530 einen Reichstag nach Augsburg ein. In diesem Einberufungsschreiben wünscht er, „die Zwietracht hinzulegen, vergangene Irrsal unserem Heiland zu ergeben und ferner eines jeden Gutdünken, Opinion und Meinung in Liebe und Gütigkeit zu hören, zu erwägen, zu *einer* christlichen Wahrheit zu bringen". Die Ausschreibung des Reichstags fand auf evangelischer Seite freundliche Aufnahme. Johann von Sachsen forderte die Wittenberger Theologen auf, die Fragen, an denen der Zwiespalt sich entzündet hatte, zusammenzustellen, um über den Verhandlungsspielraum in Augsburg genau Bescheid zu wissen. Für die Glaubensfragen konnte man sich dabei auf die 17 Schwabacher Artikel von 1529, die ihrerseits ihre Grundlage in Luthers Bekenntnis am Schluß des gegen Zwingli gerichteten Werkes *Vom Abendmahl Christi* (1528) hatten, stützen; Fragen der Kirchenordnung und der kirchlichen Zeremonien mußten dagegen neu zusammengestellt werden. Dies geschah in einem von Melanchthon verfaßten Gutachten, nach der Verhandlung vom 27. 3. 1530 in Torgau *Torgauer Artikel* genannt. Luther mußte auf der Reise nach Augsburg als Geächteter in der kursächsischen Veste Coburg zurückbleiben. Melanchthon wurde daher der theologische Wortführer der Evangelischen auf dem Augsburger Reichstag. Am 2. 5. 1530 traf die Delegation in Augsburg ein. Melanchthon sah aufgrund einer von Eck verfaßten Liste von 404 häretischen Sätzen die Notwendigkeit, aus den beiden mitgebrachten Artikeln (Schwabacher und Torgauer) ein einheitliches Bekenntnisdokument (die spätere *Con-*

fessio Augustana) zu verfassen. Dieses sollte sich einerseits klar gegen die Zwinglianer und die Schwärmer abgrenzen und andererseits die grundlegende Übereinstimmung mit der von den Vätern überkommenen katholischen Lehre zum Ausdruck bringen. Ein erster Entwurf wurde Luther am 11. 5. zur Coburg übersandt. Am 15. 5. äußerte sich Luther zustimmend: Er wisse nichts daran besser zu machen; das schicke sich auch nicht, da er nicht so sanft und leise treten könne. [...]

Karl V. kam am 15. 6. 1530 nach Augsburg. Noch vor der Eröffnung des Reichstages am 20. 6. 1530 hatte Melanchthon in geheimen Verhandlungen den ganzen Zwiespalt auf die Fragen nach Priesterehe, Privatmesse und Laienkelch, wenig später nur noch auf Priesterehe und Laienkelch zu reduzieren versucht. Sollte hier nachgegeben werden, seien die Evangelischen bereit, in der Frage des Fegefeuers, der bischöflichen Jurisdiktion und vielem anderen nachzugeben. Wegen fehlender Rückendeckung konnten diese Verhandlungen keinen Erfolg haben.

Am 25. 6. wird der deutsche Text der CA vom kursächsischen Kanzler öffentlich verlesen, und sowohl der deutsche wie der lateinische Text – beide Fassungen sind nebeneinander entstanden und haben als authentisch zu gelten – wurden überreicht. Beide Fassungen sind nicht mehr vorhanden; die Urtexte müssen aus bisher 54 bekannt gewordenen Kopien rekonstruiert werden. Der Kaiser veranlaßte nun, nachdem ihm eine vorgelegte katholische Antwort als zu lang und zu polemisch erschien, eine in seinem Namen ausgehen sollende *Confutatio*, die am 3. 8. 1530 in deutscher Sprache vor den Reichsständen verlesen, den Evangelischen aber nicht ausgehändigt wurde. Der Kaiser hielt damit die *Confessio Augustana* für widerlegt (und forderte vom Papst die Einberufung eines Konzils), die Evangelischen nicht. Die Kurie ihrerseits fürchtete ein Konzil mehr als Zugeständnisse an die Evangelischen und lehnte die Einberufung eines Konzils der Sache nach ab, was den Kaiser zu erneuten

Vergleichsverhandlungen veranlaßte, die ihrerseits aber an dem, was in der CA Mißbräuche genannt worden war, scheiterten, ohne daß die Bedeutung des erreichten Lehrkonsenses, den auch die *Confutatio* feststellte, gebührend gewürdigt worden ist. Nie mehr sind sich die beiden Seiten so nahe gewesen wie in Augsburg, wenngleich Melanchthon in der Zeit Juli/August 1530 bis an den Rand evangelischer Selbstverleugnung gegangen ist, was von Luther heftigst attackiert und scharf abgelehnt worden ist, ohne im einzelnen das Ausmaß dessen zu kennen, was Melanchthon zu „opfern" bereit gewesen ist. Luther drängte auf Abbruch aller Verhandlungen. Am 22. 9. 1530 wird ein Entwurf des Reichstagsabschieds den Ständen vorgelegt, doch von den evangelischen Ständen abgelehnt, die ihrerseits die inzwischen von Melanchthon erstellte Apologie der CA dem Kaiser übergeben wollten, die dieser aber nicht annahm. Die meisten evangelischen Stände verließen nun Augsburg. Am 19. 11. 1530 folgte der Reichstagsabschied; in ihm wird den Evangelischen hinsichtlich der Artikel, über die man sich nicht verständigt hatte, Bedenkzeit bis Mitte April 1531 eingeräumt; es wird ihnen verboten, weitere Neuerungen durchzuführen. Ferner dürfen sie die Ausübung des alten Glaubens nicht behindern. Weiter wird die Einberufung eines Konzils innerhalb von sechs Monaten gefordert und schließlich wird die Entschlossenheit zur Durchführung des *Wormser Ediktes* von den noch anwesenden altgläubigen Ständen bekundet. Gegen Ungehorsame sollte das mit neuen Vollmachten ausgestattete Reichskammergericht vorgehen. Die Gefahr eines Waffengangs wurde deutlich sichtbar. Die evangelischen Stände, die sich vom 29. bis 31. Dezember 1530 im thüringischen Schmalkalden versammelten, beschlossen am 31. 12. 1530 für sechs Jahre ein Schutz- und Trutzbündnis für den Fall eines Angriffs, das 1537 um 10 Jahre verlängert wurde. Luther billigt nach langem Widerstreben ein solches Bündnis, indem er in seiner „Warnung an seine lieben Deutschen" 1531 darauf verweist, daß Widerstand gegen die Papisten, ja sogar gegen den Kaiser, wenn er gegen das Evangelium einen Krieg führen will, nicht Aufruhr gegen von Gott gesetzte Obrigkeit, sondern Notwehr ist.

Alfred Kohler
Das Ende des Universalreiches

Der Kaiser stand auf dem Höhepunkt seiner Macht. Sein persönliches Verhalten war von übersteigertem Stolz geprägt. Dies kommt im Umgang mit dem Landgrafen von Hessen, der bei Intervention zugunsten seines sächsischen Schwiegervaters vom Kaiser gefangengesetzt wurde, oder im Falle des alten württembergischen Herzogs Ulrich, der eine schwere Demütigung (Fußfall) über sich ergehen lassen mußte, zum Ausdruck. Aber nicht nur das Reich, sondern ganz Europa bekam die Folgen des kaiserlichen Sieges von Mühlberg zu spüren.

Was die Lösung der zentralen Probleme des Reiches und der Christenheit betraf, kamen aber gerade jetzt enorme Schwierigkeiten zutage. Die verschiedenen Auffassungen über die Konzilsberatungen führten zunehmend zur Entfremdung zwischen Karl V. und Paul III. Während der Kaiser mit Rücksicht auf die deutschen Protestanten für die vorrangige Beratung und Beschlußfassung der Kirchenreformfragen eintrat, drängte der Papst auf eine rasche dogmatische Lösung, die eine Abweisung der lutherischen Theologie verfolgte. Im Januar 1546 trafen das Konzil und Papst Paul III. zwei Entscheidungen, die die Absichten der kaiserlichen Politik massiv durchkreuzten: Die Konzilsmehrheit setzte die gegen Luther gerichtete tridentinische Rechtfertigungslehre durch und verlegte das Konzil von Trient nach Bologna, ohne den Kaiser davon zu verständigen.

Diese translatio war für Karl V. ein wohl noch härterer

Schlag gegen seine Reichs- und Kirchenpolitik als der Abzug der päpstlichen Hilfstruppen noch während des sächsischen Feldzuges. Der Kaiser und seine Umgebung mußten diese Maßnahmen als bösartige Störaktionen auffassen, demgemäß prasselten auf den Nuntius die Kritik am und der Hohn des Kaisers über das Verhalten des Papstes nieder. Um die kirchliche Einheit des Reiches war es in diesem Augenblick äußerst schlecht bestellt. Darüber konnte auch der militärische Triumph des Kaisers nicht hinwegtäuschen. Es mußte sich nun zeigen, welche Vereinbarungen mit den Reichsständen auf dem Augsburger Reichstag zustande gebracht werden konnten.

Im Herbst/Winter 1546/1547, also schon während des Schmalkaldischen Krieges, hatte Karl V. eine Reform und eine Umgestaltung der Reichsverfassung vorzubereiten begonnen. Er beabsichtigte, bei äußerer Schonung der Reichsverfassung, das Verhältnis Reichsoberhaupt – Reichsstände neu zu gestalten, und zwar in der Form eines ‚Reichsbundes', der die deutschen Länder und, darüber hinausgehend, auch alle italienischen Gebiete (Mailand, Savoyen, nach Möglichkeit auch Neapel) und die Niederlande umfassen sollte. Damit verbunden war die Sicherung der definitiven Vorrangstellung des Hauses Habsburg im Reich und in Europa. Die einflußreichsten Reichsstände begegneten mit größtem Mißtrauen diesem kaiserlichen Bundesprojekt, das geeignet war, die *‚Monarchia universalis'* insbesondere im Reich zu vollenden; nur eine Gruppe kleinerer Reichsstände stand ihm positiv gegenüber.

So kam es zum ersten Mißerfolg der kaiserlichen Politik. Es zeigte sich, daß die alte präkonfessionelle Polarität zwischen dem Kaiser und den Reichsständen über die konfessionellen Fronten hinweg wirkte. Die Reichsstände verfolgten ein aus der politischen Opposition gegen die habsburgische *‚Monarchia universalis'* resultierendes „Prinzip deutscher Einheit", das auf der Grundlage der tradierten Reichsverfassung beruhte.

Karl V. war nun gezwungen, in mühevollen Einzelvereinbarungen seine ursprünglichen Ziele teilweise durchzusetzen. Das gilt für die Regelung des Rechtsverhältnisses der Niederlande zum Reich im Burgundischen Vertrag vom 26. Juni 1548. Danach sollten die „niederen Erblande" Karls V. weiterhin den Schutz des Reiches bei äußerer Bedrohung (durch Frankreich) genießen, in verfassungsrechtlicher Hinsicht, durch die Exemtion von der Institution des Reichskammergerichts, jedoch eine Sonderstellung einnehmen. Die Bedeutung dieser von Karl V. damals gewünschten und durchgesetzten Erweiterung und Festigung der niederländischen Sonderstellung innerhalb des Reiches sollte für die spätere Entwicklung dieser Gebiete, die aus dem Reich herausführte, von größter Bedeutung werden.

Wie stand es mit dem religionspolitischen Ertrag des kaiserlichen Sieges über den Schmalkaldischen Bund? Die Bedingungen waren in mehrfacher Hinsicht ungünstig. Seit der Konzilstranslation waren die Voraussetzungen für ein den Protestanten versprochenes Konzil „in deutschen Landen" nicht mehr gegeben. Damit war die Verhandlungsposition Karls V. erheblich geschwächt. Der Kaiser stand vor den Konsequenzen seiner eigenen Politik, die auf eine eindeutige Verwerfung der Augsburger Konfession verzichtet hatte und statt dessen auf vage Versprechungen der Protestanten, sich einer Konzilsentscheidung zu fügen, abgestellt war. Die katholischen Reichsstände verweigerten dem Kaiser nun erst recht die Mitarbeit an einer reichsrechtlichen Rahmenlösung für die Religionsfrage. Die in ihren Komponenten aus politischer Berechnung, Einheitswillen, Reformbewußtsein und antirömischer Gereiztheit bestehende kaiserliche Politik wurde auf katholischer wie protestantischer Seite mehrheitlich als Halbheit abgelehnt. Das galt in besonderer Weise für das 1548 erlassene „Interim", eine nur für die Protestanten erlassene Rahmenordnung zur Regelung lehramtlicher und kirchenrechtlicher Fragen – bei

Konzedierung der Priesterehe und des Laienkelches –, die bis zu einer Konzilsentscheidung gelten sollte.

Die erfolgreiche Opposition gegen die kaiserliche Interimspolitik in den evangelischen Territorien und Städten Norddeutschlands (Bremen, Magdeburg) wurde zu einem wichtigen Katalysator neuer reichsständischer Widerstandskräfte gegen das politische System Karls V. im Reich und in Europa in den Jahren nach 1548. Nur die oberdeutschen Reichsstädte – voran Augsburg und Ulm – waren dem Zugriff des Kaisers ausgeliefert. Im Zuge der Einrichtung von Interimskirchen mit sogenannten Interimspredigern entstand in diesen Städten eine altgläubige Minorität. Diese wurde durch umfassende Verfassungsreformen in fast 30 oberdeutschen Städten abgestützt, die der Kaiser unter der Leitung von Heinrich Haß (Hase) und Georg Sigmund Seld durchführen ließ. Dabei verloren die Zünfte zugunsten einer patrizischen oder großbürgerlichen Oligarchie ihre Mitregierungsrechte. Mit diesen „Hasenräten" setze Karl V. eine folgenreiche verfassungsgeschichtliche Entwicklung der Reichsstädte in Gang.

Aber Triumph und Zusammenbruch der kaiserlichen Politik lagen in den letzten Regierungsjahren Karls V. eng beisammen. Das zeigte die Wirkung der von Moritz von Sachsen geführten und von Heinrich II. von Frankreich unterstützten Oppositionen einer evangelischen Fürstengruppe im Jahre 1552. Sie hatte die Wiederherstellung der alten fürstlichen „libertet und freiheit" und die Befreiung von der „spanischen Servitut" des Kaisers, das heißt die Beseitigung der habsburgischen Herrschaft im Reich und in Europa, auf ihr Banner geschrieben. Aber nur im Reich konnten die Kriegsfürsten die kaiserliche Herrschaft zeitweise stark gefährden. Wohl mußte Karl V. aus Innsbruck nach Villach flüchten (Mai 1552), doch blieb die von seinen Gegnern im gesamten Reich erhoffte Aufstandsbewegung aus. So gewann der Kaiser die politisch-militärische Initative im Herbst 1552 wieder zurück, aber er hoffte vergeblich auf einen Sieg gegen

Frankreich vor Metz, der wohl nochmals eine Wende im Reich gebracht hätte. In der Folgezeit zog Karl V. sich nach Brüssel zurück, um von dort aus schrittweise seinen Rückzug von der Regierung des Reiches einzuleiten.

Hier waren seit dem Fürstenaufstand die Weichen zugunsten des Territorialfürstentums gestellt. Zwar hatte Karl V. 1552 die religionspolitischen Forderungen der evangelischen Stände nach einem „immerwährenden" Religionsfrieden noch einmal auf ein Provisorium bis zum nächsten Reichstag reduzieren können, doch mußte der Kaiser 1553 der Reichstagsinitiative seines Bruders nachgeben, zumal an eine universale Lösung, unter Einbeziehung des Konzils, nicht zu denken war und die Versuche Karls V., von Westeuropa her die europäische Machtfrage noch einmal für sich zu entscheiden, vom Scheitern bedroht waren.

Mit der „vollkommenen Anheimstellung" der kaiserlichen Autorität und Verantwortung für den künftigen Reichstag an Ferdinand (1554) gab Karl V. zu erkennen, daß er nicht bereit war, die reichsrechtliche Dauerlösung in Richtung eines „immerwährenden" Religionsfriedens, der 1555 Wirklichkeit werden sollte, zu vollziehen. Es waren *„scrupules de la religion"*, die ihn davon abhielten. Dies war eine wichtige Voraussetzung für den außergewöhnlichen Schritt des Kaisers, auf die Kaiserwürde zugunsten seines Bruders zu verzichten und im Reich abzudanken. Bezeichnend dafür ist Karls Absicht, diesen Schritt am Ende des Augsburger Reichstages (1555) zu tun – tatsächlich sollte die Übertragung der *„Administratio imperii"* an Ferdinand erst 1556 stattfinden, die formale Übertragung des Kaisertitels, die an die Zustimmung der Kurfürsten gebunden war, gar erst 1558. Bei all dem muß betont werden, daß die politischen Fehlschläge in ganz Europa, gegenüber Frankreich und dem Papst und in England, Karl in seiner resignativen Haltung bestärkt haben.

Die Abdankung Karls V. im Reich und in dessen anderen Herrschaftsgebieten bedeutete das Ende der faktischen Einheit des habsburgischen Weltreiches. Im Reich hatten die Territorialfürsten der monarchischen Politik des Kaisers nicht nur standhalten, sondern ihre Positionen festigen und ausbauen können. Gerade im Blick auf die bürgerkriegsartigen Entwicklungen in Frankreich waren sie fortan bestrebt, den Frieden zwischen den Konfessionsparteien im Rahmen der föderativen Reichsverfassung zu sichern.

Martin Greschat
Krieg für den rechten Glauben

Am 13. Dezember 1545 wurde in Trient, im südlichsten Zipfel des Reiches, in Südtirol, das Konzil feierlich eröffnet. Der Papst hatte es einberufen und bestimmte den Verlauf durch seine Legaten del Monte, Cervini und Pole. Von den Evangelischen war niemand anwesend. Nach der Überwindung erheblicher Anfangsschwierigkeiten begannen am 7. Februar 1546 die Verhandlungen über das Verständnis der Bibel und der kirchlichen Tradition sowie das Verhältnis beider zueinander. Zehn Tage später, am 18. Februar 1546, starb Luther in seiner Geburtsstadt Eisleben.

Beide Ereignisse zusammen signalisieren das Ende einer Epoche. Der neue Glaube war fortan nicht mehr die entscheidende theologische und religiöse Macht; die alte Form des Glaubens gewann wieder Kraft, Selbstbewußtsein und Profil. Folgerichtig verschärften sich die Gegensätze. Die theologischen und kirchenpolitischen Auseinandersetzungen wurden härter, kompromißloser und erbitterter. Immer weniger zählten nun Verständigung und Ausgleich, immer wichtiger wurden Kampf, Beharrung und wenn möglich die Niederwerfung des Gegners. [. . .]

Wie bedingungslos sich die beiden kirchlichen Lager inzwischen gegenüberstanden, beleuchtete dann grell der Mord von Alfonso Diaz an seinem evangelisch gewordenen Bruder Juan in Neuburg an der Donau. Am 25. März hatte Bucer diesen noch getroffen; zwei Tage später ließ Alfonso, der im Gefolge des Kaisers reiste, Diaz durch einen gedungenen Mörder mit einem Beil erschlagen. Bucer sah darin – verständlicherweise – einen weiteren Beleg für die abgrundtiefe Verderbtheit und Verkommenheit der Päpstler sowie eine Mahnung an seine Glaubensgenossen, dem leidenden Christus nachzufolgen und dessen Kreuz zu tragen.

Am 5. Juni 1546 wurde der Reichstag in Regensburg eröffnet. Die Schmalkaldener waren nicht erschienen. Unheimlich und unwirklich mutete die Atmosphäre an. Man feierte Feste, königliche Hochzeiten – und dabei wußte jeder, der es wissen wollte, daß ein Krieg bevorstand, ein schwerer und schlimmer Krieg des Kaisers und seiner Verbündeten gegen den protestantischen Bund. Gleichzeitig triumphierte die kaiserliche Diplomatie. Am 7. Juni schloß Karl V. einen Vertrag mit Bayern, am 18. Juni mit dem sächsischen Herzog Moritz, worin dieser für das Versprechen seiner Hilfe gegen den sächsischen Kurfürsten Johann Friedrich, seinen Vetter, die Zusage der Schutzherrschaft über die reichen Bistümer Magdeburg und Halberstadt erhielt. Am 4. Juli brach das päpstliche Hilfsheer nach Deutschland auf, reich versehen mit Ablaßbriefen sowie dem apostolischen Segen. Am gleichen Tag begann die Mobilmachung des Schmalkaldischen Bundes.

Seine überraschenden Anfangserfolge vermochte dieser allerdings nicht zu nutzen. Am 10. Juli hatte Schertlin von Burtenbach Füssen erobert, danach die Ehrenberger Klause, also das Tor nach Tirol, besetzt. Doch anstatt nun vorzustoßen, den päpstlichen Hilfstruppen die Alpenpässe zu verlegen und das Konzil auseinanderzusprengen, forderten die süddeutschen Städte, Ulm voran, den Rückzug und die Sicherung ihres Gebietes vor Karl V. Der saß, fast ohne Truppen, in Regensburg, wo er am 20. Juli die Reichsacht gegen den sächsischen Kurfürsten und den hessischen Landgrafen wegen Landfriedensbruch und Rebellion gegen den Kaiser unterzeichnete.

Die nächsten Wochen waren ausgefüllt mit dem Manövrieren der Heere beiderseits der Donau. Während zum Kaiser jedoch neue Truppen strömten – zuerst aus Italien, dann aus den spanischen Niederlanden –, vermochten die Schmalkaldener ihr Heer nicht mehr zu vergrößern. Doch kriegsentscheidend war dann der Überfall von Herzog Moritz auf das Land seines Vetters am 30. Oktober. Dafür hatte er von Karl V. die Würde des sächsischen Kurfürsten und den Kurkreis mit Wittenberg gefordert – und erhalten. Während Johann Friedrich nun, Mitte November, mit dem größten Teil des Heeres der Schmalkaldener aufbrach, um sein Land zu verteidigen, löste sich der verbleibende Rest in den folgenden Monaten fast völlig auf. So konnte der Kaiser im Frühjahr 1547 mühelos als Sieger durch Süddeutschland ziehen. Am 21. März unterwarf sich auch Straßburg. Jakob Sturm tat in Nördlingen vor Karl V. den gebotenen Fußfall. Die Stadt sagte sich vom Schmalkaldischen Bund los und versicherte dem Kaiser erneut ihre Ergebenheit. Als Strafe wurde Straßburg die Ablieferung der Geschütze sowie die Zahlung von 30 000 Gulden auferlegt.

Der ersten Niederlage des Schmalkaldischen Bundes folgte bald die zweite und endgültige. Am Morgen des 24. April 1547 setzten die kaiserlichen Truppen, ohne große Gegenwehr zu finden, bei Mühlberg über die Elbe. Konzentriert auf den Gottesdienst und nicht weniger beschäftigt mit dem sich anschließenden reichen Mahl hatte der sächsische Kurfürst nur geringe Sorgfalt auf die Sicherung seines Lagers verwandt. Am Abend des Tages war er Karls V. Gefangener, sein Heer auf der Lochauer Heide vernichtet. Philipp von Hessen hielt sich unterdes, tatenlos vor sich hinbrütend, in Kassel auf. Am 19. Juni unterwarf er sich in Halle an der Saale dem Kaiser. Der ließ ihn ebenfalls verhaften. Jetzt schien Karl V. der unumschränkte Herrscher im Deutschen Reich zu sein.

Reinhard Baumann
„Gewaltige" Geschäfte: die Söldnerunternehmer

Gewinnstreben ist mit dem Begriff des Unternehmers untrennbar verbunden. Bei den Söldnerunternehmern war es in unterschiedlichem Maße ausgebildet, vielfach auch von anderen Handlungsmotiven überlagert oder mit ihnen verflochten: Dienst für Kaiser und Reich bzw. für den Landesherrn, Familientradition, Lehensverpflichtungen, persönliche Überzeugungen. Dennoch stellt sich die Frage nach der Höhe des Gewinns und damit der Rentabilität des Geschäfts. Mit der Person eines Söldnerunternehmers waren eine Fülle verschiedener Einkommen verbunden, die aber alle zusammen am zu erwartenden Gewinn beteiligt waren: Dienst- und Wartgelder des Kriegsherrn, Pensionen, die eigene Beute und der Anteil an der Beute des Regiments, schließlich Geschenke des Kriegsherren und seiner Verbündeten, wenn der Feldzug erfolgreich verlaufen war, vor allem die Bezahlung durch die Verleihung von Titeln, Ämtern und Land, daneben auch Lösegelder von prominenten Gefangenen.

Von entscheidender Bedeutung war aber die Fähigkeit des Söldnerunternehmers, mit dem Kriegsherrn einen Bestallungsvertrag abzuschließen, der ihm von vornherein Gewinn in Aussicht stellte – durch die Höhe seines eigenen Soldes und die Summe, die ihm auf seinen „Staat" bewilligt war. Dazu kamen Gewinne aus dem Handel mit Waffen und Ausrüstung und schließlich der dunkle und weite, ergiebige Bereich des Musterungs- und Soldauszahlungsbetrugs in den verschiedensten Erscheinungsformen.

Diese verschiedenen „Quellen", Gewinn zu erzielen, wurden von den Söldnerunternehmern ganz unterschiedlich genutzt. Georg von Frundsberg nimmt hier eine Sonderstellung ein. Für harte Bestallungsverhandlungen waren ihm enge Grenzen gesteckt: Sein Kriegsherr, der Kaiser bzw. das

Haus Habsburg, war zugleich sein Lehensherr für seine zwei Tiroler Herrschaften Straßberg-Sterzing und St. Petersberg, er selbst gehörte als Rat und Obrist Feldhauptmann von Tirol dem Innsbrucker „Regiment" (= Regierung) für Tirol und die oberösterreichischen Lande an. Daraus ergaben sich Interessenkonflikte, die er zumeist zugunsten Habsburgs und damit gegen seine Unternehmerinteressen entschied. Ganz anders verhielt sich Sebastian Schertlin (1496–1577). Der Sohn einer Württemberger Bürgerfamilie hatte eigentlich eine Gelehrtenlaufbahn angestrebt und war 1512 an der Universität Tübingen zum Magister promoviert worden. Karriere machte er aber als Landsknecht. Erstmals zog er 1518 mit Sickingen ins Feld, dann unter dem Befehl des Grafen Ludwig von Helfenstein, schließlich unter Frundsberg. Von Anfang an sah er das Landsknechtdasein vor allem unter Geld- und Gewinnaspekten. Wie ein Kaufmann über seine Einnahmen führte er Buch, über alle Kriegszüge, an denen er teilnahm: Zug in die Picardie 1521 – 400 Gulden Gewinn, Türkenfeldzug 1522 – 500 Gulden Gewinn. Sein Geschäftssinn ließ ihn auch auf dem Italienfeldzug von 1526/28 nicht im Stich. Während sein damaliger Obrist Georg von Frundsberg hochverschuldet nach Hause zurückkehrte und mancher Hauptmann froh war, wenigstens das nackte Leben gerettet zu haben, war der Sacco di Roma für Schertlin äußerst ertragreich: 15 000 Gulden. Nun trat er in die Dienste Augsburgs und erwarb die Herrschaft Burtenbach (bei Günzburg an der Donau) um 17 000 Gulden.

Auf dem Türkenfeldzug 1532 wurde er, inzwischen Obristlocotenent über das Reichsfußvolk, für eine Bravourtat vom Kaiser zum Ritter geschlagen, zwei Jahre später als Sebastian Schertlin von Burtenbach in den erblichen Stand rittermäßiger Edelleute erhoben. Er blieb im Söldnergeschäft und reüssierte weiterhin. Neben Conrad von Bemelberg war er der begehrte, große Landsknechtobrist der nächsten dreißig Jahre. Unter den Söldnerunternehmern dieser Jahrzehnte ist er der erfolgreichste. 1544 zog er als des Kaisers Feldmarschall, Generalkapitän der Justiz, Musterherr und Brandschatzmeister gegen Frankreich, war also Obrist über die Reiterei, oberster Profoß über Reiter und Fußknechte, befehligte Musterung und Brandschatzung, wurde, wie er in seinen Memoiren schreibt, wie ein Fürst ausgestattet und behandelt und hatte seinen Anteil an Lagermarktgebühren und Strafgeldern, an Musterungsgeschäften und Kriegssteuern.

Im Schmalkaldischen Krieg verdiente er als oberster Söldnerführer der Protestanten 30000 Gulden, erfuhr allerdings dabei auch, wie riskant es für einen Unternehmer im Staatsgefüge des Reiches war, der am Ende unterlegenen Seite eine Armee aufzustellen und zu führen. Der Kaiser zeigte sich unversöhnlich: Er ächtete Schertlin, Augsburg mußte ihn entlassen. Das traf den Erfolggewohnten, ruinierte ihn jedoch nicht. Für fünf Jahre trat er in französische Dienste, bis 1553 die Aussöhnung eine Rückkehr ermöglichte. Weiterhin begehrt, verstand er es, durch verschiedene hohe Ämter und Pensionen seine Einnahmen zu mehren. 1557 wagte er sich an sein letztes großes Unternehmen. Als kaiserlicher Kriegsrat und Obrist über 12 Fähnlein Landsknechte wollte er gegen die erneut vordringenden Türken ziehen, doch wegen ungenügender Geldmittel konnte kein Heer aufgestellt werden. Schertlin hatte jedoch bereits mit der Werbung begonnen und mußte Verluste einstecken.

Dennoch: Er ist der große Erfolgreiche im Söldnerunternehmergeschäft des 16. Jahrhunderts. Nichtsdestoweniger war er ständisch-mittelalterlichem Denken verhaftet, dem Aufstieg in den Adel und dem Fehderecht, der alten Ordnung und dem persönlichen Ruhm: „Aus diesem Krieg", schreibt er über den Türkenfeldzug 1532, „brachte ich Ehre und 4000 Gulden mit." Gewiß war er ein nüchtern kalkulierender Geschäftsmann, der im Schmalkaldischen Krieg offensichtlich auch vor dem Einsatz von Mordbrennern im Dienst der protestantischen und der eigenen Sache nicht zurückschreckte. Seine Geschäftspraktiken liegen aber immer noch im Rahmen des damals Üblichen. (Auch die kaiserliche Seite setzte Mörder gegen ihn ein!) Mit den Methoden der Obristen vom Schlage eines Christoph von Landenberg sind sie nicht vergleichbar.

Als König Heinrich VIII. von England 1543 im Reich nach Söldnerunternehmern suchte, mit denen er ein Heer gegen Frankreich aufstellen konnte, wurde ihm von kaiserlicher Seite der badische Adelige Christoph von Landenberg empfohlen. Über englische Unterhändler kam eine Bestallung über 4000 Landsknechte und 1000 Reiter zustande. Doch schon sehr bald erwies sich Landenberg als ein mit allen Wassern gewaschener Geschäftsmann. Zuerst gelang es ihm, die niedrigeren Soldvorstellungen der englischen Unterhändler auf die im Reich übliche Höhe zu treiben, obwohl das in seinem Vertrag anders verankert war. Dann nahm er 16000 Gulden in Empfang, forderte aber zusätzlich die Verpflichtung weiterer 400 Reiter. Schließlich schickte er vier seiner Hauptleute nach England, weil seine Besoldungsvorstellungen noch immer nicht mit denen des englischen Kriegsherrn übereinstimmten. Schon vor deren Ankunft waren die Informationen über die landenbergischen Forderungen nach England gelangt. Heinrich VIII. erschienen sie dermaßen überzogen, unverschämt und erpresserisch, daß er beschloß, gar nicht erst mit den Hauptleuten zu verhandeln, sondern den Vertrag zu lösen. Um allerdings den allgemeinen Regeln im Kriegsgeschäft nachzukommen und Landenbergs Söldner einigermaßen ruhig zu halten, mußte er zu den bisher schon ausgehändigten Geldern noch einen Extrabetrag bezahlen. Insgesamt hat die englische Krone in Sachen Landenberg 9266 Pfund investiert, ohne dadurch auch nur einen einzigen Knecht unter Vertrag genommen zu haben. Landenberg aber war der lachende, doppelte Gewinner. Außer dem ohne viel Aufwand verdienten Geld wartete schon ein neuer Vertrag, blieb doch dem Kaiser gar nichts anderes übrig, als Landenberg unter

Sold zu nehmen, wollte er nicht einen Plünderzug von dessen Kriegsvolk durch die Niederlande und einen Übertritt in feindliche französische Dienste riskieren.

Den Reingewinn eines Söldnerunternehmers in seiner „aktiven" Geschäftszeit anzugeben ist auch bei den wenigen Fällen einer guten Quellenlage (z.B. Jakob Hannibal von Hohenems) nicht möglich, vor allem deshalb, weil das Geschäft ja nur teilweise auf Geldbasis erfolgte. Gewinn durch Beute, Geschenke des Kriegsherrn, Verleihung von Land, Titeln und Rechten aber ist nur schwer oder gar nicht in Gulden umzurechnen. Nicht einmal im Falle des Söldnermillionärs Wallenstein läßt sich eine Gesamtsumme angeben. Daß in vielen Fällen der Gewinn erheblich war, wurde aber an einigen Beispielen deutlich.

Horst Rabe
Der Augsburger Religionsfrieden

Der Religionsfriede von 1555 gehört zu den Grundereignissen der deutschen Geschichte. Mit der reichsrechtlichen Anerkennung der evangelischen Kirchen und dem Schutz des Landfriedens für die beiden großen Bekenntnisse im Reich brachte er einen gewissen Abschluß der deutschen Reformation; die Geschichtsschreibung sieht ihn denn auch zumeist als Epochengrenze des Zeitalters der Reformation in Deutschland an. Langfristig wurden seine Prinzipien zu Grundbestandteilen der politischen Ordnung des alten Reichs; seine Fernwirkungen reichen überhaupt bis in die Gegenwart. Das ist um so erstaunlicher, als der Religionsfriede ein nicht nur mühsam errungener, sondern auch sehr fragmentarischer Kompromiß voll tiefer innerer Spannungen war, aus denen denn auch sehr bald neue, jahrzehntelange Auseinandersetzungen erwuchsen – bis hin zum Dreißigjährigen Krieg. Daß man nach den furchtbaren Erschütterungen des großen Kriegs im Westfälischen Frieden von 1648 dann doch wieder zu den Grundsätzen des Religionsfriedens zurückkehrte, ist freilich ein deutlicher Hinweis darauf, daß die Ordnung von 1555 trotz ihrer unleugbaren Schwächen und Inkonsequenzen doch eine langfristig tragfähige, vielleicht überhaupt die einzig mögliche Pazifizierung des Glaubensstreits in Deutschland darstellte. Seit 1648 gehörten die Prinzipien des Augsburger Religionsfriedens bis zum Ende des alten Reichs zu den unbestrittenen Kernstücken der Reichsverfassung. Im folgenden sollen die langfristig bedeutsamen Grundsätze des Religionsfriedens, aber auch seine inneren Spannungen noch etwas näher erörtert werden.

Zunächst einmal: Der Augsburger Religionsfriede war kein Ausgleich im Glaubensstreit selbst, er war vielmehr lediglich eine weltliche Friedensordnung. Er schloß den fortdauernden kirchlich-theologischen Streit, ja selbst den Absolutheitsanspruch der beiden großen Konfessionen nicht aus; er verwies die Auseinandersetzung aber auf friedliche Wege und zähmte sie damit politisch. Daß der Glaubensstreit sich auch zukünftig nicht auf Glaubenssätze und kirchliche Gebräuche beschränken, sondern auf materielle Interessen – Herrschaftspositionen etwa oder Möglichkeiten der Verfügung über Kirchengut – ausgreifen werde, war jedermann klar. Auch diese Konflikte aber sollten nicht mit Gewalt durchgefochten, sondern mit friedlichen Mitteln beigelegt werden, notfalls durch Entscheid des Reichskammergerichts als des höchsten weltlichen Gerichts des Reichs. Diese Justizialisierung des Glaubenskonflikts war – neben dem Gewaltverbot selbst – das wichtigste Element der Friedenssicherung in der Ordnung von 1555.

Die Grundkonzeption einer politisch-gerichtlichen Friedensgarantie des Reichs für die Konfessionen bedeutete einen folgenreichen Schritt zur Säkularisierung des Reichs wie überhaupt der politischen Ordnung Deutschlands; die religiöse Neutralität des neuzeitlichen Staats und mit ihr das moderne Grundrecht der Religionsfreiheit haben hier eine ihrer wichtigsten Wurzeln. Durch Luthers Zwei-Reiche-Lehre und auch durch die Friedstände der dreißiger und vierziger Jahre vorbereitet, stellte diese grundsätzliche Wende zur konfessionellen Neutralität des Reichs doch eine tiefgehende, aus dem Abstand der Jahrhunderte kaum nachzuempfindende Zäsur dar. Daß das Reichsrecht seit 1555 selbst den Häretiker gegen das kirchliche Recht zu schützen unternahm, war eine grundstürzende Neuerung und wurde von den Zeitgenossen auch so empfunden.

Der Augsburger Religionsfriede bedeutete nun allerdings bloß einen ersten, der Not gehorchenden Schritt in diese Richtung. Zunächst einmal stellte der Religionsfriede neben der katholischen Kirche ja nur die Kirchen der Augsburger Konfession unter seinen Schutz; alle anderen kirchlichen Gemeinschaften – nicht nur die Täufer, sondern selbst die schweizerischen Reformierten – blieben ausgeschlossen. Vor allem aber blieb das wirklich freie und unbelastete Recht der Bekenntniswahl, abgesehen einmal von den Bürgern der gemischtkonfessionellen Reichsstädte, auf die weltlichen Reichsstände sowie die Reichsritter beschränkt. Schon die geistlichen Reichsstände konnten gemäß dem Geistlichen Vorbehalt ja nur unter Preisgabe ihrer sämtlichen geistlichen und weltlichen Würden und Herrschaften zum Protestantismus übergehen; vollends die Untertanen der Reichsstände – gleich welcher Konfession – mußten damit rechnen, daß sie im Falle des religiösen Dissenses mit ihrem Landesherrn das Land verlassen mußten. Einen unmittelbaren und ausweglosen Glaubenszwang gegenüber den Untertanen freilich schloß der Religionsfriede durch die Garantie des Rechts zur Auswanderung unter regulärem Verkauf von Hab und Gut ausdrücklich aus. Dieses beneficium emigrandi war nicht nur „das erste allgemeine Grundrecht, das das Reich durch das geschriebene Verfassungsrecht jedem Deutschen garantierte" (M. Heckel), sondern auch eine in der Sache sehr bedeutsame Milderung der Zwänge des Staatskirchentums, durch die das Reich der großen Mehrheit der europäischen Staaten um ein Jahrhundert und mehr vorauseilte.

Die politisch bedeutsamste Regelung des Religionsfriedens war freilich, daß er das Recht der weltlichen Reichsstände zur freien Konfessionswahl mit dem Recht zur Bestimmung der Konfession ihres ganzen Landes – dem jus reformandi – verband; man hat diesen Grundsatz später auf die einprägsame Formel „cuius regio eius religio" gebracht. Wenn also der Religionsfriede auf der politischen Ebene des Reichs ein staatskirchenrechtliches System weitgehender konfessioneller Offenheit und Parität begründete, so erhielt und festigte er auf der Ebene der Territorien ein gerade entgegengesetztes System konfessioneller Geschlossenheit und Imparität. Diese Doppelschichtigkeit der staatskirchenrechtlichen Ordnung von 1555 hatte sich bereits im Reichstagsabschied von 1526 angekündigt und seitdem immer deutlicher als einzig tragfähiger Rahmen eines politischen Friedens zwischen den Konfessionen im Reiche herauskristallisiert; die verfassungspolitische Grundstruktur des Reichs ließ keinen anderen Weg. Die politischen Folgen dieser Doppelschichtigkeit mit ihrer Aufsplitterung der Religionshoheit auf die einzelnen Reichsstände aber waren enorm. Zum einen besiegelte der Augsburger Religionsfriede damit den konfessionellen Föderalismus des Reichs, was zugleich eine langfristig wirksame Stärkung der föderalistischen, wo nicht gar partikularistischen Strukturen der politischen Ordnung Deutschlands bedeutete; zum anderen führte die im Religionsfrieden anerkannte Religionshoheit der Reichsstände zu einem nachhaltigen – und nicht unproblematischen – Macht- und Autoritätsgewinn insbesondere der großen Territorialfürsten in ihren Herrschaftsgebieten. Von der Religionshoheit der Reichsstände und dem landesherrlichen Kirchenregiment gingen kräftigste Impulse für die Intensivierung territorialer Staatlichkeit aus.

Bei alledem hielt der Religionsfriede doch an einer grundlegenden christlichen Wesensbestimmung von Reich und

Reichsrecht fest. Genau das war schon der Sinn des Vorbehalts der Religionsvergleichung, unter dem die gesamten Friedensregelungen standen. Noch immer galt ja der Religionsfriede mit seiner Neutralisierung der Wahrheitsfrage letztlich bloß als interimistische Lösung, wenngleich unter der Garantie ihrer Beständigkeit bis zu einem friedlichen Vergleich im Religionsstreit selbst; der mit dem Religionsfrieden vollzogene Schritt zur Säkularisierung des Reichs war auch insofern noch immer ein erst vorläufiger Schritt. Und selbst die traditionellen Bindungen von Kaiser und Reich an die römische Kirche wurden nur durchbrochen, nicht aber aufgehoben: Die herkömmliche Stellung des Kaisers als advocatus ecclesiae blieb gegenüber der römischen Kirche grundsätzlich erhalten, und sogar das kanonische Recht mitsamt der geistlichen Jurisdiktion der Bischöfe blieb als Teil des Reichsrechts in allgemeiner Geltung, soweit es nicht mit theologisch begründeten Rechtspositionen der Protestanten in Widerspruch stand.

Solche theologisch begründeten Gegensätze der Rechtsauffassung gab es nun freilich nicht bloß punktuell; sie waren vielmehr umfassend und von grundsätzlicher Art. Der Glaubensstreit hatte auch das Rechtsdenken hüben und drüben in der Tiefe verändert, Konzeption und Verständnis des Religionsfriedens konnten davon nicht unberührt bleiben. Problematisch waren hier vor allem die offengebliebenen Lücken sowie die – unbewußten oder bewußten – Unklarheiten der Friedensregelung, die selbst kardinale Punkte des Streits betrafen. Daß der Religionsfriede es gutenteils offenließ, in welchem Umfang das jus reformandi der Reichsstände zur Verfügung über das Kirchengut berechtigen sollte – über Pfarr- oder auch Klostervermögen? –, war nur ein, freilich ein besonders neuralgisches Problem dieser Art. Nach welchen Prinzipien sollten solche Unklarheiten beseitigt, solche Lücken geschlossen werden?

In der Auseinandersetzung über diese und andere Fragen der Auslegung des Religionsfriedens kamen bald sehr grundsätzliche, im Wortlaut der Regelungen von 1555 selbst zumeist verdeckte Dissense zum Tragen. Der wichtigste dieser Dissense betraf das grundsätzliche Verständnis des Religionsfriedens als Rechtsordnung überhaupt. Die Protestanten sahen den Religionsfrieden zumeist als lex fundamentalis für das Verhältnis der Konfessionen zueinander an, dessen Lücken und Unklarheiten deshalb durch Analogieschluß aus den klaren Prinzipien des Gesetzes selbst zu beseitigen wären. Als solche Prinzipien betrachteten sie zum einen ihre vollständige Befreiung – in Religionssachen – von aller fremdkonfessionellen Herrschaft der katholischen Hierarchie wie der katholischen Reichsorgane, zum anderen die grundsätzliche, im Religionsfrieden selbst freilich nur mit Einschränkungen verwirklichte Parität der Konfessionen im Reich. Im Gegensatz dazu neigten die Katholiken zu der Auffassung, daß die Ordnung von 1555 nur einige Ausnahmen von dem ansonsten in voller Geltung bleibenden kanonischen Recht statuiert habe. Der Religionsfriede müsse also restriktiv ausgelegt werden; seine Lücken seien nicht in Analogie zu jenen von den Protestanten behaupteten Prinzipien der religionspolitischen Autonomie und Parität zu schließen, sondern nach Maßgabe des kanonischen Rechts. Daß aus solchem Dissens eine Fülle von bitteren Streitigkeiten erwachsen mußte, liegt auf der Hand.

Langfristig vielleicht noch gefährlicher war das Verständnis des Religionsfriedens als einer bloßen Notordnung, die, an sich unrechtmäßig, nur um der Vermeidung eines noch größeren Übels willen zu akzeptieren sei. Ein solches Verständnis war insbesondere auf katholischer Seite weit verbreitet und wurde hier mit der scholastischen Lehre von der Erlaubtheit des minus malum begründet: Nur als ein solches Notrecht schienen die tiefen Eingriffe des Religionsfriedens in die – auf göttlichem Recht beruhende – geistliche Jurisdiktion von Papst und Bischöfen wie überhaupt die dem kanonischen Recht widersprechenden Zugeständnisse an die Protestanten akzeptabel. Noch Pius XII.

hat zum vierhundertjährigen Jubiläum des Religionsfriedens 1955 dessen Anerkennung mit dem Rückgriff auf solche Notrechtsargumente legitimiert. Nun steht außer Zweifel, daß diese Argumentation – jedenfalls auch – ein Ausdruck des Bemühens war, das mittelalterliche Vermächtnis der Einheit des göttlichen und menschlichen Rechts und damit der göttlichen Legitimation allen Rechts zu bewahren. Gleichwohl folgte aus ihr eine schlimme Unsicherheit des Religionsfriedens; denn was war der feierlichste Vertrag wert, wenn er nur so lange galt, als nicht einer der Partner über die Macht verfügte, den Gegner in erneutem Kampf – und sei es im Kampf um ein höheres, göttliches Recht – niederzuringen? Diese Gefährdung des Religionsfriedens wurde schon von den Zeitgenossen lebhaft empfunden und hat deshalb in der Folge, bis ins 18. Jahrhundert hinein, immer wiederkehrende gegenseitige Versicherungen der Gültigkeit des Religionsfriedens provoziert. Das aus dem Notrechtsargument geborene Mißtrauen wurde dadurch freilich nur zum geringsten Teil ausgeräumt; es blieb eine dauernde Belastung des Religionsfriedens.

Im übrigen fehlte es natürlich bei den Beratungen über den Religionsfrieden wie in den späteren Auseinandersetzungen über seinen Inhalt nicht an Versuchen aller Parteien, den jeweiligen Gegner offen oder insgeheim zu übervorteilen. Die 1555 an den Augsburger Verhandlungstischen sitzenden Juristen waren mit allen Wassern gewaschen, und ihre Nachfolger in den Religionsprozessen der Folgezeit waren es nicht minder. Gleichwohl wird man die inneren Spannungen und Inkonsequenzen des Religionsfriedens nicht bloß als Resultat kleinlichen Interessengerangels abtun dürfen; im Grunde repräsentierten sie doch sehr bedeutende historische Kräfte, die bruchlos miteinander auszugleichen ein Ding der Unmöglichkeit gewesen wäre. Gemessen an der Größe und Komplexität seiner Aufgabe war der Augsburger Religionsfriede alles in allem doch eine erstaunliche Leistung.

II. Von der Konfessionalisierung zum Großen Krieg

Bernhard Diestelkamp
Köln bleibt katholisch

Wenn nach der Reformation ein Landesherr die neue Konfession angenommen hatte, wollte er in der Regel auch sein Territorium der Reformation zuführen. Deswegen wandelte er in diesem Sinne Pfarreien und Klöster um und widmete deren Güter entweder neuen kirchlichen Zwecken oder verleibte sie dem eigenen Kammergut ein. Das wurde von Pfründeninhabern, die bisher von diesen Gütern gelebt hatten und überhaupt von Vertretern der katholischen Kirche als gewaltsame Entsetzung und damit als Landfriedensbruch qualifiziert. Damit hatten die Katholiken gegen die Protestanten ein Rechtsmittel an der Hand, das sie gegen die vom rechten Glauben Abgefallenen einsetzen konnten, da diese mit den bewährten Mitteln kirchlicher Strafpraxis nicht mehr zu schrecken waren. Solche Religions- oder Reformationsprozesse wurden massenweise am Reichskammergericht angestrengt. Erst der Augsburger Religionsfrieden von 1555 schuf innerhalb der Reichsverfassung ein neues, wenn auch labiles Gleichgewicht zwischen den katholischen und den protestantischen Interessen, das darauf beruhte, den erreichten Zustand zum gegenwärtigen Zeitpunkt nicht verändern zu können und zu wollen. In Zukunft sollte es den Reichsständen freistehen, ihre Konfession selbst zu bestimmen und danach ihr Territorium zu reformieren (jus reformandi). Dieses Gleichgewicht durfte jedoch nicht ernsthaft auf die Probe gestellt werden. Eine erste ernsthafte Bedrohung dieses labilen Zustandes trat ein, nachdem im Jahre 1577 das damals dem Protestantismus zuneigende Kölner Domkapitel den Gebhard Truchseß zu Waldburg zum neuen Erzbischof wählte unter Hintansetzung des potenten Mitbewerbers, Ernst von Wittelsbach. Rom zögerte mit der Bestätigung jahrelang und nahm sie 1580 erst vor, nachdem der Kaiser den jungen Erzbischof mit den Regalien belehnt und ihn damit zum Kurfürsten und Reichsfürsten gemacht hatte. Nach dieser politischen und rechtlichen Absicherung seiner Position ließ Gebhard seiner Neigung zum Protestantismus freieren Lauf, politisch geschürt durch eine Gruppe protestantischer Wetterauer Grafen an seinem Hof und persönlich motiviert durch die Liaison mit einer schönen Stiftsdame, der Gräfin Agnes von Mansfeld, die er nach seiner Absetzung und Exkommunikation auch heiratete. Im Jahre 1582 bekannte sich Gebhard offen zum Protestantismus und fiel von der katholischen Kirche ab. Er versuchte, aus dem Erzstift Köln ein weltliches Reichsfürstentum zu machen. Doch was dem letzten Hochmeister des Deutschen Ordens an der fernen Peripherie des Reiches gelungen war, mußte hier im alten Kernland des Reiches auf nachhaltigen Widerstand sowohl des heiligen Stuhles als auch des katholischen Deutschlands stoßen, das diese Bastion nicht ohne nachhaltige Gefahren für das tradierte Verfassungsgefüge des Reiches preisgeben durfte. Der Kaiser mußte befürchten, daß mit der Entkatholisierung eines der drei geistlichen Kurfürstentümer sich die Wahlchancen für das Haus Habsburg verschlechtern, wenn nicht gar unmöglich gemacht würden. Die Wittelsbacher als die führende Familie des katholischen Deutschlands hinter den Habsburgern sahen jetzt eine Chance, ihrem von Gebhard geschlagenen Bewerber Ernst doch noch auf den Kölner Erzstuhl verhelfen zu können und damit die Schlappe von 1577 gutzumachen. Wie richtig diese Kalkulationen waren, erweist sich daran, daß seit dem Sieg der katholischen Sache im Kölner Krieg zwischen Gebhard und Ernst der Katholizismus im Nordwesten des Reiches nie mehr gefährdet werden konnte und daß das Kölner Erzbistum bis 1761 gewissermaßen eine Sekundogeniturausstattung für nachgeborene Wittelsbacher Prinzen wurde. Während somit die katholische Seite alle Kräfte sammelte, um den vom rechten Glauben Abgefallenen zu vertreiben, gelang es Gebhard nicht, die Protestanten im eigenen Land hinreichend zu mobilisieren und die protestantischen Reichsfürsten für seine Sache zu interessieren. Auch die vereinigten niederländischen Provinzen, die er als Verbündete gewonnen hatte, mußten zu sehr ums eigene Überleben kämpfen, als daß sie Gebhard im Kölner Erzstift tatkräftig hätten helfen können. Im Frühjahr 1583 sprach der Kölner Landtag Gebhard der Verletzung der Erblandesvereinigung schuldig und sagte ihm deshalb den Gehorsam als Landesherr auf. Sodann setzte ihn der Papst als Erzbischof ab und exkommunizierte ihn, woraufhin das Domkapitel einstimmig den mittlerweile zum Bischof von Lüttich avancierten Ernst von Wittelsbach zum neuen Erzbischof wählte. Während Gebhard die geistlichen Sanktionen einschließlich der Absetzung als Erzbischof ungerührt zur Kenntnis nahm, wehrte er sich entschieden dagegen, daß diese auch seine Position als Reichsfürst berührten. Zunächst zog er sich in das kölnische Herzogtum Westfalen zurück und warb dort Truppen an, mit deren Hilfe es ihm auch gelang, einige Städte und Festungen im rheinischen Teil des Erzstiftes Köln zu besetzen. Doch Erzbischof Ernst vermochte nicht nur die Truppen des Bistums Lüttich und Bayerns gegen ihn zu mobilisieren, sondern auch spanische Kontingente, die in den spanischen Niederlanden standen und jederzeit für die katholische Sache eingesetzt werden konnten. Mit dieser Armee vertrieb Erzbischof Ernst Gebhard aus Westfalen und eroberte auch einige der von diesem besetzten Plätze zurück. So fiel auch 1584 die kurfürstliche Residenzstadt Bonn in seine Hand.

In dieser Phase der Auseinandersetzungen bemühte die kriegerisch schon so erfolgreiche katholische Partei zusätzlich das Reichskammergericht, um mit dessen Hilfe den abgesetzten Kurfürsten und seine Helfer ins Unrecht zu setzen. Als Kläger traten der Niederrheinisch-Westfälische Reichskreis auf sowie Herzog Wilhelm von Jülich-Kleve-Berg. Sie beantragten im Jahre 1585 ein Mandat wegen fortgesetzten Landfriedensbruchs nicht etwa gegen den abgesetzten Kurfürsten Gebhard, sondern gegen einige seiner Helfer. [...]

Auftragsgemäß schlug der Kammerbote Exemplare des Mandats an den angegebenen Orten öffentlich an, womit das Verfahren nicht nur im Kölner Erzstift sondern auch im übrigen Reich bekannt wurde. Das zeigt sich daran, daß der eigentlich Betroffene, Gebhard Truchseß von Waldburg, sich als erstes mit einem geharnischten Schreiben vom 31. März 1585 aus Utrecht beim Reichskammergericht meldete. Als erstes rügte er mit scharfen Worten, daß ihm in dem Mandat des Reichskammergerichts alle Attribute eines Kur- und Reichsfürsten verweigert und diese seinem Gegner zuerkannt worden waren. [...] Die erste von Gebhards Juristen aufgebaute Verteidigungsposition wies denn auch darauf hin, daß er nach ordnungsgemäßer Wahl als Kurfürst vom Kaiser aufgenommen und bestätigt worden und über etliche Jahre hin im Reich unangefochten im ruhigen Besitz der Kurfürstenwürde von jedermann anerkannt gewesen sei. Da ein Kurfürst nur durch den Kaiser und seine Mitkurfürsten abgeurteilt und seiner Würde als Kurfürst für verlustig erklärt werden durfte, konnte er darauf hinweisen, daß ein solches unparteiisches Verfahren nicht durchgeführt worden sei, weshalb er weiter wie ein Kurfürst zu behandeln und in seinen Rechten zu schützen und zu schirmen sei. Doch waren Gebhard und seine juristischen Ratgeber nicht so naiv, zu glauben, sie würden auf diese Weise den verfassungspolitisch hochbrisanten konfessionellen Hintergrund des Verfahrens, der das Verfassungsgefüge des Reiches zutiefst erschütterte, ausblenden können. Immerhin hatte Gebhard nicht ein weltliches Reichsfürstentum geerbt, sondern war auf den Stuhl eines geistlichen Reichsfürsten gewählt und erhoben worden. Daß damit die Reichsfürstenwürde nicht getrennt von der geistlichen Würde beurteilt werden konnte, war auch von Gebhard nicht zu übersehen. Nicht zuletzt aber mußte er befürchten, daß das von ihm als fehlend gerügte Verfahren der Absetzung auch als

Kurfürst nachgeholt werden konnte. Deshalb galt konsequenterweise die Hauptargumentation der Auseinandersetzung der umstrittenen reichskirchenrechtlichen Auslegung des Augsburger Religionsfriedens von 1555. Um auf das Grundsätzliche der Problematik hinzuweisen, argumentierte Gebhard, daß es nicht nur um seine Person gehe, sondern vor allem um die Ehre Gottes und Christi, seines Sohnes, sowie um die Freiheit und Tröstung vieler verängstigter Gewissen, um die Reputation und Ehre der Augsburgischen Konfession nebst der ihr anhängenden Reichsstände. Mit solchen, in diesem Zusammenhang immer wieder anzutreffenden wohltönenden Wendungen sollte die protestantische Partei im Reich für die eigene Sache mobilisiert werden, indem man klarstellte, daß es um eine die ganze Konfession berührende Grundsatzfrage ging. Wohlstand und Heil des Heiligen Römischen Reiches teutscher Nation, fuhr Gebhard in seinem Schreiben fort, hänge von der Wahrung des Religionsfriedens und der guten Administration der Justiz ab. Beiden werde durch den Prozeß gegen seine Anhänger Abbruch getan. Mit diesen Worten charakterisierte Gebhard die Situation im Reich richtig. Genau wie in der Zeit des ‚rechtlichen Krieges' gegen die Protestanten am Reichskammergericht drohte erneut die Mobilisierung der Justiz gegen die protestantische Sache. Wenn aber im Reich der Konsens verloren ging, daß man seine Probleme dem Reichskammergericht anvertrauen solle und könne, drohte auch die Wirkung einer unparteiischen Justiz verloren zu gehen – ein Zustand, der wenige Jahrzehnte später hineinführte in den großen Krieg, der geführt wurde ebenso um die Positionierung der Konfessionen wie um das endgültige Verhältnis zwischen Kaiser und Reichsständen. [...]

Außer durch den abgesetzten Kurfürsten erhielten die Beklagten auch schriftliche Unterstützung vor dem Reichskammergericht durch eine Stellungnahme der Vereinigten Niederlande vom 15. April 1585 aus Den Haag. Von dort wies man darauf hin, daß der verklagte Graf Adolf von

Neuenahr und Moers von den Vereinigten Niederlanden als Statthalter und Generalkapitän für das Fürstentum Geldern und die Grafschaft Zutphen eingesetzt worden sei, um die Angriffe des spanischen Königs abzuwehren. Er stehe also in ihren Kriegsdiensten. Deshalb wollten sie ihn gegen die unbegründete Klage des Herzogs von Jülich vertreten. Die Vereinigten Niederlande forderten das Reichskammergericht auf, das Mandat auf jeden Fall aufzuheben und zu kassieren, weil das Fürstentum Geldern und die anderen niederländischen Provinzen nicht der reichsgerichtlichen Jurisdiktion unterworfen seien. [...]

Diese Intervention der Vereinigten Niederlande hatte endgültig den Vorhang vor dem hochpolitischen Charakter dieses Landfriedensbruchverfahrens weggezogen. Es ging nicht in erster Linie um die Ahndung von Landfriedensbruchtaten und die Verhinderung weiterer Landfriedensbrüche, sondern es ging um die konfessionelle Auseinandersetzung im Nordwesten des Reiches, bei der die Parteigänger des abgesetzten Kurfürsten Gebhard nur die Exponenten der protestantischen Partei waren, denen Herzog Wilhelm von Jülich und der Niederrheinisch-Westfälische Kreis als Protagonisten der katholischen Partei gegenüberstanden. Automatisch verwickelt waren die jeweiligen konfessionellen Vorkämpfer außerhalb der Parteiungen des Kölnischen Krieges, die jedoch zur Hilfeleistung herbeigerufen worden waren: die Niederländer für die Interessen des protestantischen Kurfürsten Gebhard, die Spanier als Helfer des katholischen Widerparts. Bei dieser Komplexität der Probleme liegt es auf der Hand, daß der eigentliche Streit kaum rechtlich würde entschieden werden können. [...]

Auch nach dem Ausscheiden einiger Beklagter aus dem Prozeß lief das Verfahren gegen die Verbleibenden weiter, in das sich auch der Reichsfiskal im Interesse des Reiches einschaltete. Allerdings blieb der Prozeß trotz aller Bemühungen hängen. Obwohl die Kanzlei des Reichskammergerichts im Juni 1587 in der Akte die Entscheidungsreife attestierte, blieb eine solche Entscheidung doch aus. Erst im Jahre 1589 versuchte der klägerische Prokurator, die Sache weiter zu betreiben. Jedoch verlief auch dieser Versuch im Sande. Der Kölner Krieg war beendet.

Gebhard hatte für seine Sache keine hinreichende Unterstützung erhalten. Auch seine Verbündeten, die Niederländer, konnten ihm nicht zum Erfolg verhelfen, da sie mit ihren eigenen Angelegenheiten genug zu tun hatten. Deshalb zog sich Gebhard Truchseß von Waldburg im Jahre 1589 nach Straßburg zurück, wo er bis zu seinem Tode im Jahre 1601 friedlich als protestantischer Domdechant lebte. Die endgültige Durchsetzung Erzbischof Ernsts von Wittelsbach im Erzstift hatte die weitere Verfolgung des Kammergerichtsprozesses überflüssig gemacht, zumal Graf Adolf von Moers im Oktober 1589 gestorben war. Niemand bestritt noch ernsthaft Ernsts Anspruch auf den Erzstuhl. Die Anhänger des glücklosen Gebhard waren führerlos geworden und mußten nach und nach klein beigeben, ohne daß man dazu noch der Hilfe aus Speyer bedurfte.

Volker Press

Ein Außenseiter auf dem Kaiserthron

An der Beurteilung Rudolfs II. scheiden sich noch heute die Geister. Am 18. Juli 1552 wurde er als ältester Sohn in die Ehe des toleranten, erst evangelischen, dann ‚kompromißkatholischen' Kaisers Maximilian II. mit der entschiedenen Katholikin Maria von Spanien, der Tochter Karls V., geboren, in eine intellektuell und künstlerisch anregende Atmosphäre, die den begabten jungen Erzherzog tief beeinflußte. 1563 wurde er mit dem nächstältesten Bruder Ernst nach Spanien geschickt, um die Einheit der Dynastie zu sichern und eine katholische Erziehung zu garantieren – die Tragödie des spanischen Thronfolgers Don Carlos (gest. 1568), die Rudolf miterlebte, ließ zeitweilig eine spanische Thronfolge möglich erscheinen. Die gravitätisch-zeremonielle Atmosphäre des spanischen Hofes prägte Herrscher- und Dynastiebewußtsein des schüchternen Prinzen; Philipp II. suchte dem Neffen eine entschiedene Katholizität nahezubringen. 1571 kehrten die Erzherzöge über Genua nach Wien zurück, wo Maximilian II. über die steife Würde seines Ältesten entsetzt war.

1572 wurde Rudolf ohne Komplikationen König von Ungarn; 1575 wählten ihn die böhmischen Stände zum König – Voraussetzung dafür, um 1575 auch die Römische Königswahl durchzusetzen, trotz der Vorbehalte vieler deutscher Fürsten gegen den von Spanien geprägten Erzherzog. Rudolf wurde am 27. Oktober in Regensburg zum Römischen König gewählt und am 1. November dort auch gekrönt. Der Vater hatte ihn zuvor auf Landtage in Böhmen und Ungarn geschickt und ihn dann auch als Statthalter über die österreichischen Erblande eingesetzt. Aber als Maximilian II. am 12. Oktober 1576 auf dem Regensburger Reichstag überraschend starb, kam Rudolf doch als politisch völlig Unerfahrener an die Macht. Nach dem Urteil vieler Zeitgenossen besaß er zwar einen eindringenden Verstand, Scharfblick und Urteilsfähigkeit, auch Herrscherwillen und einen Sinn für die politischen Kräfteverhältnisse. Aber all dies wurde überlagert durch eine ausgeprägte Schüchternheit, die sich mit Rudolfs depressiven Anlagen verband. Daraus entwickelte sich eine zuweilen abenteuerliche Flucht aus der Wirklichkeit, die in irrealen Plänen gipfelte. Auf der anderen Seite mag die bemerkenswerte Intelligenz des Kaisers und die Einsicht in die Schwierigkeit der Situation die Neigung zur Depression gefördert haben. Der spanische Herrschaftsstil kam Rudolfs Neigung zur Absonderung entgegen – die politische Inaktivität wurde immer mehr zu einem Markenzeichen von Rudolfs Herrschaft.

So ist die Regierungsgeschichte des Kaisers auch eine Krankheitsgeschichte. Das psychische Leiden verband sich mit körperlichem. 1578 und 1580/1581 erlebte Rudolf schwere gesundheitliche Krisen – seither zog er sich von Jagden, Turnieren und Festen zurück, was Einsamkeit und körperliches Unwohlsein steigerte. Der Kaiser speiste möglichst allein; größere Gesellschaften, unangenehme Begegnungen, schlechte Nachrichten vermochte er immer weniger zu ertragen; auf sie reagierte er mit depressiven Schüben. 1598 erreichte die Krankheit einen neuen Höhepunkt, nachdem ein allgemeines Mißtrauen gegen seine Umgebung zunehmend Herrschaft über Rudolf gewonnen hatte, bis hin zur Furcht vor Verhexung und Vergiftung, bis zum Gefühl der Besessenheit durch den Teufel. Selbstmordpläne und Mißhandlungen von Untergebenen waren die Folge seines Jähzorns. In seinen letzten Jahren kam dann auch noch ein übermäßiges Trinken hinzu. Dabei verstand es Rudolf durchaus, Menschen an sich zu fesseln, sie zu beeindrucken, sie durch seine natürliche Großzügigkeit zu gewinnen.

Das Junggesellendasein wurde von manchen Zeitgenossen als Wurzel der Probleme angesehen. Dem Kaiser war Philipps II. Lieblingstochter Isabella Clara Eugenia versprochen – er zögerte nicht weniger als 18 Jahre, die Verlobung zu realisieren, allerdings hegte auch Philipp II. immer wieder andere Pläne. Als die Infantin dann 1599 Rudolfs Bruder Albrecht heiratete, um mit ihm die Niederlande zu regieren, erlitt der Kaiser einen Tobsuchtsanfall – und suchte seither alle Nachfolgepläne im Zusammenhang mit Albrecht zu durchkreuzen. Immer neue Heiratskandidatinnen waren im Gespräch – eine Ehe mit dem bindungsscheuen Rudolf kam jedoch nicht zustande. Immerhin gab es eine lange bestehende Beziehung zu Anna Maria (nicht Katharina), der Tochter seines Antiquars Jacopo de la Strada, aus der nicht weniger als sechs Kinder hervorgingen, das letzte ein halbes Jahr vor dem Tode Rudolfs. Das bekannteste, der Liebling des Kaisers, Don Giulio, war aber geisteskrank und starb nach einer grauenhaften Mordtat in der Haft.

Eine Flucht war bereits die Übersiedlung von Wien nach Prag – Rudolf begab sich aus dem Zentrum seiner Erblande an ihre Peripherie; der Prager Hradschin war für den herrscherstolzen Rudolf attraktiver als die bescheidene Hofburg in Wien. Gern weilte der Kaiser auch in lieblicher Landschaft an der Elbe in seinem Jagdschloß in Brandeis, das er im Stil der Zeit umgestalten ließ. Die Prägung durch den Aufenthalt in Böhmen mir seiner eigentümlichen Adelskultur um die Rosenberg, Pernstein, Lobkowicz ist nicht zu unterschätzen. Interessen und intellektuelle Neigungen Rudolfs fanden hier Anstoß und Bestätigung. Überdies war der Kaiser den Kerngebieten des Reiches in Prag näher als in Wien – dies entsprach seinem Stolz auf die Kaiserwürde. 1583 verlegte er endgültig seine Residenz nach Prag, die er kaum mehr verließ. Der Aufenthalt in Böhmen hat jedoch auch zur Beruhigung dieses Landes mit seinem mächtigen Adel beigetragen, zum Zusammenwachsen der österreichischen und böhmischen Aristokratie.

Der depressive Kaiser ließ seit seiner Krise 1598 zahllose Dokumente unerledigt liegen, an der Arbeit der Kollegialbehörden nahm er kaum mehr Anteil. Mißtrauen und Sprunghaftigkeit kennzeichneten zunehmend seine Regententätigkeit. Schriftlich hat er kaum etwas niedergelegt. Die erste Folge war die Tendenz zur Bevorzugung einzelner Diener. Zunächst hatte er traditionsgemäß die Begleiter seines Spanienaufenthalts in seine Nähe berufen: Adam von Dietrichstein wurde Obersthofmeister und Dr. Johannes Tonner Reichshofrat. Vor allem Wolf Rumpf als Oberstkämmerer gewann seit 1582 beherrschenden Einfluß, stürzte aber schon 1600 bei einem Wutanfall des mißtrauischen Kaisers. Schon vorher war der Kammerdiener Hans Popp zum ‚Augapfel' Rudolfs geworden, der 1597 Rumpf überspielt hatte – es folgten weitere einfache Diener: Der Utraquist Hieronymus Machowsky, der am Ende knapp einem Todesurteil entging, und der gerissene Philipp Lang, ein konvertierter Jude aus Tirol, wurden zu grauen Eminenzen, bei denen die höchsten Würdenträger um eine Audienz beim Kaiser bettelten. Lang stürzte 1609 durch die Intrigen anderer Vertrauter, unter anderem eines Ofenheizers, der durch seine Funktion enge Beziehungen zu Rudolf hatte. Die Zurückhaltung des Kaisers den Geschäften gegenüber mußte solche Verhältnisse produzieren. Andererseits kam es zu einer Verselbständigung der Behörden, die gerade wegen der Abstinenz des Kaisers eine Eigendynamik entfalteten. So erlangten der Kammersekretär Barvitius, später die Reichshofräte Andreas Hannewald und Hans Ruprecht Hegenmüller einen starken Einfluß; dies hat einen Kurs gestützt, der deutlicher gegenreformatorisch-katholisch ausfiel, als es der zögerliche Kaiser wünschte.

Zwar war Rudolf unstreitig entschieden katholisch; er sah in der Durchsetzung der Katholizität in seinen Ländern auch einen Ausdruck seiner Autorität. Aber er scheute sich nicht, Nichtkatholiken, böhmische Utraquisten und deutsche Lutheraner, ja sogar Calvinisten in seine Dienste zu nehmen. Nicht umsonst erkor er sich seinen Großvater mütterlicherseits, Karl V., zum Vorbild – demonstrativ behauptete Rudolf die kaiserliche Autorität gegen alle Ansprüche Frankreichs und Spaniens. Selbst Philipp II. verweigerte er die Übertragung des Reichsvikariats in Italien. Er betonte seine kaiserlichen Rechte in Reichsitalien und in den Niederlanden. Vor allem aber gegen die Ansprüche des im Zeichen der Gegenreformation wieder erstarkenden Papsttums wehrte sich Rudolf. Einzelne Nuntien konnten ihm zwar manche Konzessionen abzwingen, aber der Kaiser vergaß eine solche ihm aufgedrängte Entscheidung nie. Die Jesuiten förderte Rudolf anfangs, aber er weigerte sich, ihnen die Prager Universität zu übergeben, an deren Autonomie er festhielt – das Mißtrauen gegen ihre Machtansprüche wuchs rasch; so entstand die Konkurrenzsituation zwischen dem ehrwürdigen Carolinum und dem Clementinum der Jesuiten. Als Beichtvater hatte sich der Kaiser schließlich den bemerkenswerten nunmehrigen Prälaten Johannes Postorius aus Nidda erkoren, der eine Gratwanderung vom Luthertum über den Calvinismus zum Katholizismus hinter sich hatte. Immer wieder mußten jedoch die engagierten Katholiken die Distanz Rudolfs zu ihrem Glauben feststellen, trotz eines unbestreitbar katholischen Fundaments der kaiserlichen Religiosität.

Das Zögern Rudolfs gegenüber den Sakramenten der Kirche dürfte auch mit seiner intensiven Beschäftigung mit okkulten Wissenschaften zusammengehangen haben, die wohl ebenfalls ihre Anstöße am Hofe Maximilians II. erfahren hatte. Hier tut sich eine faszinierende Welt auf, die Rudolfs Prager Hof eine beträchtliche Attraktivität verschaffte – neben der lateinischen Dichtung und der Geschichte waren vor allem die Naturwissenschaften ein Lieblingsobjekt des Kaisers: Mathematik, Physik, Astronomie. Widmungen aus diesem Bereich akzeptierte er gern, der Kaiser las viel. Neben einer Reihe bedeutender Ärzte zog Rudolf nacheinander die großen Astronomen Tycho de Brahe und Johannes Kepler in seine Dienste, die einander vorzüglich ergänzten – Brahe als Theoretiker und Instrumentenbauer, Kepler als Praktiker und Mathematiker. Beide freilich pflegten – heutigem Wissenschaftsverständnis entrückt – auch enge Beziehungen zur Astrologie. Damit aber ist der Bereich des Okkulten berührt, der die Gestalt Rudolfs II. bis heute geheimnisvoll und fremd macht. Die Zuneigung entsprach jedoch dem Wesen und dem Wissenschaftsverständnis des Kaisers. „Auch der Beschäftigung mit dem Okkulten lag der Versuch zugrunde, durch die Welt der praktischen Erfahrung zu der eigentlichen Realität vorzustoßen, ebenso wie durch die künstlerische Anwendung des Symbols und des Emblems. Die Auflösung von der Natur spielte dabei eine wichtige Rolle; denn die Naturforscher jener Zeit studierten die Kräfte der Natur nicht als Beispiel eines ursächlichen Zusammenwirkens, sondern als Elementargeister, die innerhalb des göttlichen Schöpfungsplans mit Hilfe von korrespondierenden Kräften wirkten" (Richard Evans). Mit dem Versuch einer Weltdeutung durch die Alchimie rückte diese gefährlich nahe an die Rolle eines Ersatzes für die christliche Religion. Hinzu kam, daß die Prager Alchimie vielfach durch Gerüchte verzeichnet wurde, zumal der Kaiserhof für Scharlatane eine durchaus hohe Attraktion hatte.

Von Rudolfs Vorliebe für den Bergbau war der Weg nicht weit zur Steinkunst, für die manche der kaiserlichen Bergbeamten eingespannt wurden, zur Edelsteinmacherei, die die Zauberkräfte der Mineralien ausnützen wollte. Zwischen 1583 und 1589 weilten die bekannten englischen Magier John Dee und Edward Kelley in Böhmen, um dem Kaiser mit ihren esoterischen Wissenschaften zu dienen – ihr Schicksal zeigte jedoch auch die Problematik ihrer Position. Auch der Italiener Giordano Bruno, Philosoph, Häretiker und Kabbalist, einer der bedeutendsten Denker der zweiten Hälfte des 16. Jahrhunderts, begab sich 1588 nach Prag, um Rudolf II. für seine Ideen zu gewinnen.

Das Interesse des Kaisers an der jüdischen Mystik verband sich mit der Erforschung von Geheimwissenschaften, mit denen man das Gebäude der Welt besser kennenlernen wollte. Der rudolfinische Hof pflegte auch enge Beziehungen zu der bedeutenden jüdischen Gemeinde Prags. Diese war wichtig für die kaiserliche Finanzpolitik; vor allem Mordechai Meisl (gest. 1601), der reichste Mann Prags, und nach ihm Jakob Bassevi, der später zum Finanzier Wallensteins werden sollte, haben ihre Rolle für die kaiserlichen Kredite gespielt. Das gesteigerte Interesse an der Kabbala wirkte auch auf das Geistesleben des jüdischen Prag. Allerdings sind die von der Legende ausgeschmückten Kontakte Rudolfs mit dem angeblichen Erfinder eines ‚Golem', eines künstlichen Menschen, dem berühmten Rabbi Löw, kaum belegt. Auch konvertierte Juden waren im Umkreis Kaiser Rudolfs zu finden. Aber dies alles hinderte die Umgebung des Kaisers nicht, nach 1603 die deutsche Judenheit, die sich eine lockere Organisation geben wollte, den ausbeuterischen Plänen des dem Kaiser nahestehenden Kölner Kurfürsten Ernst preiszugeben und sie damit in eine schwere Krise zu stürzen. Der entfallende kaiserliche Schutz löste Bürgeraufstände und Judenpogrome in den beiden traditionellen Zentren des deutschen Judentums in Frankfurt (Fettmilchaufstand) und Worms aus.

Mit den okkulten Neigungen des Kaisers verband sich eine weitgefächerte Forschungstätigkeit. Mineralogie, Metallurgie, Zoologie, Botanik, Geographie standen bei Rudolf in hohen Ehren. Für all diese Disziplinen wollte man im okkulten Denken Erklärungsmodelle gewinnen, auf der Suche nach einer kosmologischen Harmonie. Vor allem wurden platonische und hermetische Prinzipien herangezogen, um ein magisches Weltbild aufzubauen – man richtete den Blick auf die „schöpferischen Kräfte des Himmels" (Richard Evans). Dieses Bestreben widersprach aber vielfach Grundsätzen christlicher Religion, es reagierte auf die verstärkten Lebensunsicherheiten und suchte nach umfassenden Ordnungsprinzipien (Pansophie).

Neuerdings wird die Verbindung der kaiserlichen Kunstpolitik mit diesen Ideen verstärkt herausgearbeitet; Rudolf sah in den Künstlern übernatürliche Kräfte wirksam. Der Prager Hof wurde zu einem Zentrum des ‚Manierismus'. Die Konzentration bedeutender Künstler ließ frühere Historiker fälschlich von einer Prager ‚Hofakademie' sprechen: Giuseppe Arcimboldo, Organisator von Hoffesten, mit einer Vorliebe für grotesk-illusionistische Bilder, Bartholomäus Spranger, der Rudolf als Gott der Okkultwissenschaften ‚Hermes Trismegistos' darstellte, Hans von Aachen, der Bildhauer Adrian de Vries, der Graveur Aegidius Sadeler. Die Förderung der Goldschmiedekunst kulminierte in der faszinierenden Kaiserkrone Rudolfs, dem späteren Symbol des Kaisertums Österreich. Als Auftraggeber und Sammler war Rudolf in ganz Europa berühmt, insbesondere bemühte sich der Kaiser hartnäckig um Werke Dürers und Peter Breughels des Älteren. Die Suche nach dem „*perpetuum mobile*" machte Rudolf zum engagierten Uhrensammler; auch in der Musik fragte er nach der Harmonie der Sphären und interessierte sich auch für automatische Instrumente. Die künstlerischen Aktivitäten Rudolfs beruhten auf einem sehr differenzierten und ausgedehnten Hof, der der kaiserlichen Repräsentation entsprach und seltsam mit der Einsamkeit des Herrschers kontrastierte. Die Kosten waren freilich immens, und beim Tode Rudolfs meinte der sächsische Agent in Prag, hätte Rudolf die ungeheuren Mittel statt in die Kunst in die Türkenkriege investiert, hätte er diese unzweifelhaft gewonnen. Die etwas naive Bemerkung zeigt doch, daß der Kaiser vor der bitteren Realität in den schönen Schein flüchtete.

Hans Rupprich
Der „Urfaust"

Der Verfasser oder Urheber des 1587 gedruckten *Faustbuches* war höchstwahrscheinlich ein orthodoxer lutherischer Geistlicher. Die erste Frankfurter Ausgabe enthält einen vom 4. September 1587 datierten Widmungsbrief des Verlegers Johann Spiess an Caspar Kolln, kurfürstl. mainzischen Amtsschreiber, und Hieronymus Hoff, Rentmeister in Königstein, eine ‚Vorred an den Christlichen Leser', drei Teile Text, den Bericht über Fausts Handlungen in seinem letzten Lebensjahr und ein Register. In der Dedikation berichtet der Verleger, die ‚Historia' sei ihm neulich durch einen guten Freund von Speyer mitgeteilt und zugeschickt worden.

Der 1. Teil (Kap. 1–17) berichtet von Fausts Geburt und Studien, über Faust als Arzt und wie er einige Male den

Teufel beschwor (seine Absicht ging dahin, „das zulieben, das nicht zu lieben war, dem trachtet er Tag und Nacht nach, name an sich Adlers Flügel, wollte alle Gründ am Himmel vnd Erden erforschen"), von Fausts Disputationen mit dem Teufel und Geist Mephistophiles, der Verschreibung an den Teufel auf vierundzwanzig Jahre – die mit Fausts Blut geschrieben und besiegelt wird –, in welcherlei Gestalt der Teufel Faust erscheint, von der Dienstbarkeit des Geistes, von Fausts Plan, sich zu verheiraten und dem Einspruch des Teufels, der Übergabe des großen Buches betreffend Zauberei und Nigromantia, über verschiedene Fragen, die Faust an Mephisto stellt: über die Hölle, das Regiment der Teufel, die verstoßenen Engel, was der Geist an Fausts Stelle, wenn er ein Mensch wäre, von Gott erschaffen, tun wollte, daß er Gott und den Menschen gefiele. Eingeschoben (als Kap. 7) in diese Prosahistorien sind drei Strophen über Fausts Verstocktheit.

Der 2. Teil mit der (eigenen) Überschrift ‚Folget nun der ander Theil dieser Historien von Fausti Abenthewren vnd andern Fragen' (Kap. 18–32) erzählt über Fausts Tätigkeit als Astrologe und Kalendermacher und von Fausts Disputationen mit seinem Geist über die Wissenschaft der Astrologie, über Winter und Sommer, über Lauf, Zierde und Ursprung des Himmels, die Erschaffung der Welt und des Menschen. Bei diesen letzteren Themen bekommt Faust den gottlosen und falschen [averroistischen] Bericht: Die Welt sei „vnerboren vnnd vnsterblich"; auch das menschliche Geschlecht sei von Ewigkeit her gewesen. Nach diesen Eröffnungen werden Faust die höllischen Geister, insbesondere die sieben obersten Teufel gestalthaft in grotesken Fratzen vorgestellt und Faust auf Luftreisen in die Hölle gefahren, in den Weltraum, über Europa (mit Schilderung der bekanntesten Städte nach Schedels ‚Weltchronik'), Vorderasien und Nordafrika, ins Paradies. Dem folgen Eröffnungen über Kometen, Planeten, die Plagegeister der Menschen, Sternschnuppen und das Wesen des Donners.

Der 3. Teil, überschrieben ‚Folgt der dritt vnnd letzte Theil von D. Fausti Abenthewer, was er mit seiner Nigromantia an Potentaten Höfen gethan vnd gewircket. Letztlich auch von seinem jämmerlichen erschrecklichen End vnnd Abschiedt' (Kap. 33–68), bringt Fausts Abenteuer, die er mit Hilfe seiner Schwarzkunst an Fürstenhöfen getan und getrieben und berichtet über Fausts Ende. Faust erweckt vor Kaiser Karl V. Alexander d. Gr. und dessen Gemahlin. Faust zaubert einem Ritter ein Hirschgeweih an den Kopf; er verschlingt einem Bauern ein Fuder Heu samt Wagen und Pferden; führt auf ihr Begehren drei Grafen durch die Lüfte nach München. Faust betrügt einen Juden und einen Roßtäuscher, frißt ein Fuder Heu, verzaubert Studenten, einen betrunkenen Bauern und treibt Wucher beim Verkauf von Schweinen. Faust verübt Abenteuer am Hofe der Fürsten zu Anhalt; fährt mit seiner Gesellschaft in den Keller des Bischofs von Salzburg; feiert mit Studenten die Fastnacht und beschwört am Weißen Sonntag vor den Studenten die Gestalt der schönen Helena; verzaubert einem Bauern die Wagenräder; stört in Frankfurt a. M. die Künste von vier Zauberern (Abhauen und Wiederansetzen ihrer Köpfe). Diese Abenteuer und Zauberstücke könnte man beliebig fortsetzen. Der Redaktor der Erstausgabe läßt nunmehr einen Warner auftreten. Fausts Nachbar, ein gottesfürchtiger Arzt und Theologe, der Fausts Tun und Lassen gesehen, mahnt ihn, von seinem gottlosen Leben abzustehen und sich zu bekehren, und stellt ihm die Folgen vor Augen. Die Mahnungen bleiben nicht ohne Eindruck. Aber der Teufel ruht nicht und nötigt Faust zu einer zweiten Verschreibung. Nach dieser kuppelt Faust mit Hilfe seiner Zaubereien zwei Personen zusammen, zieht um Weihnachten in seinem Garten Sommergewächse und Blumen, entzieht sich der Rache des Ritters, dem er das Hirschgeweih an den Kopf zauberte, hebt in seinem 19. und 20. Paktjahr an, ein „Säuwisch vnd Epicurisch leben zu führen", findet im 22. Jahr einen Silber- und Goldschatz und zeugt im 23. Jahr mit Helena einen Sohn, den er *Iustum Faustum* nennt.

In einer eigenen Kapitelgruppe (60–68) ‚Folget nu was Doctor Faustus in seiner letzten Jarsfrist mit seinem Geist vnd andern gehandelt, welches das 24. vnnd letzte Jahr seiner Versprechung war'. Faust macht sein Testament und setzt darin seinen Diener Wagner zum Erben ein. Je näher das Ende kommt, desto übler ergeht es Faust; er bejammert sein teuflisches Wesen und seinen frühen Tod. Der böse Geist hat dafür nur Hohn und Spott. Die Angst vor der Hölle und ihren Qualen und Peinigungen wird immer größer. Nach Ablauf der 24 Jahre erscheint der Geist mit der Verschreibung und verkündet ihm, daß der Teufel in der nächsten Nacht seinen Leib holen werde. Auf Fausts ‚Weheklag' sucht ihn der Geist mit falscher Schriftauslegung zu trösten: Das Gericht findet erst in ferner Zeit statt; niemand weiß, wie es sich um die Verdammnis verhält [die orthodoxe Kirche lehrt, daß die endgültige Vergeltung erst nach der Auferstehung erfolgt]; der Teufel habe ihm einen stählernen Leib und eine ebensolche Seele verheißen, er würde darum nicht leiden wie andere Verdammte. In einem Dorfe unweit Wittenberg verbringt Faust mit seinen vertrauten Gesellen, Magistern, Bakkalaurei und Studenten den letzten Tag. Nach dem Abendessen hält er ihnen eine Abschiedsrede, in der er sein Tun in den letzten 24 Jahren enthüllt und sie ermahnt, es nicht so zu machen, wie er es getan habe, sondern Gott vor Augen zu haben und ihn zu bitten, er wolle sie vor des Teufels Trug und List behüten. In der Nacht tötet der Teufel sein verzweifeltes Opfer. Im Dorfe wird der verstümmelte Leib begraben. Als die Magistri und Studenten nach Wittenberg zurückkehrten, fanden sie in Fausts Wohnung „diese deß Fausti Historiam" von ihm selbst aufgezeichnet ohne das Ende, das sie hinzufügten. Ebenso, was sein Famulus aufgezeichnet hatte, von dem ein neues Buch gesondert erscheinen wird. Am selben Tag, an dem Faust sterben mußte, verschwand auch Helena mit dem Sohn.

In den Erfurter-Leipziger Kapiteln, den Pluskapiteln von C[1], schenkt Faust den Leipziger Studenten ein Faß Wein; seinen Erfurter Zuhörern stellt Faust die Homerischen Helden vor Augen; er will die verlorenen Komödien des Terenz und Plautus wieder auffinden; Faust bei einer Gasterei; er richtet selbst eine solche an; ein Mönch in Erfurt will Faust bekehren. Die acht Pluskapitel von B sind lediglich schwankhaften Charakters.

Die ‚Historie‘, der Roman ist wohlüberlegt komponiert. Der Held steigt aus dem Bauernhaus empor zum Theologen, wendet sich von der Gottesgelehrsamkeit ab, studiert die Geheimwissenschaften und wird ein Weltmensch, Mediziner, Astrologe, Mathematiker und ist in der Rhetorik erfahren. Von verheißungsvollen Ahnungen nigromantischen Wissens ergriffen, ergibt er sich in seinem Erkenntnisdrang und Fürwitz der Magie, beschwört den Teufel, wird zu einem Pakt mit dem Bösen verführt, bekehrt sich nicht, trotz aller Warnungen, und endet tragisch. Dieser Held hat einen Begleiter und Gegenspieler, der den Fall bewirkt. Beide stehen zu der theologischen Grundidee im Widerstreit. Die Handlung zeigt den glänzenden Aufstieg und das schaurige Ende des Grüblers und Teufelbanners, alles bunt ausgesponnen und psychologisch fundiert. Ähnlich wie in den Sagen oder Legenden von *Cyprian, Robert dem Teufel*, der *Päpstin Johanna*, *Theophilus* u.a., ist das Hauptmotiv eine Teufelsbündnersage.

Richard van Dülmen

Die vielen Gesichter der Stadtgesellschaft

Nicht jeder, der in einer Stadt lebte, war Bürger mit allen Rechten und Pflichten. Neben den Stadteinwohnern, die das volle oder zumindest bestimmte Bürgerrechte besaßen, gab es zahlreiche Nicht-Bürger, die ihr Leben lang in einer Stadt lebten, aber nicht unbedingt zur Unterschicht zählten. Selbst die eigentliche Bürgerschaft bildete keine geschlossene homogene Gesellschaft, sie war nicht nur stark hierarchisiert, sondern in Gruppen und Stände mit eigenen Rechten aufgesplittert; zwischen einem Patrizier und einem Handwerker gab es kaum Entsprechungen. Die frühneuzeitliche Stadtgesellschaft setzte sich aus den verschiedensten Gruppen mit höchst unterschiedlichen Erwartungen und Interessen zusammen. Sicherlich spielte der Besitz eine entscheidende Rolle bei der Machtverteilung in der Stadt, ohne ausreichendes Vermögen konnte niemand Bürger sein oder sich offiziell in einer Stadt niederlassen bzw. seinen Handels- und gewerblichen Geschäften nachgehen. Doch über den Grad der politischen Machtstellung entschieden weniger das Vermögen als Herkunft, Geschlecht und Tradition; die soziale Ehre eines Stadtbürgers war nicht einfach eine Funktion des Vermögens. [...]

Aus welchen Berufsgruppen eine Stadtgesellschaft sich zusammensetzte und welche politisch-soziale Position sie innehatte, vermitteln uns der Häuserbestand sowie die Bevölkerungslisten: In Innsbruck gehörten 1605 dem Handwerk 28,9%, 16,6% der Häuser dem Adel, höheren Beamten und Akademikern, die als Oberschicht galten, mit 13,4% folgen die mittleren Beamten, höheren Hofbediensteten, Herren und freien Berufe; Handel, Verkehr und Gastgewerbe besaßen 10,5% der Häuser, mit 4,7% folgen die niederen Beamten und Bediensteten; zum Schluß werden mit 1,2% die Taglöhner genannt. Die stärkste Gruppe unter den Hausbesitzern stellte das Handwerk und die zumeist adlige bzw. akademische Oberschicht. Diese Liste freilich macht über 24,7% des Grundbesitzes keine näheren Angaben und sagt nichts über die Nicht-Hauseigentümer. In Wien, der größten Residenzstadt des Reiches, waren 1664 4,8% aller Häuser in öffentlicher Hand, 39,2% besaßen der Adel, Klerus und Beamte; das eigentliche städtische

Bürgertum nannte 56% der Häuser sein eigen. Auch in diesem Fall wird der Hausbesitz nicht danach differenziert, ob es sich um große oder kleine Häuser handelte. [...]

Da die rechtlich-politische Stellung des einzelnen wie die Zugehörigkeit zu einer Berufsgruppe nur bedingt Aufschluß über die ökonomische Machtposition geben, muß die Frage nach der sozialen Stellung ergänzt werden durch die nach dem Besitz und Vermögen, wie es konkret in der Besteuerungsgröße sichtbar wird. Denn besteuert wurde jeder unabhängig von seinem Rechtsstatus. In jeder Stadt gab es, nicht anders als auf dem Land, gravierende Unterschiede zwischen Armen und Reichen; je größer allerdings die Stadt war, um so stärker waren die Klassenunterschiede. In Salzburg machte 1608 die Gruppe, die über 1000 fl. versteuern mußte, 9,2% der Bevölkerung aus, darunter zählen auch jene 2,3%, die über 5000 fl. versteuerbares Vermögen besaßen. Die Mittelschicht von immerhin 27,9% der Bevölkerung zahlte für 100–1000 fl. Die größte Gruppe aber bildet mit 62,9% die Unterschicht, Leute, die bis zu 100 fl. Vermögen besaßen. Als ganz vermögenslos werden zuletzt unter dieser noch 23,7% der Bevölkerung bezeichnet. Nicht die Mittelschicht bildete hier die stärkste Gruppe, sondern die Unterschichten, die Armen und Vermögenslosen. Die größten Vermögen konzentrierten sich in der kleinen Oberschicht. Nicht ganz so extrem war die Situation in Trier 1624. Die Oberschicht macht hier 14,3% der Bevölkerung aus, unter ihr gelten 3,7% als reich. Die größte Gruppe stellt die Mittelschicht mit 62,4%, wobei allerdings ihre schwächsten Glieder auch zur Unterschicht gezählt werden könnten. Die eigentliche Unterschicht wird schließlich von 23% der steuerbaren Bevölkerung gebildet. Als reich galten hier die Familien, die ein Vermögen von durchschnittlich 6300 fl. besaßen, demgegenüber war die Gruppe, die durchschnittlich 36–250 fl. besaß, 52% stark. Die Vermögenslosen und Bettler sind noch nicht erwähnt. In den Reichsstädten war die Lage nicht viel anders. In Schweinfurt, das im 17. Jahrhundert

4000 Einwohner hatte, zählten 8% der Haushaltungen zur Oberschicht, 38% bildeten die Mittelschicht und 54% die Unterschicht. Mit 45% des Vermögens der Stadt hatte die Mittelschicht zwar eine starke Position, aber 30% besaß allein die kleine Oberschicht, während sich die breite Unterschicht mit dem Rest von 25% des städtischen Vermögens zufrieden geben mußte. [...]

Wir können die Stadtgesellschaft nach dem Grad ihrer Partizipation an der Macht in der Stadt hierarchisieren oder auch nach ihrem Vermögen, aber über die in einer Stadt gültige Prestigeordnung sagt beides nur wenig aus. Ein armer Adliger oder vermögensloser Geselle zählte ebenso wenig zur ‚Unterschicht' wie ein reicher Handwerker oder Krämer sich zur ‚Oberschicht' rechnen konnte. Das Bild einer Stadt läßt sich ergänzen durch die soziale Positionsbeschreibung, die die Stadt im Zusammenhang von Kleider- und Prozessionsordnungen erließ. Diese Ordnungen betreffen alle Einwohner und geben Aufschluß über die soziale Ehre einer Familie, die auf Amt und Tradition beruhte. Je nach dem, ob es sich um eine Residenzstadt oder um eine Reichsstadt handelte, wurde auch die offizielle Gesellschaftsordnung unterschiedlich festgelegt. In einer Residenzstadt gingen der Adel und das ‚höhere' Beamtentum des Hofes selbstverständlich den bürgerlichen Ratsherren voraus, auch wenn sie kein Bürgerrecht besaßen; die größere Nähe zum Hof privilegierte die Hofangehörigen.

In Bamberg und Würzburg gab es beispielsweise 1652 folgende Rangordnung:
1. Gelehrte, Räte, Professoren, Kammerräte und Leibmedici
2. Hofofficianten, Kanzlei- und Kammerofficianten, andere graduierte Personen, Bürgermeister, Stadträte und Assessoren
3. Vermögende Bürger, die nicht mit eigener Hand bauen, sondern von ihren Gütern leben
4. Alle übrigen Handwerksleute, Bürger, Händler und Einwohner.

Die Gesellschaftsordnung in den Reichsstädten, die ja ihr Leben selbst organisieren konnten und in denen außerdem selten Adlige und Beamte wohnten, sah entsprechend anders aus. So erließ 1618 der Rat der Stadt Nürnberg folgende Ordnung nach 6 Ständen:
1. Angehörige der alten Geschlechter
2. Kaufleute, die ihr Geschäft mit eigenem Vermögen betreiben und sich im „Genannten Stand des Großen Rates" befinden
3. Kaufleute mit nicht ganz so großen Geschäften, die ebenfalls Genannte des Großen Rates sind, sowie die Handwerker des kleinen Rates
4. Kaufleute, die ihr Geschäft erst seit ein paar Jahren betreiben, sowie Handwerker und Kaufleute, die sich nicht im „Genannten Stand" befinden.
5. Einfache Krämer und Handwerker
6. Handwerksgesellen, Dienstmägde und Dienstknechte.

Es ist schwer, die unterschiedlichen Städte zu vergleichen und eine gemeinsame Sozialstruktur anzugeben. Im einzelnen hing diese nicht unwesentlich ab vom Rechtsstatus der Stadt, von der Vielfalt des Handels und Gewerbes, vor allem aber von der Größe. Doch generell gilt, daß in der Stadt das Patriziat, eine Art Stadtadel, ganz oben stand. Zu ihm zählten die ‚Alten Geschlechter'. Wo es ein geschlossenes Patriziat nicht gab, trat an seine Stelle die nicht minder selbstbewußte Honoratiorenschicht der alten Familien, die sehr exklusiv lebte, die wichtigsten städtischen Ämter besetzte und meist politische und ökonomische Macht in Händen hielt. Zu dieser sogenannten Ehrbarkeit gehörten die Kaufmannschaft, hohe Beamte und Akademiker, Mitglieder des Rats und des Gerichts: In der Regel zählten auch die hohen Kleriker dazu, wenngleich die Kirchen in jeder Stadt einen Sonderstatus besaßen. Das gilt freilich nicht für alle Konfessionen in gleicher Weise. Im katholischen Regensburg besaßen die Protestanten so wenig Rechte wie die Katholiken und Calvinisten im lutherischen Frankfurt. Die

Handwerker bildeten weitgehend die Mittelschicht. Diese ist ebenso wie die Oberschicht höchst differenziert und setzt sich nach unten stark ab. Ihre Zunftorganisationen stellten einen wichtigen politischen und ökonomischen Faktor dar. Zwar gab es je nach Stadtstruktur unterschiedliche Schwerpunkte, aber in jeder größeren Stadt existierte ein breitgefächertes Handwerk vom Goldschmied bis zum Müller. Die Mittelschicht hatte wie die Ehrbarkeit bevorzugte Wohngegenden, die aber niemals so abgeschlossen waren, daß man sich nicht begegnen konnte. Zur Mittelschicht zählten auch die kleineren Kaufleute, mittlere Beamte und Angestellte der Stadt, wie etwa der Lehrer und Gerichtsdiener. Konnte sich die kaufmännische und patrizische Oberschicht ein repräsentatives luxuriöses Leben leisten, besaß die Mittelschicht in der Regel nur so viel, daß ein ehrbares Leben möglich war. Selbstverständlich gab es auch reiche Handwerksmeister, aber die Auskömmlichkeit galt als Maxime. Die Mittelschicht war weitgehend von der eigentlichen politischen und sozialen Herrschaft ausgeschlossen, nur in den mittelgroßen Städten behauptete sie ihre innerstädtische Machtstellung. Die Unterschicht setzte sich aus Lohnarbeitern, Fuhrleuten, Winzern, unehrlichen Handwerkern, alleinlebenden Witwen und Gesellen, Transportarbeitern und Dienstboten zusammen. Die Grenze zur Stadtarmut und zu den Bettlern war fließend. Diese Leute waren von jeder politischen und sozialen Macht ausgeschlossen, hatten oft kein Haus, sondern wohnten zur Miete und besaßen nur das Notwendigste. Unter ihnen gab es zudem eine große Mobilität. Die meisten wohnten am Stadtrand und nahmen jede Arbeit und jeden Dienst an, tätigten Erntearbeiten, Botendienste, löschten Schiffe oder reinigten die Stadt. Obwohl jede Stadt mit verschiedenen sozialen Einrichtungen die Armut begrenzen wollte, gab es bis zum Ende des Alten Reiches eine sehr vielfältige Stadtarmut, die eher zu- als abnahm. [...]

Die frühneuzeitliche Stadt bot einen höheren Entfaltungsspielraum als das Land; in ihr konnten sich neue Produktionsformen entwickeln und geistige Flexibilität entstehen, schließlich schufen vor allem die großen Städte mit ihren verschiedenen Kulturen die Voraussetzungen für ein kapitalistisches Handeln. Dennoch war das Stadtbürgertum keine revolutionäre Klasse, selbst im 16. Jahrhundert nicht, als vom Stadtbürgertum eine größere Dynamik ausging als im 18. Jahrhundert und es für die traditionelle Gesellschaft eine Herausforderung darstellte. Der Stadtbürger blieb wie der Bauer und der Adlige weitgehend an die Tradition gebunden und orientierte sich in seinem Handeln vor allem am Erhalt und an der Vermehrung seiner Nahrung und seiner Ehre. Dasselbe gilt für ihre Frauen. Nicht materielles Profitstreben bestimmte ihre Welt, sondern die kulturelle Optimierung ihrer Lebensmöglichkeit im Rahmen der vorgegebenen Ordnung. Der Stadtbürger schottete sich von Neuerungen ab und war keineswegs Vorreiter einer ‚bürgerlichen' Reformbewegung. Auch handelt er nicht allein als Person mit subjektiven Interessen und Fähigkeiten, sondern überdies stets als Mitglied einer Gruppe, die seine Lebensmaximen gestaltete und der traditionellen Absicherung des städtischbürgerlichen Lebens Vorrang vor allen Privatinteressen gab.

Bernd Roeck

Kleider machen Ordnung

In gewisser Hinsicht konnte man die sozialen Schichtungen der Reichsstadt in der Öffentlichkeit, auf Straßen, Plätzen und Gassen *sehen*. Denn der Rat war – wie jede frühneuzeitliche Obrigkeit – entschieden darum bemüht, daß man sich gemäß dem eigenen Stand kleidete. Die Ordnung der Gesellschaft sollte sich dem Auge darstellen: eine differenziert organisierte, hierarchisch aufgebaute Pyramide, die ihre breite Basis im Heer der Bettler, Taglöhner, der armen Weber und Bauleute hatte und „oben" in Ratsherren, Stadtpflegern und Standesherren gipfelte. Die Pyramide erreichte über Augsburg hinaus gigantische Dimensionen, führte über Reichsfürsten und Kurfürsten bis zur Höhe des Kaisers. Ihre Spitze ragte – um unsere Metapher fortzuschreiben – über die Wolken, in den Himmel, denn es waren die himmlischen Heerscharen und schließlich Gott selbst, was über allem stand.

Die Epoche ist nicht arm an Ordnungsmodellen: Die Uhr, die geometrisch konzipierte Idealstadt, die an kosmologischen Vorstellungen orientierten Maßverhältnisse harmonischer Architektur können immer auch als Gegenbilder zum Chaos der wirklichen Welt interpretiert werden. Und ebenso täuschten die Kleiderordnungen eine geregelte soziale Welt vor, die es in Wirklichkeit kaum gab. Und sie taten dies – das sei nur am Rande vermerkt – im Laufe des 17. und 18. Jahrhunderts mit zunehmender Detailbesessenheit, unterschieden schließlich sieben, acht und mehr „Stände", denen man bis zum letzten Hosenknopf bestimmte Bekleidungen aufzuzwingen bestrebt war (wobei die Vielzahl der Vorschriften, auch das nebenbei, zusehends deren Wirkungslosigkeit dokumentiert). Am Anfang der Epoche, von der wir hier erzählen, kam man noch mit verhältnismäßig einfachen Regelungen aus. Die Ordnung von 1583 jedenfalls umfaßte nur wenige Blätter, während diejenigen des ausgehenden 17. und des 18. Jahrhunderts oft ganze Büchlein ausmachen werden.

In einer Art Präambel wurden die Gründe genannt, die für den Erlaß der Kleiderordnung maßgeblich gewesen seien. Ein jeder solle sich „seinem Stand gemeß" kleiden; doch habe „die kostlichkeit der klaider und gezierden bey vilen sehr überhannd genommen, also dz es dahin gerathen dz schier kein stand vor dem anderen zu erkennen gewesen". Der Text kennt die drei Stände Herren, Kaufleute und Handwerker, nennt dazu noch eine Gruppe von Leuten, die gleichsam über der Ordnung standen und sich nach Gefallen (und Geldbeutel) kleiden durften, nämlich Grafen, Herren, Ritter, die Stadtpfleger, Doktoren und Licentiaten, Hauptleute und Befehlshaber. Natürlich ging es in den Kleiderordnungen auch darum, ruinöse Luxusausgaben wenn nicht zu verhindern, so doch einzuschränken, und oft genug wird dieses Motiv von den frühneuzeitlichen Obrigkeiten in den Vordergrund gerückt. Die kritische wirtschaftliche Entwicklung Augsburgs am Ende des 16. Jahrhunderts wird denn auch als eine der Voraussetzungen der Ordnung von 1583 gesehen werden können (eine andere war, daß sich kurz zuvor die Mitglieder der Herren- und Kaufleutestube über ihre verfassungsmäßigen Rechte verglichen hatten).

Die einzelnen Bestimmungen sahen in der Tat in erster Linie auf den Wert der Materialien. Die Herren etwa durften Samt, Atlas, Damast und was weniger wert war, tragen, daneben war ihnen erlaubt, „guldene ketten, kleinoter, perlen, armband, medeyen [Medaillen]" zu tragen; sie durften sich also schmücken wie die Pfauen. Ihren Frauen gegenüber war man strenger (wie sich das schöne Geschlecht überhaupt gewöhnlich einschneidendere Beschränkungen in modischen Dingen gefallen lassen mußte). Bei Strafe von 2 fl. für jede Übertretung wurde es ihnen verboten, „sametine schuech und pantoffel" zu tragen. Samtbarette, „item guldine hauben mit berlen geziert" waren erlaubt – „doch das derselben nit über 100 fl. koste". Dazu war allerhand Schmuck zugelassen. Den Frauen der Kaufleute waren nur billigere Materialien und etwas weniger Schmuck gestattet. Als Futter ihrer „Huseggen" (einer Art Mantel) durften sie etwa nur doppelten Taft „und was ringers werth ist" verwenden, ihre „Brüstlen" – die Mieder – sollten bestenfalls aus Atlas und Damast gefertigt sein, dazu waren eineinhalb Ellen Samt zur Verbrämung gestattet. Die Goldhauben der Kaufleutefrauen durften nicht mit Perlen verziert sein.

Ihren Männern schrieb die Ordnung genau vor, wieviel Geld sie für allerlei Zierat ausgeben durften. So war ihnen ein silberner Dolch von zehn bis zwölf Lot Gewicht, eine „Wehr" – ein Degen – mit acht Lot Silber gestattet, und sie durften „1 bar gestrickte stimpf, 3 bis in 4 fl. werth" tragen. Verboten waren den Kaufleuten beispielsweise seidene Strümpfe, Schuhe und Pantoffel aus Samt oder Hemden, die mehr als fünf Gulden kosteten.

Auch Handwerksleute konnten sich – so sie die nötigen Mittel dazu hatten – recht eindrucksvoll kleiden, aber sie waren doch durch teilweise ziemlich hohe Strafen zur Zurückhaltung bei der Verwendung von Pelzen und Stoffen gezwungen. Marderpelze und Besseres waren ihnen als Futter untersagt, sie hatten sich mit Wolfs- oder Fuchsfellen zu bescheiden; als Überzeug konnten sie Grobgarn, Wolle und ähnliches, dazu höchstens eine halbe Elle Samt verwenden. „Zerschnittene" Hosen aus Leder oder ebenfalls aus Wolle wurden zugestanden – jene gelegentlich ins Maßlose sich steigernde, Unmengen an Stoff verschlingende Sitte, Hosenbeine aus mehreren Lagen kunstvoll durchbrochener Streifen zu bilden. Gegen diese Modetorheit wandten sich moralisierende Traktate wie der ‚Hosenteufel' eindringlich, wenn auch vergeblich.

Leibrock und Goller (eine Art Hemd) durften nur von Wolle und anderem billigen Material sein, das Tragen von Schmuck war den Handwerkern bei 4 fl. Strafe untersagt. Allein ein Wappenring war jenen, die ein Wappen erworben hatten (unser Chronist Jerg Siedeler oder auch der Stadtwerkmeister Holl zählten dazu), erlaubt. Wenn ein Handwerker in den Rat oder ins Gericht gewählt wurde, stand ihm weitgehend die Kleidung der Kaufleute zu.

Die Frauen der Handwerker durften sich ebenfalls nur einfacher Materialien bedienen, zum Beispiel waren ihnen ausschließlich „Brüstle" aus Wolle gestattet, dazu Schmuck, der ebensoviel oder weniger, als in der Hochzeitsordnung erlaubt war, kosten durfte: etwa ein silberbeschlagener

Gürtel und ein perlenbesticktes Haarband bis zu jeweils 8 fl. Wert. Goldhauben und „die hohen und großen kreß" waren verboten.

Damit war auf eine hervorstechende Eigenart der Mode des ausgehenden 16. und beginnenden 17. Jahrhunderts angespielt: die hohen Halskrausen nach spanischem Vorbild. Das begann mit einem Stehkragen mit Röhrchenbordüre und ging über die weit ausladende Halskrause zum breiten, oft spitzenbesetzten Umschlagkragen. Letzterer kommt im 17. Jahrhundert, schon vor der Zeit des Dreißigjährigen Krieges, immer mehr in Mode. Aber natürlich gab es viele regionale, ja lokale Variationen, und wenn man vom „Zeitalter der spanischen Mode" spricht, ist von einer oft eklatanten Gleichzeitigkeit des Ungleichzeitigen die Rede, mit phasenverschobenen, auch schichtspezifisch unterschiedlichen Rezeptionsprozessen (die gewöhnlich von ‚oben' nach ‚unten' verliefen, vom Adel zum Bürgertum. [...]

Während der Kriegszeit wurde die Mode zusehends farbenfroher – sei es, weil die spanische Vorherrschaft auch politisch schwand, sei es, daß die farbige Kleidung zum Sublimationsmittel in den Bedrängnissen des Alltags wurde. Bänder, Nesteln und anderer Putz treten an die Stelle des auf dem spanischen Schwarz ehedem so effektvollen Geschmeides aus Gold, Edelsteinen und Perlen. Die Hosen verlieren die dicken Auspolsterungen, die Frauen raffen ihre nun ebenfalls zusehends farbenfrohen Röcke und tragen eine Vielzahl von Unterröcken darunter.

Ständig wechselnde Moden, Versuche, sich schön und sichtbar teuer zu kleiden – das ist nicht allein Stoff für Klatsch vom Jahrmarkt der Eitelkeiten. Wir würden, könnten wir uns ins Detail verlieren, Zeugen von Distanzierungsprozessen, eines steten zähen Ringens um gesellschaftliche Positionen in einer Ordnung, die gerade hier, am scheinbar abgelegenen Detail, Instabilitäten, Übergänge erkennen läßt. Ihren besonderen Rang in der alteuropäischen Gesellschaft hatten solche scheinbar am Rande stattfindenden Auseinandersetzungen wegen der Bedeutung des *Sichtbaren*, des tieferen Sinns, den man allen Dingen zubilligte: Darin wäre eine gewisse Übereinstimmung mit der Metaphysik der Dinge zu erkennen. Der Schein bestimmte die Auffassung vom Sein mehr als in der modernen Welt, weil das Äußere in engerem Zusammenhang mit dem Inneren gedacht wurde, die Form mehr mit dem Begriff einer ‚höheren' Wirklichkeit zusammenhing. Wie der Komet durch seine Rutengestalt „Züchtigung" androhte, teilte ein mit Gold und Edelsteinen prunkendes Gewand etwas mit von gottgewollter Größe und *auctoritas,* erwies es den Träger als legitimiert für seine Position. Hätte es Gott sonst gefallen, ihm die Pracht seiner Kleidung und den schimmernden Glanz seines Schmucks zu gewähren?

Wer die von der Kleiderordnung gezogenen Grenzen überschritt, sich durch Schmuck und teure Stoffe über andere zu erheben suchte, mochte sich insofern seine ‚wirkliche' Stellung in der Welt beweisen wollen. In den Statuskämpfen, die sich still und wenig dramatisch auf diplomatischem Parkett, in den Trinkstuben der Vornehmen oder auf dem Marktplatz vollzogen, ging es so aus gewisser Perspektive um die Metaphysik des Seins. Vielleicht erklärt gerade diese Überlegung, warum der Kleiderluxus so ruinöse Formen annehmen konnte.

Der dramatische Abstand zwischen den Reichen, den Wohlhabenden und der großen Masse der Bevölkerung hatte jedenfalls sein Pendant im Bild der Menschen. Mode war eine Sache der Oberschichten. ‚Unten' auf der sozialen Leiter – und das hieß für die große Mehrheit – vollzogen sich Wandlungen nahezu unmerklich, Generationen hindurch blieben die Kleidungsstücke der Bauern, der Taglöhner und armen Handwerker sich gleich. Die Verordnungen der Obrigkeiten, vor allem aber ökonomische Zwänge hatten maßgeblichen Anteil daran. Und es war schließlich den Eliten in jeder Hinsicht darum zu tun, gegen die Masse hin große Abgrenzungen zu errichten. „Nichts verleidet den

Edelleuten die golddurchwirkten Gewänder mehr, als sie am Leibe der Geringsten dieser Erde zu erblicken", notierte ein Beobachter des absolutistischen Paris im frühen 18. Jahrhundert, und das gilt gewiß auch für andere Zeiten.

Brian Levack
Kleine und große Hexenjagd

Sobald die Justizbehörden eine Anklage wegen Hexerei akzeptierten, übernahmen sie die volle Kontrolle über den weiteren Verlauf der Hexenjagd. Man hat die Richter schon als Torwächter der Hexenverfolgung bezeichnet, weil sie darüber entschieden, welche Fälle verhandelt und welche ignoriert werden sollten. Sie bestimmten, welche Zeugen einberufen wurden, wer gefoltert wurde und welche angeblichen Komplizen gerichtlich belangt werden sollten. In den meisten Fällen entschieden sie über Schuld oder Unschuld des Angeklagten ebenso wie über das Strafmaß. Und selbst wenn der Prozeß von unten initiiert worden war, wurde dessen Verlauf im wesentlichen von oben bestimmt. Dabei übernahm das gemeine Volk nur eine Hilfsfunktion, indem es gegen die in den Prozeß Verwickelten aussagte und die zur Hexenverfolgung benötigte Stimmung aufrechterhielt.

Sobald die Verdächtigen vor Gericht gebracht waren, verliefen die Prozesse nach drei verschiedenen Modellen. Am häufigsten waren Verfahren gegen eine, zwei oder höchstens drei Personen. In solchen Fällen scheint der Begriff der Hexenjagd eigentlich nicht angebracht, da dieser die Verfolgung einer größeren Personengruppe impliziert, die bestimmte Glaubensinhalte und Charakteristika miteinander verbinden. Da aber auch dieser Vorgang sowohl die Suche nach Hexen als auch den Versuch umfaßte, Phantasievorstellungen auf unschuldige Menschen zu übertragen, erscheint der Begriff Jagd auch hier gerechtfertigt. Das wichtigste Kennzeichen dieser kleineren Jagden besteht darin, daß sich die Suche nach Übeltätern auf die Menschen beschränkte, die von Anfang an beschuldigt wurden. In England war dies das gängige Verfahren, weil sich die Anklagen vorwiegend auf maleficia bezogen und die Richter die Folter nicht einsetzen konnten, um die Namen von Komplizen zu erpressen. Doch waren Prozesse wegen einzelner Akte von Zauberei durchaus in ganz Europa üblich. Selbst in Deutschland, wo bekanntlich umfangreiche, lawinenartige Hexenprozesse geführt wurden, riß der Strom von Einzelprozessen nicht ab. Die Mehrzahl dieser Verfahren hätte durchaus Anlaß zur Entstehung größerer Hexenjagden bieten können, da jederzeit die Behauptung, die Beschuldigten hätten am Sabbat teilgenommen, dazu führen konnte, daß man nach Komplizen forschte. Häufig kam jedoch eine solche Lawine nicht ins Rollen, vielleicht weil die Justizbehörden sich vorwiegend um andere Dinge kümmerten oder weil die Stimmung der Bevölkerung nicht in Panik umschlug. Vielleicht kam es auch deshalb nicht so weit, weil Bevölkerung oder Behörden sich nur einer bestimmten Person entledigen wollten und danach keine zwingende Notwendigkeit mehr sahen, die Angelegenheit weiter zu verfolgen.

Begnügten sich die Behörden nicht mit einem Verfahren gegen die ursprünglich Beklagten, dann konnten sich Prozesse entwickeln, die der allgemeinen Vorstellung von einer Hexenjagd eher entsprachen. Eine mittlere Hexenjagd betraf etwa fünf bis zehn Personen. William Monter hat ermittelt, daß dieser Typ, den er „kleine Panik" nennt, im frankophonen Teil der Schweiz häufig vorkam, aber Beispiele dafür liefern auch Deutschland und Schottland. Wichtigste Merkmale solcher Verfahren waren der Einsatz der Folter und eine zweite Welle von Beschuldigungen, wobei der gesamte Prozeß allerdings nicht außer Kontrolle geriet. Eine Eskalation verhinderten manchmal der sparsame Einsatz der Folter und der Verzicht auf drakonische Strafen wie 1583 in Neuchâtel und 1634 in Fribourg. Andere Verfahren endeten, nachdem Komplizen benannt worden waren, vielleicht deshalb, weil es niemanden mehr gab, der als typische Hexe verdächtigt werden konnte. Theoretisch konnte natürlich jedermann eine Hexe sein, und bei einigen größeren Verfahren war tatsächlich jedermann in Gefahr. Aber in den meisten Kommunen lebten nur wenige Menschen, die von ihrer Umgebung instinktiv der Hexerei verdächtigt wurden. Hexen waren diejenigen, von denen „jedermann wußte, daß sie im Ruf der Hexerei stehen". Wenn solche Personen nicht vorhanden waren, mußten an Hexerei weniger diskriminierende Maßstäbe angelegt werden, um eine Hexenjagd fortzusetzen. In den Gemeinden, in denen sich solche mittleren Hexenjagden abspielten, war die allgemeine Hysterie vermutlich auch nicht so stark, daß solche minderen Maßstäbe zum Tragen kamen. Insgesamt gesehen lag der Grund für die begrenzte Ausdehnung solcher Hexenprozesse wohl darin, daß sich weder bei den Behörden noch in der Bevölkerung die typische Hexenpanik voll entfaltete.

Die großen Hexenverfolgungen des 16. und 17. Jahrhunderts, die zehn Menschenleben, aber auch Hunderte von Opfern fordern konnten und in einem Klima höchster Panik oder Hysterie abliefen, sind die Prototypen der klassischen Hexenjagd. Am häufigsten kamen sie in Deutschland vor, aber auch andere europäische Länder wie England, Spanien und Schweden erlebten zumindest eine derartige Episode. Viele dieser Prozesse verliefen lawinenartig; die zuerst angeklagten Hexen nannten die Namen von Komplizen, die ihrerseits verhaftet, überführt, abgeurteilt und gezwungen wurden, andere zu denunzieren. Die umfangreichste Hexenverfolgung dieser Art ereignete sich in Trier, wo insgesamt 306 Hexen rund 1500 Komplizen benannten, im Schnitt 20 Namen pro Hexe. Weitere Verfahren dieser Art fanden 1611 in Ellwangen, 1627–29 in Würzburg, 1630 in Bamberg und 1609 in der Region Labourd in Aquitanien statt. Aber große Hexenjagden konnten sich auch auf andere Weise entfalten. Gelegentlich benannte ein einzelner Ankläger bzw. eine Gruppe im Verlauf des Verfahrens einen Namen nach dem anderen. Besessenen wie den betroffenen Mädchen in Salem fiel dies relativ leicht, weil sie selbst ja nicht der Hexerei schuldig waren und daher nicht hingerichtet wurden. Aber auch wenn Besessenheit keine Rolle spielte, konnte eine relativ kleine Zahl von Anklägern eine große Hexenjagd auslösen. 1670 führten zum Beispiel in Rouen die Aussagen von neun Personen zu 525 Anklagen. Eine andere Variante entstand, wenn eine kleine Gruppe von Magistraten zahlreiche Verdächtige zum Verhör zitierte, nachdem sie Informationen über sie gesammelt hatte. Wo wir diesem Szenarium begegnen, kam es nicht zu Hexenjagden, die sich wie Flächenbrände ausdehnten, sondern zu gezielten Hexenrazzien, die sich meist auf wenige kleine Dörfer beschränkten. [...]

Selbst wenn Richter oder Hexenjäger am gleichen Ort verblieben und die ihnen vorgelegten Fälle aburteilten, waren große Hexenjagden zuweilen nicht so kohärent, wie es den Anschein hatte. Häufig behandelten Richter Fälle aus verschiedenen Regionen ihres Jurisdiktionsbezirks, und das über lange Zeit. Hexenverfolgungen verliefen oft in Wellen, wobei jede Häufung von Verfahren ihre eigene Dynamik entwickelte. Wenn sich eine Hexenjagd über zwei oder drei Jahre erstreckte und Zeiten einschloß, in denen keine Prozesse stattfanden, läßt sich schwer entscheiden, ob es sich um eine einzige größere Kampagne handelte oder um eine Serie kleinerer Verfahren, die von demselben Gericht oder demselben Richter durchgeführt wurden. Eine genaue Untersuchung der Hexenjagd von 1627–30 in der freien Reichsstadt Offenburg zeigt die Komplexität eines Vorgangs, der als eine einzige große Hexenverfolgung gedeutet werden kann. Die Kampagne begann 1627 als Ableger einer Hexenjagd in der Landvogtei Ortenau, in deren Einzugsbereich die Stadt Offenburg lag. Infolge von Denunziationen durch Hexen aus der Ortenau setzte der Stadtrat von Offenburg eine Hexenjagd in Gang, die zwischen November 1627 und Januar 1628 das Leben von zwölf Hexen forderte. Nach einer Pause von fünf Monaten veranlaßte der Rat, der Informationen über die Kinder einer der im Januar hingerichteten Hexen erhalten hatte, eine neue Serie von Verfahren, deren Ergebnis die Hinrichtung von sieben weiteren Hexen und der Tod einer Hexe unter der Folter war. Nach einer weiteren Pause von vier Monaten begann eine lange Reihe weiterer Prozesse, die sich bis zum Januar 1630 hinzog und weitere vierzig Menschenleben forderte. Mit anderen Worten, diese Hexenjagd bestand aus drei unterschiedlichen Vorgängen, von denen jeder einzelne seine eigene Dynamik entwickelte.

Obwohl viele große Hexenverfolgungen aus mehreren kleineren Hexenjagden bestanden, war allen Verfahren wie in Offenburg die Intensität der ihnen zugrundeliegenden Ängste gemein. Eines der Hauptmerkmale der großen Hexenverfolgung war das Vorherrschen einer tiefen Angst oder Panik in der Zeit, in der umfangreiche Prozesse stattfanden. Diese Grundstimmung rechtfertigt den Gebrauch von Begriffen wie Manie oder Wahn zur Charakterisierung der Hexenjagd. Allem Anschein nach entwickelte sich in manchen Kommunen eine regelrechte Massenhysterie. Diese ist jedoch sorgfältig zu unterscheiden von der krankhaften Hysterie einzelner Gruppen oder von Besessenen. Die Beamten, Dorfbewohner oder Städter, die in Panik gerieten, weil Hexen in ihrer Nachbarschaft lebten, zeigten keine Zeichen klinischer Hysterie, die sich in Anfällen, Verletzungen und teilweisen Lähmungen manifestiert. Die Hysterie der Hexenjäger war eher eine Form dessen, was wir heute als kollektives Zwangsverhalten bezeichnen würden, ein umfassender Begriff, der auf die unterschiedlichsten Gruppenphänomene, von Moden oder Trends bis zum Aufruhr, angewandt werden kann. Wie die entsetzte Londoner

Bevölkerung, die 1678 von dem papistischen Komplott erfuhr, oder wie die Menschen, die 1919/20 und 1947–54 panikartige Reaktionen auf die „Rote Gefahr" erlebten, gerieten die Bewohner von Städten und Dörfern in Furcht und Schrecken, als sie erfuhren, daß eine ständig steigende Zahl ihrer Nachbarn und sogar einige ihrer Bürgermeister als Hexen denunziert worden waren. Entsetzt mußten sie feststellen, daß ihre engsten Freunde und Nachbarn Hexen waren und daß sich ihre ganze Gemeinde in den Klauen des Teufels befand. Vielleicht hatten sie aber auch große Angst davor, selbst fälschlicherweise bezichtigt zu werden. Aus dieser Angst heraus unterstützten sie die Prozesse, meldeten den zuständigen Behörden verdächtige Personen und bezeugten sogar, daß Menschen durch die Luft geflogen seien oder am Sabbat teilgenommen hätten. Vermutlich aus derselben Grundstimmung heraus bekannten sich Menschen, die von tiefen Schuldgefühlen gequält wurden, aus freien Stücken zur Hexerei. [...]

In diesem Zusammenhang ist allerdings sorgfältig zwischen der mit manchen Hexenjagden verbundenen Massenhysterie und den individuellen psychologischen Problemen einzelner Beteiligter zu unterscheiden. Menschen wie der sadistische Richter oder Henker, der zwanghaft agierende Hexenjäger oder die verwirrte oder „melancholische" Hexe legten abnorme Verhaltensweisen an den Tag, die mit der kollektiven Stimmung und der Massenpsychose, von der hier die Rede ist, nichts zu tun haben. Auch darf man die gesamte europäische Hexenjagd nicht mit dem vereinfachenden Etikett „Hexenwahn" oder „Massenwahn" versehen. Aber im Zusammenhang mit einzelnen Verfolgungswellen kann man mit Sicherheit, wenn auch nur als Hypothese, von Massenhysterie sprechen. Träfe dies nicht zu, hätte die Geschichte der europäischen Hexenjagd weit geringere Dimensionen angenommen.

Manfred Vasold

Die Allmacht des Todes: Pest in den Städten

Viele europäische Großstädte der frühen Neuzeit waren Pestherde erster Ordnung; man braucht nicht die Hungersnöte zur Erklärung heranzuziehen, die Städte waren Pestherde und Zentren hoher Sterblichkeit, weil hier die Sauberkeit kaum größer war als auf dem Lande, und zugleich die Menschen ungleich dichter aufeinander saßen. Allerdings sind die Städte und ihre Bewohner nicht repräsentativ in dieser Zeit, die große Mehrheit der Deutschen – so etwa 85 Prozent – lebt noch immer auf dem Lande. Aber wir sind über das Leben in den Städten weitaus besser im Bilde, auch daher wird man die Seuchen besser in den Städten verfolgen als in den Dörfern.

Was die Einwohnerzahl der meisten Städte des 16. Jahrhunderts anlangt, so liegen sie noch immer im dunkeln. Man nahm keine Volkszählungen vor. [...]

Eine Ausnahme bildet da Augsburg, damals – und noch für lange Zeiten – eine Freie Reichsstadt, deren Regiment allerdings von Katholiken und Protestanten paritätisch zusammengesetzt war. Augsburg besitzt für das gesamte 16. Jahrhundert ein ziemlich lückenloses Verzeichnis der Bevölkerungsbewegungen, so daß wir über die Einwohnerzahlen und über die Sterblichkeit gut unterrichtet sind. Augsburg mit seinen 56000 Einwohnern (1501) erlebte in der ersten Hälfte des 16. Jahrhunderts acht Pestjahre und verlor dabei mehr als 38000 Einwohner. In der zweiten Hälfte waren es sieben Pestjahre, 20000 Pesttote waren zu beklagen. Und in der ersten Hälfte des 17. Jahrhunderts kosteten neun Pestjahre die – bereits stark geschrumpfte – Augsburger Stadtbevölkerung weitere 34000 Pesttote.

Die Höhe der Nürnberger Bevölkerungsbewegungen ist weniger gut gesichert. Nürnberg mit seiner großen rautenförmigen Stadtmauer, die im wesentlichen im 15. Jahrhundert fertig war, zählte 1431 gut 20 000 Einwohner. Dann kamen die Hussiteneinfälle und 1437 die Pest; sie wirkte sich verheerend aus, die Zahl der Toten wird auf 10 000 bis 13 000 geschätzt, was allerdings unglaublich hoch erscheint. Ein Dutzend Jahre später, 1449, hatte die Stadt die ältere Einwohnerzahl nämlich bereits wieder erreicht, ja sogar – mit 22 800 – ein wenig überschritten.

In den ersten Jahren des 16. Jahrhunderts kommen mehrere Seuchen nach Nürnberg, darunter Pest und Syphilis. Über die Seuchen und die angewandte Therapie – vor allem Aderlaß und die Anwendung von Guajakholz gegen „die Franzosen" – berichtet die Äbtissin Caritas Pirckheimer. Die Pest von 1533/34 fordert 5754 Menschenleben; genau zehn Jahre später wütete eine weitere Epidemie, sie kostete mehr als 1500 Menschenleben. Die schwere Pest von 1561 und 1563 riß 9186 Menschen ins Grab, die Zahl soll zuverlässig sein. Im Jahr 1570 wüteten, vornehmlich unter Kindern, die Pocken und töteten rund 1600 Menschen in der Stadt. Pest und rote Ruhr kamen erneut in den 1570er Jahren und forderten rund 6500 Menschenleben; Fleckfieber und Grippe in den 1580er Jahren beraubten die Stadt erneut um circa 5000 Menschen. Aufgrund dieser hohen Seuchenverluste schätzt Rudolf Endres, daß Nürnberg etwa die Einwohnerzahl hatte, die Conrad Celtis in seinem Werk *De origine, situ, vercibus et institutis Norimbergae* für das Jahr 1502 veranschlagt hatte, nämlich 52 000.

Das Leben in den Städten war kurz, die Sterblichkeit war höher als auf dem flachen Land. Nehmen wir Albrecht Dürer. Seine Mutter hatte im Verlauf von 24 Jahren achtzehn Kindern das Leben geschenkt; von den achtzehn Neugeborenen erreichten drei das Erwachsenenalter. Albrecht Dürer war mit den Geißeln der Menschheit – Hunger, Krieg, Seuche und Tod – gut vertraut; er ist selbst vor der Pest aus der Stadt geflüchtet. Dürer starb 1528, im 57. Lebensjahr. Es gibt einen Holzschnitt von ihm, darauf ist er selber zu sehen, wie er auf seine geschwollene Milz zeigt. Man nimmt an, daß er an einer verschleppten Malaria starb, die er sich vielleicht in Italien zugezogen hatte.

Es ist nicht nötig, alle Seuchen und Nöte aufzuzählen, die in der zweiten Hälfte des 16. Jahrhunderts Deutschland überzogen. Es sind die bekannten Infektionskrankheiten: Pest und Ruhr, Fleckfieber und Grippe, deutlicher treten jetzt auch Pocken und Masern hervor. Zu Beginn der 1560er Jahre geht eine schreckliche Pestwelle über das Land. Selbst in den seuchenfreien Jahren leidet ein Drittel der Kranken im Nürnberger Heilig-Geist-Spital an „hitzig Fieber". 1572 und 1585 tritt das Fleckfieber in der Stadt epidemisch auf.

Der Versuch in den Städten, sich gegen die Infektionskrankheiten zu wehren, ist nicht durchweg erfolgreich. Im großen und ganzen war es in den spätmittelalterlichen und frühneuzeitlichen Städten in Bezug auf die Hygiene wohl schlecht bestellt. Über die persönliche Hygiene des einzelnen ist wenig Zuverlässiges bekannt, doch ist anzunehmen, daß die Menschen des 16. Jahrhunderts, die viel Zeit aufbringen mußten, um ihre einfachsten Grundbedürfnisse zu befriedigen, wenig über Unsauberkeit und ihre Folgen nachdachten.

Die Stadtväter waren sich einiger der Probleme durchaus bewußt; allein, wie sollten sie sie ändern? Ziemlich häufig ergingen von seiten der Kommunen Gebote und Erlasse, die Straßen sauberzuhalten, Kehricht und Spülicht nicht zum Fenster hinauszuwerfen, das Flußwasser nicht zu verunreinigen und dergleichen. Die Tatsache, daß diese Anordnungen so oft wiederholt wurden, deutet darauf hin, daß man sie längst nicht immer befolgte. Die Stadtväter versuchten von sich aus, der öffentlichen Unsauberkeit beizukommen, indem sie die Reinigung der Straßen und öffentlichen Plätze von städtischen Bediensteten durchführen ließen und beispielsweise die Trinkwasseranlagen sorgfältig überwachten. auch die Tätigkeit der Apotheker, der Ärzte und anderer Heilpersonen unterstand in der Regel der Überwachung durch städtische Ämter.

In Seuchenzeiten, also erst *nachdem* eine Epidemie ausgebrochen war, erschienen in den Städten Pestordnungen. In Wien ergingen zwischen 1540 und 1600 sage und schreibe elf Pestordnungen; nicht ganz so viele waren es im gleichen Zeitraum in Nürnberg. Diese Pestordnungen versuchten zunächst eine Begründung für das Auftreten der Seuche zu geben – dabei verwiesen sie regelmäßig auf die Sündhaftigkeit der Menschen, auf die „Verpestung" der Luft und auf die astronomischen Konstellationen, welche das Übel angeblich begünstigten. Sodann gaben sie detaillierte Ratschläge, die man peinlich genau einzuhalten hatte – doch waren sie in der Regel so unbestimmt, der empfohlene Mittelweg so schmal, daß man ihn unmöglich einhalten konnte.

Erich Trunz

Biographisches an der Bahre

Meyfart hatte in seiner Gemeinde zahlreiche Beerdigungen durchzuführen. In besonderen Fällen wurden die Leichenpredigten gedruckt. Die Familie bezahlte den Druck, der Geistliche mußte seine Predigt dann also druckfertig machen. Es hatte sich seit dem Ende des 16. Jahrhunderts der Brauch herausgebildet, die Predigt zweiteilig zu gestalten: zunächst ein theologischer Teil, anknüpfend an einen Bibeltext; dann, knapper, „Personalia", eine Darstellung der Lebensgeschichte. Hierfür mußten die Angehörigen des Verstorbenen dem Pastor die Daten liefern. In dem Druck der Trauerpredigt auf Maria v. Selmnitz sagt Meyfart, er habe die „Personalia" nicht rechtzeitig zur Hand gehabt, außerdem habe es andere Hindernisse gegeben, darum erscheine der Druck mit Verzögerung. In den Wirren durch Krieg und Pest war es oft schwer, die Daten zusammenzubringen und eine Predigt druckfertig zu machen. In der Darstellung der Lebensgeschichte hob man die Züge einer christlichen Lebensführung heraus, dadurch wurde der biographische Teil sinngemäß mit dem theologischen verknüpft. Meyfart motiviert die „Personalia" mit dem Bibelwort „Das Gedächtnis der Gerechten soll im Segen bleiben" (Sprüche Salomos 10,7) und fügt hinzu: „Es ist billich/wenn wir derjenigen Lebenslauff erzehlen/welche ein jeglicher vnter vns begleitet hat".

Die Predigt auf Sophie Marie v. Selmnitz hielt Meyfart im April 1637. Gedruckt erschien sie erst 1638. Die Verstorbene, 1599 aus altem Adelsgeschlecht geboren, wurde 1614 verheiratet, gebar drei Söhne und zwei Töchter und wurde mit 25 Jahren Witwe. Sie erzog ihre Kinder, sorgte für Pastoren und Schullehrer, war mütterlich zu den Menschen ihres Gutsbezirks, las in der Bibel und in Erbauungsbüchern. Die Greuel des Krieges zwangen sie, nach Erfurt zu fliehen, wo sie bescheiden lebte, krank wurde und mit 38 Jahren starb. Meyfart berichtet über seine Krankenbesuche und Gespräche; er nennt sie „eine durch gantze heilige Bibel wohlerfahrene/auch in andern nützlichen vnd erbawlichen Büchern recht geübte Matron". Er hat kurz vor ihrem Tode ihre Beichte gehört und ihr das Abendmahl gereicht. Als sie starb, hielt er gerade Gottesdienst in der Predigerkirche, doch war eine Nachbarin bei ihr, die der Sterbenden, die nicht mehr sprechen konnte, aus Habermanns Gebetbuch vorlas, gewissermaßen stellvertretend für sie die Gebete sprechend. Die Verstorbene hatte vor ihrem Tode selbst angegeben, welcher Text ihrer Leichenpredigt zugrunde gelegt werden solle: „Es liegt mir beides hart an: Ich habe Lust abzuscheiden und bei Christo zu sein, welches auch viel besser wäre; aber es ist nötiger, im Fleisch zu bleiben um euretwillen" (Philipper 1,23–24). Die Verstorbene hatte aus ihrem Elend heraus den Tod herbeigesehnt, empfand aber die Pflicht, um ihrer Kinder willen am Leben zu bleiben. Meyfart hat, wie es üblich war, den theologischen

Teil und die „Personalia" getrennt, doch die besonderen Umstände legten es nahe, schon in der Text-Auslegung auf das Leben hinzuweisen und dann im persönlichen Teil an das Theologische anzuknüpfen. [...]

Die Verstorbene starb als Flüchtling, in der Fremde, unter kümmerlichen Lebensbedingungen. Doch sie war für andere da, so lange ihre Kräfte reichten. Obgleich erst 38 Jahre alt, war sie innerlich zum Sterben bereit. – Die Predigt ist, wie es üblich war, etwas breit. Sie hat einen für alle Hörer verständlichen einfachen Stil. Nur an wenigen Stellen ist sie stilistisch aufgehöht, jedoch nicht auffallend, nur belebend. Der innere Zusammenhang zwischen beiden Teilen ist besonders gut gelungen; man spürt überall Meyfarts Kenntnis der Persönlichkeit und seine eigene innere Beziehung zu dem von ihr gewählten Satz aus dem Philipper-Brief.

Die Predigt auf Magdalene Wagner, Ehefrau eines Erfurter Pfarrers, stammt aus dem Juni 1637. Das war die Zeit, als in Erfurt die Pest wütete, und die umliegenden Dörfer von kaiserlichen Soldaten verheert wurden. [...]

Aus dem Juli 1637 stammt die Leichenpredigt auf Agneta Beringer. Ihr Vater war Senior des Evangelischen Ministeriums gewesen, also der höchste Geistliche in Erfurt. Ihr Mann war „Obervierherr", einer der führenden Männer der Stadt. Als Arzt hatte sie den Medizinprofessor Rehefeld, als Beichtvater Meyfarts Amtsbruder Alberti. Man muß also annehmen, daß die führenden Familien Erfurts alle bei der Trauerfeier zugegen waren. Meyfart rühmt in den „Personalia" ihren „stillen, eingezogenen Wandel", „Freygebigkeit gegen die Nothdürfftigen" und „fleißiges Anhören deß Göttlichen Worts". Die Predigt ist eine theologische Betrachtung des Todes. [...]

Gerade im Juli 1637 sah es in und um Erfurt grauenhaft aus. Deswegen genügte der kurze Hinweis „es sey eine grosse Wolthat deß Allerhöchsten/wenn er vor dem gewaltigen Einbruch der schweren Land- vnd StadtPlagen/die Seinigen auß dieser Welt abfodert" und ein Zitat aus dem Prediger Salomo (Kohelet, Ecclesiastes 7,2) „Der Tag des Todes ist besser weder der Tag der Geburt." (Luthers Übersetzung; weder = als). [...]

Aus dem Jahr 1639 stammt auch die Leichenrede auf Valentin Wallenberger, der Gemeindepfarrer der Barfüßer-Kirche gewesen war. Meyfart schildert in den „Personalia", wie er als Sohn eines Nagelschmidts die Lateinschule besuchte und schließlich Pfarrer wurde. Ausführlich werden nur seine letzten Tage dargestellt, weil sie ein Beispiel christlichen Glaubens und frommer Geduld sind. Wallenberger hatte einen Wahlspruch, ein „Symbolum", wie es damals Sitte war (nicht nur bei Fürsten), ein Bibelwort: „Darumb wil ich mich am allerliebsten rühmen meiner Schwachheit/auff das die krafft Christi bey mir wohne" (2. Kor. 12,9). Diesen Spruch wählt Meyfart als Text seiner Predigt. Die Text-Auslegung ist theologische Betrachtung, doch Meyfart fügt bei dem Thema des Todes ein: „Nun hat Gott der evangelischen Priesterschafft allhier gar ein hartes erzeiget/vnd innerhalb drey Jahren sechs Pfarrer abgefodert." Es war die Zeit der Pest, die Pfarrer konnten sich nicht schonen, Meyfart als leitender Geistlicher mußte sorgen, daß alle Aufgaben in den Gemeinden erfüllt wurden. Meyfart predigt darüber, was Paulus unter seiner „Schwachheit" versteht, über die Sündigkeit des Menschen, der sich deswegen vor Gott demütigen solle; wer die eigene „Schwachheit" erkenne, finde auch den Weg darüber hinaus und erkenne Gottes Stärke und Güte. Dem Druck der Leichenpredigt sind acht lateinische Gedichte, alle in Distichen, beigefügt, das erste von Meyfart selbst – als höchster Geistlicher in Erfurt mußte er an der Spitze stehen –, die anderen von Pastoren und Lateinschullehrern.

Überblickt man die gedruckten Leichenpredigten im Zusammenhang, so steht im Mittelpunkt immer die Deutung des Todes als Weg ins Jenseits, ein Gedanke, der Meyfart, dem Verfasser des „Himmlischen Jerusalem", besonders am Herzen lag. Zu der theologischen Deutung des Todes kommt aber in mehr oder minder starken Andeutungen das Lebensgefühl in dieser Zeit des 30jährigen Krieges, Sterben sei ein „Gewinn" gegenüber dem Grauen des Daseins. Da nur Angehörige der höheren Stände Leichenpredigten drucken ließen, lernen wir nur diese kennen – welches Maß von Elend und Not aber auch in diesen Kreisen! Meyfart verherrlicht die Verstorbenen nicht. Keinem Lebensbericht fehlt der Hinweis, der Verstorbene sei ein Mensch mit „menschlicher Schwachheit" gewesen. Aus dem Lebenskreis der Verstorbenen werden manche Namen genannt, die Ärzte Schmaltz und Rehefeld, der Universitätsprofessor Rennemann, die Theologen Alberti und Elsner und andere führende Männer aus Erfurt. Wir erfahren auch manches über Meyfart selbst, z. B. daß er als vielbeschäftigter Gemeindepfarrer immer noch Vorlesungen für seine Studenten hält (obgleich man ihm dafür keinen Pfennig bezahlte) und von der Vorlesung kommend Krankenbesuche macht. Es besteht wohl kein Anlaß zu der Meinung, daß die Sterbeszenen, die er schildert, stark stilisiert seien. Er hat in die „Personalia" nur dann Sterbeszenen hineingenommen, wenn er sie als beispielhaft empfand. Die Lebensläufe sagen etwas aus über die Menschen in jener Zeit.

Bernhard Diestelkamp
Ein Gotteslästerer in den Mühlen fremder Justiz

In der Frühen Neuzeit begannen die Landesherren in Deutschland, in ihren Territorien die verschiedenen Rechtstitel, die ihnen in ihrem Bereich zustanden, zusammenzufassen und zu bündeln zu einer allgemeinen landesherrlichen Obrigkeit, der sie alle Bewohner als ihre ‚Untertanen' zu unterwerfen suchten. Dabei kam es nicht selten zu Kollisionen mit anderen Feudalgewalten, die im selben Ort und über dieselben Leute andere Rechte beanspruchen konnten. Die herrschaftliche Obrigkeit mußte gegen die Untertanen durchgesetzt werden, wobei die Landesherren sich ihrer Bediensteten, nicht zuletzt der Amtmänner bedienten, die diesen Anspruch ihrer Herren im Alltag umsetzen mußten. Zumeist gehörten diese Amtmänner dem Adel an, der traditionell gewohnt war, feudale Herrschaft auszuüben. Hinzu traten dann aber auch bürgerliche Juristen, die die neue Kunst der Rechtswissenschaft für ihre Dienstherren einsetzen mußten und dies auch erwartungsgemäß taten. Die landesherrlichen Bediensteten hatten alle Machtmittel in der Hand, um den Anspruch ihres Herrn auch gewaltsam durchzusetzen. Allerdings setzte man in der Regel nicht die nackte Gewalt ein, sondern suchte die Gewaltausübung durch rechtliche Verfahren zu legitimieren. Die Untertanen hätten sich dagegen ebenfalls gewaltsam zur Wehr setzen können, was gelegentlich durchaus auch geschah. Doch waren die Chancen zum Obsiegen zu ungleichmäßig gegenüber den Herrschaften, zumal wenn es diesen gelungen war, ihr Vorgehen gegen die Untertanen rechtlich abzusichern. So war es für die Untertanen weitaus sinnvoller, sich gegen Willkür bei der Ausübung landesherrlicher Gewalt rechtlich zu wehren, indem man das Reichskammergericht oder den Reichshofrat anrief und um Hilfe ersuchte.

Um ein solches Hilfeersuchen ging es auch bei der Klage des Hans Hess, Einwohner des wenige Kilometer nordöstlich der gräflich solms-laubachischen Residenz Laubach gelegenen Ortes Freienseen, der trotz der räumlichen Nähe nicht solmsischer Obrigkeit unterworfen war, was die Grafen jedoch ständig zu erreichen suchten, indem sie dort auch die Gerichtsbarkeit und andere Hoheitsrechte beanspruchten und durchzusetzen begannen. Dies ist auch der politische Hintergrund des Verfahrens gegen Hans Hess, der am 24. Juni 1567 nach Laubach gekommen war als Gerichtsbeistand für seinen Mitbürger Jürgen Erkel, der dort einen

Prozeß hatte. Bei der Gerichtsverhandlung erschien der solms-laubachische Oberamtmann Christoph von Urff und verhaftete den ahnungs- und arglosen Hans Hess. Hess wurde im Gefängnis zusammen mit Dieben und Mördern gehalten, in Ketten gelegt und auch anderweitig so drangsaliert, daß er erkrankte. Als ihn der solmsische Oberamtmann nach sechs Wochen vorführen ließ und ihm einen peinlichen Prozeß androhte, sah Hess aus Furcht um Gesundheit und Leben sich genötigt, um Freilassung zu bitten gegen das Versprechen, zur Verhandlung im Strafverfahren freiwillig zu kommen. Für die Einhaltung dieses Versprechens sollte er Bürgen stellen, wie das damals durchaus üblich war. Das Kriminalverfahren gegen Hess wurde auf Befehl des solmsischen Vormundes, Philipp Graf von Solms-Braunfels, am 9. August 1567 vom gräflichen Amtmann und Rentmeister zu Laubach eröffnet. Der gräfliche Sekretär Gerhard Terhell, ein begabter Jurist im landesherrlichen Dienst, der einen ersten Entwurf für das schließlich von Johann Fischart verfaßte, berühmte Solmser Landrecht von 1571 geliefert hatte, besuchte Hans Hess im Gefängnis, um ihn mit der Anklage vertraut zu machen. Sie lautete auf Gotteslästerung und Blasphemie. Die Anklage gründete sich auf Vorfälle, bei denen Hans Hess sich, wenn sie sich denn so abgespielt hätten, in der Tat unvorsichtig über Probleme geäußert hätte, die damals als unanfechtbare Glaubenswahrheiten galten und zugleich die gesamte gesellschaftliche Ordnung betrafen. So soll er gegenüber einem Pfarrer geäußert haben, daß die Pfaffen die seligsten Menschen seien, weil das, was sie in der Kirche predigten, von den Bauern für wahr gehalten werde. Dies hatte die Gegenfrage provoziert, ob er denn nicht glaube, was die Diener des Göttlichen Wortes sagten. Obwohl ihn dies hätte warnen sollen, soll Hans Hess noch weiter aus der Deckung gegangen sein und sich mit dem Pfarrer auf einen theologischen Disput eingelassen haben, indem er ihm vorhielt, es sei absolut falsch, was die Prediger lehrten, daß diejenigen, die nicht getauft seien, nicht selig werden könnten. Immerhin seien Adam und Abraham nicht getauft und würden trotzdem für selig gehalten. Den braven Dorfpfarrer konnte diese Bauerntheologie nicht irritieren. So antwortete er, daß diese selig seien wegen ihres Glaubens an den, der kommen sollte. Obwohl er damit die Position der offiziellen Theologie gerettet hatte, war doch solches Reden des Hans Hess nach Ansicht des Geistlichen Gottlosigkeit, weshalb er den Vorgang der Obrigkeit anzeigte, die sich dieser Beurteilung anschloß. Nicht genug damit, soll Hans Hess den Eindruck geistlicher Widersetzlichkeit weiter verstärkt haben, indem er öffentlich äußerte, die Jungfrau Maria habe außer Christus noch Jakob und Johannes zu Kindern gehabt. Schließlich habe er einen Bürger von Friedberg gefragt, ob dieser wirklich glaube, daß Christus mit so wenig Brot und Fischen eine so große Menge Volkes habe speisen können. Als dieser antwortete, daß er dies als Christ glaube, soll Hans Hess provokativ geantwortet haben, dann sei er genauso ein Narr wie die anderen auch. [...]

Im Vertrauen auf die verbürgte Zusage des Erscheinens setzte Oberamtmann von Urff das Verfahren gegen Hans Hess fort. Er setzte einen Termin auf Mittwoch, den 20. August 1567, an und forderte die Bürgen auf, für das Erscheinen von Hess zu sorgen. Doch der Angeklagte hatte aus seiner Erfahrung mit der gräflichen Obrigkeit gelernt und erschien weder am 20. August noch am nächsten Termin, am 3. Oktober 1567. Anstatt sich weiter diesem Prozeß auszusetzen, rief er das Reichskammergericht an und bat in seiner am 29. August 1567 im Extrajudizialsenat behandelten Supplikationsschrift um Erlaß eines Mandates gegen den Oberamtmann von Urff und dessen Dienstherren, die gräflich solmsischen Vormünder, daß sie die für seine Freilassung erzwungenen Bürgschaften freigeben sollten. Die Bürgen hätten ihre Erklärungen nur abgegeben, weil das Vorgehen des Oberamtmannes von Urff ein Verstoß gegen den reichsrechtlich verbürgten Schutz vor willkürlicher Gefangennahme gewesen sei und er, Hans Hess, anders aus dieser rechtswidrigen Haft nicht habe freikommen können. Das Gericht ließ sich von diesem Sachvortrag überzeugen und erließ am 17. September 1567 das erbetene Mandat. In ihrer Klageerwiderung wandten die Beklagten große Mühe auf, die Strafbarkeit des Hans Hess darzulegen und das bis dahin durchgeführte Verfahren intensiv zu schildern. Hess beharrte demgegenüber darauf, daß die Anklage unrechtmäßig und das Mandat zu Recht ergangen sei. Da die Beklagten dem reichskammergerichtlichen Befehl, die Bürgen aus ihrer Bürgschaft zu entlassen, nicht nachgekommen seien, seien sie in die für solchen Ungehorsam im Mandat ausgeworfene Strafe zu verurteilen. Letztlich zeigten jedoch beide Parteien wenig Energie, das Verfahren aktiv zu betreiben. Erst am 17. Mai 1568 konnte eine neue mündliche Verhandlung stattfinden, bei der aber auch lediglich festgestellt wurde, daß die Beklagten die Forderung des Mandats immer noch nicht erfüllt hatten. Eine Bemerkung läßt allerdings aufhorchen, daß nämlich die Grafen von Solms in Freiensee überhaupt keine Gerichtsbarkeit besäßen und sie deshalb das Kriminalverfahren gegen Hans Hess nur erfunden hätten, um die ihnen nicht zustehende Jurisdiktion über die Einwohner dieses Ortes öffentlich anhand eines Falles exekutieren zu können, der auf allgemeines Wohlwollen rechnen konnte. Es stand also weit mehr auf dem Spiel als allein das persönliche Schicksal des unglücklichen Angeklagten Hans Hess, der gute Gründe hatte, der gräflichen Justiz kein Vertrauen zu schenken. In einer ganzen Kette weiterer Prozesse vor dem Reichskammergericht wird deutlich, wie die Grafen von Solms gerade in dieser Zeit – aber auch später immer wieder – versuchten, ihre landesherrliche Obrigkeit auf Freiensee auszudehnen, weshalb die Gemeinde und die betroffenen Einwohner sich mit Prozessen vor dem Reichskammergericht wegen Beeinträchtigung ihrer Freiheiten und gegen Übergriffe solmsischer Beamter zur Wehr setzen mußten. Dabei scheute die gräfliche Seite vor keinem Mittel zurück, indem sie etwa am 14. Juni 1581 auf offener Straße durch den Laubacher Schultheißen den gesamten Prozeßschriftwechsel der Freienseener beschlagnahmen ließ.

In dem Prozeß des Hans Hess gab es bis zum Jahre 1571 keinerlei aktenmäßig erkennbare Aktivitäten der Parteien. Hans Hess hätte zwar weiter auf Bestrafung der Beklagten wegen Ungehorsams gegenüber dem Mandat des Reichskammergerichts insistieren können, hatte aber wohl nur ein Interesse daran, daß er nicht weiter belästigt wurde. Die Beklagten dagegen waren klug genug, die Bürgen des Hess nicht in Anspruch zu nehmen und das Strafverfahren ruhen zu lassen. Allerdings war dies eine trügerische Ruhe. Die solmsische Obrigkeit hatte Hans Hess und seine Familie keineswegs aus den Augen verloren, sondern wartete nur geduldig auf die nächste Gelegenheit, bei der sie zugreifen konnte. Im Jahre 1572 klagten die Brüder Hans und Christian Hess vor dem Reichskammergericht gegen die solmsischen Vormünder und den Oberamtmann Christoph von Urff auf Freilassung eines am 8. August 1572 in Freienseen festgenommenen weiteren Bruders und eines Thiel Rip, die nach ihrer Reise nach Speyer zur Betreibung des Reichskammergerichtsprozesses gegen Solms inhaftiert worden waren. Doch erst im Frühjahr des Jahres 1597 gingen die Solmser erneut gegen Hans Hess selbst vor: Sie verhafteten ihn gewissermaßen zur Behinderung der Prozeßführung in Speyer, weil sein Bruder Christian dorthin zu einem Gespräch mit dem Prokurator Lasser über eine weitere Klage wegen neuer Beschwerungen der Freienseer durch die Solmser gereist war. Dieses Mal konnte Hans Hess nicht wieder entweichen. Auch wurde er nicht wieder gegen Kaution oder Bürgenstellung freigelassen, sondern er starb im Gefängnis. Ob er durch Verhungern oder durch Selbstmord im Laubacher Gefängnis ums Leben kam, wollte die Freienseer Gemeinde auch vom Reichskammergericht klären lassen.

So vollendete sich das Lebensschicksal eines Bauern, der es zusammen mit seinen Freienseer Mitbürgern gewagt hatte, sich gegen Übergriffe der gräflich solmsischen Obrigkeit zu wehren, letztlich doch im Gefängnis. Doch war der Widerstandswille der Freienseer nicht zu brechen. Bis zum Ende des Alten Reiches wehrten sie sich mit Prozessen vor dem Reichskammergericht gegen solmsische Übergriffe. Die Grafen und ihre Beamten ihrerseits ließen auch nicht locker, konnten aber offenbar doch ihre Absichten wegen des Widerstandes der Untertanen nicht in der gewünschten Weise realisieren.

Knut Schulz
Gemeinde kontra Kurfürst

Kurbrandenburg war streng lutherisch gesinnt, anfangs nur die Stände, spätestens seit 1563 aber auch der Kurfürst und der Hof. In dieser Einheitlichkeit und Eindeutigkeit des gemeinsamen Glaubensbekenntnisses entstanden jedoch Risse, als sich weiterreichende politische und territoriale Chancen für das Haus Hohenzollern abzuzeichnen begannen. Dies gilt einerseits für die Anwartschaft auf das Herzogtum Preußen und andererseits und in erster Linie für die rheinische Erbschaft aus dem Herzogtum Jülich. Zur Durchsetzung dieses Anspruchs suchte Brandenburg Anlehnung an die reformierte Pfalz; ja Johann Sigismund ging als Kurprinz 1605 sogar so weit, seinen zehnjährigen Sohn Georg Wilhelm mit der achtjährigen pfälzischen Prinzessin Elisabeth Charlotte zu verloben. Angesichts des erfolgreichen Vordringens der Gegenreformation kam es drei Jahre später, also 1608, zum Abschluß der „Union" protestantischer Fürsten, der der brandenburgische Kurfürst Joachim Friedrich allerdings nicht beitrat. Diesem folgte noch im Jahre

1608 sein Sohn Johann Sigismund in der Herrschaft, dem im Jahr 1613 die Verwirklichung der beiden Großprojekte der brandenburgischen Politik gelang, nämlich die Erlangung des Herzogtums Preußen und des Herzogtums Jülich. Die Rückkehr des Kurfürsten in die Residenzstadt kurz vor Ostern 1613 wurde verständlicherweise mit großer Prachtentfaltung gefeiert. Aber unruhiges Erstaunen löste schon die Tatsache aus, daß die Festpredigt im Dom nicht der Propst Gedicke, sondern der aus Preußen mitgeführte Hofprediger Salmon Finck hielt, ein gebürtiger Königsberger, der sich den Reformierten zugewandt hatte. Als der erkrankte Markgraf Ernst zurückkehrte, ließ er aus Anhalt den Zerbster Hofprediger Martin Füssel, einen Reformierten, nach Berlin kommen und empfing von ihm das Abendmahl. Das hinterlassene Glaubensbekenntnis des wenig später verstorbenen Markgrafen wurde am 20. Oktober 1613 im Dom verlesen, in der Kirche also, die Kurfürst Joachim Friedrich erst 1608 als „Oberpfarrkirche zur Hl. Dreifaltigkeit" in ihrer Zuständigkeit auch für die Bürgergemeinde neu eingerichtet hatte. Die Unruhe in der Bevölkerung wuchs, und gegen den Hofprediger Finck machte sich eine agressiv-feindliche Stimmung breit. Die Proteste der Stände beantwortete der Kurfürst mit der Erklärung, daß er die Religionsfreiheit, die er seinen Untertanen einräume, auch für sich selbst und seinen Hof in Anspruch nehme. Am Weihnachtstag trat der Kurfürst mit 55 Personen des Hofs zum reformierten Glauben über, während die Kurfürstin entschlossen an der Lehre Luthers festhielt.

Nun setzte eine heftige Polemik und Verunglimpfung ein, etwa 200 Flug- und Druckschriften sind in den Jahren 1614 bis 1617 in dieser Sache verbreitet worden. Da der Kurfürst durchaus nicht nur aus politischen Erwägungen, sondern aus innerster Überzeugung den Übertritt vollzogen hatte, war er in dieser Frage auch nicht neutral, wie er vorgab. So sollten beispielsweise nur noch Stipendien an Studenten in Frankfurt a. d. Oder vergeben werden, die zum reformierten Glauben überträten. Auf dem Landtag, der im Januar 1615 in Berlin stattfand, zwangen die Stände den Kurfürsten zwar, die ungehinderte Religionsausübung nach der ungeänderten Augsburgischen Konfession und der Konkordienformel zuzusichern, aber die Spannungen nahmen weiter zu.

Während der Abwesenheit des Kurfürsten und der Statthalterschaft seines Bruders, des Markgrafen Johann Georg, kam es dann zu einem heftigen Zusammenstoß in der Residenzstadt. Ausgelöst wurde er dadurch, daß auf Befehl des Markgrafen der Dom von allen Bildnissen „gesäubert" wurde und der Hofprediger Füssel dabei sogar von einem auch zu entfernenden Bild in der Petrikirche, das „Schand und Hurerei" darstelle, gesprochen haben soll. Diese Ereignisse erregten den jungen Diakon an der Petrikirche, Peter Stüler, dermaßen, daß er sich in seiner hitzigen Predigt zu der abschließenden Bemerkungen hinreißen ließ: „Willst Du reformieren, so zieh nach Jülich, da hast Du zu reformieren genug! Siehe zu, wie Du das behaltest!"

Das waren heftige Worte gegen den Landesherrn, so daß sich schnell die Behauptung verbreitete, Stüler solle verhaftet werden. Angeblich hatte ihm auch die Kurfürstin eine entsprechende Warnung zukommen lassen. Daraufhin versammelten sich zu dessen Schutz vor seinem Haus in der Brüderstraße einige Handwerksgesellen und auch Bürger, die auch einen gewissen Zulauf aus Berlin erhielten, bevor dann später die Brücken von Bürgerwachen besetzt wurden. In den Abendstunden waren schließlich Straße und Platz bei der Petrikirche von einer größeren Menschenmenge angefüllt, die immer unruhiger und lauter wurde. Der Markgraf, der mit einigen Knechten herbeiritt, um den Tumult zu beschwichtigen, vermochte genauso wenig auszurichten wie der ebenfalls herbeigerufene Bürgermeister Cöllns, im Gegenteil, die Stimmung wurde immer aggressiver und der Streitpunkt, wer sich als erster zurückziehen solle, zu einer Prestigefrage. Unterdessen wurden die Glocken Sturm geläutet und der Alkohol, den man sich inzwischen verschafft hatte, tat auch seine Wirkung. Da fielen Schüsse, und der Markgraf wurde von einem Steinwurf am Oberschenkel getroffen, was ihn veranlaßte, sich mit seinen Knechten zurückzuziehen. Nun wandte sich ein Teil der Menge den benachbarten Häusern der Hofprediger zu und plünderten diese aus.

Da sich am folgenden Tag das Gerücht verbreitete, daß der Markgraf vom Schloß aus die Stadt in seine Gewalt zu bringen plane, blieb man in der Stadt auf der Hut, wenn auch eine gewisse Beruhigung eintrat. Der Kurfürst kehrte eilends aus Preußen in seine Residenzstadt zurück und lud zu seiner Absicherung den Landtag dorthin ein, der über diese Angelegenheit beraten sollte. Als nun die Untersuchungen begannen, hatten zwölf Handwerksgesellen, die damit rechnen mußten, daß man sie als die Haupttäter betrachten und belangen würde, sich bereits auf den Weg gemacht und auch die ihnen nachgeschickten Schreiben führten mit zwei Ausnahmen nicht zu ihrer Identifizierung und Verhaftung. Dafür wurden alle Bürger veranlaßt, mit ihrer Unterschrift zu bestätigen, daß sie jede Gemeinschaft mit den Übeltätern ablehnten, und die Untersuchungen, soweit es in ihrer Kraft stünde, zu unterstützen. In Berlin unterzeichneten 562, in Cölln 282 Personen, darunter waren 301 und 106 Personen, die nicht schreiben konnten. Außer langen Protokollen mit vielen Detailangaben brachten die anschließenden 150 Zeugenvernehmungen nichts ein; lediglich einige Handwerksgesellen wurden außer Landes gewiesen. Auch wurden der Stadt keine Kontributionen zu Strafe auferlegt, obwohl der Parallelfall Dresden vom Jahre 1593 bedrohlich vor Augen stand.

Am 27. Januar 1616 erging das Urteil, und zwar vor den vom Kurfürsten auf das Schloß in die große Saalstube zitierten Bürgermeistern, Ratsherren, Verordneten und Viergewerken beider Städte. Diakon Stüler wurde des Landes verwiesen, einige Haftbefehle gegen flüchtige Gesellen ausgefertigt, die Stadt jedoch nicht für verantwortlich erklärt und zur Entschädigung herangezogen. Vor allem wurde die „freie" Religionsausübung gewährleistet und nicht etwa versteckt oder offen – das Prinzip von „cuius regio, eius religio" eingeführt, daß sich also die Religion des Volkes nach der des Herrschers zu richten habe. Vielmehr in der Mark Brandenburg, wie schon im Falle der Reformation, in erster Linie das Bürgertum in Übereinstimmung mit den anderen Ständen, durch öffentlichen Druck seinen Standpunkt zu behaupten vermocht.

Mit der gerichtlichen Entscheidung war, wie es einzelne Vorkommnisse zeigten, der Konflikt nicht ein für allemal beigelegt. Denn als beispielsweise einige Wochen später ein reformierter Tischlergeselle aus Zürich vor dem Hause seines Meisters in Berlin von Ackerknechten blutig geschlagen wurde, vermutete man bei Hofe eine religiös motivierte Tat dahinter. Auch als sich nach strenger Befragung dieser Verdacht nicht bestätigte und sich das Geschehen als eine einfache Schlägerei erwies, wurden die Ackerknechte auf ewig aus der Mark Brandenburg ausgewiesen. Umgekehrt sahen die Landstände, in diesem Falle die Städte und die Ritterschaft, keine Veranlassung, die Politik des Kurfürsten, die auf eine engere Anbindung auf das reformierte Lager zielte, auch noch zu unterstützen. Sie verweigerten die Bewilligung des geforderten Beitrages für die Union der evangelischen Staaten unter reformierter Führung, so daß die 1610 anläßlich des Beitritts Brandenburgs zugesagte „Landesdefension" scheiterte.

Michael North

Schlechtes Geld und großer Gewinn:
die Kipper und Wipper

Abgeleitet wird der Begriff Kipper vom niederdeutschen Kippen. Dies bezeichnet sowohl das Beschneiden der Münzen als auch das Auskippen, Aussuchen und Auswechseln von Geldstücken mit Hilfe einer Münzwaage („Geldkippe"), d. h. den Vorgang, der ebenfalls mit dem Wort Wippen umschrieben wurde. Vor allem Flugschriften verbreiteten die Bezeichnung Kipper und Wipper in Nord- und Ostdeutschland im Laufe der 1620er Jahre. So heißt es beispielsweise auf dem Titelblatt von „Ein füer nye Leid":

„van den falschen/
grundtlosen/mineydigen/landt/brandt/
schandt/crütz/etich/Schwöffel/füer/
palaver unde in affgrundt verdarfften
landschelmischen falschken muentemestern/
kipperen/wipperen."

Indem er aus seiner Sammlung derartiger Flugschriften ausgiebig zitierte, hat dann im 19. Jahrhundert Gustav Freytag in seinen *Bildern aus der deutschen Vergangenheit* die Begriffe Kipper und Wipper dem deutschen Bildungsbürgertum nahegebracht und damit erstmals eine Epoche der Geldgeschichte für eine breitere Leserschaft dargestellt.

Die Ursachen der Kipper- und Wipperinflation reichen in das 16. Jahrhundert zurück und liegen in den Unzulänglichkeiten der Reichsmünzordnungen begründet. Das Reich hatte sich auf die Vereinheitlichung des Grobgeldes beschränkt und die Scheidemünzpolitik den Territorien überlassen. Diese standen vor dem Problem, wie sie mit dem knapper werdenden Prägemetall einen stetig zunehmenden Bedarf an Kleinmünzen befriedigen sollten. Nur eine unterwertige Ausprägung der Kleinmünzen brachte Gewinn und deckte zumindest die Prägekosten. Nachdem einmal ein Anfang mit der unterwertigen Prägung gemacht war, setzte die Aussicht auf rasche Gewinne die Schraube der Kleingeldverschlechterung in Gang. Mit der Zeit gingen fast alle Münzstände dazu über, stark kupferhaltige Münzen in Umlauf zu bringen. Falls die Prägung nicht offiziell in den zugelassenen Kreismünzstätten geschah, reaktivierte man stillgelegte Münzbetriebe oder richtete neue Stätten zur Münzprägung ein. Diese sog. Heckenmünzen wurden meist an Münzmeister verpachtet, die im Auftrag der Münzherren immer schlechteres Kleingeld produzierten und in Verkehr brachten. Bedingt durch den Aufschwung der Heckenmünzerei konkurrierte eine Vielzahl von Münzstätten um das rarer werdende Prägemetall. Dies verteuerte die Prägung und trug – da der Münzgewinn vorrangig war – zur weiteren Verschlechterung des Kleingeldes bei.

Die wirtschaftliche Entwicklung litt zunächst nicht unter der fortschreitenden Kleingeldverschlechterung. Zum einen blieb die Kaufkraft der groben Münzen erhalten, zum anderen vergrößerte die Verringerung und Vermehrung der Scheidemünzen die Geldmenge und verbesserte so die Bargeldversorgung. Eine regelrechte Blüte erlebte die Silberspekulation, insbesondere das „Aufwechseln" grober Sorten gegen Kippergeld. Da der Geldhändler das Wechseln von Talern durch ein Aufgeld attraktiv machte, erhielt sein Kunde für einen Reichstaler scheinbar mehr Geld als dieser wert war. Denn er konnte nicht sehen, daß das neue Geld, das er für den Reichstaler erhalten hatte, nur nominell mehr wert war und schnell seinen Wert verlor. Gewinne machten deshalb allein die Geldhändler oder die Münzherren selbst. Dramatische Ausmaße nahm die Kleingeldverschlechterung jedoch erst zu Beginn des Dreißigjährigen Krieges an, als selbst silberfördernde Territorien wie Braunschweig-Wolfenbüttel, Sachsen und die Habsburger Lande zur Finanzierung von Krieg und Aufrüstung in großen Mengen geringwertige Kippermünzen in Umlauf brachten.

Hierbei sind die österreichisch-böhmischen Verhältnisse am besten erforscht. Nach der Niederschlagung des Böhmischen Aufstands in der Schlacht am Weißen Berge (1620) erforderte die Durchsetzung der habsburgischen Hegemonialpolitik im Reich neue große Finanzmittel, die vor allem durch die Münzprägung aufgebracht werden sollten. So wurde die Prägung der Münzstätte Kuttenberg 1621 laut Verordnung des böhmischen Statthalters Karl von Liechtenstein auf wöchentlich 140 Mark Bergsilber gesteigert. Zusätzlich beauftragte man den Vorsteher der Prager jüdischen Gemeinde, Jacob Bassevi, wöchentlich bis zu 200 Mark Pagament (Bruchsilber) aufzukaufen und in die Münzstätte zu liefern. Aus einer Mark (276,98 g) Kuttenberger Bergsilber zum Selbstkostenpreis von 18 fl. konnten Münzen im Wert von 46 fl. geschlagen werden, was einen Gewinn von 28 fl. je Mark Silber bedeutete. Bassevi mußte man für die Mark Bruchsilber, die in Münzen verprägt ebenfalls 46 fl. brachte, 25 fl. zahlen, so daß 21 fl. als Gewinn blieben. Insgesamt wurde auf diese Weise ein wöchentlicher Münzgewinn von 45 920 fl. erzielt, der sich schnell summierte.

Um die fiskalische Ausbeute der Münzstätte zu steigern, schlug Liechtenstein noch im gleichen Jahr vor, die Ausprägung aus einer Mark Silber von 46 fl. auf 70 fl. zu erhöhen. Der Kaiser gab seinen Segen dazu, da anscheinend nur so die Kosten für den Krieg aufgebracht werden konnten. Für eine massenhafte Münzprägung bedurfte es aber trotz der Verringerung des Münzfußes großer Mengen Silbers, die nur international beschafft werden konnten. Dies war die Aufgabe des in Prag residierenden niederländischen Kaufmanns Hans de Witte, der als Bankier Wallensteins in den 1620er Jahren zum führenden Kopf der Kriegswirtschaft werden sollte. Am 18. Januar 1622 schloß Kaiser Ferdinand II. mit einem Münzkonsortium, dem u. a. Hans de Witte und Bassevi, aber auch der böhmische Statthalter Karl von Liechtenstein und der Oberst Albrecht von Wallenstein angehörten, einen Vertrag. In diesem verpachtete der Kaiser dem Konsortium alle Münzstätten in Böhmen, Mähren und Niederösterreich. In diesen Gebieten erhielten die Konsorten das Monopol für Münzprägung und Silbereinkauf. Für die Mark böhmischen Bergsilbers mußte das Konsortium 3 fl. bezahlen, während ihnen 400 Zentner Kupfer kostenlos zur Verfügung gestellt wurden. Alles umlaufende Geld sollte eingezogen, eingeschmolzen und zusammen mit dem geförderten und angekauften Silber zu je 79 fl. aus der Mark Silber ausgeprägt werden. Als Pachtsumme wurden 6 Mill. fl. für das Jahr vereinbart, ein Sechsfaches dessen, was die böhmischen Münzstätten dem Kaiser vor der Kipper- und Wipperzeit erbracht hatten. Diese 6 Mill. fl. mußten erst einmal erwirtschaftet werden; daher verringerte das Konsortium den Silbergehalt stärker als im Pachtvertrag festgesetzt und bereicherte sich entsprechend.

Wertmesser für die Geldverschlechterung sind die Marktkurse. Offiziell war der Wert eines Dukaten in der neuen sog. Langen Münze auf 6 fl. 45 Kr., der eines Reichstalers auf 4 fl. 30 Kr. festgesetzt; aber die Kurse stiegen auf 16 fl. 54 Kr. für den Dukat und 11 fl. 15 Kr. für den Reichstaler. Nach Ablauf des Vertrages am 31. Januar 1623 wurde er nicht mehr verlängert. Zum einen zeichnete sich eine neue Währungspolitik ab, zum anderen warf man dem Konsortium schamlose Gewinne auf Kosten des Kaisers vor. So sollte allein Liechtenstein den Kaiser um 10 Mill. fl. geschädigt haben. Die Konsorten versuchten, diese Vorwürfe zu entkräften, indem sie eigene Aufstellungen vorlegten. Auch wenn wir den Wahrheitsgehalt dieser „Dokumentation" ebensowenig überprüfen können wie den der Vorwürfe, fallen doch die Unsummen ins Auge, um die es hier ging. Allein für die Pagamentlieferung an die Münze in der Höhe von 402 652 Mark Silber strich Hans de Witte 31,3 Mill. fl. ein, ohne daß die hierbei angefallenen Kosten bekannt sind. Insgesamt erwirtschaftete das Unternehmen laut Aufstellung bei 6 Mill. fl. Pachtzinsen und 20,2 Mill. fl. Kosten einen

Reinertrag von 1,25 Mill. fl. Es ist zu vermuten, daß die Mittel, die Wallenstein zum Aufkauf des enteigneten protestantischen Adelsbesitzes und zum Aufbau seines Heeres benötigte, mindestens zu einem Teil aus den Gewinnen des Münzkonsortiums stammten. Daneben erhöhte der „Erfolg" der Münztätigkeit die Kreditwürdigkeit Wallensteins und besonders seines Bankiers Hans de Witte auf der europäischen Ebene, was für den weiteren Erfolg Wallensteins im Dreißigjährigen Krieg von kaum zu unterschätzender Bedeutung war.

Unterdessen wurde in vielen Staaten die Rückkehr zu festen Geldverhältnissen vorbereitet. Die Verantwortlichen hatten nämlich erkannt, daß man mit der Kupferprägung kurzfristig große Gewinne erzielen konnte, langfristig aber die Münzverschlechterung die Staatsfinanzen selbst beeinträchtigte. Denn das Kippergeld floß zu einem erheblichen Teil über die Steuer zurück in die staatlichen Kassen. Daher wertete die Mehrheit der Staaten im Laufe des Jahres 1623 das Kippergeld drastisch ab. In Sachsen beispielsweise wurden die Kippermünzen verrufen, und ihre Besitzer konnten sich allein den Metallwert von den Münzstätten in neuem Geld auszahlen lassen. In den Habsburger Territorien – abgesehen von dem bayrisch besetzten Oberösterreich – setzte man die Lange Münze auf 13,3% ihres Nennwertes herab, während die bayrischen Münzen „nur" um 75% abgewertet wurden, d.h. immerhin ein Viertel ihres Wertes behielten. Die Reichsstadt Frankfurt hatte bereits im Jahre 1622 um die Währungsstabilität gekämpft, die hier vor allem durch die Heckenmünzen der umliegenden Herrschaften gefährdet wurde. Denn diese schmolzen, nachdem das Kippergeld kein Geschäft mehr war, die Kippermünzen ein und prägten daraus unterwertige Taler, die sie mit Hilfe regelrechter Vertriebsorganisationen in den Geldumlauf einschleusten. Da die Beschlagnahmungen dieser Münzen nur wenig gegen die Geldflut ausrichten konnten, vereinbarte Frankfurt zur Wiederherstellung der Geldwertstabilität eine Gemeinschaftsprägung mit Kurmainz, Hessen-Darmstadt und Nassau-Saarbrücken und verrief die Pfennigprägungen der vergangenen Jahre ebenso wie alle anderen Scheidemünzen.

Ein weiteres Problem stellten die Schulden dar, die zur Kipperzeit eingegangen worden waren und deren Rückzahlung nun fällig wurde. Sollten diese in altem oder in neuem Geld zurückgezahlt werden? In Sachsen verfocht man ähnlich wie bei der Wiederherstellung der Währungsstabilität die harte Linie und ordnete an, daß sämtliche Darlehen in neuer Münze zurückgezahlt werden mußten, egal ob sie vor oder während der Kipperzeit gewährt worden waren. Aufgrund des Protestes der Bevölkerung und des Einmarsches der Wallensteinischen Truppen nach Sachsen im folgenden Jahr blieb die praktische Wirkung des Schuldenmandats aber gering, da kaum Schulden zurückgezahlt wurden. Differenzierter und gerechter verfuhren die Reichsstadt Frankfurt und die mit ihr in einer Währungsunion assoziierten Territorien. Lautete der Darlehensvertrag auf grobe Sorten und eine Rückzahlung „Stück für Stück" (Münze für Münze), mußte das Darlehen auch „Stück für Stück" abgetragen werden. Hatte man aber die Schuldverschreibung in „Gulden" ausgestellt, wurde für die Rückzahlung der Wert des Guldens zum Zeitpunkt des Vertragsabschlusses zugrunde gelegt. Damit hielten sich die Verluste von Gläubigern wie von Schuldnern in Grenzen. Falls es dennoch zum Streit zwischen den Parteien um die Rückzahlung von Darlehen kommen sollte, wurden vielerorts gütliche Vereinbarungen empfohlen, die einer Überbelastung der Gerichte vorbeugen sollten.

Welche Folgen hatte die Kipper- und Wipperzeit für die Bevölkerung? Von Geldhistorikern und Numismatikern wird in der Nachfolge Gustav Freytags immer wieder behauptet: „Die Folgen hatte zum größten Teil der kleine Mann zu tragen, der zuerst zur Annahme der Kippermünzen per Verordnung gezwungen war und jetzt diese Münzen in einem verringerten Wert wieder zurückgeben mußte", und die zahlreichen Flugschriften scheinen ihnen recht zu geben. Wenn wir aber bedenken, daß die meisten Flugschriften aus Nord-, Mittel- und Ostdeutschland stammten, erscheint eine Differenzierung dringend notwendig.

Als Beispiel einer für die Kipper- und Wipperzeit typisch „durchschnittlichen" Situation kann Frankfurt gelten, das auch geographisch zwischen dem stark von der Kippermünze heimgesuchten Sachsen und den rheinischen Territorien lag, die durch ihre Nähe zu den monetär stabilen Niederlanden nur geringe Auswirkungen der Kipperzeit spürten. In Frankfurt erreichte der Kurs des Reichstalers in Kippergeld 1622 mit 7 fl. seinen höchsten Kurs, wogegen er in Süddeutschland auf 10 fl., in Böhmen auf über 11 fl., in Kursachsen sogar auf 15 fl. anstieg. Mit der fortschreitenden Kleingeldentwertung stiegen die Preise, soweit sie in Kippergeld notiert wurden. Dagegen blieben die Preise, falls man in groben Sorten rechnete oder zahlte, verhältnismäßig konstant.

Die Verschlechterung des Kleingeldes und der damit zusammenhängende Kursanstieg der groben Sorten rief bei Lohnarbeitern und Gewerbetreibenden unterschiedliche Reaktionen hervor. Lohnarbeiter forderten eine Anhebung der in den Lohntaxen festgesetzten Löhne. Metzger, Bäcker, Fischer und Markthändler weigerten sich, ihre Waren gegen Kippermünzen zu verkaufen und verlangten als Bezahlung grobe Sorten. Da der Frankfurter Rat dies zu unterbinden suchte, forderten Bäcker und Metzger mit dem Argument, daß sie ihre Einkäufe mit grober Münze bezahlen müßten, eine Erhöhung des Backlohns bzw. der Fleischtaxen. Daß die Handwerker Bezahlung in gutem Geld verlangten, spricht für ein Vorhandensein dieser Sorten in Form von Reichstalern und Philippstalern. Diese Tatsache bestätigen auch die aus der Zeit des Dreißigjährigen Krieges besonders häufig überlieferten Münzschätze, die auf dem Territorium des heutigen Bundeslandes Hessen wie auch anderswo einen erheblichen Bestand an Philippstalern aufweisen. Das heißt, die über Generationen angehäuften Ersparnisse scheinen nicht so schnell zerronnen zu sein, wie die Flugschriften und die ihnen folgende Literatur das suggerieren. Vergleiche mit der Inflation von 1922/23 gehen also völlig fehl.

Mindestens ebenso interessant ist aber die Tatsache, daß die Rückkehr zu stabilen Geldverhältnissen in Kriegszeiten gelang. Ermöglicht wurde dies durch neue Formen der Kriegsfinanzierung, wie sie einerseits die Ausweitung des internationalen Subsidiensystems – Frankreich finanzierte Schweden, die spanischen Habsburger die österreichischen Verwandten – und andererseits die Finanzierung der Kriegshandlungen aus den besetzten Gebieten durch Steuern und Kontributionen nach der Devise „Der Krieg ernährt den Krieg" (Wallenstein) darstellten.

Bernd Roeck
Eine Reichsstadt unter Beschuß.
Augsburg im Dreißigjährigen Krieg

Trotz der Niederlage bei Alerheim war man jenseits der Donau noch bis zur Mitte des Jahres 1646 unbehelligt geblieben, so daß der sparsame Rat schon erwogen hatte, dreihundert Mann Stadtgarde abzudanken. Indessen wandelte sich im August die Situation: Die schwedische Armee unter General Wrangel und die Franzosen unter Turenne hatten sich bei Gießen vereinigt; bei Hanau wurde der Übergang über den Main erzwungen. In Augsburg hat man diese Entwicklungen mit gemischten Gefühlen verfolgt. Der Rat verhandelte mit dem bayerischen Kurfürsten über eine Sicherung der Stadt, zugleich führte man Gespräche mit den Protestanten, um sich deren Unterstützung zu versichern. Immerhin wurden sie damit als politische Partner anerkannt.

In die Rolle des diplomatischen Führers der Augsburger Lutheraner wuchs in dieser Zeit der Patrizier Johann David Herwart hinein, ein außerordentlich geschickter und prinzipienfester Mann. 1603 in der Reichsstadt geboren, Jurist, aufgrund der Zeitläufte aber an einer Karriere in seiner Heimatstadt gehindert, war er bereits mehrfach als maßgebliche Figur des Augsburger Protestantismus hervorgetreten. Auf dem Regensburger Reichstag von 1640 hatte er die Interessen seiner Glaubensgenossen ebenso vertreten wie auf einem kurfürstlichen Kollegialtag in der Reichsstadt Nürnberg.

Zuerst wurde erreicht, daß die protestantischen Ausschüsse, die dem Rat als Verhandlungspartner gegenübertraten, erweitert wurden – am Ende umfaßten sie 51 Personen, darunter auch zwanzig Handwerker. Während die alliierten Armeen näherrückten, formulierte man als Forderung an den Rat die völlige Wiederherstellung der politischen und kirchlichen Verhältnisse. Das war eine Maximalposition, der Rat verhielt sich abwartend – einige Zugeständnisse auf kirchlichem und politischem Gebiet zeigten immerhin, daß man sich aufeinander zubewegte – zur „restabilirung gutes vertrawens under beederley religions verwandten". So sagte man in inoffiziellen Verhandlungen, deren Protokolle sich in den Akten des Evangelischen Wesens erhalten haben. Manchen erschien die Restitution in der Tat als das „gewiß unnd sicherste, auch bestendigste mitel, dz gemeine staatsweesen unnd vertrawen widerumb zugleich inn alten stand zuebringen".

Beide Seiten hatten zu bedenken, daß seit 1644 in den westfälischen Städten Münster und Osnabrück um „Universal-Tractaten" gerungen wurde, mit denen der große Krieg beendet werden sollte. Neutralität, wofür manche plädierten, war schon deshalb eine unrealistische Option, weil Bayern sich niemals mit einer solchen Haltung der Reichsstadt abgefunden hätte. Und noch war die Lage nicht so, daß man alles hätte akzeptieren müssen. Die Wälle und

Vorwerke befanden sich in gutem Zustand, Kredite hatten den Einkauf von Lebensmittelvorräten ermöglicht – dazu befanden sich nahezu fünftausend Schaff an privaten Getreidevorräten in Augsburg. Allein damit ließ sich einige Monate überleben.

Allerdings drängten wieder Flüchtlinge in die Stadt. In der ersten Septemberhälfte hatten die feindlichen Armeen die Donau erreicht, Donauwörth, Rain am Lech waren gefallen. Gerade noch erreichte ein Trupp bayerischer Kavallerie das nun bedrohte Augsburg, am 26. September brach der bayerische Obrist Rouyer durch die feindlichen Linien, um die Besatzung zu verstärken. Er übernahm das Kommando in der Reichsstadt.

Für die Besetzung der Wälle wurde jeder verfügbare Mann gebraucht. Wer sich zur Verteidigung der Stadt bereitfand, sollte zwanzig Kreuzer Sold am Tag erhalten. Unter dieser Bürgerwehr fanden sich bald auch Protestanten. Es ging nun, mit allen Mitteln, darum, den Feind vor den Toren zu halten. Der Feind: Das war nun der *Krieg*, waren nicht mehr katholische, protestantische, französische oder schwedische Armeen ...

In den ersten Oktobertagen machten die Belagerer ernst. Kanonenkugeln pfiffen über die Wälle; sie trafen vor allem die Frauenvorstadt. Nasse Kuh- und Ochsenhäute wurden bereitgelegt, vom Perlachturm wehte die Brandfahne dorthin, wo die Türmer Rauch und Feuer wahrnahmen. Und nach Sonnenuntergang erleuchteten Laternen gespenstisch die Szenerie – ungewohnt für die Bürger, die bisher nur stockfinstere Nächte kannten.

In der Stadt stieg die Spannung. Die Beschießung strapazierte die Nerven: Einmal drängten sich einige hundert Frauen mit ihren Kindern vor dem Haus des Stadtpflegers Rembold, weinten, schrien und forderten, den Jammer zu beenden. Eine weitere Demonstration „gemeiner weiber" und auch einiger vornehmer Frauen lösten Kürassiere mit der blanken Waffe auf.

Die Bürger sparten anscheinend nicht mit gegenseitigen Beschuldigungen. Die Lutherischen, so hieß es, hätten die „Schwöden" hergelockt; der Rat bat die Protestanten, an ihren Glaubensgenossen Wrangel eine Petition zu richten. Die aber entgegneten, schließlich liege noch eine französische Armee vor der Stadt, und auch die Schweden würden nicht gerade auf die Religion, sondern auf den „*statum belli*" sehen.

Wieder kam es zu Plünderungen, Bäckerläden wurden gestürmt: Ob der „pövel" nichts mehr zu essen hatte, oder ob man sich an die Erfahrungen der Belagerung von 1634/35 erinnerte und deshalb rechtzeitig die Vorratskammern zu füllen trachtete, verraten die Quellen nicht. Die Lage schien so ungewiß, daß der Rat zumindest erwogen haben dürfte, die Stadt zu übergeben.

Der Feind schien zudem entschlossen, Augsburg – sei es auch im Sturmangriff und unter Verlusten – in seinen Besitz zu bringen. Die Laufgräben waren bereits in den ersten Oktoberwochen dicht an die Stadtmauern vorgetrieben worden – die Wachen konnten sich mit den Musketieren der Belagerer unterhalten. Ein Spion hatte berichtet, daß er im Lager der Feinde „grosse quantität fewr kuglen, darunder theils 4 centner schwehr [...] gesehen, darmit man die statt zu ängstigen trohe."

Am 11. Oktober, eine Stunde nach Mitternacht, war es soweit: Heftiges Artilleriefeuer, Kanonendonner und das Krachen der Petarden schienen einen Sturmangriff einzuleiten. Wer nur ein Gewehr halten konnte, half bei der Verteidigung der Reichsstadt. Protestantische Bürger standen neben einer Gruppe von Jesuitenschülern, die unter wehender schwarzer Fahne kämpften. Es bedürfte einer Palette mit kräftigen Farben, das Drama eines solchen Angriffs zu schildern: die im Finstern aufzuckenden Lichtblitze der Kanonen, die den weißen Pulverdampf beleuchteten; überall, wie Glühwürmchen, die glimmenden Lunten der Musketiere, der infernalische Lärm der Gewehre, der explodierenden

Petarden, Schreie der Verwundeten, die Befehle der Offiziere – und hinter den Mauern die hektische Aktivität der Verteidiger, klappernde Hufe auf den Gassen, flackernde Fackeln und Pechpfannen, da und dort brennende Häuser, die man in der allgemeinen Verwirrung so gut es geht zu löschen sucht; dazwischen ein Trupp Soldaten mit schwarzen Harnischen und matt glänzenden Helmen, der zu einem bedrohten Mauerabschnitt marschiert [...]

Bis zum Morgen hatte sich die „*furia*" des Angriffs ausgetobt. Die Verteidiger behielten die Oberhand; weitere Versuche am nächsten Tag, die Stadt zu nehmen, blieben erfolglos. Der Mut der Eingeschlossenen mag durch das Wissen um das Näherrücken einer Entsatzarmee genährt worden sein – ein kaiserlich-bayerisches Heer, das unter Erzherzog Leopold Wilhelm und dem Reitergeneral Johann von Werth heranzog und gerade am Nachmittag des 12. Oktober am Ostufer des Lech Quartier machte. Einen Kanonenschuß davon entfernt stand die schwedisch-französische Belagerungstruppe, die Hauptarmee hatte sich westlich von Augsburg, bei dem Dorf Stadtbergen, verschanzt. Sollte sich das Schicksal der Reichsstadt in einer Schlacht unter ihren Mauern entscheiden?

Es kam nicht dazu. Wrangel und Turenne brachen die Belagerung ab und zogen nach Norden fort. Das war am 13. Oktober 1646, an dem man in Augsburg das Fest des Bistumspatrons St. Simpert feierte.

Katholische Chronisten führten die Rettung ihrer Stadt natürlich auf die Fürsprache des Heiligen zurück, auch auf die Unterstützung der guten Sache durch die Gottesmutter, die ebenfalls durch eifrige Gebete gewonnen worden war. Wie in der antiken Mythologie, so scheint es, begleitete den Kampf der Menschen auf der Erde ein unsichtbares Ringen himmlischer Mächte.

Der konfessionelle Frieden war indessen durch die gemeinsam bewältigte Gefahr nicht gewonnen. Wie die Glaubensgruppen zu einem Arrangement kommen sollten, war noch nach der Belagerung von 1646 völlig unklar. Von weitgehender Rekatholisierung bis zu verfassungsrechtlicher Gleichstellung der Protestanten mit der anderen Partei waren die verschiedensten Lösungen denkbar. Entscheidend mußte der weitere Verlauf des Krieges werden; die Sache wurde dadurch kompliziert, daß der Krieg kaum noch um Religion geführt wurde, was selbst vielen Zeitgenossen klar war. „Non religio, sed regio spectatur", äußerte sich in diesem Sinne der Lindauer Gesandte auf dem Westfälischen Friedenskongreß, Dr. Valentin Heider, gegenüber Johann David Herwart: Nicht um den Glauben gehe es mehr, sondern um Land. Im Verlust der weltanschaulichen, der religiösen Dimension lag wohl überhaupt eine Chance, den Krieg durch Kompromisse zu beenden – das konnte freilich auch heißen, daß eben „Partikularinteressen" auf der Strecke blieben, wenn es an die Lösung der großen Probleme ging. Denn die Querelen der Augsburger zählten schließlich nur wenig angesichts des gordischen Knotens von Problemen, den die Gesandten der europäischen Mächte, die seit 1644 in Münster und Osnabrück tagten, zu entwirren hatten. Ging es doch zugleich um die Regelung der konfessionellen Fragen, um die Organisation der Reichsverfassung und die „Satisfaktion" der kriegführenden Mächte durch Land und Geld.

Die Stellung der Augsburger Protestanten auf dem Westfälischen Friedenskongreß war darüber hinaus alles andere als einfach und rechtlich eindeutig. Ihr offizieller Vertreter war der Frankfurter Gesandte Dr. Zacharias Stenglin, eine eher zwielichtige Gestalt, der – positiv betrachtet – den Typus des kompromißbereiten und -geneigten „Realpolitikers" repräsentierte. Während andere auf das Erreichen des Idealzieles, die verfassungsrechtliche Parität, setzten, riet er eher zum Einlenken. Der eigentliche Stratege der Augsburger Lutherischen war Dr. Valentin Heider, der stets in engem Kontakt mit Herwart stand. Der Augsburger Rat tat sein möglichstes, dessen Aktionen zu torpedieren – so schrieb man einmal an die Obrigkeit Heiders, die Lindauer Ratskollegen, ihm sein „zu unnachbarschafft raichendes vornemen nit zu gestatten, sondern vilmehr denselben daran abzuhalten". Und zugleich unterhielt der katholische Rat einen eigenen Vertreter in Osnabrück: Dr. Johann Leuxelring, einen unbeugsamen Vertreter gegenreformatorischer Standpunkte. Dieser aus einfachen Verhältnissen zum Doktor beider Rechte und Stadtkanzler von Augsburg aufgestiegene Mann – er vertrat auf dem Friedenskongreß noch fünfzehn weitere Städte – versuchte die Politik der protestantischen Agenten und Gesandten zu hintertreiben, wo es nur ging.

Die Protestanten mußten darauf hoffen, daß die Krone Schwedens ihre Position stützte (wohlgemerkt dasselbe Schweden, gegen dessen Soldaten auch die Augsburger Protestanten im Herbst 1646 ihre Musketen abgefeuert hatten!). Der Kampf wurde an vielen Fronten geführt. Mit „Verehrungen" versuchten die Vertreter aller Parteien ihre Gönner günstig zu stimmen; „Bestechung" würde man das heute etwas unvornehm nennen, hätte dergleichen nicht zu den weitgehend akzeptierten diplomatischen Gepflogenheiten gehört. Bei den Schweden allerdings, so schien es den Augsburgern, waren Mittel in solcher „Abundanz" vorhanden, daß es Wasser ins Meer schütten hieß, ihnen etwas zu geben [...]

Immerhin meinte der schwedische Gesandte Johann Adler Salvius gegenüber Heider, Augsburg aufgeben heiße für seine Krone, das ganze evangelische Wesen lassen. Die Kaiserlichen sperrten sich freilich gegen allzu weitgehende Zugeständnisse. Lieber wolle er tausendmal sterben und sich „martyrisieren" lassen, meinte der kaiserliche Primargesandte Maximilian Graf Trauttmannsdorff (übrigens eine der bedeutendsten Persönlichkeiten des Kongresses, einer der Väter des Friedens), als Salvius neben anderem die Forderung nach Parität in Augsburg vortrug.

Mehr Gewicht erhielten die Vorstellungen der Augsburger Evangelischen und der schwedischen Diplomaten durch die Entwicklung der militärischen Lage. Ein spektakuläres Indiz dafür, daß sich die Verhältnisse zuungunsten der Kaiserlichen und ihrer Verbündeten entwickelten, war ja bereits die Belagerung Augsburgs gewesen – trotz des Entsatzes der Reichsstadt: Die alliierten Armeen gewannen im Süden Deutschlands zusehends die Oberhand. Die Dinge standen so schlimm, daß sich Kurfürst Maximilian von Bayern gar zum Abschluß eines Waffenstillstandes durchrang und den Kaiser allein im Feld ließ. Auch er wollte nun Frieden, Frieden fast um jeden Preis.

Wohl ein Effekt des Ausscheidens Bayerns aus der katholischen Front war, daß den Augsburgern endlich die begehrte Parität zugesichert wurde. Nur zwei Wochen nach Abschluß des Waffenstillstands, am 25. März 1647, bestätigte der kaiserliche Sekundargesandte Dr. Volmar, die kirchlichen Verhältnisse in Augsburg würden so wiederhergestellt, wie sie 1624 bestanden hätten; alle Ämter seien paritätisch mit Katholiken und Protestanten zu besetzen. „Cum anhelitu", keuchend vor Eile, überbrachte ein schwedischer Legationssekretär Dr. Heider die frohe Botschaft.

Wie die Augsburger Protestanten jetzt wohl dem Friedensschluß entgegenfieberten! Noch war nichts unterzeichnet und besiegelt. Und gegen Ende des Jahres 1647 näherte sich der Bayernfürst dem Kaiser wieder an. Die *ultima* der Schweden, die am 20. Januar 1648 überreicht wurden, hielten an der Augsburger Parität fest, doch fühlten sich die Katholiken wieder stark genug, in ihren Gegenvorstellungen am 2. Februar das Gewünschte zu verweigern.

Osnabrück und Münster waren freilich selbst in diesen aufregenden Tagen für die meisten Bürger Augsburgs weit weg, bildeten nicht den Mittelpunkt der Welt. Denn der Krieg war ihrer Stadt bedrängend nahe geblieben. Zwar habe es gute Ernten gegeben, schreibt der Chronist Jakob Wagner in der letzten erhaltenen Jahresbilanz seiner Chronik (der von 1646), doch sei durch die Soldaten und Kriegsnöte „alles zue schaden und schanden gemacht und bracht worden". Man wolle Gottes Strafen nicht erkennen, fuhr er resignierend fort, obwohl die Prediger stets mahnten – doch helfe „kain vermanung noch strafen nicht. Gott erbarme sich unser."

Michael Stolleis
Westfälischer Frieden und Reichsverfassung

Der Westfälische Friede, der nach vierjährigen Verhandlungen am 24. Oktober 1648 unterzeichnet wurde, stellte die Reichsverfassung auf eine neue Grundlage, schonte jedoch die bisherigen Traditionen. Er enthielt zwar wesentliche verfassungsrechtliche Neuerungen, er schrieb den Stand des Konfessionsproblems fest, er gewährte eine allgemeine Amnestie, und er sanktionierte die territorialen Veränderungen. Aber er war in den Augen der Zeitgenossen auch das Siegel des status quo, indem er den Fortbestand des Reichs garantierte.

Nachdem das Kaisertum in der letzten Phase des Krieges (1636–1648) durch den Druck Frankreichs geschwächt war, setzte sich nun endgültig das lange begehrte und publizistisch begründete *ius territorii et superioritatis* für die Reichsstände durch. Die Reichsstände, die noch um ihre Zulassung zum Kongreß kämpfen mußten, erhielten ein nur durch Rücksicht auf Kaiser und Reich, den Landfrieden und das Lehenband beschränktes Bündnis- und Kriegsführungsrecht nach außen. [...]

Bereits ein Jahrzehnt später zeigte allerdings der Rheinbund (1658), daß die Reichsstände sich von diesen Kautelen nicht abhalten ließen, mit Frankreich zu paktieren. Sie rückten mit vollem Stimmrecht [*votum decisivum*] in den Reichstag ein. Entsprechend wurde der Kaiser zurückgedrängt, an die Mitwirkung des Reichstags gebunden und in der Ausübung des zentralen Hoheitsrechts der Gesetzgebung weiter eingeschränkt. Auf diese Weise löste man die in der bisherigen Reichspublizistik so umstrittene Frage nach der Verhältnisbestimmung von Kaiser und Reich machtpolitisch und schrieb das Ergebnis als Verfassungsrecht in Form [...] eines Reichsfundamentalgesetzes fest (Art. XVII § 2 I IPO; Jüngster Reichsabschied 1654, § 6). Die Veränderungen lagen vor allem darin, daß zentrale Majestätsrechte (Gesetzgebung, Erklärung von Krieg und Frieden, Bündnisrecht, Festungsbau, Oberste Gerichtsbarkeit) unwiderruflich an die Zustimmung des Reichstags gebunden wurden (sog. Komitialrechte), so daß die kaiserlichen Reservatrechte auch optisch zusammengeschmolzen waren. Ein kaiserlicher „Absolutismus" war nicht einmal mehr ansatzweise denkbar.

Auch in der leidvollen Religionsfrage brachte der Westfälische Friede einen äußeren Abschluß. Er zog mit dem sog. Normaljahr 1624 eine formal-historische Trennungslinie: Die Untertanen von Reichsständen sollten bei dem Bekenntnisstand von 1624 bleiben, samt allen Kirchengütern und Stiftern. Inhaber der Territorialhoheit, aber auch die Reichsritterschaft und – im Prinzip – die Reichsstädte erreichten die Anerkennung des *ius reformandi* (Art. V IPO). Die Reformierten wurden, was 1555 und 1635 noch nicht geschehen war, in den Religionsfrieden einbezogen, und zwischen Katholiken auf der einen, Lutheranern und Reformierten auf der anderen Seite sollten künftig „genaue und gegenseitige Gleichheit" [...] herrschen, die sog. Parität, die aufgrund der besonderen konfessionellen Lage Deutschlands bis heute ein Grundprinzip des Staatskirchenrechts geblieben ist. Mehrheitsentscheidungen in Religionssachen sollte es nicht geben (Art. V, § 52 IPO), d. h. soweit keine *amicabilis compositio* stattfand, blieb die Sache ungelöst. Auch die Verfahrensordnungen, speziell die des Reichskammergerichts, wurden so geändert, daß künftig Unterdrückungen der einen oder anderen Religionspartei durch Mehrheitsentscheidungen nicht mehr möglich sein sollten. Die schon lange praktizierte, aber nun zu Verfassungsrecht erhobene Separierung der Reichsstände in ein *Corpus Evangelicorum,* geführt von Kursachsen, und ein *Corpus Catholicorum,* geführt von Kurmainz, machte die Verfassungsstruktur noch einmal um eine Stufe komplizierter. Neben die vertikale Rangordnung vom Kaiser abwärts und die horizontale Gliederung nach Reichskreisen sowie – auf dem Reichstag – nach „Collegien" und „Bänken" trat nun auch offiziell die konfessionelle Teilung. Letztere wurde erst hingenommen, nachdem sie unüberwindlich erschien, die Parteien und das Land erschöpft und ausgeblutet waren. Der Friede besiegelte die schmerzliche Einsicht, daß der Rückweg zur alten kirchlichen Einheit versperrt war.

Die sog. hinterstelligen Materien, mit denen man nicht fertig wurde oder die aus taktischen Gründen verschleppt wurden, überwies man an einen künftigen Reichstag. Diese *puncta remissa* blieben zum großen Teil auch später unerledigt, und zwar nicht nur wegen des Egoismus der Stände, sondern weil die Reichsverfassung in der Form von 1648 tatsächlich „rigide retrospektiv, archaisierend-statisch fixiert" worden war. Reformimpulse zur Verbesserung von Kreisorganisation und Reichsmatrikel, von Reichssteuersystem, Polizei und Reichsjustiz (Art. VIII § 3 IPO) versickerten auf dem langen Weg eines ganz auf Balance von Gruppeninteressen und Friedenssicherung angelegten Systems. Alle auf Modernisierung drängenden Kräfte verlagerten sich deshalb künftig in die größeren Territorialstaaten, während kleinere Reichsstände und Reichsritterschaft auf wirkliche Politik weitgehend verzichteten, sich allenfalls kulturell engagierten und in bedrohlichen Fällen den Schutz des Kaisers und der Reichsgerichte suchten. [...]

Die völkerrechtlich inspirierte These, das Reich sei 1648 als „Staat" untergegangen und habe als Verein souveräner Staaten fortexistiert, ist weitgehend als unhistorisch abgelehnt worden. Die Zeitgenossen, an denen sich der Historiker zu orientieren hat, waren sich über die Fortexistenz des Reichs als „Staat" einig, so mängelbehaftet dieser auch sein mochte; sie haben „die Möglichkeit der völkerrechtlichen Beurteilung des Reiches meist nicht einmal erwogen". Noch der „Deutsche Fürstenbund" von 1775 sprach davon, daß das „mit besonderer Sorgfalt und Mühe seit Jahrhunderten errichtete und mit so mannigfaltigen großen Aufopferungen von Gut und Blut bisher erhaltene teutsche Reichs-System [...] in seinem ungekränkten Wesen beständig aufrechterhalten, und auf eine constitutionsmäßige Weise gehandhabt werden möge".

Trotz aller Statik hat sich die Reichsverfassung nach 1648 aber fortentwickelt, insbesondere durch Erweiterung des Kurkollegs (1692/1709) und durch den Entwurf einer beständigen Wahlkapitulation (1711); auch die Reichsjustiz funktionierte weiter, vielleicht sogar besser als zuvor. Doch blieb es insgesamt bei den herkömmlichen Einrichtungen:

Der *Kaiser* wurde durch Mehrheitsentscheidung der Kurfürsten in Frankfurt gewählt und ebendort gekrönt, ebenso der römische König. In Zeiten von Vakanz regierten die Reichsvikare (Kurpfalz, Kursachsen und Savoyen für Reichsitalien). Die kaiserlichen Rechte blieben ein Bündel verschiedener Titel aus dem Reichslehenrecht und aus den Reichsregalien, sie enthielten das Recht, Standeserhöhungen vorzunehmen und bestimmte Titel zu verleihen, Aufsichts-, Präsentations- bzw. Besetzungsrechte bei Reichskammergericht und Reichshofrat, Überwachung der Wahlen von geistlichen Fürsten, Prälaten und Stiftern sowie kraft Reichsherkommens verschiedene ungeschriebene Zuständigkeiten und politische Vermittlungsmöglichkeiten, die vor allem von schwächeren Gliedern des Reichs genutzt wurden.

Der *Immerwährende Reichstag* in der Form, die er in Regensburg gewann, gehört wegen seiner Langsamkeit und seinen Zeremonialstreitigkeiten zu den häufig karikierten Einrichtungen. Erst in den letzten Jahren bahnt sich hier ein Wandel der Anschauungen an. Es wird anerkannt, daß die in ihm vertretenen Reichsstände mit ihren Gremien der Kurfürsten, Fürsten und Städte keineswegs unproduktiv waren und außer der Gesetzgebung wichtige Funktionen der Koordination und des friedlichen Ausgleichs wahrnehmen konnten. Ob der Reichstag ein „Parlament" war, ist vordergründig eine terminologische Frage; denn mit Sicherheit war es kein „modernes, demokratisches Parlament", aber doch eine Repräsentativversammlung des Reichs mit Legislativbefugnissen. Die repräsentierten „Bürger" des Reichs waren die Reichsstände, nicht deren Untertanen. Der kurz vor 1806 noch unternommene Versuch, eine Reichsbürgerschaft für die Untertanen zu formulieren, blieb folgenlos.

Das *Gesetzgebungsverfahren* war allerdings schwerfällig: Der kaiserliche Vorschlag, die sog. Proposition, ging zunächst an das die Geschäfte leitende Reichsdirektorium, wurde dann im Kurkolleg und im Fürstenrat beraten, wobei, von Religionsfragen abgesehen, das Mehrheitsprinzip galt. Vereinigten sich Kurfürsten und Fürsten, dann wurde das *commune duorum* an das Kollegium der Reichsstädte weitergegeben. Kam auch dort eine Zustimmung zustande, dann lag ein *consultum* vor, das noch der kaiserlichen Sanktion bedurfte, um schließlich zum verbindlichen Reichsschluß *(conclusum imperii)* zu werden.

Gerichtliche Oberinstanzen blieben *Reichskammergericht* und *Reichshofrat.* Ihre bedeutenden Schlichtungs- und Rechtsprechungsleistungen sind in der jüngsten Zeit intensiver untersucht und dargestellt worden. Die Erschließung des unübersehbar scheinenden Fallmaterials schreitet voran. Ebenso bleiben die *Reichskreise* und *Kreisassoziationen* als Zwischenschichten zwischen Territorial- und Reichsverwaltung, als Grundeinheiten der „Reichskriegsverfassung" und als begrenzt autonome Selbstverwaltungskörper bis zum Ende des Reiches erhalten. Sie sollten die Reichsexekution vollziehen, die Reichsverteidigung finanzieren und organisieren, und es gelang ihnen sogar ansatzweise eine eigene Merkantil- und Münzpolitik.

III. Barocke Welten und der Aufstieg des Absolutismus

Heide Wunder
Frühneuzeitliche Partnerschaftsvermittlung

Angesichts der überragenden Bedeutung von Ehe für die Lebensperspektiven der einzelnen, ihrer Eltern und Geschwister wie für das Gemeinwesen wurde die Eheanbahnung nicht dem Zufall „Liebe" überlassen, schon gar nicht in denjenigen sozialen Gruppen, die über Besitz und Vermögen verfügten. Denn Eheschließungen boten die Gelegenheit, wirtschaftliche und soziale Positionen zu wahren oder sogar anzuheben. Am Heiratsverhalten läßt sich gesellschaftliche Dynamik besser erkennen als an den normativen Vorschriften der ständischen Gesellschaft. Zwar gab es die geschlossenen Heiratskreise von „Gleichen" – beim Adel wie beim Bürgertum –, aber die Abstiegs- und Aufstiegsmobilität, die in nicht-standesgemäßen Heiraten zum Ausdruck kommt, war ebenso bezeichnend für die ständische Gesellschaft der Frühen Neuzeit. Dabei spielten Männer und Frauen unterschiedliche Rollen. So stellte das altständische patrizische Bürgertum die Verbindung zu den Vertretern der neuen Bildungseliten her, indem es ihnen die „Einheirat" bot. Die Einbeziehung von Adeligen wie Bürgerlichen in die neuen landesherrlichen Amtseliten fand ihren Ausdruck darin, daß beide Gruppen sich auch sozial durch das Konnubium miteinander verbanden. Als weiteres Zeichen für die gesellschaftliche Annäherung von Adel und Bürgern ist die Verheiratung (armer) adeliger Töchter mit reichen Bürgersöhnen, aber auch von reichen bürgerlichen Töchtern mit Adeligen zu werten.

Eheliche Verbindungen von Töchtern und Söhnen der besitzenden Schichten wurden daher sorgfältig geplant und vorbereitet, nicht zuletzt, um die erstrebte wirtschaftliche, soziale und rechtliche Absicherung der Kinder zu garantieren. Bei der Suche nach dem passenden Ehepartner spielten die Mütter sowie die Frauen der Verwandtschaft eine große

Rolle, während die Väter oder Vormünder sich mehr um die rechtlichen Transaktionen von Aussteuer, Morgengabe und Erbe kümmerten. Das Aushandeln des Ehevertrages geschah an einem „neutralen" Ort, z.B. in der Kirche oder bei einem Notar. Waren die rechtlichen Fragen befriedigend gelöst, Braut und Bräutigam einverstanden, wurde der Termin für das Verlöbnis festgelegt, das die Ehe als „Rechtsgeschäft" begründete. Die kirchliche Trauung folgte manchmal kurze, manchmal längere Zeit danach. Das Ritual der Eheschließung wurde mit dem Beilager, dem Vollzug der Ehe nach der kirchlichen Trauung, beendet. Erst damit trat der Ehevertrag in Kraft.

Das geschilderte Verfahren der von Eltern, Vormündern oder Verwandten arrangierten Eheanbahnung hieß keineswegs, daß die Meinung der zukünftigen Brautleute übergangen wurde. Sie kannten sich häufig von Familienfesten oder geselligen Treffen im Freundeskreis der Familie. Freilich waren ihre Wünsche nicht unbedingt ausschlaggebend für das Zustandekommen einer Ehe, es sei denn, sie waren bereits volljährig und konnten selbständig wählen. Selbst im System der arrangierten Ehen spielte die Brautwerbung durch den Mann eine wichtige Rolle, und die Frau mußte keineswegs jeden Bewerber akzeptieren, den Eltern oder Freunde der Familie präsentierten. In der direkten Eheanbahnung zwischen zukünftigen Brautleuten nahm Liebe durchaus einen zentralen Platz ein. [...]

Die Grazerin Maria Elisabeth Stampferin berichtet in ihrem „Gedenkbüchl" für 1677 über die „arrangierte Ehe" ihrer Tochter Eva Maria mit einem Judenburger Kaufmann: „und sind all zwei gar wohl kontent mit einander gewesen". Als der Bräutigam kurz danach starb, traf es die Braut schwer: „Sie hat großes Leid getragen und nachher lange nicht geheiratet." Im gleichen Jahr „hat Herr Körner seine Liebe zu meiner zweiten Tochter Anna Elisabeth gefaßt; ist ihm auch versprochen und die Hochzeit bald gehalten worden. [...] Sie hausen Gottlob gar einig und friedlich mit einander." Aus der Schilderung der späteren Verehelichung von Eva Maria Barbara ist keine Wertung zu entnehmen, vielmehr steht die Darstellung der aufwendigen Feier im Vordergrund. Aber als 1684 die Tochter Maria Margareta heiratete, war die Mutter besonders glücklich: „Mein größte Freud ist gewest, daß der Herr Vorig gar ein guter, frommer und gescheidter Herr ist, der die Miedl überhaus liebt; und sie liebt ihn wiederum." Sie selbst hatte ihren Mann im Hause ihres Onkels kennengelernt: er „hat nicht nach Gelt und Gut gefragt, hat mich auch so gern gehabt" [...] In diesen Eintragungen wird das doppelte Fundament, das eine glückliche, d.h. gelungene Ehe erforderte, immer wieder sichtbar: Es ging zum einem um die wirtschaftlichen Voraussetzungen und zum anderen um die Zuneigung der Eheleute. Die Abstufungen der „ehelichen Liebe" werden sehr deutlich: Die Tochter Eva Maria war mit ihrem Bräutigam „kontent"; die Tochter Anna Elisabeth hauste „gar einig und friedlich" mit ihrem Ehemann, aber Maria Margareta und Herr Vorig „liebten" einander. Und bei Maria Elisabeth Stampferins eigener Eheschließung hat Geld keine Rolle gespielt, vielleicht jedoch das soziale Prestige, das sie als Beamtentochter dem Bergunternehmer einbrachte. Offensichtlich wurden Zufriedenheit, Einigkeit und Friedlichkeit als Ausdruck ehelicher Liebe hoch bewertet. Vor allem aber entstand eheliche Liebe erst durch das Zusammenleben in der Ehe. So jedenfalls beschrieb es hundert Jahre später auch Margarethe Elisabeth Hudtwalcker, die einen von den Eltern ausgewählten Mann heiratete, nachdem ihre unglückliche, d.h. nicht standesgemäße Liebe zu einem Kaufmannsgehilfen im Geschäft ihres Vaters keine Aussicht auf Eheschließung bot. Über ihre Brautzeit berichtet sie in „Mein Leben": „Ich gewann meinen Bräutigam von Tage zu Tage lieber", und über das erste Ehejahr: „Milow war der Mann für meine Seele, ich die Frau für seine."

Über die Eheanbahnung der gehobenen Schichten sind wir gut unterrichtet, da sie in vielen Autobiographien und anderen Selbstzeugnissen des 16. bis 18. Jahrhunderts entsprechend der Bedeutung der Ehe für den weiteren Lebensweg ausführlich dargestellt wurde. Für die Eheschließung der meisten Brautpaare ist jedoch nicht mehr überliefert als der Kirchenbucheintrag: Namen, Eltern, Herkunftsort, Termin, manchmal der Beruf. Die Modalitäten der rechtlichen Vereinbarungen folgten den allgemeinen Festlegungen in den bürgerlichen und bäuerlichen Rechten. Schriftliche Eheverträge sind in Deutschland, anders als in Frankreich, nur teilweise üblich gewesen, so z.B. bei den niedersächsischen Bauern. Mitunter lassen Testamente Rückschlüsse auf den Inhalt der Eheberedung zu; auch Inventare, die anläßlich von Schicht und Teilung zwischen dem überlebenden Elternteil und den Kindern angelegt wurden, enthalten Angaben über das mütterliche Erbe. [...]

Es ist wohl davon auszugehen, daß viele Eheschließungen über Geschwister, Verwandte, Freunde, aber auch von Arbeitgebern und professionellen Ehevermittlern angebahnt wurden. Orte des Kennenlernens waren außer dem Arbeitsplatz, der Spinnstube und den festtäglichen Tanzvergnügen vor allem Familien- und Gemeindefeste. Letztere erscheinen häufig als „Gelegenheiten", die zu vorehelichen Schwangerschaften führten. Welche Vorsichtsregeln Töchter zu beachten hatten, damit sie bei diesen Gelegenheiten nicht ihren guten Ruf verloren, schärfte am Beginn des 17. Jahrhunderts Frau von Quitzow auf dem Sterbebett ihren Töchtern Anne Kuneke und Gödecke Christine ein: Bei allen Begegnungen zwischen Jungfrauen und Junggesellen, bei denen letztere die Initiative ergreifen, sollen die Töchter kurz angebunden bleiben: wenig reden, die Augen gesenkt halten und sich beim Tanzen nicht küssen lassen. Wenn die Junggesellen nächtens in die Jungfrauenkammer kommen und mit ihnen „zu tun haben wollen", müssen sie entschieden zurückgewiesen werden. Wenn der Junggeselle einen Heiratsantrag stellt, so sollen ihn die Töchter an die Hausfrau, in deren Haus sie leben, verweisen. Die Verhaltensmaßregeln der Frau von Quitzow belegen, daß das „Nachfreien" oder Fenstern" keineswegs nur ein dörflicher Brauch war, sondern zumindestens in der ersten Hälfte des 17. Jahrhunderts auch beim ländlichen Adel üblich war. [...]

Die durch Dritte vermittelte Eheanbahnung kann nicht ohne weiteres als „Fremdbestimmung" verstanden werden, vielmehr war es eine Maßnahme, räumliche Ferne nicht zum Hindernis werden zu lassen, wenn es gesellschaftlich ‚stimmte'. Häufig wurden zur Erkundung der Chancen einer Partnerwahl Mittelsleute benutzt, um die Brüskierung durch eine direkte Ablehnung zu vermeiden. Wenn es sich um einen auswärtigen Mann handelte, über den schwer etwas in Erfahrung zu bringen war, stellte die Vermittlung durch Dritte sogar einen Schutz für die Frau dar. Es war durchaus möglich, den erwünschten Ehepartner über Dritte anzusprechen, um Sicherheit über die Ehe-Absichten zu erhalten. Mittlertätigkeit spielte nicht nur bei der Eheanbahnung eine Rolle, sondern gehörte zum Kommunikationssystem der frühneuzeitlichen Gesellschaft, vor allem auch dann, wenn es um Anbahnung von Geschäften oder um Streitigkeiten ging.

Hans Jakob Christoffel Grimmelshausen
Verkehrte Ehewelt

Mein Mann war kaum kalt und begraben / da hatte ich schon widerum ein ganz dutzent Freyer und die Wahl darunter / welchen ich aus ihnen nehmen wolte / dann ich war nicht allein schön und jung / sondern hatte auch schöne Pferd und zimlich viel alt Geld / und ob ich mich gleich vernehmen liesse / daß ich meinem Hauptmann seel. zu Ehren noch ein halb Jahr trauren wolte / so konnte ich jedoch die Importune-Hummeln / die umb mich / wie umb einen fetten Honighafen / der keinen Deckel hat / herumb schwermbten / nicht abtreiben / der Obriste versprach mir bey dem Regiment Unterhalt und Quartier / bis ich mein Gelegenheit anders anstellte / hingegen liesse ich zween von meinen Knechten Herren-Dienste versehen / und wann es Gelegenheit gab / bey deren ich vor mein Person vom Feind etwas zu erschnappen getraute / so sparte ich meine Haut so wenig als ein Soldat / allermassen ich in dem anmutigen und fast lustigen Treffen bey Wimpffen einen Leutenant / und im Nachhauen unweit Heilbrunn einen Cornet sammt seiner Standart gefangen bekommen / meine beyde Knechte aber haben bey Plünderung der Wägen zimliche Peuten an paarem Gelt gemacht / welche sie unserem Accord gemäß mit mir theilen musten; Nach dieser Schlacht bekam ich mehr Liebhaber als zuvor / und demnach ich bey meinem vorigen Mann mehr gute Täge als gute Nächte gehabt / zumalen wider meinen Willen seit seinem Tod gefastet / sihe / so gedachte ich durch meine Wahl alle solche Versaumnus wider einzubringen / und versprach mich einem Leutenant / der meinem Beduncken nach alle seine Mittbuhler beydes an Schönheit / Jugend / Verstand und Tapferkeit übertraff; dieser war von Geburt ein Italianer und zwar schwartz von Haaren / aber weiß von Haut / und in meinen Augen so schön / daß ihn kein Mahler hätte schöner mahlen können; Er bewiese gegen mir fast eine Hunds-Demut bis er mich erlöffelt / und da er das Jawort hinweg hatte / stellte er sich so Freuden voll / als wann Gott die gantze Welt beraubt / und ihn allein beseeligt hätte; wir wurden in der Pfaltz copulirt / und hatten die Ehre / daß der Obriste selbst neben den meinsten hohen Officiern des Regiments bey der Hochzeit erschienen / die uns alle vergeblich viel Glück in eine langwürige Ehe wünschten.

Dann nach dem wir nach der ersten Nacht bey Aufgang der Sonnen beysammen lagen zu faullentzen / und uns mit allerhand liebreichem und freundlichem Gespräch unterhielten / ich auch eben aufzustehen vermeinte / da ruffte mein Leutenant seinem Jungen zu sich vors Bette / und befahl ihm / daß er zween starcke Prügel herbey bringen solte; Er war gehorsamb / und ich bildete mir ein der arme Schelm würde dieselbe am allerersten versuchen müssen; unterliesse derowegen nicht / vor den Jungen zu bitten / bis er beyde Prügel brachte und auf empfangenen Befelch auf den Tisch zum Nachtzeug legte; Als nun der Jung wider hinweg war / sagte mein Hochzeiter zu mir; Ja! liebste; ihr wist / daß jederman darvor gehalten und geglaubt / ihr hättet bey euers vorigen Manns Lebzeiten die Hosen getragen / welches ihme dann bey ehrlichen Gesellschaften zu nicht geringerer Beschimpffung nachgeredet worden; weil ich dann nicht unbillich zu besorgen habe / ihr möchtet in solcher Gewonheit verharren / und auch die Meinige tragen wollen / welches mir aber zu leiden unmüglich / oder doch sonst schwer fallen würde; Sehet / so liegen sie dorten auf dem Tische / und jene zween Prügel zu dem Ende darbey / damit wir beyde uns / wann ihr sie etwan wie vor diesem euch zuschreiben und behaubten woltet / zuvor darumb schlagen könnten; sintemal mein Schatz selbst erachten kan / daß es besser gethan ist / sie fallen gleich jetzt im Anfang dem einen / oder andern Theil zu / als wann wir hernach in stehender Ehe täglich darumb kriegen; Ich antwortete: mein Liebster! (und damit gab ich ihm gar einen hertzlichen Kuß) ich hätte vermeint gehabt / die jenige Schlacht so wir einander vor dißmal zu lieffern / seye allbereit gehalten; so hab ich auch niemalen in Sinn genommen / euere Hosen zu praetendirn; sondern / gleich wie ich wol weiß / daß das Weib nicht aus des Manns Haubt / aber wol aus seiner Seiten genommen worden / also habe ich gehofft meinen Hertzliebsten werde solches auch bekand seyn / und er werde derowegen sich meines Herkommens erinnern / und mich nicht / als wann ich von seinen Fußsohlen genommen worden wäre / vor sein Fuß-Thuch / sondern vor sein Ehe-Gemahl halten / vornemblich; wann ich mich auch nicht unterstünde ihme auf den Kopff zu sitzen / sondern mich an seiner Seiten behülffe / mit demütiger Bitte / er wolte diese Abendteurliche Fechtschul einstellen; Ha ha! sagte er / das seyn die rechte Weiber-Griffe / die Herrschafft zu sich zu reissen ehe mans gewahr wird; aber es muß zuvor darumb gefochten seyn / damit ich wisse / wer dem anderen künfftig zu gehorsammen schuldig / und damit warffe er sich aus meinen Armen wie ein anderer Narr / ich aber sprang aus dem Bette / und legte mein Hembt und Schlaffhosen an / erwischte den kürtzten aber doch den stärcksten Prügel / und sagte / weil ihr mir je zu fechten befehlet / und dem obsiegenden Theil die Oberherrlichkeit (an die ich doch keine Ansprach zu haben begehrt/) über den Uberwundenen zusprecht / so wäre ich wol närrisch / wann ich eine Gelegenheit aus Händen liesse / etwas zu erhalten / daran ich sonst nicht gedencken dörffte; Er hingegen auch nicht faul / dann nachdem ich also seiner wartete / und er seine Hosen auch angelegt / erdappete er den andern Prügel / und gedachte mich beym Kopff zu fassen / umb mir alsdann den Buckel fein mit guter Musse abzuraumen / aber ich war ihm viel zu geschwind / dann ehe er sichs versahe / hatte er eins am Kopff / davon er hinaus dürmelte / wie ein Ochs dem ein Streich worden; ich raffte die zween Stecken zusammen / sie zur Thür hinaus zu werffen / und da ich solche öffnete / stunden etliche Officier darvor / die unserem Handel zugehöret / und zum Theil durch einen Spalt zugesehen hatten; diese liesse ich lachen so lang sie mochten / schlug die Thür vor ihnen wider zu / warff meinen Rock umb mich / und brachte meinen Tropffen / meinen Hochzeiter wolte ich sagen / mit Wasser aus einem Lavor wider zu sich selbst / und da ich ihn zum Tische gesetzt / und mich ein wenig angekleidet hatte; liesse ich die Officier vor der Thür auch zu uns ins Zimmer kommen.

Wie wir einander allerseits angesehen / mag jeder bey sich selbst erachten / ich merckte wol / daß mein Hochzeiter diese Officier veranlast / daß sie sich umb diese Zeit vorn Zimmer einstellen / und seiner Thorheit Zeugen seyn solten; dann als sie den Hegel gefoppet / er würde mir die Hosen lassen müssen / hatte er sich gegen ihnen gerühmt / daß er einen sonderbahren Vortheil wisse / welchen er den ersten Morgen ins Werck setzen / und mich dardurch so geschmeidig machen wolte / daß ich zittern würde / wann er mich nur scheel ansehe; aber der gute Mensch hätte es gegen einer anderen als der Courage probirn mögen; Gegen mir hat er so viel ausgerichtet / daß er jedermans Gespött worden / und ich hätte nicht mit ihm gehauset / wann mirs nicht von Höheren befohlen und auferlegt worden wäre; wie wir aber miteinander gelebet / kan sich jeder leicht einbilden / nemblich wie Hund und Katzen. Als er sich nun anderer Gestalt an mir nicht revangirn, und auch das Gespött der Leute nicht mehr gedulten konnte / rappelte er einsmals alle meine Paarschaft zusammen / und gieng mit den dreyen besten Pferdten und einem Knecht zum Gegentheil.

Michael Stolleis
Lektüre für gute Hausväter

Die Sorge der Obrigkeit für eine gute Verwaltung des Gemeinwesens beginnt in der frühen Neuzeit bei der kleinsten sozialen Einheit, der Familie. Die Familie, genauer: das von ihr gebildete „ganze Haus", stand bei Aristoteles und allen ihm folgenden Verfassern von Politiken am Anfang der Entwicklung des Gemeinwesens. Alle Lehren vom „guten Leben" und von der *prudentia civilis* hatten an diesem Kern anzusetzen.

Seit der Erfindung des Buchdrucks gab es eine Serie von Ehebüchlein oder Ehespiegeln, in denen die göttliche Stiftung der Ehe, die rechte Eheschließung und das tugendhafte Eheleben beschrieben und in Regeln gebracht wurden. Sie reicht etwa von dem *Ehebüchlein* Albrecht von Eybs (1472) über Luthers *Sermon von dem ehelichen Stand* (1519) und *Vom ehelichen Leben* (1522) bis zu Cyriakus Spangenbergs *Ehespiegel* (1561), Johann Fischarts *Ehzuchtbüchlein* (1578), Nikolaus Selnekkers *Ehespiegel* (1589) und Aegidius Albertinus' *Hauspolicey* (1601/02). Diese theologisch-moralischen Traktate bildeten die Begleitung der fundamentalen Umgestaltung von Eherecht und Ehegerichtsbarkeit in der Reformation. Die in ihnen enthaltenen Normen wurden von der Mitte des 16. Jahrhunderts an strenger und enger, gemäß der wachsenden Konfessionalisierung und der Ausbildung der jeder Konfession eigentümlichen Orthodoxie. Ob man sie als Versuche interpretieren darf, eine Sozialordnung zu stabilisieren, die aus den Fugen zu geraten drohte, bleibt zweifelhaft. Immerhin gehen die obrigkeitlichen Kleiderordnungen, Luxusverbote, Regulierungen des Spiels, des Trinkens, Schwörens und Fluchens, die entsprechenden „Tischzuchten" und Sittenbüchlein alle in dieselbe Richtung der „Sozialdisziplinierung". Auffällig bleibt bei allen diesen Schriften ihr gehäuftes Auftreten, aus dem immerhin auf einen steigenden Bedarf geschlossen werden kann. Ob dieser „Bedarf" wirklich auf wachsenden Luxus, Trunk, Spiel, Schwören, Fluchen und „Grobianismus" zurückgeht oder nicht vielmehr nur gesteigerte Empfindlichkeit, Sünden- und Schuldbewußtsein signalisiert, muß offen bleiben. Die Forschungen von Norbert Elias haben plausibel gemacht, daß es eine derartige Steigerung der Empfindlichkeit gibt und daß die Gesellschaft hierauf durch Verschärfung oder/und Vermehrung von Normen antwortete. Dabei haben Theologen und Moralisten das Feld publizistisch vorbereitet und „gesellschaftliche" Normen etabliert, die dann von kirchlichen und weltlichen Obrigkeiten in rechtliche Formen transponiert wurden.

Schreitet man von der Ehe fort zum „ganzen Haus", so wechselt man auch literaturgeschichtlich von der Gattung der Ehebücher zur sog. Hausväterliteratur, eine „buchtypologisch einheitliche Sachbuchreihe etwa vom Ende des 16. bis zum späten 18. Jahrhundert". Ihr Grundmuster ist die aristotelische Oikonomia, die Kenntnis all dessen, was zur Führung eines wohlverwalteten Hauses notwendig ist. Die Führung obliegt dem Mann, dem „Hausvater"; denn – das ist die als selbstverständlich akzeptierte Ansicht der Zeit – „die Oeconomia ist eine Monarchia". Der Hausvater stand an der Spitze der kleinen Herrschaftspyramide des Hauses, die sorgsam beachtete weitere Binnendifferenzierungen nach Alter und Geschlecht enthielt, während der Hausvater selbst wiederum in einem pyramidal konstruierten Bezugssystem zum Landesvater, dieser wiederum zum Kaiser – und alle zu Gott-Vater standen.

Der Inhalt dieser Bücher ist bunt. Jutta Brückner hat sie anschaulich beschrieben: „Sie behandeln Überlegungen, die bei Kauf oder Pacht eines Landgutes anzustellen sind, den Hausbau, die religiösen Aufgaben des Hausvaters, das Verhältnis zwischen Hausvater und Hausmutter, ihr Verhältnis zu Kindern und Dienstboten, ihre häuslichen Tugenden und Laster, ihre Beziehungen zu Freunden, Nachbarn und Armen, Wirtschaftsregeln, Wetterregeln, bringen einen Arbeitskalender, stimmen ein Loblied auf das Landleben an, behandeln die Techniken der verschiedenen Wirtschaftszweige, die häusliche Gesundheits- und Krankenpflege, Schwangerschaft, Entbindung und Wochenbett, die Säuglings- und Kleinkindpflege. Daneben findet sich, in den einzelnen Werken in unterschiedlichem Umfang, eine Fülle von weiterem wissenswertem Material für den Hausvater wie die Lehre von den gewerbliche Techniken, die im Rahmen des Hauses ausgeübt werden (Ziegel- und Kalkbrennen, der Betrieb von Steinbrüchen), Traumdeutung und Astrologie, Empfehlungen für die Aufstellung von Haushaltsrechnungen, ein Briefsteller, Juristisches und Hinweise auf ‚Raritäten' und ‚Curiositäten'. Und diese ganze Fülle erschien oft in einem solch krausen Durcheinander, wie sie hier beschrieben wird". Exemplarisch ist die Stoffanordnung bei Florinus' „Oeconomus prudens et legalis oder Allgemeiner Kluger und „Rechtsverständiger Haus-Vatter", 1702. Er behandelt den bürgerlichen Hausvater und den Regenten getrennt. Im ersten Teil geht es von Ehe und Kindererziehung zum Hausbau, von da zu Ackerbau und Pflanzenkunde, Gartenbau, Weinbau, Forstwirtschaft, Pferde- und Viehzucht, Geflügelhaltung, Seidenbau, Honig- und Wachserzeugung, Fischzucht, Backen und Brauen, schließlich zu Anatomie, Krankheiten, zur Hausapotheke und einem Kochbuch.

Im zweiten Teil, der dem staatlichen Überbau des bürgerlichen Lebens gewidmet ist, werden eine komplette Pflichtenlehre des Fürsten sowie ein Modell des fürstlichen Hofs mit Ämtern und Zeremoniell gezeichnet. Dann folgt als Kernstück die „Regierungskunst" von der Prinzenerziehung über Regalien, Lehen- und Reichsrecht zum Territorialstaat (Landstände, Lehenrecht, Rat, Kanzlei, Archiv, Kriegswesen, Kirchenwesen, Finanzwesen). Schließlich geht es weit ausholend mit schönen Illustrationen um Architektur und Gärten, Weidwerk und Jagd.

Nicht um der Kuriosität willen werden hier die Werke von Justus Menius, Johann Mathesius, Cyriakus Spangenberg, Abraham von Thumbshirn, Konrad Heresbach, Georg Albrecht sowie die herausragenden Bücher von Johann Coler, Wolf Helmhard von Hohberg und Franz Philipp Florinus genannt, sondern weil die dort versammelten Lehren in maßstäblicher Verkleinerung das gesamte Wissen bieten, das auch für die Verwaltung eines ganzen Landes als notwendig angesehen wurde. Solange die Geldmittel für die Hofhaltung und die Territorialverwaltung noch aus den Erträgen des fürstlichen Hausgutes flossen, standen Hausvater und Landesvater nicht nur in einer ideellen Analogie als Träger von Herrschaftsbefugnissen, sie waren auch ökonomisch allenfalls in der Größenordnung zu unterscheiden. Beide wurden von der Literatur des 16. Jahrhunderts ermahnt, ihr eigenes Gut in Ordnung zu halten, vernünftig zu wirtschaften und die ihnen anvertrauten Menschen nicht auszubeuten. Staatliche und private Wirtschaft waren, wie Fritz Hartung mit Recht gesagt hat, „noch durchaus vermengt, was sich gelegentlich auch in der die Beamten der Landesverwaltung und des Hofhaltens zusammenfassenden Aufzählung von ‚marschall, canzler, cämmerer, hofmeister, rentmeister, stallmeister und anderen' verrät. Und zwar überwiegt noch das privatwirtschaftliche Moment. Die fürstlichen Finanzen ruhen in der Hauptsache auf dem Grundbesitz, dem Kammergut". [...] „Es war kein wirklicher Staat, sondern halb Staat, halb große Gutswirtschaft."

Die aristotelische Oikonomia, in der Gestalt, die sie durch die scholastische Lehrtradition des Mittelalters angenommen hatte, erschien nun hier angelehnt an zahlreiche italienische, französische und englische Vorbilder in christianisierter Form, vielfältig erweitert durch Einfügung des wirtschaftlichen, technischen und medizinischen Wissens der Zeit. Es bedurfte nur noch eines Schritts in das größere Umfeld des Territoriums, um aus solchen Büchern Anleitungen zur Verwaltungskunde werden zu lassen. Aus der guten Hausverwaltung erwuchs die „gute policey" der Landesverwaltung mit ihrem ebenso bunten Nebeneinander von Materien. Speziell das große Werk von Wolf Helmhard von Hohberg bietet mit seiner Materialfülle zu Weinbau, Gartenbau, Wasserwirtschaft und Bergbau Übergänge zu speziellen Aufgabenfeldern der Territorialverwaltung. Sein Werk diente gewissermaßen noch einmal als enzyklopädisches Sammelbecken für die verschiedenen Künste und Wissenschaften, bevor die weiter steigende Spezialisierung die Einheit wieder in technische, ökonomische, medizinische, naturkundliche, politische und juristische Sonderdisziplinen auseinanderfallen ließ. Schon im letzten großen Werk der Hausväterliteratur, dem Florinus, ist ökonomisches und juristisches Material gespalten. Der Nördlinger Rechtskonsulent Johann Christoph Donauer begleitete die ökonomischen Materien mit separaten juristischen Anmerkungen, die sich im zweiten, dem Staat gewidmeten Teil (2. Teil, 1. Buch) zu einem systematischen Handbuch des Reichs-, vor allem aber des Territorialverfassungsrechts auswuchsen.

Die Hausväterliteratur steht somit entwicklungsgeschichtlich an der Schnittstelle mehrerer Linien: Soweit Hausvater und Hausmutter als maßstäbliche Verkleinerungen von Landesvater und Landesmutter gelten, bestehen enge Zusammenhänge zu den Erziehlehren für Prinzen und zu den Fürstenspiegeln; soweit sie Sachinformationen zur „guten Verwaltung" bieten, sind sie Verwandte der Regimentstraktate von der Gattung der *prudentia regnativa*; soweit ihr Schwerpunkt im Bereich der Ökonomie liegt, finden sie ihre Fortsetzung in der kameralistischen und merkantilistischen Literatur oder im land- und forstwirtschaftlichen Fachschrifttum; soweit sie ihren Hauptakzent auf die Rechtsfragen legen, stellen sie erste Formen späterer Lehrbücher des Verwaltungsrechts dar.

Hagen Schulze

Spielarten des Absolutismus

Jedes Land hatte seine Verfassung aus eigenen historischen Verhältnissen gebildet, und das absolutistische Modell wurde höchst individuellen, in Jahrhunderten gewachsenen Umständen angepaßt. Es gibt deshalb auch nicht den eigentlichen Staat des Absolutismus, es sei denn in der Idee; vielmehr gab es so viele verschiedene Annäherungen an das absolutistische Staatsmodell, wie es Staatswesen gab.

Man kann das am Beispiel jenes Kernproblems des frühneuzeitlichen Staates zeigen, auf das der Absolutismus, seiner Idee nach, die Antwort war: Am Fall des Verhältnisses zwischen Krone und Ständen. In Frankreich war die Domestizierung des Adels, die Entmachtung der *parlements* weit gediehen; immerhin waren die ständischen Gewalten und Vorrechte in einer Anzahl von Provinzen an der Peripherie Frankreichs kaum angetastet, und die Gerichtsbarkeit auf den Herrengütern lag weiterhin bei den *seigneurs*, den Grundherren, die daher im Alltag der ländlichen Welt nach wie vor die Obrigkeit darstellten. Zudem war der Adel steuerlich erheblich begünstigt, und ihm allein stand nach wie vor der Zugang zu zahlreichen attraktiven Ämtern offen.

Anders der Fall Württembergs, immerhin an Frankreich angrenzend und 1658 bis 1668 Mitglied des ersten Rheinbundes, einer an Frankreich angelehnten antihabsburgischen Allianz westdeutscher Staaten. Das absolutistische Modell wirkte auch hier; die neue Steuerordnung von 1713, die Modernisierung der Verwaltung und Maßnahmen zur Intensivierung der Wirtschaft wiesen ebenso in diese Richtung wie die im kleinstaatlichen Absolutismus übliche Günstlingswirtschaft, die Schloßbauten und die stehende Miniaturarmee. Allerdings blieb es in Württemberg bei der Doppelherrschaft von Fürst und Ständen; seit dem Tübinger Vertrag von 1514 stand dem Herzog die Landschaft gegenüber, ein ständisches Parlament, dem ausschließlich Bürger angehörten – im Laufe des 18. Jahrhunderts wurden auch Bauern Mitglieder der Landschaft, die das Recht zur Mitberatung und Kontrolle in allen wichtigen Staatsangelegenheiten besaß, einschließlich der Steuerbewilligung, des Militärwesens und der Außenpolitik. Der Adel dagegen fühlte sich dem Reich, nicht dem Land zugehörig, war deshalb in der Landschaft nicht vertreten, besetzte jedoch die wichtigsten Staatsämter. Herzog Eberhard Ludwig (1676–1733) versuchte 1715, die Landschaft auszumanövrieren, indem er das bisherige Regierungsorgan, den der Landschaft verpflichteten Geheimen Rat, durch ein rein herzogliches Gremium ablöste, was zu schweren Konflikten führte. Als sein Nachfolger 1735 auch noch von seinen Untertanen den

Unterhalt eines stehenden Friedensheers in Höhe von drei Prozent der Bevölkerung verlangte und sich anschickte, die Staatsschulden ohne ständische Beteiligung zu regulieren, stand das Land vor dem offenen Aufruhr. Der Herzog fühlte sich zu schwach, um die Landschaft endgültig zu entmachten – dies um so mehr, als der Tübinger Vertrag von 1514, auf den sich die Landschaft stützte, nach wie vor gültiges Landesrecht war. So kam es auf dem Landtag von 1737 bis 1739 zur Wiederherstellung der ständischen Rechte, und dabei blieb es bis zur Epoche Napoleons: ein Triumph der Stände, welcher der württembergischen Verfassung europäische Berühmtheit eintrug. [...]

Ein ganz anderes Gesicht besaß der Absolutismus in Preußen. Das herkömmliche Bild eines hierarchisch geordneten Staatswesens mit starker monarchischer Spitze, das in aller Regel mit Preußen verbunden ist, trügt. Tatsächlich war der Kurfürst von Brandenburg, der sich 1701 weit außerhalb der Reichsgrenzen in Königsberg selbst die Königskrone aufgesetzt hatte und seitdem zur Empörung und Belustigung des Wiener Hofs beanspruchte, „König in Preußen" zu sein, ein schwacher Herrscher. Die Macht der brandenburgischen Markgrafen und Kurfürsten war, verglichen mit den Kronen Westeuropas, noch sehr jung; erst im Verlauf des 16. Jahrhunderts war es ihnen überhaupt gelungen, ihren territorialherrlichen Anspruch auf oft gewaltsame Weise durchzusetzen. Aber die völlige Entmachtung des widerspenstigen grundbesitzenden Adels erwies sich als unmöglich, und die Gefahr eines erneuten Zerfalls der Territorialherrschaft blieb stets nahe. Es kam hinzu, daß das Besitztum der preußischen Krone weit zerstreut war und keinen natürlichen inneren Zusammenhalt besaß; in der Mark Brandenburg lebte, betete, sprach man anders als in Ostpreußen, in Cleve am Niederrhein oder gar in Neufchâtel in der Schweiz.

So kam es unter dem Großen Kurfürsten Friedrich Wilhelm, dem ersten preußischen König Friedrich I. und dem sogenannten Soldatenkönig Friedrich Wilhelm I., also etwa im letzten Drittel des 17. und im ersten Drittel des 18. Jahrhunderts, zu einer Art Kompromiß zwischen Landesherrn und Junkern. Die Souveränität wurde horizontal zwischen Krone und adligen Ständen geteilt. In Berlin domizilierte die königliche Zentralverwaltung für sämtliche preußischen Staaten – bis 1806 war der Begriff des einen preußischen Staates unüblich, die Provinzen mit ihren völlig verschiedenen Rechtsordnungen und unabhängigen Landständen wurden als eigene Staaten verstanden, deren Zusammengehörigkeit lediglich im Monarchen Ausdruck fand. Dessen Zentralverwaltung, seit 1723 das Generaldirektorium, bestand aus vier Provinzialverwaltungen, denen jeweils Sachgebiete zugeordnet waren, wie Armee, Münzwesen, Grenzangelegenheiten, Finanzfragen. In den Provinzen sorgten die Kriegs- und Domänenkammern für die Durchsetzung der königlichen Verwaltung.

Bis dahin reichte die königliche Macht in ihrer ganzen Fülle, aber nur bis dahin. Auf der nächstniedrigeren ländlichen Verwaltungsebene, in den Kreisen, herrschten die Stände; sie wählten einen der ihren zum Landrat, also zum Leiter der Kreisverwaltung – der König war bei der Ernennung des Landrats an den Vorschlag der Kreisstände gebunden. Und innerhalb des Kreises, in den Grenzen seines Gutsbezirks, war der adlige Besitzer der nahezu unumschränkte Herr. Mit dem Gutsbesitz hatten die preußischen Herrscher dem Adel auch die Hoheit über die im Gutsbezirk lebenden bäuerlichen Untertanen in wirtschaftlicher, rechtlicher und politischer Hinsicht überlassen. Der Gutsbesitzer war in seinem Bezirk mit der Polizeigewalt und der Gerichtsbarkeit in erster Instanz ausgestattet; als Patron führte er die Aufsicht über Schule und Kirche. Wie der Gutsherr unter dem König stand, so stand der Bauer unter dem Gutsherrn; an den Grenzen der Gutsherrschaft endete die königliche Gewalt. Hieraus ergab sich die politische Bedeutung der nahezu unumschränkten Herrschaft des adligen Gutsherrn in Haus, Bauernhof und Dorf, in Kirche und Schule: Alle staatliche Politik, die sich auf das platte Land Ostelbiens richtete, war in der Regel durch die gutsherrliche Gewalt mediatisiert.

Allerdings besaß der König ein Mittel, mit dessen Hilfe der preußische Adel in den Staat hineingezwungen werden konnte. Friedrich Wilhelm I. hatte sein Vorhaben nicht ganz durchführen können, das er in einem berühmten Schreiben vom 13. Januar 1717 an die ostpreußischen Stände angekündigt hatte. Die hatten sich beim König über eine neue Steuer beschwert und behauptet, das ganze Land werde dadurch ruiniert; Friedrich Wilhelm I. replizierte in seinem höchst preußischen Mischstil aus deutschen, lateinischen, französischen und polnischen Wortbrocken: „Tout le pays sera ruiné? Nihil Kredo, aber das Kredo, daß die Junkers ihre Autoritaet Nie pos volam wird ruinirt werden. Ich stabilire die Souveraineté wie einen Rocher von Bronce."

So wurde der widerspenstige preußische Adel an die Kandare genommen wie in keinem anderen Land Europas; er war fast ebenso fest an die Scholle gebunden wie die bäuerlichen Untertanen, weil adliges Gut praktisch nicht verkäuflich war, und weil Standesrücksichten eine andere Tätigkeit als die Landwirtschaft unmöglich machten. Überdies untersagten scharfe Edikte den Junkern, außer Landes zu gehen, im Ausland zu studieren oder gar fremde Dienste zu nehmen. Ein junger Herr von Stande hatte die fast zwangsweise Einweisung in das königliche Kadettenkorps zu Berlin zu gewärtigen, und so lief alles auf den einzigen ehrenhaften Broterwerb hinaus, den der König von Preußen seinem Adel als Alternative zur Landwirtschaft eröffnete: auf den Dienst im Offizierskorps; der Adel sollte, mit den Worten Friedrich Wilhelms I., „keinen herren Kennen als Gott und den Köhnig in Preussen". Nicht der Hofdienst wie in Frankreich und in den meisten anderen Staaten des Absolutismus, sondern der Kriegsdienst band den preußischen Adel an den Herrscher; „des Königs Rock" zu tragen galt als höchste Ehre, und des Königs Rock war eine Uniform.

Jürgen Rainer Wolf
Geld braucht das Land

Seit dem Scheitern der Einführung des „Gemeinen Pfennigs", einer Kopf- und Vermögensteuer, als Reichssteuer durch Kaiser Maximilian I. auf dem Wormser Reichstag 1495 war die rudimentäre Reichsverwaltung auf Beiträge der sich nun im Verwaltungsausbau entfaltenden Territorien angewiesen. Die Aufbringung von Kriegssteuern blieb auf die „Römermonate", Matrikularbeiträge der Reichsstände zur Truppenunterhaltung auf Reichstagsbeschluß, beschränkt. Diese Militärsteuern wurden nur von Fall zu Fall bewilligt. Als einzige ständige Reichssteuer wurden sogenannte „Kammerzieler" zur Unterhaltung des Reichskammergerichts als zentrale Justizinstanz nach dem Schlüssel des Reichsmatrikel erhoben. An der Spitze der rudimentären Reichsfinanzverwaltung stand der „Reichspfennigmeister", der freilich aus den Geldnöten kaum je herauskam. Der wohl bedeutendste Amtsinhaber, der aus dem Hause Fugger hervorgegangene Zacharias Geizkofler, konnte während seiner Amtszeit von 1589–1603 mehr als zwanzig Millionen Gulden an Reichshilfen zusammenbringen, aber es gelang ihm nicht, der doppelt vom Kaiser und den Ständen instruierten Institution das notwendige Eigengewicht zu verschaffen.

Während das Reich aber mit den „Römermonaten" doch eine Notkonstruktion zur Erhebung von Militärbeiträgen besaß, fehlte ihm die zweite Grundlage territorialer Finanzwirtschaft seit dem ausgehenden Mittelalter völlig:

Einnahmen aus Domänen und Regalien. Ein Versuch des während der Abwesenheit Kaiser Karls V. in Spanien in Nürnberg amtierenden Reichsregiments, mit dem Reichszollgesetz von 1523 ein gemeinsames deutsches Zollgebiet mit Außenzollgrenze zu schaffen, war am Kaiser selbst gescheitert, da die Städte im Interesse der Handels- und Monopolgesellschaften intervenierten. Einnahmen des Reiches aus der Verpachtung oder Selbstbewirtschaftung von Gütern gab es nicht mehr. Auch die Versuche zur unmittelbaren Ausübung des ursprünglich kaiserlichen Judenschutzrechtes und damit zur Erhebung von Abgaben wie dem „Güldenen Opferpfennig" aus Anlaß der Thronbesteigung sind im 17. Jahrhundert fehlgeschlagen. Die in den Wahlkapitulationen der Kaiser immer aufs neue beschworene Verpflichtung zur Rückgewinnung des Reichsguts blieb angesichts der realen Machtverhältnisse unerfüllbar. Staatliche Finanzwirtschaft gab es nur noch in den seit dem Westfälischen Frieden von 1648 erstarkenden Territorien. [...]

Immer mehr hatte sich jetzt die Erkenntnis durchgesetzt, daß allein Verbrauchsteuern die Finanznot lindern konnten. Vorbild war vermutlich Holland, das schon im 16. Jahrhundert den Krieg gegen Spanien durch die Akzise finanziert hatte, daneben wohl auch Städte wie Basel oder Köln, die keine direkten Steuern kannten und sich zu 90 Prozent aus Verbrauchsteuern finanzierten. Als Notbehelf hatte man die Akzise in einigen deutschen Territorien schon während des Dreißigjährigen Krieges erhoben. Allerdings verzögerte sich ihre generelle Einführung, weil die von den Fürsten um Genehmigung angegangenen Landstände sehr deutlich die Gefahr sahen, verfassungsrechtlich überflüssig zu werden. Gerade die Notwendigkeit, bestimmte feste Summen in fixierten zeitlichen Abständen bewilligen zu lassen, sicherte die Berufung der Landstände durch den Landesherrn, sie entfiel aber, wenn einmal ein Konsumsteuertarif bewilligt war und die Verwaltung des Steueraufkommens nicht mehr unter ständischer Kontrolle blieb.

In Schlesien gaben die Stände aufgrund interner Streitigkeiten über die Steuerquoten 1666 dem Verlangen Kaiser Leopolds I. zur Einführung der Akzise erst nach, nachdem ihnen zugesichert worden war, das Aufkommen werde nur zur Bestreitung der Bewilligungen verwendet und durch sie selbst erhoben werden. Dort wie andernorts handelte es sich freilich um ein ganzes Bündel verschiedenartigster Steuern unter dem Namen „Akzise". Zu einer Viehsteuer kam eine Rauchfangsteuer auf Hausbesitz, ein Fleischpfennig, der beim Schlachten zu entrichten war und bei Hausschlachtung natürlich häufig nicht gezahlt wurde, Steuern auf die Eisenerzeugung, Kalkbrennereien, Walkmühlen, Glashütten, also Produktionsbesteuerungen, dazu in den Städten Vermögens- und Kopfsteuern. Da die kaiserliche Kammer in Breslau aber die Einnahmen aus der alten Trankakzise nicht herausgab, war dieser Versuch von vornherein zum Scheitern verurteilt. Hinzu kam, daß die indirekte Besteuerung des Verbrauchs zu großen organisatorischen Schwierigkeiten führte und zu Steuerhinterziehungen geradezu ermunterte, da jeder Besitzwechsel einer Ware steuerpflichtig war. Schon nach fünf Jahren kehrte man in Schlesien zum reformbedürftigen System direkter Steuern zurück.

Aus den gleichen Gründen wurde 1672 in Schwedisch-Pommern die Konsumationsakzise durch eine fixierte Personalsteuer ersetzt. In der Kurpfalz baute man dagegen die 1664 eingeführte Abgabe von Fleisch, Papier, Getreide und ausländischem Wein, die zusammen mit Zöllen, Ungeld, Kreuzergeld und Weinauflagegeld bis 1684 beinahe zwei Drittel des Steueraufkommens brachte, durch die Einführung des sogenannten „Lizents" 1699 zu einem umfassenden System aus, das an die Stelle der nicht mehr praktikablen Schatzung treten sollte. Als „Verheerung eines bereits verarmten Landes" ist die Wirkung dieses Systems gekennzeichnet worden, das in seinen Ergebnissen zweifelsohne mit zur Massenauswanderung der „Pfälzer" nach Nordamerika im 18. Jahrhundert beigetragen hat.

In Brandenburg-Preußen wurde die Steuerreform mit der Einführung der Akzise zum entscheidenden ständepolitischen Wendepunkt, ja zum fiskalischen Ausgangspunkt für die absolutistisch geprägte Machtpolitik des Großen Kurfürsten und seiner Nachfolger. 1667 erklärten sich die Städte der Kurmark zur Einführung der Akzise bereit, während das flache Land gleichzeitig bei der Kontribution, der Militärsteuer aufgrund eines Katasters, blieb. Es war der Beginn der steuerpolitischen Trennung von Stadt und Land. Die Städte wurden der Aufsicht der „Kriegs- und Steuerkommissare" unterworfen, und so endete bis zu den Steinschen Reformen in der Notlage der napoleonischen Kriege jede Selbstverwaltung. Als den Städten 1682 das Recht zur Verwaltung der neuen Steuern genommen wurde, hatte die absolutistische Staatsverwaltung eine unabhängige, im Ertrag steigerungsfähige Finanzquelle gewonnen. Mit der Ausschaltung der Städte ging der Interessenausgleich zwischen Fürst und Adel einher, dem im Gegenzug der Ausbau seiner Grundherrschaften zu Gutsherrschaften mit Schollenbindung der Hintersassen und Unterwerfung unter die Polizeigewalt der Grundherren zugestanden wurde.

Damit war in der Sozialverfassung Preußens die verhängnisvolle Grundlage des „Junkertums" geschaffen, die im 18. Jahrhundert in der Militärorganisation ihre Entsprechung fand. Die steuerpolitische Trennung von Stadt und Land war aber zweifellos auch die einzige praktikable Möglichkeit, die Verbrauchsteuern ohne allzugroße Unterschleife eintreiben zu können. Durch die Erhebung der Akzise am Stadttor wuchs den militärisch veralteten Mauerringen der Städte eine neue fiskalische Bedeutung zu, fiel der preußischen Verwaltung der Verzicht auf die steinerne Steuergrenze um so schwerer. Die Steuerreform des 17. Jahrhunderts wurde so zu einer der Ursachen der Stagnation des Städteausbaus bis zum Beginn des 19. Jahrhunderts. Der finanzielle Erfolg der brandenburg-preußischen Akzise in einem eigentlich für eine Konsumsteuer denkbar ungeeigneten Agrarland läßt sich nur aus der relativ einfachen Überwachung eines klar getrennten Marktes erklären. Den Städten wurde der Gewerbe- und dem Land der Nahrungsmittel- und Rohstoffsektor zugewiesen. Nominell war so die Akzise *die* städtische Steuer im Gegensatz zur ländlichen Kontribution. Hauptleidtragender des scheinbar so gerechten Systems blieb der Bauer, der beim Kauf von Gewerbeartikeln in der Stadt auch die Akzise zu entrichten hatte. Von der Mitte des 18. Jahrhunderts bis zum Ende des Alten Reiches stieg der Akzise-Ertrag im Königreich Preußen von 1,3 auf 7,2 Millionen Reichstaler.

Das Problem, gesellschafts- und machtpolitisch unerwünschte Konsequenzen der Steuerreformierung in den Territorien auszuschalten, wurde von den Beteiligten klar gesehen. Als man in Schlesien 1716 nach einem neuen, nur bedingt erfolgreichen Experiment mit der Ersetzung der Grundsteuern durch die „General-Konsumptions-Akzise" in den ständischen Gremien über die Frage diskutierte, ob die Übertragung des brandenburgischen Modells sinnvoll sei, war den Beteiligten klar, daß dann das gesamte Verfassungsgefüge ins Wanken geraten würde. Aber was den Übergang zur indirekten Besteuerung für den Fiskus so anziehend machte, die „Sanftheit", „Unmerklichkeit", die Tatsache, daß hier direkt Bargeld einging, dies alles konnte doch nicht darüber hinwegtäuschen, daß von der gleichzeitig angestrebten Gleichheit nur wenig übrig blieb, wenn man die Notwendigkeit von Konsum in Beziehung zur Höhe des Einkommens setzte. Von dem „Mittel- und Armenstand höret man niemanden anders als mit Lamentiren von den Accisen reden", befanden Ständevertreter in Breslau, und ähnlich waren die gleichzeitigen Ergebnisse in der Kurpfalz, wo zu hohe Steuertarife die Wirtschaft geradezu ruinierten. Die Einführung der Akzise sollte häufig genug nur die Unfähigkeit zur Reform der Grundsteuern oder der Schatzung verschleiern.

Es dauerte allerdings tatsächlich oft nahezu hundert Jahre, bis die Umgestaltungen des Dreißigjährigen Krieges im Agrarbereich durch Neuaufnahme der Kataster auch Steuerwirklichkeit wurden. In Hessen-Darmstadt stimmten die Stände im Jahre 1700 dem Projekt des Landgrafen Ernst Ludwig zu, das ganze Land neu zu vermessen, um so für die Besteuerung eine neue Basis zu gewinnen. Zweifellos standen gerade die Kleinterritorien vor besonderen Problemen, im Zeitalter des Absolutismus fürstlichem Anspruchsdenken im Finanzhaushalt gerecht zu werden. Bei einem nominalen Umfang des Landeshaushaltes von 250000 Gulden pro Jahr, wovon meist ein Drittel ungedeckt war, und angesichts eines verarmten Landes war es kaum zu rechtfertigen, wenn die Stände 1699 auf dem Landtag zu Gießen ihrem Herrn 6000 Gulden für den Zierat des vom König von Dänemark verliehenen Elephantenritterordens bewilligten, „ob ihnen gleich der schlechte Zustand undt Armut des Landes, zumahlen bey bisherigen theuren Zeiten, und daß nicht einmahl die bereits verwilligten Gelder und Gefälle beygebracht werden können", bewußt war. Trotz der Warnungen der Beamtenschaft, die angestrebte Summe sei bei dem ruinösen Zustand des Landes nicht einzutreiben, ließ sich Ernst Ludwig 1715 für den Neubau des abgebrannten Darmstädter Schlosses 300000 Gulden bewilligen. Fünf Jahre zuvor hatten die Stände von Waldeck in die Einführung der Akzise eingewilligt und so ihrem Fürsten die Mittel für den Schloßbau in Arolsen bereitgestellt.

Freilich wiesen wachsende Restanten der Kontributionen, Schloßbaugelder und „Fräuleinsteuer" zur Mitgift der Prinzessinnen oder Reisegelder für die Kavalierstour von Prinzen ins westliche Ausland klar auf die Überziehung der finanziellen Möglichkeiten hin. Kein Wunder, daß die nach Freiheit von ständischer Bevormundung drängenden absolutistischen Fürsten auch in der Abschaffung der ständischen Bewilligungsgremien eine Reform sahen.

Arnold Angenendt
Prozession und Wallfahrt im Reformkatholizismus

Welchen „Aberglauben" ein jesuitisch erzogener und tridentinisch eingeschworener Pfarrer in seiner katholischen Gemeinde antreffen konnte, zeigt ein 1650 verfaßter Bericht aus dem münsterländischen Ascheberg über die Umtracht einer Katharinen-Figur.

„Jehrlich wirdt am Ersten Sontag nach Jacobi eine Procession zu Ascheberg gehalten (so von vielen S. Catharinen jacht genent wirdt) [...] gewiß befindet sich aber daß Zu selbige Procession ganz ärgerlich und abergläubig, und zu selbiger etliche thausendt menschen zu roß und fuß auß underschiedlichen dorpferen, stetten und orttern erschienen, etzliche zwar aus guter meinung ihr gelubt zu bezahlen, meisten theils aber durch hekßen und teuffelsbännern raht da hin gewiesen, durch welcherer rath wachssene bildnüssen unfruchtbahrer biester, als pferden, kühen, schaaffen, und schweinen S. Catharinen geopffert werden, in abergläubiger meinung als solten durch sothane offerung die biester künftigen jahrs werben und fruchtbar werden. Berührte Procession wird folgender gestalt gehalten: Des vorigen tags versamblet sich das volck zu Ascheberg, etliche so einiges vermögens sind, begeben sich in wirtshäuseren und krügen die nachtzeit mit fressen, sauffen, tantzen, spielen, unkeuschen liedern, und andern leichtfertigkeiten zubringend; andere verfügen sich in die Kirche, doch des gantzen nachts kein gebett und andacht, sondern unchristlich ruffen und gestanck erweckt, auch woll hurerei in ecken und winckelen getrieben, dadurch die Kirche Gottes profanirt und entheiliget wirdt. Zu mitternacht um zwelff uhren wirdt ein kurze predige gehalten; und nachdem selbige geendiget gehet man in dicker finsternuß (bevorab wan kein monschein vorhanden) und fällt mit großer confusion unordnung und getränck, ohne präsentz einiges pastors und geistlichen, ohne gebett, ohne lobgesanck, ohne kreuz und fahnen, und ohne schein christlichen wehsens; und ist die gantze Processions einer abgöttischen heidenschen gotlosigkeit, als christlicher katholischer andacht gleicher, dah bei nicht leichteres zu besoren, als daß menschen und kinder im getummell der pferden umbkommen, wie vor diesem geschehen als männlichem bewußt, dah ein kindt den pferden unter die füß gebracht und zerrissen. Alle andacht (oder vielmehr aberglaub) so bei obiger Procession in diesen 1649 jahr von parocho loci gesehen und in notam genommen worden ist diese: daß nemblich die leuthe so ihr gelübt verrichten, die vor S. Catharinen bildniß hangenden funff schellen mit gewissen zahl anschlagen, in abergläubiger opinie S. Catharinen höre nicht, nemme auch das opffer nicht an, wan mit selbigen schellen nicht geleuttet würde."

Nicht einen Bericht nur gibt der Pfarrer, er „programmiert", ja perhorresziert zugleich, um reformieren zu können. Tatsächlich ist das bis heute vertraute Bild von Wallfahrt und Tracht aus der tridentinischen Reform hervorgegangen, modelliert freilich nach der mittelalterlichen Prozession: der wohlgeordnete und disziplinierte Zug, liturgisch sakralisiert durch das vorangetragene Kreuz und die begleitenden Fahnen, die Figuren und Schreine, aufgeteilt nach Geschlechtern und Ständen, aber das Ganze unter Führung und Aufsicht der Kleriker. Alles Unkontrollierte und Undisziplinierte soll beseitigt werden. Deswegen auch will man keine Fernwallfahrten mehr; die Compostella-Wallfahrt kam fast ganz außer Übung. Man bleibt – worauf gleicherweise die Landesherren drängen – im eigenen Land. Aber nicht nur das; zu jeder Prozession und Wallfahrt gehören fortan Beichte und Meßfeier mit Kommunion oder eucharistischem Segen, zumeist auch Predigt und bei kürzeren Prozessionen die Mitführung des Allerheiligsten. Bei entfernteren Wallfahrten beginnt man mit einer Messe in der Heimatkirche, spätestens am Wallfahrtsort erfolgen

Beichte und Kommunionempfang, in der Regel auch das Anhören einer großen Predigt und persönliche Gebets- und Bußübungen.

Als Beispiel sei das münsterländische Telgte angeführt, das ein Vesperbild besaß und jährlich in der eigenen Flur eine Tracht veranstaltete. Fürstbischof Christoph B. v. Galen machte daraus den zentralen Wallfahrtsort des Münsterlandes. 1654 wurde eine neue „Gnadenkapelle" errichtet, im barocken Stil und so groß, daß ein Altar Platz fand, um vor dem Gnadenbild die Messe feiern zu können. Von Münster aus führte ein mit „Stationen" versehener Wallfahrtsweg dorthin: die Bilder der schmerzhaften Muttergottes auf dem Hinweg, die freudenreichen für den Rückweg. Jesuiten hatten das Programm geliefert und schufen auch die Prozessionsordnung. Bei der Jahrhundertfeier im Jahre 1754 zählte man 56 „angeordnete" Prozessionen mit sechzig- bis achtzigtausend Menschen, das heißt: Jeder dritte Bewohner des Münsterlandes war anwesend. So nachhaltig wirkte das Fest, daß es in den religiösen Erzählstoff einging und noch bis zur Mitte des 19. Jahrhunderts nachklang.

In Bayern hatten die Wittelsbacher schon nach der Mitte des 16. Jahrhunderts damit begonnen, Altötting zu einem besonderen Wallfahrtsort auszubauen. Sie selbst pilgerten dorthin, unterzeichneten teilweise mit eigenem Blut ihre Selbstverpflichtung an Maria und ließen ihr Herz am Gnadenbild beisetzen; auch der ligistische Feldherr Tilly liegt in einer Nebenkapelle begraben. Jesuiten und Franziskaner, die jeweils mit 30 Patres tätig waren, sorgten für die nötige Andacht und führten darüber Buch: Gegen Ende des 18. Jahrhunderts zählten sie jährlich 200000 Beichten und ebenso viele Kommunionen.

Urs Herzog
Märlein und Moral von der Kanzel

Noch bevor es sich einprägt: das Predigtmärlein macht den Hörer aufmerksam, wenn nicht überhaupt erst wach. Daß man den Schläfern mit dem Eulenspiegel, mit König Artus oder sonst einer aufregenden „newen Zeitung" kommen müßte, ist älteste Erfahrung, bezeugt bereits bei Cassian, der von einem weiß, der „seine Predig angefangen von Göttlichen Dingen und vermerckt, daß seinen Zuhörern allgemach wolte ein Schläffel zugehen, daß sie den Kopff sincken ließen, Augen und Ohren zugiengen, da unterbrach er die angefangene Red unversehens ab und schrye auff: Höret zu ein wunderseltzame Geschicht, wie ein Fuchs und ein Aff einander so arglistig außgezahlt haben. Kaum hatte er diese Wort außgeredet, da waren die Augen seiner Zuhörer widerumb offen, stunden gar auff und spitzten die Ohren, erwartend die geistliche Lehr und das Wort Gottes anzuhören". Johann Paulis „Schimpf und Ernst" (1522) möchte dem Prediger Mittel an die Hand geben, „die schlefferlichen Menschen zů erwecken und lůstig zů hoeren machen". Luther, aus Erfahrung: „Wenn man vom Artikel der Rechtfertigung prediget, so schläft das Volk und hustet; wenn man aber anfähet Historien und Exempel zu sagen, da reckts beide Ohren auf, ist still und höret fleissig zu".

Ein Mittel, den Hörer aufmerken zu lassen, die Predigt aufzulockern und unterhaltsam zu beleben, ist das Predigtmärlein zugleich fast immer auch mehr, indem es als Argument und theologisches Beweismittel dient. Und das eben nicht bloß so, daß es eine Wahrheit, gleich welcher Natur, veranschaulicht und damit nachdrücklicher bekräftigt. Die „Historia" im Sinne des geschichtlichen oder aber des naturgeschichtlichen Beispiels hat, solange die drei Bücher der Schrift (liber scripturae), der Geschichte (liber mundi) und der Natur (liber naturae) dieselbe göttliche

Offenbarung ausfalten, und das heißt nicht länger als bis zur Aufklärung, *theologischen* Grund. Als geschaffene, als Schöpfung spricht die Natur von ihrem Schöpfer und läßt noch in der sprichwörtlichen Mücke dessen Schrift lesen. Wie sehr auch dunkel und entstellt, ist ihrerseits die Geschichte, im Großen und Ganzen wie im Kleinsten, von göttlicher Vorsehung durchwaltet und hat als solche zutiefst apokalyptischen, Gott offenbarenden Gehalt. Beide, Natur und Geschichte, tragen ihren Sinn nicht in sich – wo ihn seit Herder ein späteres Zeitalter suchen wird –, sondern in Gott und wären anders sinn- und belanglos. Solches Verständnis hat die mittelalterliche Geschichtsschreibung geleitet und hat sie, was immer sie im übrigen noch sein mochte, zur „zeitlich geordneten Stoff- und Beispielsammlung für Prediger" gemacht, „ähnlich der beliebten Exempla-Literatur dieser Zeit". Das Wort, wonach Geschichte an der Seite der Natur, eine „magistra vitae" sei, lehrreich und nützlich, hat hier seinen Platz.

Die barocken Historien und Antiquitäten bringen vieles, was heute in keiner Predigt, wohl aber in der Zeitung unter den „Unglücksfällen und Verbrechen" zu erfahren ist. Und es trifft zu, was über das geschichtliche Exempelmaterial eines Predigers wie Wolfgang Rauscher gesagt wurde: „Manches erinnert an die Boulevard-Presse unserer Tage." Hier, aus dem „Geistlichen Bien-Stock" des Johann Andreas Graff, ein (innerschweizerisches) Beispiel, eine von jenen „nutzlichen Profan-Historien", mit denen bereits das Titelblatt der Sammlung wirbt. Thema der Predigt ist die „unordentliche Begierde", Motto über dem Ganzen das Wort „Uxorem duxi" (Luc. 14,20). Dem folgenden Casus steht ein alttestamentliches Beispiel voran:

„O wie offt geschicht dieses, aber zum höchsten Unglück und Verderben, daß wann es den Menschen gar zu sehr nach diesen oder jenen sündhafften Wollusts-Brocken lustet, und er sein Begierde nicht mag, noch will zaumen und übermeistern, GOtt der HErr selbige sein Begierlichkeit last angehen, hernach aber mitten in Wollust mit seiner Straff-Ruthen drein schlagt: probatum est, mit einem Bader aus der Stadt Lucern in Schweitzerland, dieser hatte ein gar liebes schönes Weib, welches ein genugsames Pflaster vor sein angenaturte innerliche ungezimende Hitz gewesen, gleichwol aber sich dessen allein nicht bedienet, sondern ein auswendiges höchst-gifftiges remedium gesucht, und sich gottloß, das ist, von GOtt und seinem neundten Göttlichen Gebott frey und loß gemacht, da er sich bey einer gemeinen Dirn in die unkeusche Kost gedingt, in Erfahrung dessen hat man ihm mit gar bescheidener Vermahnung solches Schand-Leben verleiten wollen, aber umsonst, indem er zur Antwort geben, wer ihm solt sein Lust verwehren. Dessentwegen auch das Weib zu Hauß gelinde und scharffe Mittel gebraucht, verstehe gute und schlimme Wort angewendet, den Ehebrecherischen Zustand zu curiren, dardurch aber mit Schläg belohnet worden, welches ihre Befreundte der Obrigkeit angezeiget, die hernach den Bader citirt und ihm mit scharffer Bedrohung künfftiger Straff sein Ehe-brecherisches Beginnen ernstlich verbotten, worzu er zwar guldenes Versprechen geleistet, allein die innerliche böse Hitz williglich in Busen nechst bey dem Hertzen getragen. Einest hat er sich gestellt, als hät er über Land zu seinen patienten zu reuten, das Weib fragt, wohin sein Reiß gehe? darauf er gantz trutzig zur Antwort geben: Er als das Haupt in Hauß sey ihr nicht schuldig Gehorsamb zu leisten und alle seine Geheimnussen auf die Nasen zu binden, sie solt darfür auf die Wirthschafft Obsicht tragen und sein Reiß ungehindert lassen, hierüber sich zwischen ihnen beeden der gewöhnliche Hauß-Zanck erhebt, zuletzt sagte er folgende Wort: Hör Weib! dir zu einem Trutz reut ich dorthin, wo mein Lust und Freud zielet, laß mir von dir nichts verwehren, schwingt sich nach diesen auf das Pferd, gibt selbigen gleiche Sporn, welches aber gantz stetig worden, so lang hin- und wieder gesprungen, biß daß es ihn aus dem Sattel geworffen und er am Steig-Bügel hängen verblieben, nachgehends mit ihm durch geloffen, zwar, O Augenscheinliche Straff GOttes! den graden Weg zu dem Losament der Ehebrecherischen Dirn, allwo es still gestanden, daß man den todten Reuter, massen er sich gäntzlich verblutet und das Marck aus dem Hirn verlohren, von ihm hat lösen können, dessen Cörper man nachgehends unter den Galgen begraben, welches erbärmliche Ubel noch thät hingehen, wann er nur nicht noch darzu auf dem Höllen-Spieß ewiglich brennen und braten müste."

An deren Schluß gestellt, faßt dieses Exemplum die Predigt zusammen – eindrücklicher noch als jenes andere aus dem Alten Testament, das unmittelbar vorangeht: Gottes Zorngericht über sein murrendes Volk (Num. 11). Eindrücklicher in dem Maße, als die Begebenheit von Luzern neueren Datums und, für den Hörer, unerhört neu ist. „O Augenscheinliche Straff GOttes!" Der Nutzen der profanen Geschichte ist daran gelegen, daß sie völlig im Einklang mit der alttestamentlichen Erzählung im eminenten zeitlichen Augenblick unter dem Aspekt des Gerichts Ewigkeit konstatiert. Wo sie derart aufbricht, erweist sich dem barocken Verständnis Geschichte je neu und aktuell als jenes „theatrum mundi", dessen Autor und Spielleiter nicht von dieser Welt ist.

Albrecht Schöne

Als die Bilder sprechen lernten

Wenn die *Ewigkeit* auf den Schauplatz tritt, um den Prolog zur Gryphius'schen *Catharina von Georgien* zu sprechen, ist der Boden mit Requisiten übersät. So zeigt es ein Kupferstich, der das Bühnenbild einer Aufführung von 1655 am Hof des Herzogs von Wohlau wiedergibt; so besagt es die Bühnenanweisung, die dem Sprechtext vorausgeht: *Der*

Schauplatz liegt voll Leichen / Bilder / Cronen / Zepter / Schwerdter etc. Sowenig wie *Cronen* bestimmter Könige, sind das die *Leichen* bestimmter Personen. Sie werden nicht identifiziert, gehören als Schaustücke tatsächlich zur Bühnenausstattung und geben das Theater als das *Folter=Hauß/ da man mit Strang und Pfahl Vnd Tode schertzt*, als einen *Schauplatz der Sterblikeit* zu erkennen. So hat Walter Benjamin erklärt: „Für das Trauerspiel des siebzehnten Jahrhunderts wird die Leiche oberstes emblematisches Requisit schlechthin". Nicht auf den bloßen Vollzug von Hinrichtung, Märtyrertod, Selbstmord oder Tyrannenmord drängt die dramatische Aktion, sondern auf deren augenfälliges Ergebnis: mit Blut gefüllte Gläser, Köpfe der Enthaupteten, zerfleischte Glieder, Leiber der Gemarterten und Ermordeten. In feierlichem Zuge werden sie auf den Schauplatz getragen. Prunkvoll werden sie aufgebahrt. *Laß't uns die Eigenschaft der Wunden recht beschauen*: Wie Nero die blutige Leiche der Agrippina besichtigt und beschreibt, muß ihr Anblick sich dem Zuschauer einprägen. Wie Cleopatra den toten Antonius sezieren und mumifizieren läßt: *Zeuch / Iras / dem Anton mit diesem krummen Eisen / Durch seine Nase das Gehirne rein heraus*, soll dieses Bild in seinem Gedächtnis dauern. Denn die Schaustellung der Leiche will mehr besagen, als daß Antonius oder Carolus Stuardus den Tod erlitten habe. Das Emblem bedeutet. Deshalb spricht Cleopatra angesichts des Aufgebahrten:

WEr auf das leichte Rad des blinden Glückes traut /
Auf seiner Tugend Grund nicht schlechte Thürme baut /
Die Fürsten dieser Welt der Erde Götter nennet /
Wer viel weiß ausser sich / sich in sich selbst nicht kennet /
Wer sich aufs Zepters Glas/ des Thrones Grund-Eiß stützt;
Der komm und lern allhier / wie der so schwanckend sitzt /
Der auf dem Gipffel steht.

Deshalb heißt es vom Carolus Stuardus:
> *Itzt lifert er die Leichen*
> *Auff Brittens Schau-gerüst / zu einem Greuel-Zeichen*
> *Zu einem Wunderbild / zum Vorspil diser Noth*
> *Die über Britten wacht. Vor war der König tod*
> *Itzt stirbt sein Königreich.*

Und während bei Haugwitz der zum Tode bestimmte Ibrahim, mit schwarzem Samt bekleidet, die feierliche *Trauer-Mahl-Zeit* nimmt, damit er sich zur Hinrichtung rüste, sich darauf vorbereite, die Leiche auf das Schaugerüst zu liefern, singt ein Chor die subscriptio:

> *Es ist das Türck'sche Reich*
> *Fast einer Schlacht-Banck gleich/*
> *Und des Pallastes Stuben*
> *Vergleichen sich mit Recht den Mord- und Schinder-*
> *Gruben.*

Was im blutig-düsteren Zeremoniell der Totenmahle, Hinrichtungsszenen und Traueraufzüge feierlich begangen wird auf offener Bühne, ist das Zerbrechen der Schranke, welche die dramatische Figur aufs Individuelle und Private begrenzt, ist ihr Erstarren zum Schaubild. Beides begründet erst den emblematischen Status der Leiche, ihre Erhebung ins Dauernde, Gültige und Bedeutende. Beides aber, die Überwindung der Personalitätsschranke und die bildhafte Starre, eignet nicht nur den *Schweigenden* oder *Stummen Personen*, als welche die Leichen in den Inhaltsverzeichnissen geführt werden, sondern auch den *Redenden* und *Spielenden*. Wie das dramatische Requisit, so ist die dramatische Figur ein Bestandteil der Schaustellung. Nicht allein in dem Sinne, daß ein Schauspieler sie auf der Bühne sichtbar werden ließe. Vielmehr hat dieser Darsteller sie als eine sich selbst zur Schau stellende Figur dem Zuschauer vorzuführen. Dem emblematischen Requisit kommen noch die Vorzeigenden mit deiktischer Formel zu Hilfe: *Dis ist der Pfeil / und dis die Kertze*. Die emblematische Figur aber weist auf sich selbst: *Schaut uns an!* Denn sie erhebt sich über die personale Befangenheit, sie begreift ihre Bedeutung und spricht sie aus. Sich selber zeigt sie als pictura vor und verkündet zugleich die eigene subscriptio. So tritt Gryphius' Leo Armenius vor seine Richter, die auf der Bühne und die im Zuschauerraum. Sie sehen ihn. Und nun spricht er:

Wer auf die rawe Bahn der ehren sich begiebt /
Vnd den nicht falschen schein der wahren tugend liebt;
Wer vor sein Vaterland nur sterben wil vnd leben /
Vnd meynt verdienten danck von jemand zuerheben:
Wer sich auf's schwache Gold deß schweren Zepters stützt /
Vnd auff die Hertzen baw't / die er in noth geschütz't.
Die er aus schnöden staub in höchsten ruhm gesetzet.
Der komm' vnd schaw' vns an!

Ihr Menschen schawt uns an, wird am Ende des Trauerspiels auch die vom Schmerz überwältigte, ihres Verstandes nicht mehr mächtige Theodosia sagen; Gleiches die Kaiserin-Mutter Julia, wenn sie im *Papinianus*-Drama an der Leiche ihres Sohnes steht: *Ist jemand der nicht weiß was Zepter und Paläste / Der komm' und blick uns an;* Gleiches die ins Gefängnis geworfene Isabelle in der dritten Abhandlung von Lohensteins *Ibrahim Bassa*:

BEstürtzte Sterblichen / die Ihr die hand voll Jahre
In Lust und Jammer theilt / eh Ihr Sie auf der Baare
Nach Schuldigkeit lägt ab / Elende / schaut uns an /
Ob der geängstigste sich uns vergleichen kan!

Immer, auch wenn die Formel nicht im Rollentext erscheint, tritt die Mittelpunktsfigur des Trauerspiels mit diesem Postulat auf die Bühne. Und Gleiches fordert immer der Kreis der Parteigänger, Angehörigen, Bediensteten oder Mitgefangenen, der den Thron, die Marterstätte, den Richtblock umgibt, die Mordtat beklagt, den Tyrannen verdammt und den Märtyrer preist: ‚schaut ihn an!' Nicht um Handlungsdynamik und individualisierende, motivierende Charakterzeichnung war es dieser Dramatik zu tun, sondern um die Schaustellung exemplarischer Figuren, beispielhafter Vorgänge und um die Kundgabe ihrer Bedeutung, um bildhafte Eindruckskraft und rhetorische Wortgewalt. Als lebende pictura, als sprechende Icon, agierende Imago (um die Bezeichnungen der Emblematiker für den Bildteil ihrer Darstellungen aufzunehmen) steht die dramatische Figur auf dem Schaugerüst; so hat der Autor sie dargestellt, so haben die Zeitgenossen sie aufgefaßt. Εἰκὼν βασιλικὴ *vel Imago Regis Caroli* heißt die lateinische Übersetzung einer zuerst 1648 in England erschienenen, durch zahlreiche Auflagen verbreiteten Schrift über Karl I., die Gryphius für sein Trauerspiel *Carolus Stuardus* benutzt hat. Ihr Titel bezeichnet aufs Deutlichste den Bild-Charakter, den in der Vorstellung des ‚emblematischen Zeitalters' auch die historische Figur besitzt, den sie bewahrt, ja der erst eigentlich verwirklicht wird, wenn der Dramatiker den geschichtlichen Vorwurf auf die Bühne hebt.

Richard Alewyn

Die Nacht zum Tage machen

Der tiefste Einschnitt in der Geschichte des abendländischen Festes ist ein Vorgang, der sich freilich nicht mit einem Schlage, sondern allmählich vollzieht, der im 15. Jahrhundert schon zu beginnen und noch im 18. nicht ganz abgeschlossen zu sein scheint, der aber mit dem Übergang von der Renaissance ins Barock in seine entscheidende Phase tritt: die Verlagerung von Ort und Zeit des Festes. Die weltlichen Feste des Mittelalters und noch die der Renaissance hatten auf den Straßen und öffentlichen Plätzen stattgefunden. Nun zieht sich das höfische Fest mehr und mehr aus der Öffentlichkeit zurück, während das alte Freiluftfest verkümmert und dem niederen Volke überlassen wird. Gleichzeitig mit der Verlagerung des Ortes verschiebt sich auch die Zeit des Festes vom Tage in die Nacht. Ermöglicht aber wird dieser Vorgang durch eine Voraussetzung, die nun zum ersten Male geschaffen wird: einen weltlichen Festraum.

Die größten weltlichen Räume, die die Renaissance gebaut hatte, waren Ratssäle gewesen, nicht Festsäle. Und auch diese hätten nicht entfernt den Ausmessungen entsprochen, deren das Barock bedurfte. In den Schlössern des Mittelalters und der Renaissance war für festliche Zwecke nur beschränkter Raum vorhanden. Für Ringelstechen, Aufzüge und Aufführungen stand allenfalls der Binnenhof zur Verfügung. Das 17. Jahrhundert erst schafft einen Gebäudetyp, dessen eigentlicher Zweck weder das Wohnen noch das Wirtschaften ist, sondern das Fest, und dessen Kern der Festsaal bildet: das barocke Schloß.

Erst als mit dem barocken Schloßbau zum ersten Male große weltliche Prachträume entstanden und erst als man gelernt hatte, diese Räume entsprechend zu erhellen, wurde die folgenschwere Entwicklung möglich, durch die die Festzeit vom Tage in die Nacht verlegt wurde. „Die Hofleute verändern die Ordnung der Natur, indem sie aus dem Tage Nacht und aus der Nacht Tag machen, wenn sie nämlich zur Ausübung ihrer Lustbarkeiten wachen, da andere Menschen schlafen, und hernach zur Wiedererlangung ihrer durch die Wollüste verlorenen Kräfte schlafen, da andere Menschen wachen und die Geschäfte ihres Berufs verrichten", stellt Ludwig Ernst von Faramond 1739 fest.

Erst nach Sonnenuntergang beginnt das höfische Fest. Um acht oder neun Uhr ist Theater, um Mitternacht ein Souper (das davon seinen spanischen Namen „Medianoche" hat), und danach ist Tanz bis zum Morgengrauen. Und wenn in der Dämmerung die Karossen vom Hofe heimkehren, begegnen sie in den Gassen den Bürgern, die sich an ihre Arbeit begeben. Denn die Gerichte beispielsweise begannen in Frankreich sommers um fünf und winters um sechs Uhr ihren Dienst, und um die gleiche Zeit öffneten sich Läden und Kontore. Auch dem geistlichen Stundenplan der Erbauungsbücher und Polizeiverordnungen entnehmen wir, daß der Bürger etwa um fünf sich erhebt und abends um neun sich schlafen legt. Es ist nicht, wie heute, die berufstätige Bevölkerung, die die Verlegung der Unterhaltung in die Zeit nach Feierabend verlangt hat. Das Volk nahm keinerlei Anstand, um ein oder zwei Uhr die Arbeit hinzulegen und ins Theater zu gehen. Allerorten spielen die Theater des Volkes an den Nachmittagen und schließen spätestens bei Einbruch der Dämmerung. Nur die Opernhäuser und die höfischen Bühnen spielen in der Nacht. Und ebenso finden alle öffentlichen Feste, die Turniere, Einzüge und Prozessionen, bei Tage statt. Die einzige Ausnahme bilden die Illuminationen und Feuerwerke, die den nächtlichen Hintergrund nicht entbehren können, die aber, wenn wir nicht irren, erst im Barock zu monumentalen Dimensionen ausgebaut werden, und die kirchlichen Feste, deren Sinn die Geburt des Lichtes im Dunkel ist, wie die Feiern der Geburt oder der Auferstehung Christi.

Im ursprünglichen Menschen weckt die Nacht durchaus keine Sympathie, eher Furcht und Grauen. Denn die Nacht ist der Schauplatz realer oder dämonischer Gefahren, die Stunde der Mörder und der Geister. Heute hält nur der Bauer noch an dem natürlichen Tageslauf fest. Wir anderen gehen erst zur Ruhe, wenn längst die Nacht, und erheben uns erst, wenn längst der Tag angebrochen ist – um den Abend zu gewinnen. Wir haben den Schauer in einen Zauber verwandelt. Denn was wäre unser Leben ohne das, was wir der Nacht verdanken: den Rausch des Festes, die Erregung des Gesprächs und die einsame Versenkung?

Wann, wo, in welchen Phasen und Formen hat sich diese Wandlung vollzogen? Wir vermöchten es nicht anzugeben. Wir sehen sie nur in der höfischen Welt schon bis zur völligen Verkehrung des natürlichen Tageslaufs vorgeschritten. Die Nacht wird der Schauplatz eines zweiten, symbolischen Lebens. „Le jour est le temps de la gloire, la nuit est celui des plaisirs", heißt es in dem ersten Ballett des großen

Campra. Und zwischen Geschäften und Festen ist der Tageslauf des Königs geteilt wie sein Leben zwischen den beiden Hemisphären, die er in seiner Person vereinigt: dem Staat und dem Hof.

Cornelius Neutsch/Harald Witthöft
Anleitungen zum richtigen Reisen

Dem reisewilligen bzw. zur Reise genötigten Kaufmann der Neuzeit stand ein immer umfangreicheres Schrifttum zur Verfügung. Eine wichtige Hilfe stellten vor allem die Routenbücher dar. Zunächst waren diese von oberdeutschen Patriziersöhnen oder niederdeutschen Jungkaufleuten zum persönlichen Gebrauch in Tagebüchern oder Geschäftskladden zusammengestellt worden. Ab dem späten 16. Jahrhundert erschienen sie auch in gedruckter Form. In Handelsstädten wie Augsburg und Nürnberg entstanden Meilenscheiben, auf denen man die Entfernungen zu anderen Städten relativ schnell ablesen bzw. berechnen konnte. Später traten dann Meilenzeiger an die Stelle der Meilenscheiben. Diese boten den Vorteil, daß sich mit ihrer Hilfe Entfernungen verschiedenster Städte zueinander berechnen ließen. Spezielle Kaufmannshandbücher, Apodemiken und Reisehandbücher, die sich zum Teil explizit an Kaufleute wandten, dienten zur Orientierung bei der Vorbereitung und Durchführung von Kaufmannsreisen. Besondere Bedeutung kommt in diesem Zusammenhang den Schriften Paul Jacob Marpergers zu. [...]

Die Lehren, mit denen Marperger die reisewilligen Kaufmannsgehilfen versah, bezogen sich auf vielerlei Bereiche. Besonderen Wert legte er auf das als wünschenswert erachtete Sozialverhalten auf Reisen. Glücksspiel und Hurerei standen einem Handelsdiener ebenso wenig an wie „allzu splendide auf Reisen zu leben". Vorsicht gegenüber Reisebekanntschaften verstand sich von selbst, vor allem hatte der reisende Kaufmannsgehilfe generell darauf zu achten, wie er sich aufzuführen und welchen Umgang er zu pflegen hatte:

„Er [der Handelsdiener auf Reisen] dencke aber nur nicht / daß er hierinn an einem frembden Ort reussiren werde / wann er sich nicht darnach aufführet / etwann in ein schlecht und verdächtig Wirths-Hauß einleget / mehr Kaufmanns-Bursch und Jungens / als Kauffleut selbst frequentiret / und sich von ihnen in ihren Gelachen / wie Handwerks-Bursch mit ihres gleichen zu thun pflegen / tractiren läßt; dann das wird man gleich gewahr / und haben kluge Kauffleute des Orts schon ihre Kundschafft und Aufmerckers / mit wem ein solcher angekommener frembder Kauff-Gesell / Compagnie halte / wie er seines Herrn Geschäfften abwarte / und was er sonst in der Frembd / vor ein Leben und Wandel führe."

Die Tatsache, daß der Handelsdiener auf Reisen davor gewarnt wurde, die Verhaltensweisen von Handwerksgesellen zu adaptieren, ist bezeichnend für Marpergers pädagogisches Konzept kaufmännischer Erwachsenenbildung. Er verfolgte hiermit das Ziel, jüngere Handelsdiener auf die gemeinsamen Werte und Verhaltensweisen des Bürgertums zu verpflichten. Andererseits sollte ein Handelsdiener, falls er mit seinem Patron unterwegs war, notfalls auch „einen Kammer-Diener abgeben", das heißt das Pferd des Kaufherrn ebenso versorgen wie dem Herrn beim Ankleiden helfen und für dessen Gepäck Sorge tragen.

Natürlich waren Reiseverlauf, mitzuführende Gegenstände und spezielle Verhaltensweisen des reisenden Kaufmanns oder Kaufmannsgehilfen abhängig von den Anlässen, deretwegen eine solche Reise unternommen wurde:

„Entweder in Beziehung der Jahr-Märckte / zum Ein- und Verkauff gewisser Waaren / oder auch um Schulden einzucassiren / mit einer Cagason über See zu gehen / Höfe zu besuchen / Gelder einzuheben und auszuzahlen /

Contracten und Lieferungen zu schliessen / und was etwann dergleichen Handels-Geschäffte mehr seyn möchten."

Sollten Außenstände eingemahnt werden, was offenbar sehr oft vorkam, galt es vor allem mit den nötigen Schreiben und Vollmachten ausgestattet zu sein. Marperger schätzte dieses Geschäft jedoch nicht sehr hoch ein und bemerkte in diesem Zusammenhang, daß hierzu meist nur solche Handelsdiener gebraucht wurden, die „zu höheren Handels-Verrichtungen nicht allzu geschickt seyn".

Bei einer eventuellen Seereise mußten zunächst ganz einfache Voraussetzungen wie entsprechende Kleidung und ausreichender Proviant beachtet werden. Vor allem aber hatte der Kaufmannsgehilfe die ihm anvertrauten Waren „wohl in Acht zu nehmen":

„[...] bald muß er sehen / ob das Schiff Wasser schöpffe / von welchem die untenliegende Waaren schadhaft werden könte; Ob Gefässe / in welchen flüßige Waaren enthalten / zu lecken anfangen / oder gar zu besorgen sey / daß Böden und Reiffe aus und abspringen möchten: Vielmals ist eine Waar zu sehr der Sonnen-Hitze / oder auch dem Regen exponiret; Vor See- und Strauch-Räubern nicht sicher / dem Stürmen und Ungewitter unterworffen; ungetreue Schiffer und Fuhrleute wollen auch ihren Zehenden davon haben / und practiciren mehrmals soviel ab / als kaum an der Waar zu verdienen ist."

Marpergers Reiseratschläge für Kaufmannsgehilfen betrafen auch die mitzuführenden Utensilien: Feder, Tinte und Papier, Schreibtafel, ein Feuerzeug, daneben Fernglas oder Perspektiv, Kompaß und Zirkel, vor allem aber eine akkurate Land- oder Seekarte. An Literatur sollte er neben dem obligatorischen Gebetbuch auch eine Beschreibung des zu bereisenden Landes mitnehmen, „damit er nicht unbereitet / und so zu sagen gantz Wild-frembd dahin kommen / sondern schon einen Vorgeschmack desjenigen / was er daselbst zu fürchten oder zu hoffen / haben möge".

Jeweils eigenständige Kapitel des ‚Getreuen und Geschickten Handelsdieners' handelten von ausländischen Münzen und deren Berechnung, Empfehlungen hinsichtlich des Erhalts der Gesundheit auf Reisen und Ratschlägen für Kaufmannsgehilfen, die zu Pferd reisten. Letzteres ist sicherlich ein Indiz dafür, daß dies zu Beginn des 18. Jahrhunderts zumindest für Kaufmannsgehilfen noch die gebräuchlichste Reisevariante gewesen ist.

Andere Kaufmanns- und Reisehandbücher des 18. Jahrhunderts gingen daneben noch auf Maße und Gewichte ein, die in den einzelnen Ländern variierenden Spurweiten von Wagen und Karren oder empfehlenswerte Unterkünfte, alles Bereiche, die für Kaufleute unterwegs von größter Wichtigkeit waren.

Von den vielfältigen Anlässen, die einen Kaufmann der Frühen Neuzeit zu einer Reise nötigen konnten, hatte von je her der Besuch von Messen und Jahrmärkten einen besonderen Stellenwert. Dem Publizisten Marperger waren Märkte und Messen als derart wichtig erschienen, daß er hierzu eine eigenständige Schrift verfaßte, worin er alles Wissenswerte zusammenstellte. Frankfurt am Main und Leipzig waren im 18. Jahrhundert die bedeutendsten deutschen Messestädte in ihrer Funktion als „Hauptstapelplätze des internationalen Waarenaustausches zwischen West- und Osteuropa". Der Wagen hatte sich bei den Messereisen zu Beginn des 18. Jahrhunderts bereits durchgesetzt, lediglich Franzosen und Schweizer reisten noch zu Pferd. Über die bestehenden Verkehrsverbindungen wußte Marperger zu berichten:

„Die Land-Kutschen-Reisen seynd mehr in Ober- als Unterdeutschland in Gebrauch; durchgehends aber mangelt es nicht an wohlangelegten Posten / sowohl ordinairen als extraordinairen / da sonderlich von Hamburg auf Leipzig die sogenannte Hauder-Routen oder frische Relais- oder Vorspann-Pferde so wol eingerichtet / daß ein auf die Meß reisender Kauffmann ohngehindert jede Stund / wann er ankommt / wieder fortkommen kan." Zu klagen hatte er jedoch über die Wirtshäuser sowie über „boden-lose Wege / welche sonderlich bey Herbst- und Winter-Zeiten das Reisen nach den Messen sehr beschwerlich machen".

Gerade für die Zeit des 18. Jahrhunderts darf die Reisetätigkeit der Kaufleute nicht isoliert von den allgemeinen Entwicklungen der Zeit betrachtet werden. Im Jahrhundert der Aufklärung war Reisen ein wichtiges Mittel zur Erweiterung des traditionell vorgegebenen Erfahrungsraumes und Erwartungshorizontes. Das Reisen von Kaufleuten war somit nicht nur Teil ihrer geschäftlichen Tätigkeit, sondern auch Mittel zur individuellen und vor allem beruflichen Bildung. Es ist daher nur konsequent, wenn Paul Jacob Marperger besonderen Wert darauf legte, daß der Kaufmann aus seinen Reisen auch einen persönlichen Gewinn im Hinblick auf seine berufliche Weiterbildung zog. So sollte der Kaufmannsgehilfe unterwegs alles beobachten und sich einprägen, was für Handel und Kaufmannswesen in einer bestimmten Region von Wichtigkeit war. Die natürlichen Voraussetzungen eines Landes wie Bodenschätze und Fruchtbarkeit gehörten hierzu ebenso wie die regionalspezifischen Handelspraktiken oder Bedingungen des Warentransportes:

„Er [der reisende Handelsdiener] hätte auch zu consideriren ihre [die einer bestimmten Region] See-Häven und Land-Frachten / die Arten des Transports der Waaren / wie hoch die Frachten von einem Ort zum andern seyn / ob solche des gantzen Jahrs durch gleich / oder zu einer Zeit höher / als zur andern / was man Praemie von denen Assecuranzen bezahle; Ob die Stadt oder das Land ein eigenes Handels-Gericht habe / oder vor was vor einen Richter die ordentliche Kauffmanns-Streitigkeiten angebracht und entschieden werden; Ob gedruckte Statuta, oder nur wohl hergebrachte Gewohnheiten / denen Kauffmännischen Actionibus ihre Maaß und Grentzen setzen."

Aus dem Bemühen um detaillierte Beobachtung wirtschaftlicher Phänomene erwuchs im 18. Jahrhundert der Typus der wirschafts- und landeskundlichen Studienreise.

Solche Reisen kamen den Wünschen und Bedürfnissen absolutistischer Staatsverwaltungen sehr entgegen, so daß sie vielfach von Beamten in landesherrlichem Auftrag und nicht mehr unbedingt von Kaufleuten ausgeführt wurden. Die Ergebnisse solcher Ökonomie-Reisen wurden zum Teil als Reisebeschreibungen direkt publiziert oder fanden Eingang in die immer exakter werdenden veröffentlichten Landesbeschreibungen des 18. Jahrhunderts. Die Kaufmannschaft wiederum pofitierte durch deren Lektüre.

Die Arbeitsteilung im Kaufmannsberuf war zu Beginn des Jahrhunderts bereits so weit fortgeschritten, daß sich in größeren Kaufmannskontoren verschiedene Gruppen von Gehilfen herausgebildet hatten, unter anderem die sogenannten „Reisediener". „Reise-Diener seynd zwar alle Handels-Diener / die in ihrer Herren Geschäfften ausgesandt werden. Es giebt aber auch deren einige / die continuirlich von ihren Herren zu solcher Function, entweder ihrer starcken Leibes-Complexion oder Känntniß fremder Sprachen / oder auch anderer Ursachen halber / gebraucht werden / und dahero offt in Jahr und Tagen nicht zu Hauß kommen."

Die Betonung der „starken Leibes-Complexion", also der guten körperlichen Verfassung solcher Reisediener, weist auf die Strapazen hin, die das Reisen aufgrund der immer noch schlechten Verkehrsverhältnisse in jener Zeit beschwerlich machten.

Rainer Beck

Kein Platz für Romantik.
Der Wald als Ressource der Landwirtschaft

Weideland, normalerweise eng mit dem Begriff Allmende oder Gemeindeland verknüpft, war in der waldreichen voralpinen Gegend des Landsberger Oberlandes in einem hohen Maß identisch weniger mit ausgedehnten Grünflächen als mit Waldland.

Zu einem Guttteil herrschten im 18. Jahrhundert in der Gegend noch sehr lichte Laubwälder oder zumindest Mischwälder mit einem hohen Laubholz-Anteil vor. Noch gab es einen starken Bestand an Eichen und Buchen, und die Wälder ließen zwischen den Stämmen genug Raum für einen Graswuchs, der so reichhaltig ausfiel, daß es sich lohnte, die Herde einzutreiben und ihn durch das Vieh „abfrezen" zu lassen. Maler des 19. Jahrhunderts haben diese Szenerie bisweilen festgehalten. Die scharfe Scheidung: hier dichter Waldbestand auf unbegrüntem Nadelboden, dort von allem Holzbewuchs freie, weiträumige Wiesen und Felder, war keineswegs allgemein, sondern zum Teil erst im Zuge der Modernisierung der Forstwirtschaft an der Wende vom 18. zum 19. Jahrhundert aufgekommen. Mindestens bis dahin aber gab es den locker bestandenen, wiesenreichen Laub- und Mischwald, gab es die relativ dicht mit Bäumen durchsetzte Wiese, und gab es die mächtigen, einzeln stehenden Eichen und Buchen – letzteres eine Erscheinung, die noch heute in der Gegend auffällt.

Die Unterfinninger hatten – von einigen kleineren Flekken, die uns hier nicht beschäftigen müssen, abgesehen – zwei Wälder, die sie, wenngleich in unterschiedlichem Maß, nutzen konnten. Links der Windach, am Ende des Oberfeldes, lag die „Schweingruben", ihr „Gmain Holz", und gegenüber auf der anderen Seite des Flusses lagen die „churfürstliche Kohlstattwaldung" und die „Burg", die zum „Dießener Forst", gehörten; in der „Burg" teilten sie sich mit den Windachern den Viehtrieb. Die „Schweingruben", ein Areal von gut 250 Tagwerk, bestand in der oberen Hälfte aus Buchenwald, der andere Teil, der „Tannwald", war damals schon stark mit Fichten bestanden. Den Namen hatte das Gehölz wohl daher, daß es ein beliebter Aufenthalt des Schwarzwildes war; jedenfalls hatte es der Kastner von Landsberg, der 1604 wegen einer Streitsache nach München berichtete, nicht vergessen, darauf hinzuweisen, daß „allda der beste Schweinehatz" – wovon die Finninger freilich wenig hatten.

Kohlstatt und Schweingruben umfaßten etwa 476 Tagwerk; dazu kamen als Gemeindeland die 21 Tagwerk „Kapellenberg" um St. Willibald, auf der man etliches Holz hatte „anfliegen" lassen, und ein 4 Tagwerk kleines Holz gegen Landsberg zu, dann 5 Tagwerk auf ‚privaten' Wiesen „angeflogenes" Holz, und schließlich der ganze Bestand an Bäumen und Hecken, der hie und da, besonders auf den Finninger Wiesmahdern, gewachsen war. Alles zusammen eine Fläche von 177 Hektar, die etwa 30 % der Gemarkung ausmachten. Ein Übermaß an – wie manche Aufklärer um 1800 meinten – ‚unkultiviertem Boden'?

Der Wald war die vielfältigste Ressource, die das Dorf hatte. Er bot Nahrung für Mensch und Vieh, bot das Material, sich zu wärmen und sich zu behausen. Obgleich keineswegs mehr ‚naturbelassen', repräsentierte er Natur noch am ehesten und mit ihr jenes Tätigkeitsfeld der dörflichen Produktionsweise, das man als ‚Sammeln' beschreiben kann, ein Der-Natur-Entnehmen, was diese aus sich selbst reproduziert. Der Wald als Ort dieser sehr ‚ursprünglichen', in ihrer Bedeutung freilich marginaler werdenden Wirtschaftsform, war zugleich auch immer schon geographische Randzone der ländlichen Wirtschaft; eine Zone, derer man sich, solange noch Überfluß an Wäldern bestanden hatte, weitgehend nach Bedarf hatte bedienen können. Aber diese Zeiten waren vorbei: Der Wald war knapper geworden, gerodet, von festen Grenzen durchzogen, aufgeteilt und, wo er nicht den Bauern gehörte, herrschaftlicher Administration unterworfen, dem sogenannten ‚Bann'. Der extensiven Sammelwirtschaft der Bauern hatte sich die ‚Forstwirtschaft' des Landesfürsten entgegengestellt; aber, um keine Anachronismen zu fördern: auch die exzessive Jagdleidenschaft von Hof und Feudaladel.

Um die Bedeutung des Waldes zu verstehen, und zwar gerade auch unter einem quantitativen Aspekt, müssen wir uns vergegenwärtigen, mit welch gänzlich anderer Energie- und Rohstoffversorgung man es in den vergangenen Jahrhunderten zu tun hatte. Holz und Holzkohle waren bis in das 19. Jahrhundert der einzige Brennstoff, den es in Bayern gab, sie waren die Energiequelle, derer man alltäglich bedurfte. Und vor dem 18. Jahrhundert gilt das mehr oder weniger für ganz Europa. Hochöfen und Glashütten verbrauchten enorme Holzmengen, in den Städten wurde, von wenigen Ausnahmen abgesehen, nur mit Holz geheizt, und ebenso brauchte man Mengen von Brennholz auf den Dörfern, sei es zum Heizen, Kochen, Backen, Futterbereiten und Dörren oder sei es für das Feuer, das der Schmied zu seinem Handwerk benötigte. Holz war auch der Werkstoff, der fast überall Verwendung fand. Man brauchte es im Haus- und Brückenbau, für Mühlräder und Mühlwerk, für Mobilar und für die großen und kleinen Geräte des täglichen Bedarfs. Die Wägen, Pflüge und Eggen der Bauern waren aus Holz, nur mit Eisen verstärkt, und genauso die Kraut- und Wasserfässer, die Schaufeln, Rechen und Gabeln. Der Wald war eine Ressource, die als Holzreservoir für alle Dorfbewohner von entscheidender Bedeutung war, gleichgültig ob sie Bauern waren, Handwerker oder Taglöhner; alle waren sie für ihre Arbeit und ihre tägliche Reproduktion auf das Holz angewiesen.

Doch der Naturraum Wald bot lange Zeit weit mehr als nur Holz, und so war es nur konsequent, daß alle jene regionalen Gesellschaften, die in ihren Kultivationsanstrengungen von der Natur nicht allzusehr begünstigt wurden, von diesen anderen Möglichkeiten intensiven Gebrauch zu machen suchten.

Der Wald hatte seine Früchte. Wo keine wilden Obstbäume wuchsen, Birn- oder Apfelbäume, gab es andere ‚Baumfrüchte‘: in Bayern vor allem Eicheln und Bucheln (= Bucheckern), die als sogenannter „Dechel" eine feste Größe waren, wenn von den Erträgnissen des Waldes die Rede war. Immerhin gibt, um nur ein Beispiel zu nennen, ein aus 50

Bäumen bestehendes Eichengehölz in einem guten Jahr an die 15 Scheffel (= 25 Doppelzentner) Fruchtertrag, und Eicheln und Bucheln galten als hervorragendes Schweinefutter. Der Pfarrer von Schwifting etwa, der „Aichele für die Schwein" zukaufte, bezahlte Anfang des 18. Jahrhunderts für den Metzen „10 oder 12 oder mehr Kreuzer" (ein Metzen Korn kostete zu dieser Zeit durchschnittlich 50 bis 60 Kreuzer). Zu den Bucheln und Eicheln kam das ganze Sortiment der Beeren und Nüsse und kamen die „Schwämme" (= Pilze) – Dinge, die für die Ernährung zwar quantitativ wenig ins Gewicht fielen, aber ohne Zweifel eine gewisse Ergänzung und Abwechslung bedeuteten und zudem noch eine ganze Reihe weiterer Funktionen erfüllten: Beim Spinnen nahmen die Frauen eine Schlehbeere in den Mund, um den Speichel, mit dem sie den Faden befeuchteten, anzuregen; gewisse Baumschwämme wurden getrocknet und zum Feueranzünden verwendet – der „Zundelbaumacker" im Landsbergerfeld legte von diesem Usus Zeugnis ab. Es wäre ein endloses Unterfangen, all die unscheinbaren Verwendungen auflisten zu wollen, die man für so gut wie alles, was überhaupt wuchs, entwickelt hatte. In einer an der Bedeutung der Menge orientierten Betrachtung des Waldes allerdings waren es außer dem Holzbezug tatsächlich die landwirtschaftlichen ‚Nebennutzungen', die am meisten zu Buche schlugen: die Waldweide, die Dechelnutzung und als letzter bisher noch nicht behandelter Punkt die Streunutzung, das Laubrechen.

Die Bauern hatten die Gewohnheit, das Laub, das im Herbst von den Bäumen fiel, nicht im Wald vermodern zu lassen, sondern nach Hause zu führen, im Stall damit einzustreuen und diese Streu dann mit dem Mist ihren Feldern zugute kommen zu lassen. Sie führten einen regelmäßigen Düngemitteltransfer von den Randzonen der Gemarkung auf ihre Felder durch, die im Zentrum der bäuerlichen Bemühungen standen und deren Böden aufgrund des immerwährenden Getreideanbaus der stärksten Belastung unterworfen waren.

Doch inwieweit machten die Bewohner Unterfinnings von all diesen Möglichkeiten Gebrauch? Kann man im 18. Jahrhundert noch erwarten, daß ihre Nutzungen keinen Beschränkungen unterworfen waren?

Die sozusagen ‚soziale Ökonomie' des Waldes gehört nicht zu jenen Kapiteln der dörflichen Geschichte, die sich bereitwillig der Darstellung erschließen. Anders als die Äcker und Wiesen war der Wald für die Bewohner des Dorfes ausschließlich kollektive Ressource, und der Anteil, den man an seiner Nutzung hatte, war damit weit weniger manifest, als er es bei den zu individuellem Besitz verteilten Fluren war. Und dazu kam, daß der Wald keine unumstrittene Ressource dörflicher Wirtschaft war, sondern bald mehr und bald weniger herrschaftlicher Administration oder Aufsicht unterworfen war. Mit der „Schweingruben" und den Forstwaldungen „Kohlstatt" und „Burgholz" zählte das Dorf ein Waldgebiet zu seinem Wirtschaftsraum, auf dem in unmittelbarer Nachbarschaft verschiedene Abstufungen herrschaftlicher Domination und bäuerlicher Selbstbehauptung aufeinandertreffen.

Wilhelm Treue

Gesellenwanderung im 17. Jahrhundert

Friedrich Wegener war seines Vaters Geselle geworden. Er mußte als solcher arbeiten, nicht aber unbedingt wandern: Ein strenger Wanderzwang bestand in den meisten Zünften nicht mehr. Und Meistersöhnen wurde häufig die Wanderung ganz oder gegen Zahlung von etwa 20 Talern zur Hälfte erlassen. Aber Wegener wollte nun einmal, wie es in einigen Gewerben üblich war, etwa zwei Jahre auf Wanderschaft gehen.

Früher, vor langer Zeit, hatte man Männer in dieser Stellung „Knechte" genannt, während „Gesellen" „Saalgenossen" gewesen waren – zum Beispiel bei festlichen Veranstaltungen. Dann hatten die Knechte begonnen, sich untereinander Gesellen zu nennen. Und das war allmählich bei allen Handwerkern akzeptiert worden. Im allgemeinen waren die Gesellen natürlich nicht Söhne des Meisters, bei dem sie – fast immer unverheiratet schon der niedrigen Löhne wegen – arbeiteten. War der Geselle ein Sohn des Meisters, dann durfte er nur einen anderen Gesellen ersetzen, also nicht zusätzlich zur erlaubten Zahl der Gesellen beschäftigt werden. Gleichwohl empfanden sich die Meistersöhne – da sie mit großer Wahrscheinlichkeit Meister werden, das heißt ihrem Vater folgen würden – als eine Art Gesellen-Oberschicht, während die „normalen" Gesellen versuchten, jene auf ihre Seite zu ziehen und somit ihre Gesellen-Bruderschaft zu stärken.

Was das Verhältnis normaler Gesellen zum Meister belasten konnte – Arbeitszeit, Schlafgelegenheit, Beköstigung, Kleidung zum Beispiel –, brachte für den jungen Wegener natürlich keine Schwierigkeiten mit sich. Er wohnte, lebte, arbeitete mit seinen Eltern. Etwa die Hälfte aller Gesellen blieb nur ein Jahr bei einem Meister und wechselte dann zu einem anderen, ein Drittel blieb zwei und mehr Jahre, nur ein bis drei Prozent vier und mehr bis zu neun Jahren – und zwar konnte die Kündigung des Arbeitsvertrages von beiden Seiten erfolgen, obwohl er vom Gesellen anfangs zumeist nicht ganz frei geschlossen worden war, denn dieser war in einer Stadt mit mehreren Meistern in seinem Handwerk demjenigen zugewiesen worden, der am längsten ohne einen Gehilfen hatte arbeiten müssen. Die Dauer der täglichen Arbeitszeit wechselte mit den Jahreszeiten und schwankte daher zwischen sieben und dreizehn bis fünfzehn Stunden, wurde aber natürlich auch der Auftragslage angepaßt. Außerdem machte man in vielen Fällen im Laufe des Tages dreimal eine etwa einstündige Pause, und schließlich wurde in zahlreichen Handwerken nur fünf, in fast allen nur sechs Tage in der Woche gearbeitet. Und neben den Sonntagen gab es auch noch eine erhebliche Zahl von kirchlichen Feiertagen – in den protestantischen Gebieten natürlich weniger als in den katholischen. Die Löhne wechselten sehr von Ort zu Ort, auch in der Kaufkraft (etwa bei Mißernten), wurden teils mit der Verpflegung und Unterkunft verrechnet, teils nicht usw. Schneider hatten häufig kürzere Arbeitszeiten und höhere Löhne als Bauhandwerker. Spitzenlöhne erhielten seit dem 16. Jahrhundert die Druckergesellen: Unter ihnen gab es daher auch, viel beneidet, die größte Zahl Verheirateter. [...]

Die Entfernung, die ein Geselle während seiner Wanderung zurücklegen mußte oder wollte, war weder nach unten noch nach oben begrenzt. Vater und Sohn Wegener wußten, daß noch nicht viele Gesellen aus der Priegnitz in Berlin gewesen waren, wohl aber einige aus Hamburg, ja aus Dänemark und Schweden sich auf dem Wege nach Augsburg befanden und andere, die ein paar Wochen in Pritzwalk arbeiteten, aus Wien, Krakau und Pest stammten: Es war nicht ganz leicht, sich mit ihnen zu verständigen.

Die meisten Gesellen blieben jedoch im Umkreis von 10 bis 20 Meilen, das heißt von 75 bis 150 Kilometern um ihre Heimat. Nur wenige zogen wirklich in die „Fremde". Wegener hatte das vor.

Zunächst aber wollte er die Hauptstadt sehen, aus der alle Verordnungen kamen, die seinen Beruf betrafen: Die Bestimmungen über den Wollmarkt in Pritzwalk und in anderen Orten der weiteren Umgebung, zum Beispiel Perleberg, wo ein Onkel im großen Kriege 17 Jahre lang Ratsherr gewesen, ein anderer als Rector Scholae an der Pest gestorben war, über die Verbote der Ausfuhr von Wolle, die immer wieder übertreten wurden, so daß es den Tuchmachern an Material fehlte, auch über das die Leineweber betreffende Verbot, Tuche zu weben und damit den Tuchmachern die Nahrung zu verkürzen, die ohnehin häufig nicht sehr reichlich war. Mit Martin Luther betete man zwar fleißig und fromm regelmäßig um das „tägliche Brot" – aber man war Gott und der Kundschaft schon sehr dankbar, wenn der

Haferbrei alle Hausgenossen satt machte. Fleisch sah man äußerst selten: Hühner und Schweine brauchten so viel Futter, daß ihr wohlschmeckendes Fleisch unerschwinglich teuer wurde. Gelegentlich tauschte man bei einem Bauern, der gerade geschlachtet hatte, ein Stück Speck oder Schinken gegen ein Stück Tuch, so daß die Rüben und der Kohl kräftiger schmeckten – das Fleisch selber erhielten natürlich die Männer, mit dem Ergebnis, daß Wegeners Mutter eigentlich immer schwach und krank war.

Als er sich nun verabschiedete, gab sie ihm ein Stück alten Speck und ein Brot in den Leinenbeutel, den er sich über die Schulter schwang. Und der Vater nähte ihm für ganze zwei Taler Groschenstücke in das Wams und die Hose. Das war für einen Gesellen auf der Wanderung sehr viel Geld. Im allgemeinen bettelte ein solcher von Meister zu Meister um Unterkunft, Essen und ein paar Pfennige – in manchen, nicht in allen Orten und Berufen hatte er geradezu Anspruch darauf. [...]

Schließlich gelangte Wegener in die Festungsstadt Nürnberg mit etwa 40000 Einwohnern, in der er einige Zeit blieb.

Schnell gewann er den Eindruck, daß in Nürnberg und Umgebung Lehrlinge und Gesellen schärfer reglementiert wurden als in vielen anderen, insbesondere kleineren Städten, und er erfuhr bald, worauf diese besonderen Verhältnisse beruhten: Nürnberg war eine Stadt ohne Zünfte. Seit dem 14. Jahrhundert war jede Art zünftischer Selbstverwaltung verboten. Zwar saßen acht Handwerksmeister als sogenannte „Ratsfreunde vom Handwerk" im Rat der Stadt. Aber das war nur eine Art Tarnung des Rates. Jene Meister mochten kommen oder zu Hause bleiben – das änderte nichts an der Handwerkspolitik der Reichsstadt. Bereits im Jahre 1516 hatte Christoph Scheurl in einer „Epistel vom Nürnbergischen Regiment" über sie geschrieben: „Sie verwalten kein besonderes Amt, lassen ihnen alles gefallen, was durch die anderen Ratsherren beschlossen wird..."

In der Herberge erzählte man Wegener Geschichten, die er nach seiner bisherigen Erfahrung als wandernder Geselle für unmöglich gehalten hatte. Seit langer Zeit existierte ein obrigkeitliches „Rugsamt", das eine strenge Aufsicht über das gesamte Handwerkswesen ausübte und zum Beispiel die Handwerksordnungen formulierte, die Zulassungen zur Meisterprüfung, diese selbst und die Art der Meisterstücke reglementierte. Alle Versammlungen von Handwerkern, selbst Festessen waren verboten – geheime Zusammenkünfte wurden streng bestraft, ja auch die althergebrachten Trinkstuben, wie Wegener schnell bemerkte, genau beaufsichtigt, von Zeit zu Zeit die eine oder andere einfach verboten. Sogar religiöse Bruderschaften waren nicht gestattet – mithin auch nicht Feiern zu Ehren von Handwerkspatronen mit Kerzen, Tanz und Mahl, nicht einmal in den Ordenshäusern, etwa der Karmeliter. Den Metzgern war jüngst eine Sammlung für ein Bahrtuch untersagt, der Leichenschmaus nur in kärgster Form gestattet worden.

Letztlich war das Rugsamt eine regelrechte Zensurbehörde, die zu allem Überfluß auch noch die Korrespondenz mit auswärtigen Handwerksorganisationen verbot. Aber diese Verhinderung aller Handwerker- und natürlich auch aller Gesellenvereinigungen barg für die Stadt Gefahren. Es kam häufig zu Spannungen – nicht nur zwischen Stadt und Handwerk, sondern auch zwischen den Meistern, die ihre Gesellen und Lehrlinge streng beaufsichtigen mußten, und jenen, die so viel Aufsicht und Disziplin nicht hinnehmen wollten. Das hatte verschiedene Folgen: Einmal wurden die Gesellen und Lehrlinge – nicht selten durch Schläge und Tritte – gezwungen, täglich lange, schnell und sorgfältig zu arbeiten, zum anderen hatten die Gesellen aber auch alle ihre Widerstands-Möglichkeiten entwickelt: den gemeinsamen Ausstand, die Sperre, den unbefristeten Boykott bestimmter Orte oder auch einzelner Meister, der sich schnell weithin herumsprach und allgemein befolgt wurde, weil Übertretungen Aussperrung aus den Gesellenbünden zur

Folge haben konnten. Die wandernden Gesellen konnten also die Reichsstadt „verrufen".

Natürlich verhängte in solchen Fällen Nürnberg schwere Strafen wie Ausweisung unter Verweigerung der Handwerkerpapiere, Steckbriefe, Werkzeug- und Vermögens-Konfiskation, so daß der Geselle schließlich „zu Kreuze kriechen" mußte und erst nach Verbüßung einer Haftstrafe wieder als „redlicher Handwerker" arbeiten durfte. Hier und da hörte Wegener sogar etwas über Konflikte, die zum Niederbrennen eines Hauses und die Schuldigen zum Henker geführt hatten.

Heide Wunder
Professionelles Haushalten

Professionalisierung von Arbeit hatte zunächst und noch für lange Zeit wenig mit abstraktem, von Erfahrung abgehobenem Wissen zu tun. Gerade handwerkliches Können gründete sich auf Nachahmen und Einüben, und das Wissen darüber wurde als Berufsgeheimnis gehütet. Seit dem späten Mittelalter gibt es wohl bildliche Darstellungen handwerklicher Arbeitsabläufe, aber die präzisere schriftliche Beschreibung begann erst im 17. Jahrhundert, nicht zuletzt weil die deutsche Schriftsprache erst so weit entwickelt werden mußte, daß Arbeitsabläufe in ihr ausgedrückt werden konnten. Demzufolge blieben auch im Prozeß der Professionalisierung von Arbeit weiterhin „Erfahrung" und „gesunder Menschenverstand" wichtige Formen berufsqualifizierenden Wissens und Könnens. So wird verständlich, daß gerade Erfahrungen der Ehe- und Hausfrauen als berufsqualifizierend angesehen wurden.

Welcher Sachverstand, wieviel Umsicht und Geschicklichkeit für die Haushaltsführung notwendig waren, zeigt allein die Kunst des Feuermachens, vielmehr noch das sachgerechte Wäschewaschen und das Putzen des Messing- und Zinngeschirrs oder die Vorratshaltung. Die Leipzigerin Maria Dorothea Hertel gab in den ersten Jahrzehnten des 18. Jahrhunderts folgende Anweisung für die Behandlung ihrer Wäsche:

So aus 5 Trag Körben nasser Wäsche bestehet: gehört sich ohngefehr 16 Stück Seiffe (aus einem Riegel 4 Stück).

Wenn sich die Wäsche Montag früh mit dem Tage anfangen soll, wird das Gefäße die Mittwoch oder Donnerstag im Hoff gesetzt. Das schadhafte vom Böttger ausgebessert, die Dauben eingerichtet, mit einem nassen Hader die Dauben inn u. auswendig bestrichen, auf den Boden Wasser gegossen u. eingebühnet. Freitag früh wird das Wasser getragen, dabey bekommt jede Wäscherin eine Semmel und 3 Pf. zu Brandewein. Die Lauge wird über die große Wanne ohne eine gestellet. In den Laugen Korb kommt erst etwas Reiß Holtz und Stroh, alsdann das Aschentuch wieder etwas Stroh u. benahe 1 Gölte mit Asche. Wenn diese Wanne u. der Kessel voll Lauge gelauffen, ist es genung. – Freitag oder Sonnabend werden 2–3 Stück klein geschnittene Seiffe in 4 Kannen Lauge zum Eintütschen gekochet.

Sonntag nach der Vesper setzt eine Wäscherin die Mittlere Wanne auf 2 Böcke ins Kämmergen, macht Feuer unterm Kessel, darinnen halb Wasser u. halb Lauge, so warm biß man die Hand nicht mehr darinnen leiden kann. Alsdann wird etwas Koch Seiffe u. eine Gölte warmes (Wasser) in die Wanne gegossen, jedes Unterhemde stückweise eingetunket, in den Winkel der Wanne zusammen gelegt, biß alle hinein sind, dann wieder gleich gelegt und immer Koch Seiffe und warmes darzwischen gegossen, mit dem Deckel zugedecket, biß an den Morgen stehen gelassen. – Der Kessel wird gleich wieder voll Lauge geschlagen, damit sie Morgen schon laulicht ist. Ingleichen werden die Bündgen, Kraußen, Manschetten in eine Gölte (gelegt). – Ferner die Strümpfe, Nacht Mützen, Küchen Quehlen, auch in eine

Gölte eingeweicht, u. zugedeckt, wie vorher mit dene Hemden geschehen.

Montag: Früh um 4 Uhr wird von der Magd Feuer unter dem Kessel gemacht. Um 5 Uhr kommen die Wäscher, gießen in die kleine Wanne ohne eine, eine Gölte warme u. eine Gölte kalte Lauge, tunken das Bett-, Tisch Zeug und die andern Kleinigkeiten (ohne das Bunte u. Blatt Wäsche) hinein, gießen auch die Lauge und gekochte Seiffe, so auf den Unterhemden gestanden, darauf, und waschen es nebst den Unterhemden gleich wieder aus, biß faßt um 3 Uhr, da dann alle Hemden umgewendet, zum ersten mahle aufgebrüht und die von 4 bis 5 Stück zerschnittener Seiffe, (so in einer Gölte mit heißer Lauge eingequirlte), auf die Hälfte nach und nach darzu gegossen. – Um 3 Uhr werden in einer großen Wanne unten die Strümpfe, weiße Schnupftücher, Quehlen auch alle Kleinigkeiten, dann die Servietten, das Tisch- und Bettzeug zum ersten mahl aufgebrüht, die gekochte Seiffe, so noch übrig, darauf gegossen u. zugedeckt. – Von 4–6 Uhr wird das Klare eingetütscht u. gleich wieder ausgewaschen. – Von 6 bis bis 8 Uhr wird das Tisch-Bettzeug und alle Kleinigkeiten ausgewaschen, auch zum andern und letztenmahl aufgebrüht, zugedeckt und wieder von 2–3 Stück Koch Seiffe gemacht /e Lauge/ darauf gegossen. – Ferner 2 Pfund oder noch etwas mehr Stärcke ein klein wenig angefeuchtet, und mit zugegossenem warmen Wasser stark gequirlet u. ein kleiner Löffel blauer Farbe vorher darzu gethan. Wenn man die Stärcke bey gelindem Feuer mit nach und nach darzu gegossenem siedenden Wasser unter beständigem Umrühren auskochen oder aufquellen lässet, so kann beynahe die Hälfte Stärcke erspahret werden und ist besser, wenn mans noch den Tag vorher thut. – Des Nachts werden die Hemden ausgewaschen, auch zum andern und letztenmahl aufgebrüht und zugedeckt.

Dienstag: Morgens um 3 Uhr wird das Klare ausgewaschen, mit diesem zuletzt das Bunte nebst etwas zugegossenem warmen Wasser ausgewaschen, jedoch in einem Fasse ganz alleine. – Hierauf wird das Klahre zum andern u. letzten mahle nebst etwas Koch Seife aufgebrüht u. zugedeckt! – Von 5 bis 7 Uhr wird das Bett-Tischzeug und andere Kleinigkeiten ausgewaschen. – Von 8 bis 10 Uhr werden die Hemden zum letztenmahle ausgewaschen. – Von 10 bis 11 Uhr gleichfalls das Klahre ausgewaschen und im Hoffe ausgespühlt. – Nach Tische wird alle übrige Wäsche am Borne in der großen Wanne ohne eine ausgespühlt, unterdessen aber von der Magd das klahre jedes besonders gelegt und ausgesucht. – Die Köllergen, Bündgen, Ermel Manschetten, Vorhänge, Bett- u. andere Schürtzen in einem Fäßgen nebst etwas blauer Farbe, so in der Hand durch Wasser wohl zerrührt wird, im Fäßgen durch etwas darzugegossener Stärcke nach gut Befinden, viel oder wenig gestärket, u. wieder ausgedrückt wird. – Nach vollbrachtem Spühlen, wird alles ausgeschlagen und jede Sorte zusammen ordentlich in die Körbe gelegt. – Um 6 oder 7 Uhr gehen die Wäschers nach Hause.

Mittwoch: Früh kommt die Wäsche aufm Trogen Platz im Rosental beym Förster, hierzu bekommt ein jedes eine Semmel und 3 Pfennig zu Brandewein. [Späterer Zusatz: abends gemeiniglich um 5 oder 6 Uhr gehen sie nach Hauße bekommen aber 1 Groschen zu abendbrode].

Donnerstag: Wird von halb Sieben biß abends 10 Uhr geblattet, jede Blätterin, nehml. Dorgen und die Tannenbergerin bekommt früh einen Coffee u. jede ein Coffee Brodgen, nach Mittags auch einen Coffee, des abends Butter Bämme u. holländischen Käße, auch jede wie zu Mittage einen Krug Bier. Zum Lohne bekommt jede 4 oder 5 Gr. wornach sie später fertig werden. – Den Mittwoch abend kommt eine Blatterin und sprengt ein.

Freitag: Von früh 6 biß Nachm. 3 od. 4 Uhr wird gerollet, von beyden Wäscherinnen u. 2 Männern oder Weiber. Die Magd oder eine Wäscherin wickelt auf. – Jeder Rollmann oder Frau bekommt 2 biß 3 Groschen. – Jede Wäscherin bekommt zum Lohne 11 bis 12 Gr. [Späterer Zusatz: und noch 2 Gr., damit sie keine Läppgen von ihrer Wäsche mitbringen.]

Vor der Wäsche wird in Bereitschaft gehalten: 1) Brodt, so etwas harte, 2 biß 3 Stück à 4 Gr. – 2) harte Semmel. – 3) Brennöhl. – 4) Lichter. – 5) Hart Holz, 1 großes u. kleines. – 6) Weich Flöß Holtz zur Wäsche. – 7) Seiffe. – 8) Stärcke. – 9) Blaue Farbe. – 10) Koch Seiffe. – 11) Bestellung des Trogen Platzes. – 12) Die Blatterinnen zum Einsprenge und Blatten. – 13) Die Montag, Dienstag und Mittwochs Mahlzeit den Sonntag abgekocht. 14) Die blechernen Lampen parat zu machen.

Die schwartze Wäsche wird beym überzehlen des Sonnabends oder Sonntags eingepackt:
1) in ein Hand Korb die Bündgen, Kraußen, Manschetten.
2) Die Strümpfe, KüchenQuehlen, Socken, NachtMützen, Zeuch u. Baumwollene Mützen.
3) In einen Tragkorb die Köllergen, Ermel, Vorhänge, Falbeln.
4) Das Bettzeug in einen Korb.
5) In einen Trag Korb das Tischzeug und alles übrige.
6) Bunte gantz allein in eine Packet.

Diese Arbeitsbeschreibung dokumentiert die umfangreichen Vorbereitungen und die vielen Arbeitsgänge bei der „großen Wäsche" ebenso wie die Arbeitsteilung zwischen Frauen und Männern, aber auch zwischen Hausfrau und Tagelöhnerinnen. Frauen wuschen und bügelten, Männer wurden zum Rollen bestellt. Die angegebenen Mengen an Brennholz, Seife, Stärke, Farbe, Kerzen und Brennöl waren für die Bearbeitung von fünf Körben nasser Wäsche berechnet. Wieviele Wäschestücke sich darin befanden, wurde offensichtlich bei jeder Wäsche nachgezählt. Ihre Zahl dürfte allerdings erheblich gewesen sein.

Ruth Gay

Zwischen Repression und Toleranz:
Die jüdische Gemeinde von Berlin

Im 17. Jahrhundert war die Stellung der deutschen Juden einfach. Sie wurden als ungleiche „Partner" bei einer Transaktion behandelt, in der ihnen ein Herrscher einen Platz zum Wohnen und Arbeiten zur Verfügung stellte und die Juden für das Privileg ihrer Duldung Schutzgeld zahlten. In jener Epoche sahen die Juden und ihre Herrscher sich als Beteiligte an einem Austausch von Dienstleistungen, ungetrübt von philosophischen Erwägungen. Noch hatten sich keine Ideen über Toleranz, Menschenrechte und wechselseitige moralische Verpflichtungen herausgebildet, die eine klar umrissene, wenn auch einseitige Geschäftsbeziehung hätten stören können.

Die Entstehung der letzten jüdischen Gemeinde in Berlin liefert ein klassisches Beispiel dafür, wie dieses System funktionierte. Zwar hatten schon im frühen Mittelalter Juden in Berlin gelebt, doch die moderne jüdische Gemeinde wurde erst 1671 gegründet, veranlaßt durch das Unglück der Juden in Wien. Dort war im Februar 1670 ungefähr 3000 Juden, unter ihnen eine Gruppe, die vor fürchterlichen Pogromen aus Polen geflohen war, mitgeteilt worden, sie seien auf Befehl des Kaisers Leopold I. angewiesen, bis zum folgenden Osterfest die Stadt zu verlassen. Auf der verzweifelten Suche nach einer Zuflucht wandten sie sich an den diplomatischen Vertreter von Brandenburg um die Erlaubnis, sich in den Territorien des Großen Kurfürsten niederlassen zu dürfen. Wehmütig klagten sie, daß ihnen gleichsam „der Erdboden und die Welt verschlossen sei, welche doch Gott für alle Menschen geschaffen hätte, und daß man sie, gegen alle natürlichen Rechte, grausam behandle".

Dieser Berufung auf die „natürlichen Rechte" kam zustatten, daß Friedrich Wilhelm über Gebiete herrschte, die vom Dreißigjährigen Krieg entvölkert worden waren. Er war 1640 an die Regierung gekommen, acht Jahre vor dem Friedensschluß, aber noch ein Vierteljahrhundert später war sein Land verarmt, und der Handel lag darnieder. Die Bevölkerung Berlins war auf die Hälfte geschrumpft und bestand 1648 aus ganzen 6000 bis 7000 Einwohnern. Der Große Kurfürst war entschlossen, seine Hauptstadt zu verschönern und zu einem blühenden Handelszentrum zu machen. Er ließ neue Straßen anlegen, Bäume pflanzen, eine Stadtmauer bauen und seine verfallene Residenz neu errichten. Zur Förderung des Handels nahm er ein umfassendes und höchst erfolgreiches Kanalbau-Projekt in Angriff.

Der Hilferuf der Wiener Juden kam ihm also gelegen: Eine Stadt, die sich vom Krieg erholen soll, braucht Menschen mit technischen Fertigkeiten. Er ließ seinen Gesandten in Wien wissen, daß er nicht abgeneigt wäre, vierzig oder fünfzig begüterte jüdische Familien ins Land zu lassen, die ihr Kapital mitbringen und damit Unternehmen in Berlin gründen würden. Gegen Ostern 1671 nutzten zwölf der Familien das Angebot des Großen Kurfürsten und ließen sich in drei seiner Städte nieder: Berlin, Frankfurt an der Oder und Züllichau. Die Oberhäupter der drei Familien, die nach Berlin zogen, waren Hirschel Lazarus, Benedikt Veit und Abraham Ries.

Das Edikt vom 21. Mai 1671, das die Bedingungen für die Aufnahme dieser ersten jüdischen Familien festlegte, schrieb ihnen auch vor, wie sie zu leben und ihren Lebensunterhalt zu verdienen hätten. Die erste Einschränkung war zeitlicher Natur: Das Privileg sollte nur für zwanzig Jahre gelten. Aber sie konnten sich niederlassen, wo sie wollten, und durften sowohl einen Schächter als auch einen Schulmeister halten. Als Gegenleistung für diese Privilegien wurde ihnen eine schwere Steuerlast auferlegt, und um das Wachstum der jüdischen Bevölkerung in Schranken zu halten, erhielt nur ein einziges Kind pro Familie das Wohnrecht in der betreffenden Gemeinde.

In einem Zeitalter haßerfüllter, oft gewalttätiger religiöser Intoleranz erwies sich Friedrich Wilhelm als ein Herrscher von bemerkenswerter Liberalität. Außer Juden ließ er auch Protestanten aus dem Rheinland, Hugenotten aus Frankreich und etliche Sektenanhänger wie Arianer und Mennoniten ins Land. Wie seine Juden siedelten sich auch diese religiösen Minderheitengruppen in abgesonderten Quartieren an. Sie sprachen ihre eigene Sprache und gründeten eigene Schulen und Andachtsstätten. Auch diese Gruppen waren wegen ihrer wirtschaftlichen Tüchtigkeit, die sie mitbrachten, willkommen, namentlich die Hugenotten, die sich sehr gut auf die Herstellung von Textilien verstanden.

Mit der gleichen Energie, mit der der Große Kurfürst seine Territorien vom Rhein im Westen bis an die Ostsee ausdehnte, frönte er in der Residenz seiner Bau- und Sammelleidenschaft und gab damit ein imposantes Beispiel für seinen Sohn und Nachfolger Friedrich III., der sich im Januar 1701 zum König in Preußen krönte. Der Große Kurfürst, ein eifriger Sammler von Gemälden und Edelsteinen, war nicht der einzige Herrscher, dem Pracht und Prunk besonders am Herzen lagen. Sein Vorbild war Ludwig XIV., der Sonnenkönig, dessen verschwenderische Ausgaben für Paläste, Mobiliar, Schmuck und Kunstwerke jedem Monarchen und Duodezfürsten als Beispiel dienten, ob er es sich nun leisten konnte oder nicht. In jener Epoche war der Hofjuwelier ein vielbeschäftigter Mann, und in Berlin war es wahrscheinlich, daß dieses Amt ein Jude innehatte.

Jost Liebmann, der 1679 nach Berlin kam, gelangte in diese lukrative Position, indem er die Witwe des früheren Hoffaktors Israel Aron ehelichte. Schon am Ende des Jahrhunderts nannte ihn Glückel von Hameln den reichsten Juden in Deutschland. Liebmann war auch ein Förderer der jüdischen Gelehrsamkeit, unterstützte notleidende Gelehrte und brachte Mitglieder seiner Familie als Rabbiner im Umland von Berlin unter. Doch in Berlin waren die Hofjuden, im Unterschied zu ihresgleichen an anderen Orten, keine außergewöhnlichen Persönlichkeiten. An Kopfzahl langsam wachsend, wurden sie zu einer Gemeinde, aber eine unbezwingbare Rivalität in ihren Reihen machte die frühen Jahre alles andere als harmonisch. Die Gemeinde war in zwei Parteien gespalten, deren Konkurrenz als erstes im Bau und Unterhalt von zwei privaten Synagogen zum Ausdruck kam. Die erste, die 1687 amtlich sanktioniert wurde, war Jost Liebmanns Synagoge, und zu ihrem Rabbiner machte er einen seiner Schwiegersöhne. Zehn Jahre später erhielt die Veit-Ries-Gruppe ebenfalls die Erlaubnis, Gottesdienste abzuhalten, und errichtete einen zweistöckigen Ziegelbau im gotischen Stil. Als sich dann aber zeigte, daß der Hader zwischen den beiden Parteien nicht beizulegen war, kam die Gemeinde um die Genehmigung ein, eine öffentliche Synagoge bauen zu dürfen. Diese wurde im Privileg von 1700 gegen eine Zahlung von 3000 Talern schließlich erteilt. Die neue Synagoge, in der Heidereutergasse, wurde 1714 am Sabbat vor dem jüdischen Neujahr in Anwesenheit des Königs und von Mitgliedern seines Hofstaats eröffnet. Sie wurde weithin als das schönste Bauwerk seiner Art in Deutschland bewundert, ja es hieß sogar, sie könne es an Eleganz mit der berühmten portugiesischen Synagoge in Amsterdam aufnehmen. Für die Außenwelt verkörperte sie die Solidität der jüdischen Gemeinde in Berlin. Mit ihrem anmutigen, klassizistischen Dekor zeigte sie, daß diese Gemeinde wenn auch nicht die religiöse, so doch die ästhetische Einstellung der sie umgebenden Kultur teilte.

Die private Bautätigkeit von Juden, die ein Daueraufenthaltsrecht in Berlin hatten, schloß sich eng an diese erste architektonische Selbstdarstellung an. Die reichsten von ihnen wetteiferten darin, veritable Paläste mit großartiger Ausstattung zu errichten. Die zwei berühmtesten dieser Bauwerke ließen sich in den sechziger Jahren des 18. Jahrhunderts Daniel Itzig und Veitel Heine Ephraim bauen, die beide als Münzmeister für Friedrich II. während des Siebenjährigen Krieges zu ihrem Vermögen gekommen waren. In den Bildersammlungen der beiden Palais fanden sich das Weltliche und das Religiöse in vollkommener Harmonie zusammen. Im Palais Itzig waren Gemälde von Rubens, Wouvermans und de Witt zu sehen, während Ephraim Caravaggios, Poussins und Salvator Rosas sein eigen nannte. Vermischt mit Werken der Genremalerei, Porträts und Landschaften waren Darstellungen christlicher Szenen: die Heilige Familie auf der Flucht nach Ägypten (im Palais Ephraim) und ein Heiliger Hieronymus in der Wüste (im Palais Itzig).

Doch wesentlicher als die Bilder an den Wänden war das jüdische Element, das die beiden Bankiers in ihre Paläste einbauten. In seinem hufeisenförmigen Prachthaus an der Spree hatte sich Daniel Itzig eine Synagoge und einen Raum mit beweglichem Dach bauen lassen, das sich für die Feier des Laubhüttenfestes öffnen ließ, und die Gitterdecke des Raums wurde mit Zweigen und Früchten bedeckt, entsprechend der jüdischen Sitte. Mehr weltlicher Natur war ein Badezimmer im Palais Itzig, das als das erste in einem Berliner Privathaus galt. Auch Ephraims Haus hatte eine Synagoge, die die gesamte zweite Etage einnahm. Die Fassade selbst bezeugte die königliche Huld anhand von acht massiven Säulen aus dem gräflich Brühlschen Schloß, die der Monarch Ephraim zum Geschenk gemacht hatte. Ganz abgesehen von ihrer eindrucksvollen Wirkung als Monumente des Reichtums und der Kultiviertheit der Familien, die sie erbaut hatten, kündigten die Palais Ephraim und Itzig eine auf kulturelle Integration gerichtete Bewegung an, die dann im folgenden Jahrhundert das jüdische Leben in Deutschland beherrschen sollte.

Ulrich Im Hof
Fürstliche Wissenschaft

Der Wunsch und Wille des brandenburgischen Kurfürsten Friedrich, aus seinem deutschen Randfürstentum etwas Größeres zu machen, mußte sich auch darin ausdrücken, wissenschaftlich und nicht nur militärisch-politisch etwas sein zu wollen. Doch steht hinter der 1701 erfolgten Gründung einer *Brandenburgischen Sozietät*, d. h. der Berliner Akademie, nicht nur die Dekorationsidee eines neu konzipierten monarchischen Staatswesen, des Königreichs Preußen, sondern echtes wissenschaftliches Interesse. Es ist kein Geringerer als Gottfried Wilhelm Leibniz, der mit der Gründung beauftragt wurde; dies dank der lebhaften allgemein intellektuellen Interessen der neuen Königin Sophie Charlotte und deren Mutter, der Kurfürstin Sophie von Hannover, in deren Dienst ja Leibniz stand.

Endlich erhielt der Philosoph die Gelegenheit, seine so oft formulierten Akademiegedanken in Wirklichkeit umzusetzen, jenes dreifache Ziel der Ausbreitung einer offenen christlichen Weltanschauung durch die Wissenschaft, der Pflege und Beförderung der Wissenschaften und von *Ruhm, Wohlfahrt und Aufnahme der deutschen Nation, Gelehrsamkeit und Sprache*. Insbesondere ging es ihm um die *utilitas*, den Praxisbezug der Wissenschaften. Die Akademie nahm einen erfreulichen Beginn. Von 1710 an publiziert sie die *Miscellanea Berolinensia* und erreichte so ein weites Publikum. Aber schon bald wurde dies anders. Es begann das Regime des patriarchalischen Friedrich Wilhelm I., der andere Interessen hatte und die Akademie bewußt vernachlässigte, da Landesverwaltung und Förderung der Armee wichtiger erschienen. Die Akademie mußte sich auf die Publikation von militärwissenschaftlichen Abhandlungen reduzieren. Erst sein Nachfolger, der philosophisch interessierte Friedrich II., hatte wiederum volles Verständnis für die Rolle einer königlichen Akademie. Von 1741 an blühte sie wieder auf und versuchte mit Erfolg, einen ersten Platz in der wissenschaftlichen Welt zu erreichen. Man berief den Mathematiker Leonhard Euler. Der Physiker Maupertuis übernahm das Direktorium bis zu seinem Tod, von wo an es der König persönlich wahrnahm.

Die Akademie ist nun in vier Klassen eingeteilt:
Die Klasse der experimentellen Philosophie umfaßt die Chemie, die Anatomie, die Botanik und alle Experimentalwissenschaften. Die mathematische Klasse umfaßt die Geometrie, Algebra, die Mechanik, die Astronomie und alle abstrakten Wissenschaften. Die Klasse der spekulativen Philosophie umfaßt Logik, Metaphysik und die Moral, die Ethik. Die Klasse der schönen Künste umfaßt die Altertumswissenschaften, die Geschichte und die Sprachen.

Es handelte sich also um eine Akademie für so gut wie alle wissenschaftlichen Gebiete. Die Leitung lag beim Präsidenten und beim Sekretär – letzterer war über Jahrzehnte ein Berliner Hugenottensprößling, Johann Heinrich Samuel Formey. Jede Klasse besaß einen Direktor und einen Kurator, dem die finanzielle Verwaltung anvertraut war. Die Finanzen beschaffte man sich unter anderem durch den Verkauf von Kalendern. Die Mitglieder waren eingeteilt in die sechzehn ordentlichen Mitglieder, die in Berlin Wohnsitz hatten und ein Gehalt bezogen. Eine zweite Gruppe bildeten die auswärtigen oder korrespondierenden Mitglieder, Gelehrte, die – in ganz Europa verteilt – durch diese Mitgliedschaft in freier Verbindung zur Akademie standen. Schließlich konnten Ehrenmitglieder ernannt werden. Die Aufnahme in die Akademie war Sache des Präsidenten bzw. des Königs. Die Mitglieder waren vornehmlich Franzosen, oft protestantischer Konfession, und Schweizer. Der König zog diese der Weltsprache mächtigen Wissenschaftler gerne deutschen vor. Bekanntlich hat er sich gegen Lessings Ernennung gewandt.

Die ordentlichen Mitglieder haben die Verpflichtung, pro Jahr zwei Abhandlungen vorzulegen. Diese werden in den

Versammlungen der Akademie verlesen und nachher in den *Mémoires* publiziert. Auch weitere Veröffentlichungen sind möglich. Wichtig ist das Korrespondenznetz in ganz Europa, sei es mit den korrespondierenden Mitgliedern oder mit anderen Akademien.

Die Akademie wendet sich jährlich mit Preisausschreiben an eine weitere Öffentlichkeit. Deren Themen sind etwa: Unendlichkeit in der Mathematik, Veränderung der Nahrungsmittel im menschlichen Körper, Untersuchung des Prinzips ‚Alles ist gut' oder die Siedlungsbewegung in Ostdeutschland.

Die friderizianische Akademie sollte zwischen 1740 und 1770 die typische Akademie der Aufklärung sein. Da die Publikationen in französischer Sprache erschienen, war die Wirkung von vornherein groß. Es war deutsche Aufklärung in französischer Sprache. Die Akademie wirkte bahnbrechend für freiere Auffassungen, jene Auffassungen, mit denen der König so gerne kokettierte. 1745 sagt der Sekretär der Adademie, Formey: „Es war nur natürlich, daß man daran arbeitete, die Schlüssel zu polieren und zu verbessern, die alles öffnen können, was für die menschliche Intelligenz geöffnet werden kann." Dilthey lobt die „über die ältere Philosophie" hinausschreitende Arbeitsmethode, d. h. die psychologisch-historische Betrachtung der Erscheinungen. Weltanschaulich setzte sich die Akademie zur Aufgabe: „Die Verteidigung der göttlichen Personalität und der moralischen Verantwortung des Menschen durch Gründe der Vernunft".

Die Akademie alterte mit dem König. Von 1770 an übernahmen andere Kräfte die geistige Führung in Deutschland. Doch blieb sie weiterhin bestehen. Von der Gründung der Universität in Berlin an trat sie in enge Verbindung mit dieser neuhumanistischen Modellhochschule des 19. Jahrhunderts.

Hans Poser

Nichts ist ohne Grund.
Die Philosophie des Gottfried Wilhelm Leibniz

Die Sicherung des Wissens ist nicht so voraussetzungslos, wie es Descartes' Methodenlehre scheinen läßt; denn wieso ist Erkenntnis überhaupt möglich, wieso ist die Welt mit der Vernunft erfaßbar? Für Leibniz ist diese Frage der Ausgangspunkt, und er beantwortet sie mit seinem „großen Prinzip": *Nihil est sine ratione sufficiente*, nichts ist ohne zureichenden Grund. Dieses *allgemeine Prinzip des Grundes* im weitesten Sinne ist, so würden wir heute sagen, die apriorische Voraussetzung aller Erkenntnis; ohne es wären weder Logik noch Mathematik, weder die cartesische Reflexion noch Lockes angeblich nur auf Erfahrung beruhende Erkenntnis möglich. Das Prinzip ist seinerseits nicht weiter begründbar, weil eine Begründung zirkulär wäre; es läßt sich allenfalls plausibel machen, denn würde es nicht gelten, könnte Gott etwas ohne Grund schaffen, also etwas Unbegründetes denken.

Wenngleich nichts ohne Grund ist, so sind doch die Gründe jeweils sehr unterschiedlich. Deshalb zerfällt das allgemeine Prinzip des Grundes seinerseits in das Prinzip des Widerspruchs und der Identität und das Prinzip des zureichenden Grundes im engeren Sinne. Das *Prinzip des Widerspruchs und der Indentität* wird von Leibniz unterschiedlich formuliert, mal im Sinne des Bivalenzprinzips – jede Aussage ist entweder wahr oder falsch, mal als „Prinzip des Widerspruchs, kraft dessen wir alles als falsch bezeichnen, was einen Widerspruch einschließt, und als wahr alles das, was dem Falschen kontradiktorisch entgegengesetzt ist"; schließlich in ontologischer Form: Etwas kann nicht zugleich sein und nicht sein. Die letzte Formulierung zeigt, daß Leibniz jede logische Aussage zugleich als ontologische sieht. In der Fassung des Bivalenzprinzips gilt das Prinzip für alle Aussagen, reicht aber nicht aus, festzustellen, ob eine Aussage wahr ist. In der Fassung der *Monadologie* hingegen wird darüber hinaus für einige Fälle der Wahrheitswert einer Aussage bestimmt: Wahr sind danach Aussagen, deren Negation einen Widerspruch enthält, insbesondere also Identitäten. Da Leibniz diese Bestimmung zugleich als Definition der Notwendigkeit verwendet und die *Vernunftwahrheiten* als die notwendigen Wahrheiten definiert, ergibt sich, daß die Vernunftwahrheiten diejenigen Aussagen sind, die allein aufgrund des Widerspruchsprinzips wahr sind. Zu ihnen zählen alle mathematischen, geometrischen und logischen Aussagen, von all denen Leibniz (fälschlich) annimmt, sie seien durch eine Rückführung auf identische Aussagen beweisbar. – Da das Prinzip des Widerspruchs als Grundprinzip des Denkens eine fundamentale Eigenschaft aller Wahrheiten (ihre Widerspruchsfreiheit), insbesondere der notwendigen Wahrheiten (die Widersprüchlichkeit, also Falschheit ihrer Negation) ausdrückt, kann es nicht auf göttlicher Willkür beruhen, ebensowenig wie Logik und Mathematik.

Nun gibt es Aussagen, deren Negation keinen logischen Widerspruch enthält: die kontingenten Aussagen. Die wahren kontingenten Aussagen sind die den Vernunftwahrheiten entgegengesetzten *Tatsachenwahrheiten*. Sie genügen dem *Prinzip des zureichenden Grundes* im engeren Sinne. Es besagt, daß „niemals etwas ohne eine Ursache oder einen bestimmten Grund geschieht". Es ist nicht auf das Prinzip des Widerspruchs rückführbar; es ist also nicht notwendig, sondern selbst kontingent. Damit, so können wir sagen, stellt es eine apriorische, aber nicht (logisch) notwendige Voraussetzung aller Tatsachenerkenntnis dar. Mit Nachdruck betont Leibniz, man könne nicht aufgrund von Experimenten feststellen, daß die Natur gesetzmäßig sei; vielmehr setzt jede Beobachtung und jedes Experiment deren Gesetzmäßigkeit voraus! Kants Auffassung, der Verstand schreibe der Natur die Gesetze (eigentlich: die Gesetzesform) vor, hat hier ihre Wurzeln.

Das Prinzip des zureichenden Grundes – künftig im engeren Sinne – gilt erstens für Sachverhalte dieser Welt, indem es ausspricht, daß jeder Sachverhalt eine kausale Ursache und damit eine nicht abreißende unendliche Kausalkette besitzt. Es gilt zweitens für menschliche Handlungen; dann spricht es aus, daß es zu jedem Handeln eine vollständige Kausalkette gibt, die auch die inneren Zustände einschließt. Schließlich gilt das Prinzip für das Handeln Gottes, denn Gott handelt nie aus Willkür; entsprechend verlangt das Prinzip finale Gründe göttlichen Handelns. Da Gott aber nur das Beste will, nennt Leibniz das Prinzip des zureichenden Grundes in dieser Gestalt das *Prinzip des Besten*, das den zureichenden Grund für die *Existenz* dieser Welt und damit eines jeden einzelnen Dinges angibt. Es besagt, daß Gott von den logisch möglichen Welten diejenige ausgewählt und geschaffen hat, die die reichste an Erscheinungen und zugleich die geordnetste ist. Gott muß diesem Prinzip nicht im Sinne einer logischen Notwendigkeit folgen, sondern nur im Sinne einer *moralischen Notwendigkeit*. Hierbei setzt Leibniz voraus, daß etwas nicht deshalb gut ist, weil Gott es will, sondern daß Gott etwas will, weil es gut ist: Gott kann das, was gut ist, ebensowenig festsetzen, wie das, was logisch wahr ist. Auch wenn Leibniz hierin keine Einschränkung der Allmacht Gottes sieht, sondern nur eine Feststellung über das Wesen Gottes, wird damit ein Schritt in Richtung des Deismus und eine Lösung der Philosophie von der Bindung an den Gottesbegriff getan. Denn erstens unterscheiden sich menschliche und göttliche Vernunft nur graduell, nicht aber prinzipiell; zweitens fungiert Gott nur als Bezeichnung für das logisch und moralisch Vernünftige, nicht aber als Garant dieser Vernünftigkeit. Was bleibt, ist der die Welt schaffende und in ihrer Existenz erhaltende Gott. Weil aber die Welt nach logisch und moralisch vernünftigen Prinzipien erschaffen ist, kann sie vom menschlichen Denken erkannt werden. Und zugleich muß sie Ausdruck der universellen Harmonie sein, weil sie dem Prinzip des Besten genügt. Leibniz legt damit den Grund für das Vertrauen in die Vernunft, das die Aufklärung beflügeln sollte.

Volker Press
Auf dem Weg zur Staatsmacht

Für die Konzentration der staatlichen Gewalt in der Hand des Fürsten hat sich besonders in Deutschland der Begriff des „Absolutismus" eingebürgert. Der Fürst sollte – so die Vorgaben der absolutistischen Staatstheorie – nicht despotisch regieren. Er war an die Rechtsnormen und Traditionen gebunden, hatte die christliche Staatsidee ebenso zu achten wie Freiheiten und Eigentum des einzelnen. Dabei trat jedoch die Vorstellung von einer „Staatsräson" hervor, die das Handlungsprinzip im Interesse des Staates zu einer ethischen Pflicht erhob. Doch erkannte man durchaus die daraus folgende Gefährdung der älteren Herrschaftsmaximen. Man ist deshalb nicht bedingungslos den Forderungen des Staatsinteresses gefolgt, wie es bei den Machtkämpfen zur Zeit der italienischen Renaissance der Florentiner Stadtschreiber Niccolò Machiavelli (1469–1527) in seinem „Principe" (erschienen 1535) gefordert hatte. Vielmehr wurde der Franzose Jean Bodin (1529/30–1596) mit seinen „Six livres de la république" (1576) zum Theoretiker des absolutistischen Fürstenstaates. Bodin formulierte, daß es Hauptaufgabe „des souveränen Magistrats" und absolute Notwendigkeit sei, „allen Untertanen ohne deren Zustimmung Gesetze aufzulegen". Die Beteiligung der Stände oder des Parlaments von Paris sei nur Dekoration. Er entwarf „ein Idealbild der Monarchie von einzigartiger Einprägsamkeit, propagierte die Fürstenherrschaft als vollkommenste unter den Staatsformen".

Im Westfälischen Frieden wurde der autonome Fürstenstaat festgeschrieben – er und nicht der Reichsverband sollte zum Träger staatlicher Entwicklungen werden. Aber die deutschen Fürstenstaaten stießen rasch an ihre Grenzen. Sie hatten zwar im Krieg den staatlichen Konzentrations- und Durchdringungsprozeß vielfach verstärken können, hatten die Landesordnungen des 16. zur landesfürstlichen Polizei des 17. Jahrhunderts ausgebaut. Aber: Die größeren Territorien stellten zumeist Konglomerate von unterschiedlichen Landesteilen dar, die, vornehmlich durch die Person des Herrschers zusammengehalten, eifrig über ihre Sonderrechte wachten. Innerhalb der Fürstenstaaten gab es zudem zahlreiche halbautonome Gebilde und Korporationen, geistliche wie weltliche: Städte, Landgemeinden, adelige und kirchliche Herrschaften, Universitäten, die oft ihrerseits wiederum durch Korporationen bestimmt waren, bis hin zu geistlichen Bruderschaften. So sehr der Westfälische Friede einerseits den Fürstenstaat begünstigen wollte, so sehr schützte andererseits sein rechtswahrender Charakter die Ansprüche aller dieser Korporationen. Ihre Positionen waren einklagbar – und so bedeutete die Durchsetzung landesfürstlicher Autorität ihnen gegenüber vielfach einen wichtigen Prozeß der Emanzipation des Landesstaates von der Autorität des Reichsverbandes, der zum Schutz alter Rechte berufen war. Aber diese Emanzipation war schwer zu bewerkstelligen.

Denn auch die absolutistischen Herrscher tasteten die ständische Gesellschaft nicht an, die das soziale Fundament ihrer Herrschaft bildete. Der Adel war als Elite schlechterdings nicht ersetzbar und durch seine Privilegien geschützt. Überhaupt bedeutete der Schutz von Privilegien viel stärker die Funktion des absolutistischen Fürstenstaats als ihre Überwindung – auch von daher waren dem Absolutismus seine Grenzen eng gesteckt. Das Ideal eines einheitlichen Untertanenverbandes schimmerte zuweilen auf: Der ebenso kluge wie exzentrische Landgraf Moritz von Hessen wollte zu Beginn des Dreißigjährigen Krieges ohne den Adel regieren und schuf sich damit eine permanente Opposition, die ihm schließlich die Basis der Herrschaft entzog.

Die Domestizierung des Adels hatte zwar dessen Freiräume beschränkt, aber der Adel war anpassungsfähig; er gewann in den Territorien wieder an Boden; er hatte um 1600 bereits sehr deutlich die Tendenz gezeigt, die bürgerlichen Beamten des Landesfürsten, ehedem eine gefährliche Konkurrenz, aufzusaugen oder abzuwehren; hinzu kamen eine verbesserte Bildung und Leistungsbereitschaft, geeignet, die Vorteile der bürgerlichen Beamten auszugleichen. Hier lag zugleich eine Voraussetzung für die Renaissance des Hofes, der im 16. Jahrhundert in eine Krise geraten war – Fürsten und Adel gingen eine neue Symbiose ein, die ebenfalls durch den Krieg gefördert wurde. Der Adel begriff den sozialen Rückhalt des stabilisierten Fürstenstaats, die Vorteile des Fürstendienstes in verstärktem Maße – er gab es deshalb auf, den Fürstenstaat zu bekämpfen. Vielmehr behauptete er die führende Position in diesem Staat – an der Spitze von Armee und Bürokratie. Es diente aber auch dem Prestige des Fürsten, einen zahlreichen Adel um sich zu versammeln – auch von daher war er keineswegs durch Bürgerliche ersetzbar.

Das bürgerliche Beamtentum des 17. Jahrhunderts hatte sich längst nicht als das Instrument erwiesen, das sich beliebig gegen den Adel einsetzen ließ – die Nobilitierung war ein durchgängiges Ziel, die Rezeption adeliger Verhaltensweisen ein sehr häufiges Phänomen. Ferner unterlag auch das Beamtentum dem gleichen Oligarchisierungsprozeß wie die Adelsgesellschaft. Offenbar lag hier eine entscheidende Barriere gegen den Ausbau der Bürokratie mit Hilfe von Bürgerlichen. Aber auch das neugeschaffene, nunmehr öfter nobilitierte Beamtentum schloß sich seinerseits nach unten ab, zeigte oligarchische Tendenzen und wähnte sich als Mitinhaber des Landes. Das führte nicht nur zu Reibereien mit dem alten Adel, dem man sich gleichwohl anschließen wollte, sondern auch zur Lösung von den Staatszielen des Fürsten.

Dies alles wird bei der Bewertung des deutschen Absolutismus zu berücksichtigen sein – den kleineren Territorien des Reichsverbandes waren in seiner Durchsetzung ohnehin enge finanzielle und machtpolitische Grenzen gesetzt. Gerhard Oestreich hat auf einen Prozeß der „Sozialdisziplinierung" hingewiesen, der seine Anstöße aus der Konfessionalisierung bezog. Träger waren nicht die traditionellen Führungsgruppen, sondern aufsteigende Kräfte. Die Disziplinierung der Untertanen stabilisierte die Stellung der Obrigkeit, der Landes-, Grund- und Gutsherren, der städtischen Magistrate. Die Verrechtlichung der Konflikte stützte die landesfürstliche Schiedsrichterrolle, stärkte aber auch die Position der Herren in unvorhergesehenen Krisensituationen. Überdies erfaßte, wie jüngst wieder Helga Schnabel-Schüle gezeigt hat, die gesetzgebende und auch die strafende Tätigkeit des Fürsten und seiner Beamten immer weitere Bereiche des Lebens. Dies begünstigte die Kontrollmechanismen der ständischen Gesellschaft – so findet man neben der von Oestreich geschilderten vertikalen Sozialdisziplinierung, also von oben nach unten, auch eine horizontale innerhalb der Gesellschaft (Schnabel-Schüle), die wiederum deren Abhängigkeit vom Fürsten verstärkte. Die verstärkte Rolle des Landesfürsten ließ zwar die ständische Gesellschaft im Prinzip unangetastet, begann aber doch deren Grundlagen zu verändern und höhlte sie so stark aus, daß mit dem Untergang des Alten Reiches ein morsches Gebilde zusammenbrach, als der äußere Schutz wegfiel.

Natürlich gab es immer noch Freiräume. Im Reich waren die bedeutendsten Gegengewichte gegen den Absolutismus die Beziehungen zum Kaiser und die Querverbindungen der katholischen Kirche – beide trachteten die Landesherren nach Möglichkeit zu beseitigen oder wenigstens zu relativieren. In beiden Fällen erwies sich dies jedoch als außerordentlich schwierig, und der jeweilige Status war ein Gradmesser für die Stärke des einzelnen Landesfürsten.

Auch wenn im 17. Jahrhundert der deutsche Territorialherr die Förderung bürgerlicher Beamter als Alternative zum Adel wieder zurückzunehmen schien, spielten diese immer noch eine beträchtliche Rolle in jenen Bereichen, die traditionell dem Adel verschlossen blieben, etwa in der Finanzverwaltung. Aber nach wie vor drängten sie in den Adel, ob sie sich mit ihm amalgamierten oder aber unter dem alten Adel eine „zweite Gesellschaft" bildeten. Zu einer „Fraktionierung des Adels" (Kunisch) reichte die deutsche Entwicklung in der Regel nicht aus. Erst im 18. Jahrhundert sollte das Bürgertum verstärkt seine Stimme erheben. Vorerst spielte für bürgerliche Aufsteiger nicht nur der Adelsbrief, der im Reich in der Regel nur vom Kaiser verliehen werden konnte, sondern auch die Aufnahme durch die neuen Standesgenossen die entscheidende Rolle. Die weitaus größere Stabilität des Adels in Deutschland (verglichen mit den Ländern Westeuropas) dürfte hier bestimmend gewesen sein.

Nach dem Desaster des Krieges erlebte der deutsche Fürstenhof eine schnelle Renaissance – dies unterstrich die erfolgreiche Durchsetzung fürstlicher Würde, die Betonung von Gottesgnadentum und Abgehobenheit von den gewöhnlichen Untertanen. Die Herrscher von Gottes Gnaden trieben oft eine sehr intensive Selbstdarstellung mit standesgemäßer Kleidung nebst Allongeperücke, höfischer Architektur, ausgeklügeltem Zeremoniell und Distanz zum gewöhnlichen Volk. Der Hof war eine – oft perfekte – Demonstration; er erhob nicht nur den Herrscher über den Adel, sondern zudem den Adel über das gewöhnliche Volk – Bürgerliche taten sich schwer im höfischen Gefüge; mancher Künstler oder Musiker fühlte sich dort gedemütigt. Der Hof war eine Stätte der Begegnung zwischen Herrscher und Adel, ein Ort des Vergnügens – neben der Apotheose des Herrschers wurde auch dem Spieltrieb des Adels Rechnung getragen. Höfischer Prunk diente der Reputation und konnte sogar den Kredit des Herrschers stärken. Dafür flossen die Mittel des Landes reichlich an die Höfe. Die Höfe waren nicht nur Instrument herrscherlicher Selbstdarstellung, sondern auch Stätte des Ausgleichs zwischen Fürsten und Adel.

Natürlich stand dahinter auch eine Domestizierung des Adels; sicher erleichterte der erneuerte Hof die Einübung von Dienst und Gehorsam, demonstrierte er den einst so oppositionellen Herren die Überlegenheit des Fürsten. Aber er spiegelte auch die traditionellen Strukturen der ständischen Gesellschaft, an der der Herrscher nur partiell zu rütteln vermochte. Der Hof war somit kein bloßes Domestizierungsinstrument, sondern er blieb das traditionelle Zentrum des Regierens, und er war wesentlich durch die Patronage- und Klientelbeziehungen des Adels bestimmt, Stätte adeliger Einflußnahmen, des Ausgleichs zwischen Herrscher und Land, ja sogar zwischen Herrscher und außerterritorialem Umfeld. So blieben die Höfe von Ansbach, Bayreuth, Ludwigsburg oder Darmstadt, aber auch die der geistlichen Staaten im Südwesten für die Reichsritterschaft attraktiv.

Die Verwaltungsentwicklung hatte gegen Ende des 16. Jahrhunderts einen gewissen Höhepunkt erreicht. Der fürstliche Rat hatte sich verfestigt; neben den Adel waren – häufig in paritätischer Besetzung – die gelehrten Juristen getreten. Auch die Hofgerichte hatten sich institutionalisiert. Zentrum des Regierens blieb die Kanzlei – daneben besaß der Fürst in der Regel ein persönliches Schreibbüro, die „Kammerkanzlei". Durch Ausdifferenzierung des Rates oder auch aus der Kammerkanzlei heraus erwuchs der Geheime Rat, der die wichtigsten, dem Fürsten vorbehaltenen Geschäfte zu bearbeiten hatte. Als Finanzbehörde etablierte sich die Rechen- oder Hofkammer, mit in der Regel bürgerlichen Beamten. Aber auch sie vermochten es zunächst nicht, mit dem komplizierten, oft schwach ausgebildeten System der territorialen Einnahmen fertig zu werden; die Buchhaltung war primitiv, die Geldtransaktionen gestalteten sich sehr kostenintensiv. In vielen Territorien existierte überdies eine parallele landständische Finanzverwaltung, hinzu kamen in den protestantischen Ländern die Kirchenbehörden, der Kirchen- oder Konsistorialrat für die geistlichen Angelegenheiten und oft eine eigene Behörde für die in staatliche Regie übergegangenen geistlichen Gefälle. Aber auch das katholische Bayern legte sich seit 1570 einen Geistlichen Rat zu, der die staatskirchlichen Interessen gegenüber den Bischöfen wahrte.

Dazu kam der Prozeß der „Militarisierung". Der Krieg hatte die außerordentliche Bedeutung der stehenden Heere klargemacht, die seither als ein wichtiges Attribut jedes bedeutenden Fürstenstaates galten. Nun konnte sich aber nur ein Territorium mit hinreichenden finanziellen Ressourcen ein solches Heer leisten, denn es bedeutete eine erhebliche Belastung. So hatten die Stände von ihrem Standpunkt aus mit ihrer Opposition gegen ein solch kostspieliges Instrument nicht unrecht, weniger wohl, weil sie es als Waffe gegen sich selbst fürchten mußten. Andererseits hatte sich die Verpflichtung von Kriegsunternehmern ebenfalls als Ballast für die Integrität eines Territoriums erwiesen, wie selbst der Kaiser an den relativ selbstständigen Operationen Wallensteins hatte erfahren müssen. Kurzum, die Verfügung über eine eigene Armee war ein wichtiges Attribut fürstlicher Handlungsfähigkeit. Eine Armee bedurfte der Versorgung mit Geld und Naturalien, aber auch eigener Behörden. Klar war, daß sich nur die größeren Herren im Reich einen „miles perpetuus" leisten konnten – und ihre Zahl war in der zweiten Hälfte des 17. Jahrhunderts begrenzt. Der Aufbau stehender Heere, begünstigt durch den „Jüngsten Reichsabschied" von 1654, schied somit die deutschen Territorien in zwei Klassen.

Zieht man Bilanz, so wird offenkundig, daß dem Absolutismus im Reich sehr deutliche Grenzen gesetzt waren. Dies lag einmal an der Kleinheit der Territorien; die absolutistische Attitüde manches Duodezfürsten wirkte bereits auf die Zeitgenossen lächerlich. Die Nähe kleinerer Fürsten und Grafen im Reich zu den Spitzen des landsässigen Adels – oft wurden sie von Aristokraten der österreichisch-böhmischen Erblande an Macht und Reichtum übertroffen – erwies sich als viel zu groß, als daß sich darauf eine Demonstration absolutistischer Überlegenheit gründen ließ. Dazu kamen als zweite Barriere die Spielregeln der altständischen Gesellschaft, die ein sich absolutistisch gebender Fürst nicht ohne weiteres beseitigen konnte. Sie fanden ihrerseits eine Stütze im sozialkonservativen System des Westfälischen Friedens – und dazu kam noch die Oberherrschaft des Kaisers, die auch nach 1648 aus der deutschen Reichsgeschichte nicht verschwand und fürstlicher Willkür Grenzen setzte.

Wolfgang Braunfels
Die Hybris von Landesfürsten

Sie waren nicht Kaiser, die Kurprinzen von Sachsen und Bayern, mit denen 1719 in Dresden und 1722 in München zwei Kaisertöchter vermählt worden sind. Jedoch ihre Väter, August der Starke als Kurfürst von Sachsen und König von Polen wie Max Emanuel als Kurfürst von Bayern, rechneten fest damit, daß sie es einmal werden müßten. Denn es stand nicht gut um die männliche Nachfolge im Hause Habsburg. Kaiser Joseph I. hatte nur zwei Töchter hinterlassen, und auch sein Bruder und Nachfolger Karl VI. hatte bisher nur Mädchen bekommen. [...]

Die Feste, die für die beiden Hochzeiten in Dresden und München ausgerichtet worden waren, sollten an Aufwand und Dauer alles bisher Gesehene übertreffen. Man wollte aller Welt zeigen, daß jedes der beiden Kurfürstentümer nunmehr in ein Zeitalter der großen Politik eintreten werde.

August der Starke hatte schon 1711 beim Tode Josephs I. als Vikar des Reiches ein altererbtes Recht seines Hauses wahrgenommen. Fast ein Jahr vertrat er den Kaiser in seinen Reichspflichten, ehe der neue aus Spanien ankam, gewählt und gekrönt werden konnte. Max Emanuel forderte im Spanischen Erbfolgekrieg, in dem er auf der Seite Ludwig XIV. stand, zum mindesten eine Königskrone. Sein Sohn Karl Albrecht ist 1741 nach dem Tode Kaiser Karls VI. von sechs der sieben Kurfürsten in Frankfurt zum Kaiser Karl VII. gewählt worden. Die drei Jahre, die er die Krone trug, die für ihn immer zu schwer gewesen ist, haben Kurbayern, ja dem ganzen Reich nur Unglück gebracht. Doch für dieses ersehnte Kaisertum haben beide Kurfürsten, August der Starke und Max Emanuel, Kaiserschlösser gebaut und weit zahlreichere geplant oder planen lassen. [...]

August der Starke ließ die Braut aus Wien in Pirna an der Elbe durch 15 holländische Jachten mit weiß und rot gekleideten Matrosen am 2. September abholen. Über 100 Gondeln begleiteten die Fahrt. Die Erzherzogin selbst bestieg den Bucentaurus, das venezianische Staatsschiff, das August der Starke schon lange zuvor kopieren und für diesen Anlaß neu vergolden ließ. Weit vor der Stadt landete man. Es ordnete sich ein Festzug aus Karossen. Von auswärts waren sieben Fürsten, nahe an 200 Grafen, über 200 Barone und 500 Edelleute erschienen. Je nach Rang bestieg man vier- und sechsspännige Karossen, die Braut selbst als einzige fuhr achtspännig. Sie trug spanische Hoftracht, und ihr Wagen wurde von schwarzen napolitanischen Rappen gezogen. Vor ihr ritt der Leibmohr, ihm folgten 24 andere Schwarze in weißem Atlas mit roten Turbanen. Man wollte vortäuschen, daß ihre Reinheit von einem Heer von Eunuchen bewacht würde. Hinter der Karosse folgte zu Pferd der Kurprinz, dessen Purpurgewand von Diamanten fast zugedeckt erschien. Es sollen 100 Karossen gewesen sein, die ein alter Stich bei dem Zug die Elbe entlang nach Dresden zeigt. Sie wurden durch Läufer mit langen Stöcken begleitet, Schweizer mit Hellebarden in den Farben von Sachsen, Türken und Mohren in polnischen Farben, Pagen in spanischen Kleidern. Von der Armee waren 24 Generale in Scharlachuniform mit goldenen Knöpfen erschienen, neun Escadrons Reiter in verschiedenen Uniformen, angeblich 6000 Mann zu Fuß.

Im polnischen Königsornat empfing August der Starke in seinem gelben Samtzelt vor der Stadt die Braut. Er selbst trug sich in Purpur, und die Juwelen an seinem Gewand schätzten die Zeitgenossen auf einen Wert von zwei Millionen Talern. Das wäre ein Viertel des Staatshaushaltes von Sachsen gewesen. Der Kurfürst hatte nicht nur ein Opernhaus neben dem Zwinger und ein Theater – dieses freilich nur in Holz – in größter Eile fertigstellen lassen. Er trug auch Sorge dafür, daß rechtzeitig ein berühmter Komponist aus Venedig, der Dirigent Lotti, eintraf, zugleich seine ausgewählte Truppe, eine französische Komödie, ein Ballett.

Am 2. September ist die Braut eingeholt worden. Den 3. begann man mit einem ‚Te Deum‘, auf das das Festmahl folgte, wo an neun Tafeln mit je 30 Gedecken gespeist worden ist. Am Abend war die Uraufführung der Oper von Lotti, ‚Giove in Argo‘, und jeder wußte, daß mit diesem Jupiter der Kurfürst gemeint war. Am 4. September folgte der erste der großen Bälle, die alle von sieben Uhr abends bis vier oder fünf Uhr morgens gedauert haben. Fast 100 Musiker spielten auf. Drei Mahlzeiten unterbrachen die Tänze, von denen die erste von 24 polnischen Pagen in ihren Farben gereicht worden ist, die zweite von sächsischen in den ihren und eine dritte – mit der niemand mehr gerechnet hatte – von 24 Mohren. Am 5. September gab man Corneille, ein ernstes Stück. Am 6. folgte eine Kampfjagd mit Bären. Am 7. eine zweite Oper, die von sieben bis zwei Uhr gedauert hat, bei der jedoch Zwischenmusiken es dem Kurfürsten erlaubten, ausgedehnt im Parterre zu tafeln, während den Damen in den Logen kleine Tische mit Köstlichkeiten gebracht wurden.

Höhepunkte waren die Reiterspiele oder Karussells im Zwinger. In besonderem Glanz erstrahlte an einem weiteren Abend der Stolz Dresdens, das Meißener Porzellan im Japanischen Palais, während von sieben Kastraten der Wettbewerb der sieben Planeten um die Gunst der Braut ausgetragen wurde. Ausdrücklich bemerkt der Chronist, daß man anschließend das Souper auf Porzellan an zehn Tafeln serviert hat und als Abschluß ein Feuerwerk jenseits der Elbe abgebrannt worden ist, durch das die Eroberung des Goldenen Vlieses – des Hausordens von Habsburg – durch Jason dargestellt erschien. Es gab noch viermal eine neue Oper, weitere dreimal spielte man französische Komödie, ein einziges Mal wurde ein deutsches Bauernstück gezeigt.

Fünf Götterfeste unterbrachen den Kunstgenuß, ein Jupiterfest im Zwinger, ein Dianafest an der Elbbrücke, in dessen Verlauf 400 Hirsche in den Fluß getrieben wurden, um dort erlegt zu werden, ein Merkurfest auf dem alten Markt von Dresden, in dem die Nationen maskiert ihre Waren feilboten, Italiener, Spanier, Franzosen, Holländer, Polen, auch verschiedene deutsche Gruppen, von wo man dann in den Zwinger zog, der von 60 000 Kerzen erleuchtet war. Merkur als dem Gott des Handels sollte mit besonderem Aufwand gehuldigt werden.

Das durfte nur noch von dem Venusfest übertroffen werden. Es begann mit einem Wagenrennen im Kreis mit als Amazonen verkleideten Damen, die man an der einen entblößten Brust erkannte. Es folgte die Aufführung eines Singspiels im Garten, die Vier Jahreszeiten, das von Hofdamen und Kavalieren aufgeführt worden ist, demnach von lang her einstudiert gewesen sein muß. Dann erst das Souper, dem sich die Illumination des Gartens mit Wachsfackeln und Öllampen anschloß, während man am jenseitigen Elbufer ein riesenhaftes Holzfeuer entzündet hatte. Das Ende brachte ein Ball, für den ein Bretterpodium am Teich des ‚Großen Gartens' aufgeschlagen war. Das letzte der Götterfeste war dem Saturn gewidmet und wurde das berühmteste. Man hatte als Schauplatz ein entfernteres Felsgelände gewählt, den Plauenschen Grund. Zu Beginn wurden lebende Hirsche und Bären von den Felsen herab in den Tod gestürzt. 1500 Bergleute waren aus dem Erzgebirge abkommandiert worden, um mit Grubenlichtern und Fackeln dem Brautpaar Erz noch im Gestein und Silber zu überreichen, aus dem ein Kupido vor allen Augen Münzen schlug. Zu beiden Seiten eines Saturntempels aus Holz hatte man feuerspeiende Berge aufgeschüttet. Das Ende der Feierlichkeiten bildete erneut eine Uraufführung Lottis in der Oper.

28 Tage Hochzeitsfeiern! Das mußte nicht nur die Kassen des Landes erschöpfen, sondern auch alle Teilnehmer mit Ausnahme des herkulischen Fürsten, der überall gegenwärtig war, immer wieder Gelegenheit fand, sich gastfreundlich und von überschwenglicher Herzlichkeit zu zeigen. Die Festfolge war so gewählt, daß sie dem Geschmack der 20jährigen Braut entsprach: Musik, Theater, Maskeraden, Tanz.

Max Emanuel von Bayern mußte hingegen für die Hochzeit der jüngeren Schwester Marie Amalie 1722 in München die Jagd in den Mittelpunkt stellen. Man hatte erkundet, daß die junge Dame eine passionierte Jägerin war. Sie sollte es zeit ihres Lebens bleiben. Auch Bayern hatte sich vordem darum bemüht, für seinen Kurprinzen Albrecht die ältere Marie Josepha zu gewinnen. Jedoch davon wollte man in Wien nichts wissen, da man die Ansprüche des bayrischen Hauses auf die Kaiserkrone kannte. Auch waren Unsummen nötig, um alle einflußreichen Persönlichkeiten am Kaiserhof zur Befürwortung dieser gefährlichen Heirat zu bewegen. Noch kostspieliger waren die Brautgeschenke. Sogar die Hochzeitsgäste aus dem Adel mußten ihre Reisespesen nach München durch weit wertvollere Juwelen in schönen Buketts ersetzt bekommen. Im ganzen hat diese Hochzeit vier Millionen Gulden gekostet, fast das gesamte Haushaltsbudget des Kurstaates Bayern für ein Rechnungsjahr. Dabei war man schon vorher mit über 30 Millionen

Gulden verschuldet gewesen, die dann weder der Bräutigam noch sein Sohn in ihren Regierungszeiten je zurückzahlen konnten. Umschuldungen wurden in jedem Jahrzehnt des 18. Jahrhunderts notwendig.

Wie in Dresden der Zwinger sollte in München Schleißheim, das schon als Kaiserschloß geplant worden war, nun in großer Eile für die Staatsempfänge vollendet werden, was nicht ganz gelang. Der Beichtvater Max Emanuels, Pater de Bretagne, hat über die Hochzeitsfeierlichkeiten einen ausführlichen Band verfaßt. Bei ihnen wechselten sich wie in Dresden Oper, Theater, Maskeraden, Feuerwerke in den verschiedenen Schlössern und der Münchner Residenz selbst ab. Im Mittelpunkt jedoch standen die Jagden. Als besondere Leistung hob der Pater hervor, daß die 21jährige Jungvermählte an einem Tag im Forst von Schleißheim vier Wildschweine, mehrere Rehe und zahlreiche Fasane mit der Büchse erlegt habe. Bei diesem Gemetzel fielen freilich 84 Sauen der Festgesellschaft insgesamt zum Opfer. Später sollte den Namen der Braut allein das Jagdschloß im Park von Nymphenburg, das ihr der Gemahl geschenkt hatte, die Amalienburg von Cuvilliés, am Leben halten. Es wurde das vollkommenste Lustschloß auf deutschem Boden. Dem Glanz der Hochzeitsfeierlichkeiten entsprach weder in Dresden noch in München der spätere Lebensstil der beiden Bräutigame.

IV. Aufgeklärte Kultur
in aristokratischem Gewand

Hans-Ulrich Wehler
Dezentralisierter Frühkapitalismus:
das Verlagswesen

Einer der bedrohlichsten Rivalen, denen der Zunfthandwerker auf dem Binnenmarkt begegnete, war seit jeher der Verleger, die Schlüsselfigur des sog. Verlagssystems, dessen Existenz in Westeuropa seit dem 13. Jahrhundert überliefert ist. Dabei handelt es sich um eine spezifische gewerbliche Organisationsform, die frühzeitig Massenproduktion erlaubte und die Entfaltung des Handelskapitalismus beförderte. Der Verlag wurde durch einen dezentralisierten Betrieb unter der Leitung eines Unternehmers (oder eines Gesellschaftsgremiums) gebildet, der außerhalb seiner eigenen Betriebsstätte eine rechtlich nicht festgelegte, nur nach ökonomischen Bedürfnissen angeworbene Zahl von Arbeitskräften in ihren eigenen Wohnungen beschäftigte. Diese „Hausindustrie" konnte sich über ein weites Gebiet erstrecken, Produktionsaufsicht und Absatz blieben jedoch zentral gesteuert. Verlage entstanden besonders im Textilgewerbe, wo Spinnerei und Weberei, ob es sich nun um Leinen, Wolle, Baumwolle oder Seide handelte, zu ihren Hauptgebieten wurden. In der Regel beruhte der Verlag auf einem Ankaufmonopol, das mit drei typischen Stufen zunehmender Abhängigkeit der verlegten Gewerbetreibenden verbunden war: 1. Sie wurden zum Verkauf ihrer Produkte an den Verleger verpflichtet, ihnen gehörte aber eigenes Werkzeug, und sie beschafften sich die Rohmaterialien selber. 2. Sie besaßen nur das Werkzeug und bekamen die Rohstoffe vom Verleger geliefert. 3. Schließlich wurden auch Werkzeuge und Rohstoffe vom Verleger gestellt oder kreditiert, Qualität und Produktionsmenge vorgeschrieben. Häufig durchlief ein Verlag mehrere Stadien: Er begann mit dem Warenankauf, ging zur Rohstofflieferung über, dehnte seine Kontrolle auf den Produktionsprozeß aus, stellte dann auch die Produktionsmittel zur Verfügung und kombinierte vielleicht sogar mehrere Produktionsprozesse, nicht selten auch durch die Einrichtung einer zentralen Werkstatt.

Als Arbeitskräfte gewann der Verleger untere städtische Handwerker einschließlich der armen Alleinmeister, vor allem aber auf dem Lande die Kleinbauern mit der auf einen Nebenerwerb angewiesenen landarmen und landlosen Arbeitsbevölkerung. Zwischen Verleger und Verlegte traten vielfach Aufseher, Faktoren oder Zwischenmeister mit delegierter Aufsichts- und Verhandlungsbefugnis. Diese Zwischeninstanzen wurden deshalb notwendig, weil es keineswegs selten war, daß Verlage 4000 bis 8000 Arbeitskräfte beschäftigten. Bei der „Calwer Zeughandlungskompanie" z.B. standen Ende der 1780er Jahre rd. 5000 Gewerbetreibende unter Vertrag, in Flandern wie in Böhmen gab es bereits lange vorher noch weit größere Betriebe.

Im Unterschied zum zünftigen Handwerker verlor der verlegte Kleinproduzent nicht nur die – dort ebenfalls durch Korporationsvorschriften eingeengte – Autonomie über sein Endprodukt, sondern seine Erzeugnisse wanderten auch, ehe sie die Konsumenten erreichten, in einer längeren Zirkulationsspanne als Warenkapital durch mehrere Hände: vom Heimarbeiter über den Faktor zum Verleger, dann weiter zum Groß- und Kleinhändler. Die strikte Auftragsbeschreibung ließ zudem individuellen handwerklichen Varianten immer weniger Spielraum. Im Prinzip kalkulierte der handelskapitalistische Verleger den Absatz genormter Produkte auf überlokalen Märkten.

Dieses Verlagssystem beruhte auf einigen Voraussetzungen, bot den Unternehmern eindeutige Vorteile, führte bei den Arbeitern zu krassen Mißständen und begünstigte wichtige funktionale Effekte. Eine entscheidende Vorbedingung für den Erfolg der Verlage wurde durch die anhaltende Nachfrage geschaffen. Sie ging einmal aus der seit dem 16. Jahrhundert wieder anwachsenden Binnenkaufkraft hervor, die jedoch den langen Schwingungen des Bevölkerungswachstums und der Wirtschaftskonjunkturen unterlag. Sie hing daher zum zweiten von der Erschließung aufnahmefähiger Außenmärkte ab, die durch die Kolonialexpansion seit dem 16. Jahrhundert gewaltig erweitert wurden: „Welthandel und Weltmarkt" eröffneten damals „die moderne Lebensgeschichte des Kapitals". Insgesamt hat sich der in- und ausländische Massenbedarf an erschwinglichen Textilprodukten für die Verlage offenbar so fördernd ausgewirkt, daß sie sich auch über den heftigen Widerstand der Zünfte hinwegsetzen konnten. Dieser Wettbewerb enthüllte trotz aller Korporationsprivilegien die relative Machtschwäche des Zunfthandwerks mit seiner traditionalen Unbeweglichkeit.

Außerdem setzte das Verlagswesen einen verhältnismäßig niedrigen Stand der Produktionstechniken, unternehmerische Fähigkeiten und geeignete Arbeitskräfte voraus. Diese rekrutierten sich aber, wie gesagt, in hinreichender Zahl sowohl aus der seit dem Spätmittelalter wachsenden Zahl armer, geldbedürftiger Handwerker als auch aus der Landbevölkerung, die aus Not und wegen des Saisoncharakters ihrer Arbeit einen Nebenerwerb suchte.

Dem Unternehmer bot die dezentralisierte Organisation des Verlags zwei wesentliche Vorteile: Billigkeit und Beweglichkeit. Er sparte sachliche Ausgaben für Betriebsgebäude und Produktionsmittel. Allgemeine Unkosten für Verzinsung und Amortisation, für Beleuchtung und Heizung konnten externalisiert, d. h. auf den Verlegten abgewälzt werden. Fixes Kapital spielte für das Unternehmen noch eine minimale Rolle, da der Verleger vorwiegend eine kaufmännisch disponierende Tätigkeit ausübte. So blieb er beweglich. Hohe Gewinnspannen entschädigten ihn für die Risiken, die mit der Belieferung ferner Märkte, deren Absorptionskraft nur schwer abzuschätzen blieb, verbunden waren.

Nicht minder deutlich sind jedoch die Nachteile für die Heimarbeiter zu erkennen. Wegen des Mangels an alternativen Einkommensmöglichkeiten führte die Abhängigkeit vom Verleger häufig zu extremer Ausbeutung. Niedrige Abnahmepreise für die Erzeugnisse, wucherische Schuldverhältnisse, Abrechnungsmißbräuche, Frühformen des Trucksystems (d.h. der Bezahlung in Waren, besonders mit Lebensmitteln, anstelle des Barlohns), ungeregelte Arbeitszeit und hohe Anfälligkeit in Krisenzeiten kennzeichneten die Lage zahlreicher Verlagsarbeiter. Andererseits ist nicht zu übersehen, daß der Verlag vielen die einzige Möglichkeit bot, überhaupt ihr Leben zu fristen, ja in der Konjunktur womöglich überdurchschnittlich gut zu verdienen.

Sven Aage Jørgensen
Medienrevolution

Das potentielle literarisch gebildete Publikum war an heutigen Verhältnissen gemessen sehr klein, trotzdem spricht die Buch- und Leserforschung von einem sprunghaften Ansteigen der Buchproduktion und von einer ‚Leserevolution‘. Die Zahlen, die genannt werden, divergieren und können nicht exakt sein. Eine wichtige Quelle sind die Meßkataloge der Buchmessen in Frankfurt und vor allem in Leipzig; sie erfassen jedoch nicht die Bücher, die zwischen den Messen erschienen, auch darf nicht vergessen werden, daß sehr viele süddeutsche Verleger nach 1773 nicht nach Leipzig kamen, während Frankfurt zur Bedeutungslosigkeit herabgesunken war. Es scheint jedoch einigermaßen sicher, daß zwischen 1700 und 1800 ungefähr 175000 Titel erschienen, davon zwei Drittel nach 1760, wo die Buchproduktion wieder den Stand vor dem Dreißigjährigen Krieg erreichte, denn nach Goldfriedrich war der Jahresdurchschnitt in den Meßkatalogen 1746–1756 1347 Titel, während in den Jahren 1610–1619 durchschnittlich 1587 Titel verzeichnet wurden, 1632–1641 jedoch nur 660.

Nach zuverlässigen Angaben dürften 1775 mehr als 2000, 1783 mehr als 3000, während 1790 in ungefähr 260 Verlagen rund 3560 Bücher erschienen sein. Im Lagerkatalog Fr. Nicolais stammten im Jahre 1787 26 % der Werke aus Leipziger Verlagen.

In unserem Zusammenhang ist der Anteil der deutschsprachigen Belletristik an diesem Ausstoß wichtig. Alle Zahlen zeigen, daß lateinisch geschriebene Werke sowie theologische und juristische Bücher einen stets geringeren Marktanteil erreichten, während z. B. auf der Ostermesse 1740 40, 1770 181 und 1800 523 belletristische Titel erschienen. Genauer registriert das *Magazin des Buch- und Kunsthandels* die Titel in den Jahren 1780, 1781 und 1782; es kommt auf insgesamt 7846 Titel, wovon 1154 auf ‚Schöne Wissenschaften und Künste' entfallen. In den drei Jahren erschienen 446 Romane, 287 Schauspiele, 204 Werke als ‚Dichtung', 36 als ‚Prosaische und vermischte Schriften' und 181 als ‚Theoretische und kritische Schriften'.

Was die Höhe der Auflagen und damit die Zahl der insgesamt gedruckten Werke betrifft, ist man auch auf Schätzungen angewiesen, nach denen, falls von Nachdrucken und Neuauflagen abgesehen und mit einer mittleren Auflage von 1000 Exemplaren gerechnet wird, in den Jahren 1770 bis 1790 jährlich etwa zwei Millionen Bücher gedruckt wurden. Diese Rechnung ist vorsichtig, weil der Nachdruck, besonders in Süddeutschland, überwältigend war und von den Landesherren geschützt und unterstützt wurde, denn auf diese Weise floß kein Geld ins Ausland, die Aufklärung im eigenen Lande wurde weiter befördert und ging auf Kosten der Leipziger, die nach Ansicht des süddeutschen Buchhandels die Bücher so teuer verkauften, daß es ihre Verbreitung einschränkte. Der Protest der Autoren war lange Zeit von geringem Belang, weil die Buchhändler und das Publikum davon ausgingen, daß der Autor sein Werk ein für allemal dem Verleger verkauft hatte und daß ihm infolgedessen keine zusätzlichen Einnahmen durch Neuauflagen zustünden;

demzufolge würde er durch Nachdrucke nichts verlieren, sondern nur berühmter werden. Der Gedanke des geistigen Eigentums war erst im Entstehen, und es dauerte lange, bis die Landesherren zu Maßnahmen gegen den Nachdruck zu bewegen waren.

Der Anstieg der Buchproduktion war also überwältigend und hatte zur Folge, daß eine institutionalisierte Kritik entstand, der eine wichtige, oft umstrittene Funktion in der Literaturgesellschaft zukam, denn die Leser hatten nun zweifelsohne ‚Kunstrichter' nötig, aber diese waren nicht selten selber Autoren, oft waren sie von Verlegern abhängig; deshalb wurde der ‚unpartheyische' Charakter der Kritik von den Autoren immer wieder und nicht ohne Grund angezweifelt.

Die Autoren und Kritiker bildeten eine ständig wachsende Gruppe: 1773 soll es 3000, 1785 schon 5500 und um 1800 10648 Schriftsteller gegeben haben. In ‚Zedlers Universal-Lexikon' werden die Ursachen der „Vielschreiberey" analysiert und über die Zusammensetzung dieser ‚Gelehrtenrepublik' Mutmaßungen angestellt. Die Zahl umfaßt Gelehrte, die gelegentlich etwas veröffentlichen: Universitätsprofessoren, Geistliche und Beamte schrieben teils wissenschaftliche Werke, teils moralisierende Tagesliteratur und volksaufklärerische, ‚philanthropische' Schriften. Eine weitere Gruppe bildeten arbeitslose Akademiker, die als Übersetzer tätig waren, und die Leute, die in ‚Buchmanufakturen' für die rührigen Verleger gut verkaufbare einheimische Waren herstellten. Hierbei drehte es sich zu einem großen Teil um Studenten, die ihr Studium nicht abgeschlossen hatten, und um arbeitslose Kandidaten, die eine solche Arbeit einer Hauslehrerstelle vorgezogen hatten. Lichtenberg wird wohl recht gehabt haben, als er 1777 bemerkte: „Es sind zuverlässig in Deutschland mehr Schriftsteller als alle vier Welttheile zu ihrer Wohlfahrt nötig haben." Es muß hinzugefügt werden, daß diese Schriftsteller aus verschiedenen Gründen oft anonym publizierten: Für Beamte und Geistliche war die Publikation aufklärerischer und moralischer Tagesliteratur, wodurch sie ihr Gehalt aufzubessern suchten, unbedenklich, ja sie wurde in vielen Fällen von den Universitätslehrern erwartet. Die Veröffentlichung kontroverser Schriften war jedoch nicht ohne Risiko, konnte jedenfalls ihre Laufbahn beeinträchtigen; bei der Teilnahme an den oft vehementen literarischen Fehden konnte man mit Hilfe der Anonymität hoffen, als Schriftsteller selber nicht persönlich angegriffen zu werden und ‚Unparteilichkeit' behaupten zu können – und schließlich war die Beschäftigung des ‚privatisierenden' Gelehrten als Übersetzer oder gar in den ‚Buchmanufakturen' nicht nur ein Eingeständnis, daß einem das erstrebte Amt nicht zuteil geworden war, sondern wäre bei einer erhofften späteren Anstellung keine Empfehlung gewesen. In einigen Polemiken über die Qualität der oft sehr rasch verfertigten Übersetzungen treten die elenden Existenzbedingungen dieses akademischen Proletariats klar hervor.

Bärbel Kern/Horst Kern
Die Kindheit als Experiment

Und so kam es also: Unter Schlözers Anleitung lernte die kleine Dorothea früh und außerordentlich schnell zu sprechen. Seine ersten uns bekannten Protokollnotizen beziehen sich auf ein Alter von 15 Monaten (also die Zeit, die 6 Monate nach seinem Kommentar zu Basedow liegt):
„87 Wörter und 192 Ideen falls ich richtig gezählt habe." Mit 18 Monaten: „Mein Dortchen spricht nun alles und lernt das ABC nach einer neuen Methode, die, wenn sie glückt, ich in einem eigenen gelehrten Werk beschreiben will. Wenn nur das Aufschreiben der Observationen nicht so mühsam wäre!" Mit 25 Monaten: „Dortchen geht manchmal mit mir auf dem Wall (einem beliebten Göttinger Fuß-

weg – d. Verf.) spazieren. Es sieht schnackisch aus, ein Kind von 25 Monaten, klein wie eines von 15 Monaten und diskutierend als wäre sie sechs Jahre alt."

Mit 32 Monaten war ihr das Plattdeutsch-Sprechen beigebracht. Damit trug Schlözer (der selbst übrigens Hohenloher war, seinen Dialekt aber weitgehend abgelegt hatte) nicht nur der niedersächsischen Umgebung Rechnung, sondern suchte zugleich einen geschickten Übergang zum Erlernen der Fremdsprachen, die Dorothea sukzessive, „nach einem aufbaumäßigen Fortschritt von einem Dialekt zu andern verwandten" beigebracht wurden: vom Platt zum Englischen, Schwedischen, Holländischen. Französisch und Italienisch wurden dazwischengeschoben. Mit dem Lateinischen wurde erst im elften Lebensjahr angefangen, mit dem Griechischen erst im fünfzehnten. Die Fähigkeit, die deutsche Sprache zu lesen und zu schreiben, erwarb Dorothea beginnend mit dem Alter von vier Jahren und zwei Monaten, und zwar mit Hilfe jener vom Vater ausdrücklich dafür verfertigten Fibel „Dortchens Reise ..." (1774). Mathematik wollte Schlözer seiner Tochter nicht selbst beibringen, da hier seine eigenen Kenntnisse dürftig waren. Mit fünfeinviertel Jahren wurde der mathematische Privatunterricht aufgenommen. Es spricht für Schlözers auch sich selbst gegenüber unnachsichtige Konsequenz, daß er über seinen eigenen Schatten sprang und Dorothea in der Mathematik unter den Einfluß seines Erzfeindes, den des Kollegen Kästner, stellte. Kästners Rang als Wissenschaftler war zwar auch etwas zweifelhaft, so daß Gauß später sagen konnte, unter den Dichtern sei er der beste Mathematiker und unter den Mathematikern der beste Dichter gewesen. Aber als ein Vermittler, der die Mathematik in das Bewußtsein der gebildeten Welt einführte, war Kästner wohl einmalig. In den Genuß dieser Fähigkeit kam nun auch Dorothea, die unter Kästner so große Fortschritte machte, daß dieser höchstpersönlich ihr, als sie sieben Jahre alt war, in einem Prüfungszeugnis attestierte:

„Mademoiselle Dorothea Schlözerin [...] hat mir den Pythagoräischen Lehrsatz und desselben Beweis ordentl. und zusammenhängend vorgetragen, und von jedem der Sätze, die in diesen Schlüssen vorkommen, auf mein Befragen, Rechenschaft zu geben, gewußt, warum er wahr sei, und wozu er im ganzen diene [...] Wer diesen Beweis geben kann, der muß die meisten Sätze des ersten Buchs von Euklid ziemlich fertig innehaben. Indessen machte ich noch Proben mit einem und andern dieser Sätze, als mit dem: daß Parallelogramme zwischen einerlei Parallelen, über einer Grundlinie, gleichen Inhalts sind, und fand überall, daß sie diese Lehren nicht auswendig gelernt, sondern mit Verstand gefaßt hatte."

Während Religion und die Erlernung der Sprachen anscheinend mehr als Grundlagenfächer angesehen wurden, war Mathematik neben Geschichte und Mineralogie eines der drei – wie man heute sagen würde – „Hauptfächer" Dorotheas. „Physisch-mathematische" und „historisch-politische" Wissenschaften sah Vater Schlözer, wie er später formulierte, „beide gleich schicklich in einem weiblichen Studio" an, ja, wegen ihrer Ernsthaftigkeit zweckmäßiger als die „belles lettres". Die schöne Literatur freilich ließ Schlözer so gut wie gar nicht an seine Tochter heran. Gedichte und Romane zu lesen, hielt er für schädlich. Aus der deutschen wie aus der damals in Deutschland beliebten englischen Dichtung (Richardson) wurde Dorothea überhaupt kein Werk gestattet. Voltaires „Henriade" war ihres historischen Gehalts wegen zugelassen, auch einige römische und griechische Dichter gelangten in die Hand des Kindes. – Im übrigen brachte man Dorothea all das bei, was nach Auffassung des Vaters von einer „kultivierten Deutschen" erwartet wurde: die Fertigkeiten nämlich für die „eigentliche(n) weibliche(n) Geschäfte, die sowohl ad esse (Haushaltsgeschäfte, Stricken, Nähen usw. usw.) als auch ad bene esse (Zeichnen, Musik, Tanzen usw. usw.)" verstanden wurden.

Was so bei der reinen bestandsaufnehmenden Aufzählung ein wenig zusammengesucht aussieht an diesem Bildungsgang, muß doch in Vater Schlözers Augen mindestens teilweise System gehabt haben. Bei näherem Hinsehen entdeckten wir wesentliche Kritikpunkte an Basedow wieder, nun in praktisch-positiver Wendung: Das Sprachenlernen hatte, vom niedersächsischen Platt bis zum Griechischen, Plan. Das Platt war für das Kind das Nächstliegende, es wurde in der Stadt damals allerwärts gesprochen („ist – beiläufig gesagt! – [...] auch für das bürgerliche Leben einer Niedersächsin sehr nützlich"). Darauf folgten weitere Sprachen (außer dem Deutschen) in ihrer „genealogischen Ordnung". Das fernerliegende Französich kam seiner Bedeutung wegen außer der Reihe früh, wurde aber ebenso wie das Italienische nicht als reines Bücherwissen, sondern durch die Konversation mit „französischen Mägden" und italienischen Gastgebern mit praktischem Leben erfüllt.

Auch was die Gesamtheit der Wissenschaften anbetrifft, waren sie in einen Plan integriert, der auf sie alle „ging". Die Auswahl aus diesem Plan fand dann allerdings „nach Neigung und Konvenienz" statt. Vom Religionsunterricht erfahren wir nur, daß er bis ein halbes Jahr nach der Konfirmation fortgesetzt wurde. Geschichte scheint besonders intensiv betrieben worden zu sein; vor allem hörte Dorothea die Kollegien ihres Vaters, studierte aber zugleich unter seiner Aufsicht wichtige Bücher von dessen Kollegen Spittler und Pütter. Am deutlichsten ist, daß Dorotheas Fächerkanon Religion/Geschichte/Mathematik genau mit Schlözers härtesten Einwänden gegen Basedow übereinstimmte. Entsprechend diesen Einwänden verzichtete Schlözer auch nicht auf römische und griechische Klassiker, aber sie kamen spät und, ganz wie postuliert, eher zur Geschmacksbildung als unbedingt zum Sprachenlernen. Da Schlözer selbst der Meinung war, die Griechen hätten uns am wenigsten zu sagen, traten sie zuletzt und am schwächsten in Erscheinung.

Sein Anliegen, die Bildung nicht vom praktischen Leben abzutrennen, sondern mit ihm zu verbinden, kam ebenfalls deutlich zum Ausdruck. Einmal, wie schon gesagt, beim Sprachenlernen; zum andern dadurch, daß Schlözer Dorothea an seiner eigenen Reiselust teilhaben ließ und sie auf zahlreichen kleineren und größeren Reisen mitnahm, die aber nie eine Unterbrechung ihres Unterrichts, vielmehr seine theoretische und praktische Fortführung darstellten; zum dritten durch die Ergänzung ihrer mineralogischen Studien, die sie privatissime bei Gmelin begonnen hatte, durch eine sechswöchige praktische Bergwerkskunde in Clausthal, Andreasberg und anderen Grubenorten im Harz; ein ebenso lehrreiches wie ganzheitliches Erlebnis. Ihr seit frühester Kindheit außergewöhnlich entwickelter „Bemerkungsgeist" wurde durch solche Erlebnisse und Erfahrungen weiter in der von Schlözer als notwendig erachteten Richtung der Verbindung von Theorie und Praxis geschult. Es wurden „die Tempi sehr in Acht genommen, bei Anschauung sinnlicher Gegenstände die mit ihnen verbundene(n) wissenschaftliche(n) Kenntnisse zu studieren, die dann freilich leichter gefaßt und besser behalten wurden als sonst".

So verstärkt sich also der Eindruck, daß Dorotheas Erziehung eine pädagogische Gegenkonstruktion zu Basedow darstellen sollte. Dazu paßt, daß Vater Schlözer seine Tochter Dorothea vom fünften Lebensjahre an – als also Erfolge sich abzuzeichnen begannen – als seinen „Anti-Basedow" bezeichnete. [...]

Bei Basedow nahm die Normierung der inneren Eigenschaften, die die Frauen durch Erziehung erwerben sollen, einen sehr großen Raum ein. Die Hinführung zu einer neuen Form der Selbstkontrolle stand im Vordergrund. – Der Kanon weiblicher Tätigkeiten, die erlernt werden sollten, orientierte sich demgegenüber noch an den alten Formen der Arbeitsteilung im frühbürgerlichen Haushalt und enthielt nichts wesentlich Neues:

Nähen, Stricken, Klöppeln, Lesen, Schreiben, Rechnen,

Sich-Auskennen in Küche, Keller und Speisekammer, Regentin-des-Gesindes-und-der-Kinder-Sein-Können, Gesundheitserziehung, Vermeidung von Verweichlichung (Frauen dürfen nicht stark sein wie Männer, aber „wohl für dieselben, damit sie starke Männer gebären können"), Singen und Tanzen.

Für sehr wichtig ist dieser zweite Teil der Weiblichkeitserziehung auch bei Dorothea angesehen worden. Im späteren Bericht über Dorotheas Erziehung wird sie sogar vor der Erwähnung ihrer Gelehrsamkeit betont:

„Mademoiselle Schlözer näht, strickt, versteht die gewöhnliche bürgerliche Ökonomie, ist gesund, tanzt gerne, liebt Unterhaltung mit ihrem Geschlecht, und man muß schon ihr Zutrauen erworben haben, ehe man die Gelehrte in ihr kennenlernt."

Ferner erfahren wir, daß sie auch in Zeichnen und Musik unterwiesen wurde. Doch die äußerliche Übereinstimmung in der Palette der Frauentätigkeiten darf nicht darüber hinwegtäuschen, daß Basedow und Rousseau bei der Erziehung der Mädchen zu bestimmten Gefühlen und inneren Einstellungen etwas ganz anderes im Auge hatten als der trockene und pragmatische Schlözer, dessen geschlechtsspezifischer Erziehungsteil sich auf die Erwerbung der erwähnten Fertigkeiten beschränkte. Basedow bereitete mit Rousseau die innere Zurichtung der Frau für eine Unterwerfung vor, die ihr ganzes Wesen bis in die Tiefen ihrer Psyche hinein prägen sollte. Was Schlözer verlangte und woraufhin er erzog, das war äußere Unterwerfung des Mädchens, der Frau, unter die Herrschaft des Vaters, des Mannes. Für ihn regulierte sich der Seelenhaushalt automatisch in Richtung Tugend, wenn nur asketisch – d. h. ohne gefühlsmäßig geprägte Vorurteile – erworbene Wahrheit vermittelt und viel zu ihrer „Erlernung" gearbeitet wurde. Zwar setzte er dabei, ohne es planen zu wollen, auch psychische Druckmittel ein. So hat er etwa mit denkbar schlechter Laune reagiert, wenn Dorothea nicht so streng lernte, wie er sich das vorstellte. Aber wie es im Innern Dorotheas aussah, das war nicht Gegenstand seines Interesses. Er ahnte es vielleicht, wollte es bei seiner Abneigung gegen den Ausdruck von Gefühlen aber gar nicht wissen.

Otfried Höffe
Ein Leben für die Vernunft

Immanuel Kant wird am 22. April 1724 als viertes von neun Kindern eines einfachen Riemermeisters in Königsberg geboren, der wirtschaftlich aufblühenden Hauptstadt von Ostpreußen mit ihrem internationalen Handelshafen. Der junge Immanuel besucht die Vorstädter Hospitalschule (1730–32), dann das streng pietistische Friedrichskollegium (1732–40). Wegen der Armut der Familie ist er auf die Unterstützung durch Freunde, namentlich durch den Kollegiumsdirektor und Theologieprofessor F. A. Schultz, angewiesen. Am Kollegium erhält Kant vor allem eine gründliche Kenntnis der alten Sprachen. Die Mutter, die von ihrem Sohn wegen „natürlichen Verstandes und echter Religiosität" verehrt wird, stirbt schon 1737.

Mit Hilfe von Privatstunden studiert Kant 1740–46 an der Königsberger Universität Mathematik und Naturwissenschaften, Theologie und Philosophie. Besonderen Einfluß gewinnt der Professor für Logik und Metaphysik Martin Knutzen (1713–51), ein Schüler des bedeutenden deutschen Aufklärers Christian Wolff (1679–1754). Durch Knutzen wird Kant auf die von Wolff und seinem Schüler Alexander Gottlieb Baumgarten (1714–62) entwickelte Schulmetaphysik auf der Grundlage Leibnizscher Philosophie, aber auch auf die Naturwissenschaften hingewiesen. Namentlich die Physik Newtons (1643–1725) ist für Kant seitdem das Muster strenger Wissenschaft.

Nach dem Tod des Vaters verläßt Kant die Universität und verdient seinen Lebensunterhalt – wie damals für unbemittelte Gelehrte üblich – als Hauslehrer bei verschiedenen Adelsfamilien. In dieser Zeit (1746–55) eignet sich Kant nicht nur weltmännische Gewandtheit an, sondern erweitert auch seine philosophisch-naturwissenschaftlichen Studien. In der Erstlingsschrift *Gedanken von der wahren Schätzung der lebendigen Kräfte* (1747) greift er allerdings mit dem Versuch, im Streit um die Berechnung der Kraft zwischen Cartesianern und Leibnizianern zu vermitteln, noch zu hoch. Wichtige Motive seiner kritischen Philosophie klingen aber schon hier an: das aufklärerische Pathos einer durch wissenschaftliche Autoritäten unbeeindruckten Wahrheitssuche, das In-Beziehung-Setzen von mathematischer Naturwissenschaft und Metaphysik und die Suche nach einer Methode.

1755 promoviert Kant in Königsberg mit einer Arbeit über das Feuer *Meditationum quarundam de igne succincta delineatio*. Im gleichen Jahr habilitiert er sich mit der Abhandlung *Principiorum primorum cognitionis metaphysicae nova dilucidatio* (Neue Erhellung der ersten Grundsätze der metaphysischen Erkenntnis). Schon hier wendet sich Kant gegen die Wolff'sche Schulmetaphysik. Er diskutiert das Verhältnis von Leibniz' Realprinzip des zureichenden Grundes zu den logischen Prinzipien der Einheit und des Widerspruchs. Mit dem eigenständigen Leibniz-Schüler und Wolff-Kritiker Christian August Crusius (1715–75) hält Kant Wolffs Versuch für gescheitert, das Realprinzip den logischen Prinzipien unterzuordnen, und bestreitet damit, daß sich alle Grundsätze der Erkenntnis letztlich auf ein einziges gemeinsames Prinzip zurückführen lassen. Von seiner späteren These über die synthetische Natur jeder Wirklichkeitserkenntnis ist er allerdings noch weit entfernt.

Weniger metaphysisch als naturwissenschaftlich bedeutsam ist die im selben Jahr (1755) anonym erscheinende *All-*

gemeine Naturgeschichte und Theorie des Himmels. Auf der Grundlage der Galileisch-Newtonschen Physik skizziert Kant eine rein mechanische Theorie der Entstehung des Planetensystems und des ganzen Kosmos. Wichtige Teile, besonders die Theorie der Saturnringe und der Nebelsterne, werden später durch Beobachtungen des Astronomen Herschel (1738–1822) bestätigt. Mit einigen Veränderungen durch Laplace (1749–1827) wird Kants Kosmogonie als Kant-Laplacesche Theorie lange Zeit eine wichtige Diskussionsgrundlage der Astronomie bilden. [...]

Von seiner Habilitation an übt Kant für mehr als 40 Jahre eine beliebte, zum eigenen Mitdenken auffordernde, aber auch zeitraubende Lehrtätigkeit aus (teilweise mehr als 20 Wochenstunden). Zu den Hörern gehört auch Johann Gottfried Herder (1744–1803). Zuerst ist Kant als Privatdozent ausschließlich auf die Kolleggelder angewiesen; ab 1766 erhält er zusätzlich das bescheidene Einkommen eines Unterbibliothekars der königlichen Schloßbibliothek. Erst 1770 wir er ordentlicher Professor für Metaphysik und Logik, für zwei Disziplinen, die er gemäß den Universitätsregeln auf der Grundlage von Lehrbüchern doziert. Kant liest auch über mathematische Physik, über Geographie und Anthropologie, über philosophische Theologie, Moral und Naturrecht, selbst über Festungsbau und Feuerwerkerei. Er ist mehrmals Dekan seiner Fakultät und in den beiden Sommersemestern 1786 und 1788 Rektor der Universität.

In den Jahren 1757–61 erscheint keine Schrift von Bedeutung. Dann betritt Kant den „Kampfplatz der Metaphysik" mit ihren Teildisziplinen der sogenannten rationalen Psychologie, der transzendentalen Kosmologie und der natürlichen Theologie. Allerdings betritt er den Kampfplatz nicht mit der Absicht, ein noch größeres und prächtigeres metaphysisches Denkgebäude zu errichten. Angesichts der bestehenden und für eine Wissenschaft skandalösen Streitigkeiten zwischen den verschiedenen Schulen verfolgt er das propädeutische Ziel, zuallererst das Gelände für ein solches Denkgebäude zu erforschen.

In *Träume eines Geistersehers erläutert durch Träume der Metaphysik* (1766) zeigt Kant am Beispiel des schwedischen Theosophen und Geistersehers Emmanuel Swedenborg (1688–1772), wie man – sobald man nur den sicheren Boden der Erfahrung verlasse – auf streng logische Weise zu den seltsamsten Sätzen und Systemen gelangen könne. Hier nimmt Kant von der (Leibniz-Wolff'schen Schul-)Metaphysik endgültig Abschied. Er bestimmt die Metaphysik nicht mehr als ein Vernunftsystem, sondern als „eine Wissenschaft von den Grenzen der menschlichen Vernunft", ohne freilich die Grenzen schon genau angeben zu können; sie klar zu bestimmen, ist fortan seine Hauptaufgabe. In diesem Zusammenhang stößt Kant auf die neuere britische Erkenntnistheorie, vor allem auf Hume, von dem er später sagt, daß er „zuerst den dogmatischen Schlummer unterbrach und meinen Untersuchungen im Felde der spekulativen Philosophie eine ganz andre Richtung gab". Kant läßt sich von Humes Kritik an der dogmatischen Metaphysik überzeugen; doch erkennt er die empiristisch-skeptischen Folgerungen nicht an. Nach Hume entspringt das Kausalitätsprinzip der Gewohnheit, nach Kant dem reinen Verstand.

Einen wichtigen Schritt auf dem Weg zur kritischen Philosophie stellt die Dissertation zum Antritt seiner Professur dar: *De mundi sensibilis atque intelligibilis forma et principiis* (Von der Form der Sinnen- und Verstandeswelt und ihren Gründen, 1770). Um die Metaphysik durch ein neues wissenschaftlich gesichertes Fundament aus ihrer Sackgasse herauszuführen, unterscheidet Kant zwischen zwei Erkenntnisarten, der sinnlichen und der Verstandeserkenntnis. Auch hebt er die Gesetze der Vernunft von den Prinzipien a priori der sinnlichen Erkenntnis, Raum und Zeit, ab. Damit verfügt er über eine wichtige Voraussetzung seiner Transzendentalphilosophie. Doch erst nach einer elfjährigen Publikationspause erscheint das von Freunden und Kollegen dringend erwartete erste Hauptwerk *Kritik der reinen Vernunft* (1781, in stark veränderter zweiter Auflage: 1787). Der tüchtige akademische Lehrer und geschätzte philosophische Forscher erweist sich jetzt, im Alter von 57 Jahren, als philosophisches Genie. Kant wird über die Grenzen Deutschlands hinaus berühmt; er erhält zahlreiche Ehrungen und wird 1786 Mitglied der Berliner, 1794 der Petersburger und 1798 der Sieneser Akademie der Wissenschaften.

Nach dem ersten Hauptwerk erscheinen in rascher Folge eine Fülle weiterer Schriften. In den *Prolegomena zu einer jeden künftigen Metaphysik, die als Wissenschaft wird auftreten können* (1783) gibt Kant – durch grundlegende Mißverständnisse provoziert – in „analytischer Methode" im Unterschied zur „synthetischen Lehrart" der ersten Kritik eine Übersicht über seine Theorie. Dann folgen die Grundschrift zur Geschichtsphilosophie *Idee zu einer allgemeinen Geschichte in weltbürgerlicher Absicht* (1784) und das erste Hauptwerk zur Moralphilosophie, die *Grundlegung zur Metaphysik der Sitten* (1785). Genau 100 Jahre nach Newtons epochenmachendem Werk *Philosophiae Naturalis Principia Mathematica* und in offensichtlicher Anspielung auf den berühmten Titel erscheinen 1786 *Metaphysische Anfangsgründe der Naturwissenschaft* mit dem Versuch, den Bereich apriorischer Grundsätze der Physik näher zu bestimmen. Es folgen die zweite Hauptschrift zur Moralphilosophie, die *Kritik der praktischen Vernunft* (1788), die dritte Kritik, die *Kritik der Urteilskraft* (1790), und schließlich *Die Religion innerhalb der Grenzen der bloßen Vernunft* (1793), durch die Kant in Konflikt mit der wieder enger gewordenen Preußischen Zensur gerät. [...]

Danach erscheinen die Schriften *Zum ewigen Frieden* (1795) und die *Metaphysik der Sitten* (1797) mit ihren beiden Teilen *Metaphysische Anfangsgründe der Rechtslehre* und *Metaphysische Anfangsgründe der Tugendlehre*. Im Alter von 73 Jahren beendet Kant seine Lehrtätigkeit, die er in den letzten Jahren allmählich gekürzt hatte. Im nächsten Jahr veröffentlicht er die *Anthropologie in pragmatischer Hinsicht* und den *Streit der Fakultäten*, worin Kant – nach dem Tod Friedrich Wilhelms II. – die Religionsfrage wieder aufgreift. Noch zu Lebzeiten werden einige der Vorlesungen gedruckt, so die *Logik* (1800), die *Physische Geographie* (1802) und *Über Pädagogik* (1803). Nach Kants Tod erscheinen weitere Vorlesungen: *Über die philosophische Religionslehre* (1817), *Die Metaphysik* (1821), *Menschenkunde oder philosophische Anthropologie* (1831) und *Ethik* (erst 1924).

Nach allmählicher Erschöpfung der geistigen und körperlichen Kräfte stirbt Kant am 12. Februar 1804 an Altersschwäche. Seit der Geburt von schwacher Gesundheit, zudem klein und etwas verwachsen, hat Kant ohnehin nur durch enorme Willenskraft, durch strenge Gesundheitsregeln und einen genau eingeteilten Tageslauf seine große Lehr- und vor allem seine gewaltige Forschungsarbeit leisten können. Das schloß die Teilnahme am gesellschaftlichen Leben der Stadt nicht aus. Seine ausgedehnten Mittagsmahlzeiten nützte Kant zu geselliger Unterhaltung; bei Freunden und Bekannten war der „elegante Magister" als liebenswürdiger und humorvoller Gesellschafter allgemein geschätzt.

Shmuel Ettinger
Jüdische Aufklärung

Die jüdische Aufklärungsbewegung (*Haskala*) war ein Zweig der europäischen Aufklärung und dieser darin ähnlich, daß sie das Individuum, den „Menschen", erhöhte und sich zum Ziel setzte, ihn aus geschichtlich entwickelten sozialen und religiösen Systembindungen zu befreien. Damit, daß die Aufklärung dem Menschen den ersten Platz einräumte, postulierte sie, daß die menschliche Vernunft der Maßstab für alle natürlichen und sozialen Erscheinungen sei. Daher standen die Verfechter der Aufklärung in einer Gegenposition zu traditionellen Werten und Institutionen und neigten dazu, die zurückliegende Geschichte der Menschheit als eine Anhäufung von Irrtümern zu betrachten, die auf Unwissenheit, Autoritätshörigkeit und auf der Ausbeutung der ignoranten Massen durch Führer voll Gier nach Macht und Reichtum beruhten.

Das Besondere der jüdischen Aufklärung bestand darin, daß sie sich parallel zu der sozialen und kulturellen Integration der Juden in ihre Umwelt entfaltete. Die Juden nahmen nicht nur die kulturellen Wertbegriffe europäischer Nationen auf, sondern einige von ihnen begannen sogar als Schriftsteller in den europäischen Sprachen Schöpferisches zu leisten. Dies war in der jüdischen Geschichte nichts Neues. Schon früher hatten Juden in fremden Sprachen – auf griechisch, arabisch, spanisch und italienisch – zahlreiche hervorragende Werke, die sich mit jüdischen und allgemeinen Themen beschäftigten, verfaßt. Indessen waren diese Schriften von den grundlegenden Glaubenssätzen der jüdischen Religion geprägt gewesen, selbst wenn sie vom Geist eines extremen Rationalismus durchtränkt waren; sie waren in der Absicht entstanden, den Beweis zu liefern, daß sich die Wahrheit der göttlichen Offenbarung rational darlegen und auf diese Weise die jüdische Tradition rechtfertigen lasse. In *Haskala*-Kreisen des 18. Jahrhunderts aber entnahm man den Prüfstein für Erkenntnis und Bewertung den geistigen Schätzen der kulturellen Umwelt, und damit wurde, selbst bei jenen *Maskilim*, die theoretisch der jüdischen Religion die Treue hielten, die Aufklärungsbewegung zum Ausdruck universaler geistiger Tendenzen. Eine beträchtliche Zahl von ihnen gelangte relativ bald zu eindeutig deistischen Vorstellungen, verfocht die – wie es im 18. Jahrhundert hieß – Naturreligion und lehnte alle Offenbarungsreligionen ab.

Der geistige Vater der *Maskilim* war der hochangesehene Philosoph Moses Mendelssohn (1729–86). Moses Mendelssohn war der Sohn eines Thorarollenschreibers aus Dessau und legte bereits in jungen Jahren eine außergewöhnliche Begabung für die Beschäftigung mit der mittelalterlichen jüdischen Philosophie an den Tag. Als er nach Berlin übergesiedelt war, widmete er sich der deutschen Literatur und eignete sich die Kenntnis des Lateinischen und europäischer Sprachen an. Mitte der fünfziger Jahre des 18. Jahrhunderts lernte er Lessing kennen und wurde unter dessen Einfluß in Kreise der deutschen Aufklärung gezogen. Lessing begann sogar Mendelssohns philosophische Schriften herauszugeben, die auf deutsch abgefaßt waren.

Mendelssohns philosophische Theorien stellen in der jüdischen Geistesgeschichte ein verbindendes Glied zwischen der mittelalterlichen rationalistischen Philosophie und Ideen des 18. Jahrhunderts dar. Ihren Ausgangspunkt bildet die Wahrheit der göttlichen Offenbarung, wie sie sich in der „Gesetzgebung" auf dem Berg Sinai manifestierte. Doch verfolgte er nicht die Absicht, aus seinen Theorien allgemeingültige religiöse Prinzipien abzuleiten, da man zu diesen mittels der Vernunft gelangen könne. [...]

Anfangs enthielt sich Mendelssohn der Einmischung in das Leben der jüdischen Gemeinschaft, doch in den siebziger Jahren besann er sich eines anderen. 1778 begann er mit der Veröffentlichung seiner deutschen Übersetzung des Pentateuch mit hebräischem Kommentar *(Biur)* auf rationalistischer Grundlage. Dieses Projekt, eigentlich dazu bestimmt, Mendelssohns Kindern zu einem besseren Verständnis der Bibel zu verhelfen, wurde für viele junge Juden gewissermaßen zu einem Schnellkurs in deutscher Sprache und Kultur, einer Einführung in die rationalistische Interpretation der Schrift. Es nimmt nicht wunder, daß der *Biur* bei den konservativen Elementen im Judentum auf heftige Ablehnung stieß.

Noch bedeutsamer in den Konsequenzen war jedoch, daß Mendelssohn sich zu dem in aufgeklärten Kreisen Europas herrschenden Grundsatz der Trennung von Staat und Religion bekannte. In seinem Buch „Jerusalem" betonte er, daß nur der Staat Zwang anwenden dürfe, während die Religion (die Kirche) sich des Mittels des Überzeugens zu bedienen habe. Deshalb sollten kirchlichen Organen keine Zwangs- und Aufsichtsbefugnisse übertragen werden. Diese Theorie hatte praktisch eine Unterhöhlung der Autorität der innerjüdischen autonomen Organisation zur Folge. Mendelssohn wandte sich gegen das Recht der jüdischen Gemeinde, Mitglieder auszuschließen, und gegen ihre juristischen Entscheidungsbefugnisse.

Trotz dieser Ansichten stieß Mendelssohn bei den führenden Männern des deutschen Judentums oder den Rabbinern auf keinen erbitterten Widerspruch. Dies lag zum Teil daran, daß er selbst die religiösen Vorschriften einhielt, teils an seinem Ansehen in der deutschen Gesellschaft und teils auch daran, daß er die Juden gegen verschiedene ihnen feindselig gesinnte Elemente in Schutz nahm. Nicht das gleiche galt für die Tätigkeiten seiner Schüler und engen Gefährten. Hartwig (Naftali Herz) Wessely (Weisel), David Friedländer und Naftali Herz Homberg setzten sich mit Energie für eine Reformierung und Anpassung der jüdischen Gesellschaft ein, namentlich auf dem Gebiet von Erziehung und Bildung.

Als im Januar 1782 Josephs II. Toleranzpatent erschien, veröffentlichte Wessely einen hebräisch verfaßten Aufsatz unter dem Titel „Worte des Friedens und der Wahrheit", in dem er eine Reform des jüdischen Erziehungswesens entwarf. Seine Hauptforderung ging dahin, die weltliche Ausbildung auf Kosten des Talmudstudiums zu verstärken und die Mehrzahl der jüdischen Knaben nach den ersten Phasen des Unterrichts zum Erlernen handwerklicher, praktischer Berufe anzuleiten. Theoretisch war dies nur ein Vorschlag, gewisse Veränderungen im Erziehungswesen vorzunehmen, praktisch jedoch handelte es sich um einen bedeutungsschweren, ja entscheidenden Wendepunkt für die jüdische

Einstellung zur Welt. Wesselys Schrift löste in traditionalistischen Kreisen eine heftige Reaktion aus. Die Gründung der „Gesellschaft der Freunde des Hebräischen" *(Chewrat Dorschei L'schon Ewer)* und die Herausgabe eines hebräischen Blattes mit dem Titel „Hameassef" (Der Sammler) 1783 als Sprachrohr dieser neuen Ideen – die darin maßvoll und mitunter getarnt vorgetragen wurden – verschärften die Kluft in der deutschen Judenschaft.

Meta Klopstock
Empfindsame Liebe mit familiären Seitenhieben

Billwärder, d. 16ten Jul. 1752

Endlich, endlich habe ich mich wegschleichen können. Mein süsser süsser Klopstock! Ach was machst du wol? Bist du noch in Lüneb[urg]? Es ist Mittag bald 12 Uhr. Du armes Kind, du hast so schlechtes Wetter zu deiner Reise. Ach ich mag nicht daran denken wie schlecht die Wege sind. Höre Klopstock wilst du mir etwas versprechen? Nun versprich geschwinde, was brauchst du vorher zu wissen was es ist, genung, daß du weist, daß du Clärchen, deinem Cl. etwas versprechen sollst. Und das ist denn endlich, daß du nicht eher aus Br[aunschweig] wegreisest als bis die Wege besser sind. Ich will deinen Aeltern dadurch nichts entziehen. Ich will es lieber mir selbst entziehen, so stark ich es auch fühle, was das heisst, von dir abwesend zu seyn. O wärst du hier bey mir! Wie süß würde mir dann alles seyn! Da steht von ungefehr ein Stuhl so nahe bey mir als wenn er für dich dahin gesetzt wäre. Ich sitze hier in einem kleinen Portale, wo eine ziemlich hübsche Aussicht ist. Ich sehe aber nicht nach der Seite hin, wo sie am besten ist. Auf der andern kann ich in der Ferne den Weg sehen, den du gestern gefahren bist, u es ist wol sehr natürlich, daß mir dieses nun süsser ist als alle Aussicht. – – – Eben habe ich einen kleinen Schrecken gehabt. Es kam jemand herein, der doch aber so höflich war, gleich wieder fort zu gehen, wie er sah, daß ich schrieb. – – War das nicht süß Kl, daß wir uns gestern noch so von ungefehr sahen? Es waren mir schon einige Cariolen begegnet, die ich anseufzte, aber mein Kl war nicht darin. Ich hatte auch schon alle Hofnung aufgegeben dich so spät noch zu sehen. Und da stan[d]st du so unaussprechlich süß vor deinem Wirthshause! Sage einmal, standst du in der Hofnung mich zu sehen da? O Kl ich kann es ganz u gar nicht sagen, wie mir ward, da ich dich sah! Es war eine Freude, als wenn es meine größte Glückseeligkeit wäre, dich nur zu sehen. Ich vergaß in dem Augenblicke alles übrige. Ich dachte nicht einmal, daß du wegreisetest. Ich dachte gar nicht, daß ich glücklicher seyn konnte, ich sah dich, das war mir nun alles! Es war mir also auch nicht möglich daran zu denken, daß ich meine Freude mässigen muste, sonst hätte ich nicht mit so vieler Heftigkeit Küsse hin geworfen, da ich vor meiner Mutter saß. Sie fragte, wer da wäre, u weil ich ihr nicht antworten konnte, so glaube ich muß die Schm[idten] ihr einen Wink gegeben haben, denn sie sagte weiter nichts u seufzte. Es war mir leid, daß ich sie betrübte, aber es war schon geschehen, u wie konnte ich daran denken, da ich dich sah. Aber höre einmal, [(dahinter von späterer Hand durchgestrichen:] Sunge), du warst lange nicht so lebhaft als ich. Kantest du mich etwa nicht gleich? Oder was war es? Konten uns denn etwa Leute sehen? Ich weis gewiß nichts davon, ob Leute da waren oder nicht. Und ich wollte lieber daß du es in dem Augenblicke auch nicht gewust hättest. Aber ich war dir doch nicht böse. Ich hatte vielmehr grosse Lust dich noch einmal zu sehen. Ich gab daher vor, ich hätte der Witten etwas nothwendiges zu sagen, u bat man möchte vor ihrem Garten halten lassen. Aber so viele Nothwendigkeiten ich auch zusammen suchte, so wollten sie doch nicht so lange dauern, daß du kamst. Man fuhr wieder fort u ich konnte dich nicht das zweyte mal sehen. Hernach aber sahe ich ganz in der Ferne einen Wagen auf dem Wege fahren, den du nehmen mustest. Und da bildete ich mir fest ein du wärst darauf. Ich sah dem Wagen so lange nach, als ich nur konnte. Davon hast du wol nichts gefühlt? – – – – – Ich muß nun wol ein bischen wieder hinein gehen, auf daß ich nicht zu lange wegbleibe. Ich komme diesen Nachmittag aber wieder zu dir. Lebe wohl mein Süsser Süsser!

Des Abends um 12 Uhr

Vergieb es mir mein lieber Klopstock, daß dieses Papier so mit Dinte beschmutzt ist. Es ist heute gar zu notwendig gewesen sowol den Brief als auch die Dinte so gar in der Tasche zu tragen. Vorher will ich dir sagen, daß ich mich ganz wohl befinde u . . . – ach! das weist du ja, daß ich dich unaussprechlich liebe. Das andre will ich dir gleich auf einem andern Papier erzählen. Dieses aber ist mir unmöglich abzuschreiben. [Anlage]

Man begegnete mich so ungewöhnlich, daß ich es nicht länger aushalten konnte. Ich bin sonst ganz u gar meiner Mutter u vornehmlich meines Stiefvaters Liebling gewesen. Nun aber that meine Mutter nichts als seufzen u mich mit einer gewissen Bitterkeit anzusehn u mein Stiefv: begegnete mich mit einer sehr affectirten Freundlichkeit. Ich weis nicht ob ich es mir einbildete, aber es kam mir so vor als wenn Sh. u auch so gar meine Tante u meine Cousinen eine gewisse Leichtigkeit gegen mich hätten, denn sonst hatte die ganze Familie, vermutlich meiner Aeltern Liebe wegen einen gewissen Respect gegen mich. (Sie sollen es noch einmal *deiner* Liebe wegen haben). Ich kam daher auf die Gedanken, die ich auch schon vorher gehabt habe, mit meinem Stiefv. zu sprechen. Mit meiner Mutt: allein zu sprechen das würde nichts ausgerichtet haben, denn ich weis, daß sie durch sich selbst zu nichts entschliessen kann. Diese Unterredung will ich dir einmal erzählen. Ich war so sehr geschickt sie zu halten, als man nur seyn kann. Ich hatte einige Zeit vorher dazu angewandt, daß ich den Gedanken, daß ich *deine* Geliebte bin, zu seiner höchsten Lebhaftigkeit gebracht hatte; u hierdurch war ich nun fähig alles zu überstehen. Ich ertrug auch erstaunliche Niederträchtigkeiten mit vieler Gelassenheit, aber doch auch immer auf eine Art, daß ich nichts vergab. Endlich sagte er einmal etwas sehr niederträchtiges gegen dich; da konnte ichs nun nicht länger aushalten: Ich empfhele[!] mich Papa, sagte ich, das halte ich nicht länger aus, u gieng in einen andern Steig. Er kam mir nach. Nein, sagte ich, ich will hier ins Portal gehen, u mich allein ein wenig erholen u schlug die Thür zu. Er kam aber doch nach u war nun sehr souple. Am Ende lief unsre Unterredung darauf hinaus, daß ich sagte, die Sache wäre nun ganz aus, wir wären nicht versprochen, nämlich wir hätten uns nichts geschenkt (das sagte ich immer dabey). Wenn du aber einmal, in andern Umständen wiederkämst u mich dann noch haben wolltest, so würd es meine ganze Glückseeligkeit ausmachen, wenn meine Mutter ihre Einwilligung zu unsrer Heirath gäbe. Hier hatte man nichts gegen. Aber ich merkte wohl, daß man stark glaubte, du würdest mich vergessen. Mit meiner Mutter hatte ich eine kürzere aber eine ähnliche Unterredung, wobey es doch schien, als wenn sie mich liebte.

Ach Klopstock wenn du mich nicht liebtest, so könnte ich das nicht aushalten. Das habe ich noch nicht erlebt, daß alle meine Verwandten u so gar meine Mutter einen solchen Widerwillen gegen mich haben! Und so unschuldiger Weise mache ich ihr so viel Verdruß! – Aber mein lieber Kl vergieb ihnen nur das Unrecht, das sie dir thun. Ach sie kennen dich nicht, das ist ihr ganzer Fehler. Eine jede vernünftige Mutter, die dich kennte, u ihr Kind liebte, sollte kommen u es dir anbieten. Vergieb es ihnen. Sie vermuthen es gar nicht, daß solche Leute in der Welt sind, wie du bist. – Schlafe wohl. Ich will nun gleich von dir träumen. O lieb mich ja! – O du mein Kl!

Hansjörg Küster
Die Zähmung der Natur

In der zweiten Hälfte des 17. Jahrhunderts hatte Ludwig XIV., der Sonnenkönig, die imponierende Anlage von Versailles erbauen lassen, ein riesiges Schloß vor den Toren von Paris mit einem weitläufigen Garten, in dem das zentralistische Prinzip des Absolutismus der Natur aufgezwungen worden war. Der König blickte vom Schloß aus in schier endlose Schneisen, die seinen früheren Forst teilten; vor ihm lagen Beete und Rabatten mit kunstvoll beschnittenen Büschen und Bäumen, die in die Architektur einbezogen waren. Der Buchsbaum, eine immergrüne Pflanze des wintermilden Westeuropa, war das beliebteste Schneitelobjekt der Gärtner. Aus ihm wurden nicht nur Rabatten, sondern sogar Figuren gestaltet.

Auch die anderen Fürsten wollten sich à la Louis XIV. mit dem Staat personifizieren, sich auf diese Weise über den immer reicheren neuen Adel erheben: So ein Schloß und so einen Park wie in Versailles brauchten sie ebenfalls.

In München und Dresden wurden die ehemals noch wenigstens andeutungsweise wehrhaften Residenzen repräsentativ umgebaut und erweitert. In Bonn, Münster und Berlin stellte man die Schlösser neben die alten Befestigungsringe, in Stuttgart steht seitdem das Neue Schloß neben dem Alten – mitten im ehemaligen Schloßpark. Andere Schlösser wurden noch offensichtlicher Versailles nachgebaut. Sie entstanden abgesetzt von der Residenzstadt: Sanssouci in Potsdam, gehörig entfernt von Berlin, Wilhelmshöhe oberhalb von Kassel, Ludwigsburg und Solitude bei Stuttgart, Schleißheim und Nymphenburg vor den Toren von München. Sanssouci, Wilhelmshöhe und Solitude wurden an hervorragenden Aussichtspunkten errichtet. Unterhalb der Solitude zieht sich heute noch eine schnurgerade Straße nach Ludwigsburg hin, die später die Basis der württembergischen Landesvermessung werden sollte. Bau und Lage des Schlosses Solitude wurden übrigens zu Beginn des 20. Jahrhunderts nachgeahmt, als die Schwaben ein Schloß für ihren Dichterfürsten bauten: das Schiller-Nationalmuseum in Marbach am Neckar.

In Ludwigsburg entstand neben dem Schloß eine Stadt auf dem Reißbrett, ebenso wie in Mannheim und Berlin (die Friedrichstadt). Um das Schloß und den Park von Schwetzingen zu errichten, mußte ein Stück Forst geopfert werden. Dies taten auch die badischen Herren aus Durlach, um das noch heute überaus eindrucksvolle Schloß-, Stadt- und Parkensemble von Karlsruhe anzulegen. Dort wurde das Schloß – wie in Versailles – am Schnittpunkt von zentrierter Natur und zentrierter Stadt errichtet: Nördlich dehnt sich der in Schneisen geteilte Wald, der in Schloßnähe zum Französischen Garten wurde, südlich die planmäßig aufgeführte Stadt, die spätere badische Metropole.

In der Nähe der Schlösser wurde die Natur zurechtgestutzt. Man pflanzte Rabatten aus exakt geschnittenem Buchsbaum, gelb, rot oder blau blühenden Blumen. Platanen wurden zu schirmförmigem Wuchs gezogen, Maulbeerbäume erhielten völlig runde Kronen. Hatte man diese exotischen Gewächse nicht zur Verfügung, verfuhr man ebenso mit einheimischem Gehölz, zum Beispiel mit Linden. Auch Hainbuchenhecken ließen sich beliebig, aber nach genauen Anweisungen stutzen, oder man schuf „lebende Lauben" und Spaliere aus heimischen Obstbäumen wie im Schloßpark zu Dachau.

Noch größere Wirkung auf die Gestaltung mitteleuropäischer Parkanlagen hatte die Idee des Englischen Gartens. Kaum eine Anlage eines Französischen Gartens konnte konsequent zu Ende geführt werden; in den entlegeneren Teilen herrschaftlicher Gärten schlossen sich später eingerichtete Parzellen Englischen Gartens an. Dort sollte nicht demonstriert werden, wie sehr der Mensch die Natur beherrschte, es sollte sich vielmehr das, was man für Natur hielt, frei entfalten können. Individualformen von Bäumen auf einer Hutweide waren bereits „Denkmäler", ehe sie Teile von Parkanlagen wurden. Viele Englische Gärten entstanden tatsächlich aus der Transformation ehemaliger Hudewälder, zum Beispiel der berühmte Wörlitzer Park in der Elbeniederung bei Dessau. Als Folge der lange dauernden Weidenutzung des Areals waren nur einzelne knorrige Baumriesen mit weit ausladenden Ästen in dem Terrain stehengeblieben, das Grünland dazwischen war rasenartig kurzgehalten. Die Bäume hatten Fraßkanten, man konnte sich also unter ihnen zum Picknick versammeln – so, wie es immer wieder auf Gemälden des 18. Jahrhunderts dargestellt worden ist. Da die Äste solitär stehender Bäume, die nicht auf Viehweiden wachsen, bis auf den Boden reichen, kann man sich nur unter früheren Weidebäumen lagern. Englische Gärtner gestalteten etliche berühmte Parks, zum Beispiel den Englischen Garten in München, nach dem Vorbild ihrer Heimat, die im Grunde genommen in weiten Teilen eine einzige, endlose Hudelandschaft ist. Fürst Pückler-Muskau begab sich selbst nach England, um dort die Landschaft und deren zeitgemäße Gestaltung kennenzulernen. Nach diesem Muster formte er den Park von Muskau an den beiden Ufern der Neiße, der nach dem Zweiten Weltkrieg durch die Grenze zerschnitten wurde. Später legte der fanatische Gärtner den Park von Branitz bei Cottbus an. Die größte Parkanlage nach englischem Vorbild sollte in Berlin entstehen, wurde aber nur in Teilen fertig, weil schließlich die Stadt schneller wuchs als ihre Gärten. Lenné und andere berühmte Gärtner schufen die Englischen Gärten an den Havelseen. Dort war das lokale Klima so feucht und wintermild wie weit und breit nicht, so daß hier Englischer Rasen und Rhododendron gediehen.

Aber nicht nur die mächtigen Herrscher, auch die kleinen Duodez-Fürsten schufen sich einen Landsitz mit Englischem Garten. Der Herr von Hohenlohe-Langenburg errichtete das Schlößchen Ludwigsruhe und einen Gutshof.

Daneben liegt der Park, in dessen heutiger Wildnis man archäologische Methoden anwenden müßte, um seine einstige Gestaltung zu rekonstruieren. Englische Gärten und Landhäuser wurden seit dem 18. Jahrhundert auch von Stadtbürgern angelegt. Die Reichen von Hamburg siedelten sich am Alsterufer und an der Elbchaussee an, hoch über der Elbe auf der Endmoräne, wo Jahrtausende zuvor die Rentierjäger bereits die Sicht in die Weite geschätzt hatten. Das Jenischhaus mit seinem Park ist wohl das berühmteste dieser Ensembles.

Für manche der weitläufigen Parkanlagen der frühen Neuzeit hatte man ein Gelände ausgewählt, das sich auf andere Weise nicht effizient nutzen ließ. Das Gebiet des Englischen Gartens in München war nicht hochwassersicher, kam also als Stadterweiterungsgebiet nicht in Frage. Moorig war das Areal der Unteren Anlagen zwischen dem alten Stuttgart und dem Neckar. Zu trocken für den Ackerbau war dagegen das Gelände des Nymphenburger und vor allem des Schleißheimer Schlosses sowie ihrer Gärten westlich und nördlich von München. Wasser mußte dorthin geleitet werden: Aus der Würm im Westen der Münchner Schotterebene floß (und fließt) es in Kanälen zu den Parks, ergoß sich in die Teiche und speiste die Wasserkünste. Ableitungsgräben ziehen von den Schloßgärten nach Osten, zur Isar.

Der Englische Garten ging nicht nur aus einem früheren Hudewald hervor, in dem die Gartengestalter versuchten, die Zeit anzuhalten und die Baumriesen so zu erhalten, wie sie gewachsen waren. Man verwendete auch viel Sorgfalt darauf, in die Englischen Gärten unauffällige Blickschneisen zu legen und die Wege so zu führen, daß man die lebenden Denkmäler, die Bäume, und das Grün zwischen ihnen am besten bewundern konnte. Es wurden neue Gehölze gepflanzt, mehr und mehr griff man dabei zu exotischen Gewächsen. Unter anderem hatten die Engländer sie aus entlegenen Winkeln der Neuen und Alten Welt mitgebracht und im alten Europa eingeführt. Viele der aus fernen Welten importierten Pflanzen fühlten sich in Europa erstaunlich wohl. Es war recht einfach, Roßkastanien, Robinien, Tulpenbäume, Ginkgos, Japanische Lärchen, Mammutbäume und Douglasien aufzuziehen, sich damit „die große Welt" in den Park zu pflanzen. Viele dieser Pflanzen waren vor den Eiszeiten, im Zeitalter des Tertiärs, in Mitteleuropa vorgekommen. Nur der mehrfache Klimawechsel und die zu engen „Wanderwege" für Pflanzen hatten sie in Mitteleuropa verschwinden lassen, während sie anderswo überlebten. Daß die heutigen klimatischen Verhältnisse für das Wachstum von Hemlocktanne, Thuja, Scheinzypresse und all die vielen anderen Gehölze aus den gemäßigten Breiten anderer Kontinente geeignet sind, zeigt das „Experiment", das die Herren der Gärten seit der frühen Neuzeit unzählige Male erfolgreich durchgeführt haben.

Voltaire
Preußen oder die beste aller Welten

In Westfalen lebte auf dem Schloß des Barons Thunder-ten-tronckh ein junger Mensch, dem die Natur die sanfteste Gesinnung verliehen hatte. Seine Gesichtszüge spiegelten sein Inneres wider. Ein gesundes Urteil verband sich bei ihm mit Arglosigkeit; aus diesem Grunde, glaube ich, wurde er Candide genannt. Die alten Bediensteten des Hauses vermuteten, er sei der Sohn der Schwester des Barons und eines guten, anständigen Edelmannes aus der Gegend, den das Fräulein niemals hatte heiraten wollen, weil er nur einundsiebzig Vorfahren nachweisen konnte und der Rest seines Stammbaums durch die Schuld der Zeit verlorengegangen war.

Der Baron war einer der mächtigsten Herren in Westfalen, denn sein Schloß besaß eine Tür und Fenster. Den großen Saal schmückte sogar eine Tapisserie. Die Hunde auf dem Hühnerhof stellten im Notfall eine Jagdmeute dar; die Stallknechte waren die Piköre; der Dorfgeistliche gab den Schloßkaplan ab. Alles nannte ihn „Euer Gnaden" und lachte über die Geschichten, die er zum besten gab.

Die Baronin, die etwa dreihundertfünfzig Pfund wog, stand dadurch in hohem Ansehen und machte die Honneurs des Hauses mit einer Würde, die ihr noch größeren Respekt einbrachte. Ihre Tochter Kunigunde war siebzehn Jahre alt, rotbackig, frisch, fett und appetitlich. Der Sohn des Barons schien in jeder Hinsicht des Vaters würdig zu sein. Der Hofmeister Pangloss war das Orakel des Hauses, und der kleine Candide lauschte seinen Unterweisungen mit der ganzen Zutraulichkeit seines Alters und Wesens.

Pangloss lehrte die metaphysisch-theologische Kosmolonigologie. Er wies aufs bewunderswürdigste nach, daß es keine Wirkung ohne Ursache gäbe und daß in der bestmöglichen aller Welten das Schloß Seiner Gnaden des Herrn Baron das schönste aller möglichen Schlösser und die Frau Baronin die beste unter allen möglichen Baroninnen sei.

„Es ist erwiesen", sagte er, „daß die Dinge nicht anders sein können, als sie sind, denn da alles um eines Zwecks willen geschaffen ist, dient alles notwendigerweise dem besten Zweck. Bemerken Sie bitte, daß die Nasen geschaffen wurden, um Brillen zu tragen, so haben wir denn auch Brillen. Die Füße wurden sichtlich gemacht, um Schuhe zu tragen; und so haben wir Schuhe. Die Steine wurden gebildet, damit man sie zuhaue und daraus Schlösser baue, und so besitzt denn Seine Gnaden ein schönes Schloß; der größte Baron der Provinz muß am besten wohnen; und da die Schweine zum Essen gemacht sind, essen wir das ganze Jahr hindurch Schweinernes. Infolgedessen ist die Behauptung, es sei alles auf dieser Welt gut eingerichtet, eine Dummheit; vielmehr müßte man sagen, daß alles aufs beste eingerichtet ist."

Candide hörte aufmerksam zu und glaubte in aller Unschuld, was man ihm sagte; denn er fand Fräulein Kunigunde außerordentlich schön, obwohl er niemals so kühn war, es ihr zu gestehen. Er schloß, daß nach dem Glück, als Baron Thunder-ten-tronckh geboren zu sein, der zweite Grad des Glücks darin beruhe, Fräulein Kunigunde zu sein, der dritte, sie täglich zu sehen, und der vierte, Meister Pangloss, dem größten Philosophen der Provinz und also der ganzen Erde, zuhören zu können.

Eines Tages sah Kunigunde, die in der Nähe des Schlosses in dem Wäldchen spazierte, das man Park nannte, den Doktor Pangloss im Unterholz, wie er der Kammerjungfer ihrer Mutter, einer sehr hübschen und folgsamen kleinen Brünetten, eine Lektion in experimenteller Physik erteilte. Da Fräulein Kunigunde ein großes Interesse für die Wissenschaft besaß, beobachtete sie atemlos die wiederholten Experimente, deren Zeuge sie wurde; sie sah deutlich den zureichenden Grund des Doktors, die Wirkungen und Ursachen, und kehrte ganz aufgewühlt und nachdenklich nach Hause zurück, erfüllt von dem Wunsch nach Gelehrsamkeit und von dem Gedanken, sie selber könne wohl der zureichende Grund des jungen Candide und dieser seinerseits der ihre werden.

Sie begegnete Candide, als sie ins Schloß zurückkam, und errötete; Candide errötete ebenfalls; sie wünschte ihm mit stockender Stimme einen guten Tag, und Candide sprach zu ihr, ohne zu wissen, was er sagte. Als man am nächsten Tag von der Tafel aufstand, befanden sich Kunigunde und Candide hinter einem Wandschirm; Kunigunde ließ ihr Taschentuch fallen, Candide hob es auf, sie ergriff in aller Unschuld seine Hand, der junge Mann küßte in aller Unschuld die Hand des Fräuleins mit ganz besonderer Lebhaftigkeit, Empfindung und Grazie; ihre Lippen trafen aufeinander, ihre Blicke entflammten, ihre Knie wankten, ihre Hände verirrten sich. Der Baron Thunder-ten-tronckh ging gerade an dem Wandschirm vorbei und jagte beim Anblick dieser Ursache und Wirkung Candide mit heftigen Tritten in den Hintern aus dem Schloß; Kunigunde fiel in Ohnmacht; sie wurde von der Frau Baronin geohrfeigt, sobald sie wieder zu sich gekommen war; und alles war tief betroffen in dem schönsten und angenehmsten aller möglichen Schlösser. [...]

Candide, aus dem irdischen Paradies verjagt, wanderte lange, ohne zu wissen wohin. Er weinte, hob die Blicke gen Himmel oder wandte sie oft dem schönsten aller Schlösser zu, das die schönste aller Baronessen beherbergte; er legte sich, ohne zu Abend gegessen zu haben, mitten auf den Feldern zwischen zwei Furchen nieder; der Schnee fiel in großen Flocken. Der ganz durchfrorene Candide schleppte sich am nächsten Tag bis in die benachbarte Stadt namens Valdberghoff-trarbk-dikdorff, völlig mittellos und sterbend vor Hunger und Müdigkeit. Traurig blieb er vor der Tür einer Schenke stehen. Zwei blaugekleidete Männer bemerkten ihn. „Kamerad", sagte der eine, „da ist einmal ein gutgebauter junger Mann, der die erforderliche Größe hat." Sie gingen auf Candide zu und baten ihn sehr höflich, mit ihnen zu speisen. – „Meine Herren", erwiderte Candide mit reizender Bescheidenheit, „Sie erweisen mir viel Ehre, aber ich besitze nichts, womit ich die Zeche zahlen könnte." – „Ach", sagte einer der beiden Blauen, „Leute von Ihrem Aussehen und Ihrer Art brauchen nie zu zahlen: Messen Sie nicht fünf Fuß und fünf Zoll?" – „Ja, meine Herren, das ist in der Tat mein Maß", sagte er und machte einen Kratzfuß. „Nun, nehmen Sie Platz; wir werden Sie nicht nur freihalten, sondern auch niemals dulden, daß es einem Mann wie Ihnen an Geld fehlt; die Menschen sind ja da, um einander zu helfen." – „Sie haben recht", sagte Candide, „das sagte auch Herr Pangloss immer, und ich sehe wohl, daß alles zum besten bestellt ist." Man bittet ihn, ein paar Taler anzunehmen, er nimmt sie und will einen Schuldschein ausschreiben; man erlaubt es ihm nicht, man setzt sich zu Tisch: „ Haben Sie nicht eine große Liebe?" – „O ja", antwortete er, „ich liebe Fräulein Kunigunde sehr." – „Nein", sagt einer der beiden Herren, „wir meinen, ob Sie nicht eine Vorliebe für den König der Bulgaren haben." – „Keineswegs", sagt er, „denn ich habe ihn nie gesehen." – „Wie! Aber er ist der charmanteste König, den man sich denken kann, und man sollte auf seine Gesundheit trinken." – „Aber sehr gern, meine Herren", und er trinkt. „Genug jetzt", sagt man ihm, „nun sind Sie die Stütze, der Helfer, der Beschützer, der Held der Bulgaren; Ihr Glück ist gemacht und Ihr Ruhm gesichert." Auf der Stelle legt man ihn in Eisen und bringt ihn zum Regiment. Man läßt ihn nach rechts und links kehrtmachen, den Ladestock heben und senken, anlegen, schießen, den Schritt beschleunigen und verabfolgt ihm dreißig Stockschläge; am nächsten Tag exerziert er ein bißchen weniger schlecht und erhält nur zwanzig Schläge; am übernächsten Tag gibt man ihm noch zehn, und seine Kameraden sehen ihn wie ein Wundertier an.

Candide, noch ganz verblüfft, konnte noch nicht ganz fassen, inwiefern er ein Held sein sollte. An einem schönen Frühlingstag fiel ihm ein, spazierenzugehen, und so ging er vor sich hin in dem Glauben, es sei ein Vorrecht der Menschen wie der Tiere, sich zu ihrem Vergnügen ihrer Beine bedienen zu dürfen. Er hatte noch keine zwei Meilen zurückgelegt, als vier weitere Helden, ein jeder sechs Fuß hoch, ihn einholen, binden und in einen Kerker schleppen. Man fragte ihn von Rechts wegen, ob er lieber vor dem ganzen Regiment sechsunddreißigmal Spießruten laufen oder zwölf Bleikugeln auf einmal ins Gehirn haben wolle. Er konnte noch so lange von der Freiheit des Willens reden und daß er weder das eine noch das andere wünschte, er mußte eine Wahl treffen; er entschloß sich kraft der göttlichen Gabe, die man *Willensfreiheit* nennt, dazu, sechsunddreißigmal Spießruten zu laufen; er stand sie zweimal durch. Das Regiment zählte zweitausend Mann; das machte für ihn viertausend Rutenhiebe aus, die ihm, vom Nacken bis zum Hintern, Muskeln und Nerven bloßlegten. Als man zum drittenmal beginnen wollte, bat Candide, der nicht mehr konnte, ihm gütigerweise den Kopf zerschmettern zu wollen; ihm sollte die Gunst zuteil werden; man verbindet ihm die Augen, man läßt ihn niederknien. Der König von Bulgaren reitet in diesem Augenblick vorbei und fragt nach dem Verbrechen des armen Sünders; und da der König ein Mann von bedeutendem Geist war, begriff er aus allem, was er über Candide erfuhr, daß es sich um einen jungen, in den Dingen dieser Welt noch sehr unerfahrenen Metaphysiker handelte, und begnadigte ihn mit einer Milde, die in allen Zeitungen und durch alle Jahrhunderte hindurch gepriesen werden wird. Ein braver Wundarzt heilte Candide in drei Wochen mit Hilfe von Arzneien nach den Lehren des Dioskorides. Er hatte schon wieder ein wenig Haut und konnte gehen, als der König der Bulgaren dem König der Avaren Bataille lieferte. [...]

Nichts war schöner, gewandter, glänzender, wohlgeordneter als die beiden Armeen. Die Trompeten, die Pfeifen, die Oboen, die Trommeln und Geschütze bildeten eine Harmonie, wie es sie nicht einmal in der Hölle gab.

Zuerst streckten die Kanonen etwa sechstausend Mann auf jeder Seite hin, dann befreiten die Musketen die beste aller Welten von etwa neun- bis zehntausend Schuften, die ihre Oberfläche beschmutzt hatten. Auch das Bajonett bildete den zureichenden Grund für den Tod einiger tausend Leute. Alles in allem konnte es sich wohl um dreißigtausend Seelen handeln. Candide, der wie ein Philosoph zitterte, versteckte sich während dieser heroischen Schlächterei, so gut er konnte.

Schließlich faßte er, während die beiden Könige, jeder in seinem Lager, ein *Te Deum* anstimmen ließen, den Entschluß, anderswo über Wirkungen und Ursachen nachzudenken. Er schritt über Haufen von Toten und Sterbenden hinweg und erreichte zuerst das nächste Dorf; es lag in Asche: Es war ein avarisches Dorf, das die Bulgaren nach den Regeln des Völkerrechts niedergebrannt hatten. Hier sahen von Schüssen durchbohrte Greise zu, wie ihre niedergemachten Frauen starben und dabei ihre Kinder an die blutenden Brüste preßten; dort taten aufgeschlitzte junge

Mädchen, die zuvor die natürlichen Bedürfnisse einiger Helden befriedigt hatten, den letzten Seufzer; andere wieder, zur Hälfte verbrannt, schrien, man möge ihnen den Gnadenstoß versetzen. Hirn war neben abgehackten Armen und Beinen über den Boden verspritzt.

Candide floh, so schnell er konnte, in ein anderes Dorf: Es gehörte den Bulgaren, und die avarischen Helden hatten es auf die gleiche Weise behandelt. Candide, immer noch über zuckende Glieder weg oder durch Ruinen hin wandernd, ließ endlich, mit ein paar mageren Vorräten in seinem Quersack und ohne je Fräulein Kunigunde zu vergessen, die Szenerie des Krieges hinter sich.

Walter Salmen
Am Hof spielt die Musik

Im Zeitalter des Absolutismus, als die privilegierte Aristokratie sich als „les Grandes" hochzustilisieren vermochte, wurde dem Konzert bei Hofe eine verstärkte gesellschaftliche Rolle zuteil. Auf der Suche nach Genuß in einem nachlässigen Lebensstil, nach Muße und Glück als dem höchsten Gut hatte die Musik als „amusement" oder „entertainment" vielseitig präsent zu sein. Neben der Jagd, dem Spiel und Tanz, dem Bankett, Theater sowie Maskeraden füllte diese Kunstübung den dafür ausgesparten Bereich im Alltag wie auch die zahlreichen Festtage aus. Der barocke Residenzbau, der sich vornehmlich außerhalb der Städte in flacher Landschaft, großräumig geplant, zu präsentieren strebte, sah hierfür die benötigten Räume vor. „Concertzimmer", „Concert-Stuben" (Schloß Zerbst), Musikzimmer mit einer spezifischen bildnerischen Ausgestaltung und Ausstattung wurden mit deutlichem Sachbezug im Gesamtplan einer Hofhaltung unentbehrlich. [...]

Trotz der Ausweitung der aufwendigen Apparate und Mittel blieb freilich die aktive Teilnahme der Hofgesellschaft an der Ausübung von Musik eine auszeichnende Übung und galt nicht als ein ständisch diskriminierendes Tun. Ein Fürst erwies als vollendeter galant homme seine illustren Fähigkeiten auch im angemessen stilisierten höfischen Tanzen und Musizieren. Nachrichten wie die vom 5. März 1719 vom Kurfürstenhof in München waren keine Seltenheit, wonach es üblich war, „... nachmittag ein concert de music mit fletten in dem großen Cabinet des Churfürsten, wo der Churfürst auf der gamba, der Pr. Ferd: aber auf der flautten gespielt, die hoff Dames saßen darbey in craiß herumb". Charles Burney berichtet 1772 aus Dresden: „Um acht Uhr versammelte sich die Kapelle des Churfürsten zu seinem Privatconcerte. Die regierende Churfürstin und die Hofdamen spielten im Musikzimmer Karten. Das Concert ward mit zwo Sinfonien von Schwindl geöfnet. Herrn Kroner, welcher die Violinen dirigirt, ist mehr ein kühner und starker Anführer eines Orchesters als ein Solospieler. Signor Panzachi sang die erste Arie. Er hat eine gute Tenorstimme, einen gefälligen Vortrag und die viele Fertigkeit der Kehle; man sagt auch, daß er vortreflich agiren soll. Nach dieser Arie sang die verwitwete Churfürstinn von Sachsen eine ganze Scene aus ihrer eigenen Oper Talestri; der Churfürst spielte mit Kroner die Violine, und Naumann accompagnirte dabey auf dem Flügel. Sie sang in einem wirklich feinen Style; ihre Stimme ist sehr schwach, aber sie zwingt sie niemals, und bleibt immer rein im Tone. Das Recitativ, welches mit Accompagnement war, trug sie in der Manier der grossen Sänger von alten und besseren Zeiten vor ... Nächst diesem spielte der Churfürst eines von den Trios von Schwindl auf der Gambe, vortreflich. Herrn Abel ausgenommen, habe ich keinen so schönen Gambinisten gehört. Er hat eine sichre und sehr fertige Hand, sein Geschmack und Vortrag sind zum bewundern, und selten wird man einen Liebhaber antreffen, der so sicher im Tackte ist, als er ..."

Als mustergültig und daher seit dem 19. Jahrhundert auch in Historienbildern darstellungswürdig erweist sich für diese hochherrschaftliche Attitüde insonderheit die Musizierpraxis des preußischen Königs Friedrich II. Dieser absolutistisch regierende Herrscher und Feldherr residierte in Schloß Rheinsberg, in Schloß Sanssouci sowie im Stadtschloß zu Potsdam, im Neuen Palais, in Berlin-Charlottenburg oder auch im Schloß zu Breslau. In all diesen Residenzen ließ der passionierte und routinierte Musikliebhaber von seinen Hofarchitekten Konzertzimmer einbauen. Das bekannteste und von Adolph von Menzel als Lokalität für sein berühmtes Gemälde ausgewählte Musikzimmer befindet sich im Schloß Sanssouci. Gebaut wurde dieses zwischen 1745 und 1748 von Georg Wenzeslaus Freiherrn von Knobelsdorff und ausgestattet mit Panneaux von Antoine Pesne, die nach dem Willen des Bauherrn ausdrücklich dazu dienen sollten, auch das Auge und nicht nur das Ohr zu beschäftigen. Mitten im Raum stehen ein Cembalo von Gottfried Silbermann sowie ein kunstvoll gefertigtes Notenpult von Johann Melchior Kambly. Der englische Reisende Charles Burney beschreibt in seinem 1773 in Hamburg erschienenen Tagebuch seine Eindrücke nach einem Besuch wie folgt:

„Das Concertzimmer des Königs hat Spiegel von ganz ausnehmender Grösse; die Bildhauerarbeit darin ist theils vergoldet, theils mit dem schönsten grünen Firniß à la martin überzogen. Alles Geräthe und alle Zierrathen in diesem Zimmer sind nach dem allerfeinsten Geschmacke. Es steht ein Pianoforte von dem neuburgischen Silberman darinn, das sehr schön gearbeitet und mit Firniß überzogen ist; für Se. Majestät stehet ein Pult von Schildpatte das sehr reich und künstlich mit Silber ausgelegt ist; auf dem Tische liegt ein Verzeichniß der Concerte, welche sich im neuen Pallaste befinden, und ein Notenbuch worin, wie Se. Majestät es nennen, Solfeggi geschrieben stehen, nemlich Preludia von schweren und geschwinden Sätzen, zur Uebung der Finger und Zunge, wie die eigentlichen Solfeggi zur Uebung für die Kehle der Sänger sind. Se. Majestät haben von dieser Art Büchern für die Flöte eines in jedem Musikzimmer aller Palläste." Nach 1740 pflegte der König „alle Tage des Abends von 7 bis 9 in der Kammer ... ein ordentliches Concert auffführen" zu lassen, wobei er meistens selbst mitwirkte, oft gar auch die Werke lieferte, die lediglich für diese Privatissima bestimmt waren und nicht für die Öffentlichkeit oder den Notenmarkt. Dieser tägliche Umgang mit Musik verschaffte ihm „Erholungsgenuß nach Regierungsgeschäften und Heldenarbeit" (Johann Friedrich Reichardt, 1793). [...]

Der am Preußenhofe übliche Ernst der Darbietung wurde sonst nur selten im Milieu dieses „carefree and constant pursuit of happiness" (John Locke) erstrebenden, abgesonderten Daseins aufgeboten. Normalerweise, wenn wie in Polen oder Böhmen, „Bediente und Vasallen" (Charles Burney) dazu verpflichtet wurden, umgeben von Haustieren, musizierend aufzuwarten, gingen die Konversation, das Kartenspiel, Rauchen und Schmausen weiter. Das Musizieren geschah dann lediglich als eine Beiläufigkeit. Unter diesem Mangel an Konzentration auf den musikalischen Vortrag hatten die Musizierenden bis ans Ende der Geschichte der Konzerte bei Hofe zu leiden. Louis Spohr erlebte es in Braunschweig, daß die Hofmusiker dort stets piano zu spielen hatten, um nicht die Konversation der Kartenspieler zu übertönen. Selbst Goethe nahm 1812 in Weimar während eines vom Herzog befohlenen Hofkonzerts den am Klavier phantasierenden Carl Maria von Weber nicht wahr, da er sich währenddessen laut mit einem Fräulein von Reitzenstein unterhielt. Erst nach 1800 weigerten sich berühmte Solisten, wie etwa die Sängerin Gertrud Elisabeth Mara, unter derart unwürdigen Umständen aufzutreten. Sie nahmen den herkömmlichen Zwang zur bedingungslosen Anpassung nicht mehr an.

Wolfgang Amadeus Mozart
Wortspiele eines Wunderknaben

Allerliebstes bäsle häsle!
Ich habe dero mir so werthes schreiben richtig erhalten falten, und daraus ersehen drehen, daß der H: vetter retter, die fr: baaß has, und sie wie, recht wohl auf sind hind; wir sind auch gott lob und danck recht gesund hund. ich habe heüt den brief schief, von meinem Papa haha, auch richtig in meine klauen bekommen strommen. Ich hoffe sie werden auch meinen brief trief, welchen ich ihnen aus Mannheim geschrieben, erhalten haben schaben. desto besser, besser desto! Nun aber etwas gescheüdes.

mir ist sehr leid, daß der H:Prælat Salat schon wieder vom schlag getrofen worden ist fist. doch hoffe ich, mit der hülfe Gottes spottes, wird es von keinen folgen seyn schwein. sie schreiben mir stier, daß sie ihr verbrechen, welches sie mir vor meiner abreise von ogspurg voran haben, halten werden, und das bald kalt; Nu, daß wird mich gewiß reüen. sie schreiben noch ferners, ja, sie lassen sich heraus, sie geben sich blos, sie lassen sich verlauten, sie machen mir zu wissen, sie erklären sich, sie deüten mir an, sie benachrichtigen mir, sie machen mir kund, sie geben deütlich am tage, sie verlangen, sie begehren, sie wünschen, sie wollen, sie mögen, sie befehlen, daß ich ihnen auch mein Portrait schicken soll schroll. Eh bien, ich werde es ihnen gewis schicken schlicken. Oui, par ma la foi, ich scheiss dir auf d'nasen, so, rinds dir auf d'koi. appropós. haben sie den spuni cuni fait auch? – – – was? – – ob sie mich noch immer lieb haben – – das glaub ich! desto besser, besser desto! Ja, so geht es auf dieser welt, der eine hat den beutel, der andere hat das geld; mit wem halten sie es? – – mit mir, nicht wahr? – – das glaub ich! iezt ists noch ärger. appropós.

möchten sie nicht bald wieder zum H: *Gold*-schmid gehen?

aber was thun dort? – – was? – – nichts! – – um den Spuni Cuni fait fragen halt, sonst weiter nichts. sonst nichts? – – – Nu Nu; schon recht. Es leben alle die, die – die – – die – – – wie heist es weiter? – – iezt wünsch ich eine gute nacht, scheissen sie ins beet daß es kracht; schlafens gesund, rekkens den arsch zum mund; ich gehe izt nach schlaraffen, und thue ein wenig schlaffen. Morgen werden wir uns gescheüt sprechen brechen. ich sage ihnen eine sache menge zu haben, sie glauben es nicht gar können; aber hören sie morgen es schon werden. leben sie wohl unterdessen, ach Mein *arsch* brennt mich wie feüer! was muß das nicht bedeüten! – – vielleicht will *dreck* heraus? – ja ja, *dreck*, ich kenne dich, sehe dich, und schmecke dich – – und – – was ist das? – – ists möglich – – ihr götter! – – Mein *ohr*, betrügst du mich nicht? – – Nein, es ist schon so – – welch langer, trauriger ton! – – heüt den schreiben fünfte ich dieses. gestern habe ich mit der gestrengen fr: Churfürstin gesprochen, und Morgen als den 6:ten werde ich in der grossen galla-accademie spiellen; und dann werde ich extra in Cabinet, wie mir die fürstin-chur selbst gesagt hat, wieder spiellen. Nun was recht gescheütes!

I: es wird ein brief, oder es werden briefe an mich in ihre hände kommen, wo ich sie bitte daß – – was? – – ja, kein fuchs ist kein haaß, ja das – – Nun, wo bin ich den geblieben? – – ja, recht, beym kommen; – – ja ja, sie werden kommen – – ja, wer? – wer wird kommen – – ja, izt fällts mir ein. briefe, briefe werden kommen – – aber was für briefe – – je nu, briefe an mich halt, die bitte ich mir gewis zu schicken; ich werde ihnen schon nachricht geben wo ich von Mannheim weiters hin gehe, iezt Numero 2. ich bitte sie, warum nicht? – ich bitte sie, allerliebster fex, warum nicht? – – daß wenn sie ohnedem an die Mad: Tavernier nach München schreiben, ein Compliment von mir an die 2 Mad:selles freysinger schreiben, warum nicht? – – Curios! warum nicht? – – und die Jüngere, nämlich die frl: Josepha bitte ich halt recht um verzeyhung, warum nicht? – warum sollte ich sie nicht um verzeyhung bitten? – – Curios! – ich wüste nicht warum nicht? – – ich bitte sie halt recht sehr um verzeyhung, daß ich ihr bishero die versprochene sonata noch nicht geschickt habe, aber ich werde sie, so bald es möglich ist übersenden. warum nicht? – – was – – warum nicht? – – warum soll ich sie nicht schicken? – warum soll ich sie nicht übersenden? – – warum nicht? – – Curios! ich wüste nicht warum nicht? – – Nu, also, diesen gefallen werden sie mir thun; – – warum nicht? – – warum sollen sie mirs nicht thun? – – warum nicht, Curios! ich thue ihnens ja auch, wenn sie wollen, warum nicht? – – warum solle ich es ihnen nicht thun? – – Curios! warum nicht? – – ich wüste nicht warum nicht? – – vergessen sie auch nicht von mir ein Compliment an Papa und Mama von die 2 frl: zu entrichten, denn das ist grob gefehlt, wenn man vatter und Mutter vergessen thut seyn müssen lassen haben. ich werde hernach wenn die Sonata fertig ist, – selbe ihnen zuschicken, und einen brief darzu; und sie werden die güte haben, selben nach München zu schicken. Nun muß ich schliessen, und das thut mich verdriessen. herr vetter, gehen wir geschwind zum hl:kreüz, und schauen wir ob noch wer auf ist? – – wir halten uns nicht auf, nichts als anleiten, sonst nichts. iezt muß ich ihnen eine trauerige geschichte erzehlen, die sich iezt den augenblick erreignet hat. wie ich an besten an dem brief schreibe, so höre ich etwas auf der gasse. ich höre auf zu schreiben – – stehe auf, gehe zum fenster – – und – höre nichts mehr – – ich seze mich wieder, fange abermahl an zu schreiben – – ich schreibe kaum 10 worte so höre ich wieder etwas – – ich stehe wieder auf – – wie ich aufstehe, so höre ich nur noch etwas ganz schwach – – aber ich schmecke so was angebrandtes – – wo ich hingehe, so stinckt es, wenn ich zum fenster hinaus sehe so verliert sich der geruch, sehe ich wieder herein, so nimmt der geruch wieder zu – – endlich sagt Meine Mama zu mir: was wette ich, du hast einen gehen lassen? – – ich glaube nicht Mama. ja ja, es ist gewis

so. ich mache die Probe, thue den ersten finger im arsch, und dann zur Nase, und – – Ecce Provatum est; die Mama hatte recht. Nun leben sie recht wohl, ich küsse sie 10000mahl und bin wie allzeit der alte junge Sauschwanz
                        Wolfgang Amadé Rosenkranz.
von uns zwey Reisenden tausend Complimenten an H: vetter u. fr: baaß.
                an alle meine gute freünd heünt
                Meinen gruß fus; addio fex hex.
              ♡ 333 bis ins grab, wen ichs leben hab.
Miehnnam ned [net] 5 rebotco 777I.

Nicholas Boyle
Fürstenhof mit Stallgeruch: Weimar 1775

Wer wie Goethe sechs Wochen vor Weihnachten von Frankfurt nach Weimar reiste, wo die Festlichkeiten zur Vermählung und zur Volljährigkeit des Herzogs in vollem Gange waren, mußte sich vorkommen, als verlasse er die Großstadt und begebe sich zu einer längeren Familienfeier auf ein Landgut. Schon zweimal – 1765, als er zu seinem Studienort aufbrach, und 1768, als er von dort mit zerrütteter Gesundheit zurückkehrte – hatte Goethe den widerwärtigen thüringischen Streckenabschnitt der Straße von Frankfurt nach Leipzig erlebt. Nun bog er zum erstenmal in Erfurt nach Weimar ab. Die rund zwanzig Kilometer lange Fahrt, bei der die Kutscher die tief ausgefahrenen Wagenspuren durch waghalsige Umwege über die Äcker mieden, führte zu Weimars westlichem, dem Erfurter Tor, durch das Goethe nun, am 7. November 1775, um fünf Uhr morgens in die kleine Stadt einzog. War es überhaupt eine kleine Stadt? Madame de Staël hielt Weimar nur für ein großes Schloß. Seine 600 bis 700 Häuser, die meisten von ihnen mit Stroh oder Holzschindeln gedeckt, waren nichts weiter als ein Anhängsel der fürstlichen Residenz. Nur 100 Meter vom doppelten Ring der Wehrmauern entfernt, lag der größte Markt der Stadt, der Töpfermarkt, umgeben von einem Dutzend Häuser mit hohem Giebeldach, und hier wohnten auch Goethes Kurier, der Kammerjunker von Kalb, und dessen Vater, der herzogliche Schatzmeister und Kammerpräsident, der den berühmten Literaten bat, ihn bei sich aufnehmen zu dürfen. Noch einmal 100 Meter weiter hätten die Reisenden den eigentlichen Marktplatz sowie den Hof- und Verwaltungsbezirk vorgefunden, der etwa ein Drittel der Grundfläche Weimars einnehmen mochte. Und selbst dieser Bereich präsentierte sich 1775 großenteils als verrußte Ruine; denn im Jahr zuvor waren das herzogliche Schloß, die Wilhelmsburg, sowie das Hoftheater und die Hofkirche St. Martin (an der von 1708 bis 1717 Johann Sebastian Bach Organist gewesen war) einem Brand zum Opfer gefallen, und erst viele Jahre später waren genügend Mittel für den Wiederaufbau vorhanden – ein Projekt, dessen verantwortliche Leitung in den Händen Goethes liegen sollte. Inzwischen beherrschte ein Geist gutgelaunter Improvisation das Leben bei Hofe. Das stattliche Landschaftshaus, das eigentlich die Stände beherbergen sollte, wurde für die Bedürfnisse des Herzogs und seiner Braut hergerichtet. Hofjäger Anton Georg Hauptmann hatte schon damit gerechnet, daß der neue Herrscher die gewohnte Unterhaltung nicht würde missen wollen, und 1775, dank finanzieller Unterstützung, einige Versammlungssäle (das „Redoutenhaus") errichtet; hier fanden in den nächsten fünf Jahren die Hofbälle und die Liebhaberaufführungen statt, die vorderhand alles waren, was man sich leisten konnte. Kirchliche Veranstaltungen, bei Hofe die geringste Sorge, wurden einfach in die Stadtkirche zu St. Peter und Paul am Töpfermarkt verlegt, die einzige andere Kirche innerhalb der Stadtmauern (vor der Stadt gab es noch die Garnisonskirche). Die gotische Stadtkirche, um 1500 entstanden, war Anfang des 18. Jahrhunderts durch Umbau stark verändert worden, beeindruckte aber noch immer durch den prachtvollen Altaraufsatz von Lucas Cranach d. Ä., der sein letztes Lebensjahr in Weimar verbracht hatte. Goethes ferner Vorfahr stellt sich darauf in einer Geste dar, die seines Nachfahren würdig gewesen wäre: Ein Repräsentant der Menschheit, schreitet er zuversichtlich der Erlösung entgegen, flankiert von Johannes dem Täufer und Martin Luther.

Zum Glück waren bei der Katastrophe von 1774 nicht alle Attraktionen Weimars abgebrannt. Vor allem die Bibliothek, die drittgrößte Deutschlands, war erhalten geblieben, einfach dank ihrer Größe. Man hatte sie 1766 aus der engen Wilhelmsburg ausgelagert und in einem eigenen Gebäude untergebracht, dem Grünen Schloß, inmitten der Wiesen und Auen an dem Flüßchen Ilm, das im Osten Weimars der Saale und der Elbe entgegenfließt; hier befand sich auch der Garten Am Stern, so benannt nach der radialen Anordnung seiner buchsbaumgesäumten Wege. Das Wittumspalais, 1767 erbaut und zum Teil von Oeser aus Leipzig entworfen und dekoriert, war ebenfalls vom Feuer verschont geblieben; hier residierte, von 1775 bis zum Tode 1807, Anna Amalia, Herzoginmutter und Regentin des Herzogtums seit 1758 bis zur Volljährigkeit ihres ältesten Sohnes. Bevor ihr Gatte, nach nur zweijähriger Ehe, an Tuberkulose gestorben war, hatte er damit begonnen, unweit des nachmaligen Wittumspalais den Raum zwischen den beiden Stadtmauern aufzufüllen und darauf die Esplanade anzulegen, einen von Bäumen beschatteten Spazierweg mit einem Goldfischteich und einem chinesischen Pavillon. Während der Garten Am Stern der fürstlichen Familie vorbehalten war, durften sich Bürger, das heißt nichtadlige Personen, nicht aber deren Dienstboten, auch auf der Esplanade ergehen, an deren beiden Enden schwere Eisentore den Aus- und Eingang bewachten. Im 19. und 20. Jahrhundert deckte sich die Esplanade größtenteils nur noch mit dem Verlauf der Schillerstraße, die an ihre Stelle getreten war. Heute präsentiert sich die Straße als Fußgängerzone, mit Bäumen und teuren Touristenläden, und hat damit etwas von ihrer ursprünglichen Bedeutung zurückgewonnen.

Trotzdem hatte Weimar, verglichen mit Frankfurt, wenig zu bieten. Es war ein schlichter Ort mit einer einzigen Funktion: Weit mehr als ein Viertel seiner 6000 Einwohner machten der Hof, die fürstliche Familie, die Hofbediensteten und Pensionäre aus. Die übrigen, die Schneider und Schuster, die Bäcker und Hufschmiede und Apotheker, bedienten mittelbar oder unmittelbar die Bedürfnisse des Hofes oder die eigenen. 1775 gab es keinen einzigen Weimaraner, der durch Handel oder Industrie zu der Welt hinter Weimar Kontakt hatte. Weimar wurde nicht einmal von der Postkutsche angefahren; die Poststation befand sich nicht hier, sondern rund 15 Kilometer weiter nördlich, in Buttelstedt an der Straße Leipzig-Erfurt. Die soziale Struktur war unkompliziert: 80 Prozent der Bevölkerung zählten zur Handwerker- und Gesellenklasse und verdienten kaum 200 Taler im Jahr. (Die übliche Buchführungs- und Währungseinheit in Weimar war der Taler. Der Wechselkurs war variabel; der Einfachheit halber kann man zwei Gulden auf einen Taler rechnen.) Die Oberschicht „hob sich von der breiten Masse der Bevölkerung weit auffälliger ab als in späterer Zeit, weil eine bürgerliche Zwischenschicht so gut wie fehlte" (W. H. Bruford). Auch kulturell war das Leben in diesen lutherischen Kernlanden einfach und in religiöser, internationaler und sprachlicher Hinsicht nicht so kompliziert wie Frankfurt: Zwar gab es zwei Juden, aber beide waren Bankiers und machten ihr Glück als Geldverleiher – so mancher Höfling hatte Spielschulden. Die einzige Sprache, die man, neben dem barbarischen Französisch, in welchem die altmodischeren Hofdamen einander zu schreiben beliebten, vernahm, war das Sächsische: Als Lavater zu Besuch kam, blieb sein Schweizerdeutsch, in den Straßen des kosmopolitischen Frankfurt ein vertrauter Klang, den Ortsansässigen von Weimar unverständlich. Sogar die Gerüche waren einfach die Gerüche des Bauernhofs; denn das Vieh wurde aus Sicherheitsgründen innerhalb der Stadtmauern gehalten und nur tagsüber hinaus auf die Weide getrieben.

[...] Der Hof, im breitesten Sinne verstanden als Kreis derjenigen, die mit dem Herzog und der Herzogin speisen durften oder offiziell von ihnen empfangen wurden, zerfiel in drei Gruppen. Der Hof im eigentlichen Sinne, das heißt der herzogliche Haushalt, war zwar nicht winzig, aber auch nicht übertrieben groß. Neben zwei Marschällen (dem Oberhofmarschall und dem Reisemarschall) sowie zwei Stallmeistern, von denen einer Oberstallmeister Baron von Stein war, gab es für den Herzog selbst drei Kammerherren, drei Kammerherren und drei Hofdamen für die Herzogin, einen Marschall, einen Kammerherrn und eine Hofdame für die Herzoginmutter, und endlich von Knebel als Hofmeister und später Kammerherr des Prinzen Constantin. Es gab auch sechs Pagen, aber das waren einfach Söhne von Adligen, deren Erziehung Carl August, nach einer der ältesten lehensrechtlichen Pflichten, übernommen hatte. – Die zweite Gruppe bildeten die höchsten Beamten, namentlich die drei oder vier Geheimräte sowie die Leiter der Kammer, der Landesregierung und des Oberkonsistoriums (das für Kirchenangelegenheiten zuständig war). Die größte und heterogenste Gruppe, der zeitweilig oder dauernd in Weimar residierende niedere Adel – besser gesagt, die geadelten Gutsbesitzer –, hatte nicht unbedingt eine förmliche Verbindung mit dem herzoglichen Haushalt oder der Verwaltung, wie etwa die Gräfin Bernstorff, Witwe des dänischen Außenministers und Gönnerin Klopstocks, die mit ihrem Sekretär Johann Joachim Christoph Bode (dem Sterne-Übersetzer und prominenten Freimaurer) 1779 nach Weimar kam, als ihre Tochter Sophie den Bruder der Frau von Stein, Carl von Schardt, heiratete. Oder sie hatten eine unbezahlte Stellung inne oder empfingen eine Gnadengabe des Herzogs, wie Baron von Imhoff, der, auf einer Reise nach Indien, seine erste Frau an den nachmaligen Gouverneur Bengalens, Warren Hastings, verkauft hatte, seither mit dem Gehabe eines Nabob auftrat und sich, nach seiner Vermählung mit Luise von Schardt, der Schwester der Frau von Stein, mit seiner zweiten Familie in Jena niederlassen konnte, nachdem der Herzog ihm kostenlose Unterkunft und Brennholz, den Titel eines Majors sowie eine heimliche Jahresrente von 300 Talern zugesagt hatte.

Der Hof brachte seine Existenz vorzugsweise durch die Mahlzeiten zum Ausdruck. Jeden Tag saßen der Herzog und die Herzogin – oder die Herzogin allein, da Carl August häufig abwesend war und zumal in seinen jüngeren Jahren alle Förmlichkeit scheute – an der Spitze der Mittagstafel für den herzoglichen Haushalt und ihrer Gäste in ihrem provisorischen Schloß. Es gab zwei Tafeln, eine hohe oder Hoftafel für den Herrscher und den Adel, und eine niedere, die Marschallstafel, für nichtadlige Gäste. Bei derartigen offiziellen Anlässen wurde von den Herren erwartet, daß sie in der fürstlichen Galauniform erschienen; sie war entweder aus grünem Stoff mit Epauletten oder, in vornehmerer Ausführung, aus Seide oder Satin und mit Gold oder Silber bestickt. An zwei Abenden der Woche lud das herzogliche Paar zu Abendessen und Kartenspiel ein, was während der Saison jeder adligen Dame der Stadt freistand. Obgleich die Mitglieder des Herrscherhauses keine großen Kirchgänger waren, blieben die Sonntage besonderen Anlässen vorbehalten: Nach einem größeren Diner als üblich gab es am Nachmittag einen Empfang für den örtlichen Adel und am Abend eine Partie Karten sowie ein Konzert des etwa zwölf Mann starken Hoforchesters. Die Herzoginmutter hatte ihren Haushalt im Wittumspalais, doch kam sie sonntags herüber, um mit ihren Kindern zu speisen. Den kurzen Weg legte sie in einer gläsernen Kutsche zurück, die so klein war, daß zu beiden Fenstern ihre Krinoline herausquoll. Mittwochs empfing sie, einer Tradition aus der Zeit ihrer Regentschaft getreu, einen Kreis von Gästen, in dem nur Geist und Talent, nicht Rang und Stand zählten, und veranstaltete abends ebenfalls ein Konzert. Beliebtester Treffpunkt des Hofes war, neben den Schlössern, Hauptmanns Redoutenhaus, wo alle ein oder zwei Wochen Maskenzüge und Redouten stattfanden; in unregelmäßigen Abständen, die von der Stimmung der beteiligten Laienschauspieler abhingen, improvisierte man auch eine Bühne und führte ein Theaterstück oder ein Singspiel auf. Ein festes Datum, von Goethe schon bald zum Höhepunkt des Weimarer Theaterkalenders erkoren, war der 30. Januar, der Geburtstag der Herzogin Louise, der, wo irgend möglich, einer großen neuen Produktion vorbehalten blieb. Das feierliche Begehen von Geburtstagen gehörte, und gehört bis heute, zu dem stark personalisierten und privaten Charakter bürgerlicher Lebensart in Deutschland, und daß Goethe diese Gewohnheit – die sich bald auch auf den Geburtstag Anna Amalias und seinen eigenen erstreckte – im breiteren Kreis eines aristokratischen Hofes nachdrücklich aufnahm, zeugt von der Veränderung des Tons, die seine Gegenwart bewirkte. Eine weitere bürgerliche Neuerung, für die Goethe verantwortlich war – dank Klopstock mit besonders literarischem Einschlag – und die zu einer beliebten Belustigung des Hofes in den Wintermonaten wurde, war das Schlittschuhlaufen auf einer eigens zu diesem Zweck überfluteten Wiese nahe der Stadtmauer. Frau von Stein soll im Winter 1778 acht Stunden täglich Schlittschuh gelaufen sein. Das Eis wurde zum Freilicht-Ballsaal, mit einer Blaskapelle und Masken; abends gab es Fackeln, Kohlepfannen und Feuerwerk: Ein Page erinnerte sich, wie er, als Teufel verkleidet, mit Goldrausch zwischen den Hörnern, durch den rieselnden Schnee fuhr und die Zierschlitten der pelzvermummten Damen schob, die nicht Schlittschuh liefen. Im Sommer pflegte der Hof, dem ehrwürdigen europäischen Rhythmus gehorchend, auszufliegen: Der Herzog hatte eine ländliche Residenz vor den Toren Weimars, das Barockschloß Belvedere, zu dem ein Park nebst Orangerie gehörte; Anna Amalia hatte das etwas ältere Schloß Ettersburg, auf einer buchen- und eichenbestandenen Anhöhe anderthalb Fahrstunden nordwestlich von Weimar gelegen. Nach 1780 blieb sie im Sommer näher bei Weimar, in dem sogenannten „Schloß" Tiefurt, in Wirklichkeit einem geräumigen Pächterhaus inmitten reizvoller Landschaft am Oberlauf der Ilm, das ursprünglich 1776 für die Hofhaltung des Prinzen Constantin eingerichtet worden war. Der Adel zog sich auf seine Güter zurück – die von Steins zum Beispiel nach Süden, auf ihren von Wassergräben umflossenen Sitz Großkochberg – oder traf sich in späteren Jahren in der Ferienatmosphäre der deutschen und böhmischen Kurorte wieder.

Rudolf Braun/David Gugerli

Das Bürgertum tanzt aus der Reihe

Was ist denn das Neue, das Epochale dieser Zäsur im Tanz-, Bewegungs- und Körperverhalten? Wie in so vielen anderen Bereichen des Lebens und Zusammenlebens hat das Ancien Régime auch hier die Waffen geschmiedet, mit denen es geschlagen wird; dies in zweifacher Hinsicht. Zunächst auf das Tanzen selbst bezogen; erinnern wir uns: Die höfische Verhaltenskultur erheischt eine zierliche, natürliche, gleichsam angeborene „Air", „Grâce" und „Balance", doch stehen dahinter ständig Selbst- und Fremdzwänge sowie Selbst- und Fremdkontrollen. Natur wird als etwas verstanden, das erst durch menschlichen Formwillen, durch Domestizierung, durch „mechanische Gesetze" zur Geltung gebracht werden kann – gleichsam eine zweite Natur. Diese Verhaltens- und Bewegungskultur erinnert an die raffinierte Kunstmechanik, an die spätbarocke Automatenindustrie, das Ergötzen der Fürsten und der Hofgesellschaft – eine außengesteuerte Mechanik. Und wie die tanzenden Automatenfiguren eines Publikums bedürfen, so befindet sich die Hofgesellschaft – als Zuschauer und Akteur zugleich – ständig auf einer Bühne; einer Bühne, deren hochkompliziertes soziales Regelwerk jenen hochkomplizierten mechanisch-technischen Bühneneinrichtungen der Theater-, Opern- und Ballettaufführung gleicht: Beide sind nur für Eingeweihte durchschaubar.

Dieses soziale Regelwerk mit seinen Zwangsmechanismen erzeugt einen Eskapismusdruck. [...] Dieser Eskapismusdruck manifestiert sich unter anderem darin, daß Gelegenheiten gesucht werden, bei denen es erlaubt ist, die Zwangsjacke höfischer Verhaltens- und Bewegungskultur auszuziehen und sich mit Gewändern einer Gegenwelt zu drapieren: sog. „Bauernhochzeiten", „Wirtschaften", „Königreiche", „Landschaften", „Schäfereien" usw. – Maskeraden und Lustbarkeiten, die vor allem in der Faschingszeit mit ihrer „Verkehrten-Welt"-Tradition gepflegt werden. Sie bieten Anlaß, das Eskapismusbedürfnis auch in den Umgangs- und Verkehrsformen des Tanzes gegenweltlich auszuleben: in derb-erotischen, ländlich-volkstümlichen Körperkontakten und Partnerbeziehungen. Dazu ein Beispiel: Am Aschermittwoch 1760 veranstaltet der Kurfürst Clemens August von Wittelsbach in seinem Schloß in Bonn einen Maskenball; alle – auch der Kurfürst – sind als Bauern verkleidet. Giacomo Casanova ist anwesend und berichtet: „Man tanzte nur Kontertänze und ganz seltsame Ballette nach der Art verschiedener deutscher Provinzen [wahrscheinlich den walzerähnlichen „Ländler", der damals als Neuheit galt; Anmerkung F. Loose] [...] Bei irgendeinem Tanz, ich weiß nicht mehr bei welchem, küßte man die Bäuerin, die man erwischte. Ich war nicht sehr diplomatisch und erwischte immer Madame X." Drei Aspekte sind bemerkenswert: Ohne Choreographie wird paarbezogen getanzt; die Hierarchie ist durch das Kostüm und durch das Tanzen aufgehoben; die verfeinerten, stilisierten Verkehrsformen, die eine erotische Zeichengebung nur durch das Berühren der Fingerspitzen oder durch die Bewegung des Fächers zulassen, sind durch ein derb-bäuerliches Küssen ersetzt.

Ein zweites Beispiel, wie duodezfürstliche Festlichkeiten und Maskeraden der bürgerlichen Tanz-, Bewegungs- und Körperkultur den Weg bahnen; es handelt sich um ein literarisches: Zur Zeit (1771), als Goethe in Straßburg Unterricht im Deutschtanzen erhält, erscheint ein Werk im Druck, das sogleich zum Kultbuch der Sturm- und Drang-Generation wird: „Geschichte des Fräuleins von Sternheim" von Sophie von La Roche. Das Milieu dieses Briefromans ist einer jener nach Versailles ausgerichteten südwestdeutschen Fürstenhöfe des ausgehenden Ancien Régime. Zwei Maskeraden und Tanzbelustigungen gehören zu den Schlüsselstellen. Zu Ehren des Fürsten wird auf dem Gut eines Höflings ein Fest veranstaltet, zu dem die geladene Hofgesellschaft in „Bauernkleidung" erscheinen muß: „Wie manchem unter uns fehlte nur die Grabschaufel oder die Pflugschare, um der Bauernknecht zu sein, den er vorstellte; und gewiß, unter den Damen war auch mehr als eine, die mit einem Hühnerkorbe auf dem Kopfe oder bei Melkerei nicht das geringste Merkmal einer besonderen Herkunft oder Erziehung behalten hätte." Das Tanzvergnügen wird mit Menuetten begonnen; der Briefschreiber, Mylord Derby, macht Fräulein von Sternheim ihrer Tanzkünste wegen Komplimente: „Da ich die Vollkommenheit ihres Menuetts lobte, wünschte sie, daß ich dieses von ihr bei den englischen Landtänzen sagen möchte, in denen sie die schöne Mischung von Fröhlichkeit und Wohlanstand rühmte, die der Tänzerin keine Vergessenheit ihrer selbst und dem Tänzer keine willkürliche Freiheit mit ihr erlaubte; wie es bei den deutschen Tänzen gewöhnlich sei." Ob bei dieser ländlichen Belustigung deutsch getanzt wird, bleibt offen, doch darf dies schon vom Bauernkleidzwang her angenommen werden. Einige Zeit später wird der Geburtstag des Fürsten mit einem Maskenball gefeiert. Mylord Derby berichtet: „[...] besonders da eine Viertelstunde darauf der Fürst in einer Maske von nämlichen Farben als die ihrige kam und sie [Fräulein von Sternheim], da eben deutsch getanzt wurde, an der Seite ihrer Tante, mit der sie stehend redte, wegnahm und, einen Arm um ihren Leib geschlungen, die Länge des Saals mit ihr durchtanzte. Dieser Anblick ärgerte mich zum Rasendwerden, doch merkte ich, daß sie sich vielfältig sträubte und loswinden wollte; aber bei jeder Bemühung drückte er sie fester an seine Brust und führte sie endlich zurück, worauf der Graf F. ihn an ein Fenster zog und eifrig redte." Mylord Derby ist der verführende Bösewicht, Lord Seymour der edel Empfindsame, in Liebe zur Heldin entbrannt; er erlebt die gleiche Szene folgendermaßen: „Der tiefste Schmerz war in meiner Seele, als ich sie singen hörte und mit dem Fürsten und mit anderen Menuette tanzen sah. Aber als er sie um den Leib faßte, an seine Brust drückte und den sittenlosen, frechen Wirbeltanz der Deutschen mit einer, aller Wohlstandsbande zerreißenden Vertraulichkeit an ihrer Seite daherhüpfte – da wurde meine stille Betrübnis in brennenden Zorn verwandelt."

Sophie von La Roche haben – nach eigenen Aussagen – „Zufälle, welche damals an einem benachbarten Hofe sich ereigneten", als Vorlage ihres Romans gedient. Auch wenn ihr Erstlingswerk von der jüngeren Generation mit Begeisterung aufgenommen wird, so gehört sie selbst doch nicht der Gefühlswelt des Sturm und Drang an, sondern bleibt in ihrer Wert- und Verhaltenskultur dem aufgeklärten Ancien Régime verhaftet; Goethe charakterisiert sie in dieser Weise. Er hat Sophie von La Roche in Koblenz nach seinem Abschied von Wetzlar und kurz vor der Niederschrift des „Werther" besucht. Mit dieser Porträtskizze korrespondiert, daß die Autorin das Deutsch- und Walzertanzen negativ bewertet. Ihre Tanzschilderungen sind Fürstenkritik: Fürst und Hofgesellschaft verstoßen gegen ihre ständische Distinktion und Verhaltenskultur, wenn sie deutsch tanzen.

Diese Art des Tanzens und Verhaltens stößt bei ihr jedoch generell auf Ablehnung. In ihrem zweiten Roman, „Rosaliens Briefe", verurteilt sie mit moralischer Entrüstung das Deutsch- und Walzertanzen sowie die Pfänderspiele – eine Spitze gegen Werthers „Ball auf dem Lande"?

Das ist die eine Seite der Medaille: das soziale Regelwerk der Adels- und Hofgesellschaft mit seinen Selbst- und Fremdzwängen und seinen eskapistischen Ventilen. Mit der Maskerade werden höfische Konduite, Distinktion, Etikette durchbrochen. Mylord Derby macht diese Beobachtung und bezieht sich auf die tugendsame Heldin, die er zu verführen trachtet: „Denn ohne Maske war meine Sternheim allezeit das Bild der sittlichen Schönheit, in dem ihre Miene und der Blick ihrer Augen eine Hoheit und Reinigkeit der Seele über die ihre ganze Person auszugießen schien, wodurch alle Begierden, die sie einflößte, in den Schranken der Ehrerbietung gehalten wurden." Die Maskerade hebt die inneren Verhaltenszwänge, die dem Deutschtanzen entgegenstehen, auf; aber auch die äußeren Hemmnisse werden beseitigt: Die höfische Prunkkleidung, die von Kopf bis Fuß, von der hoch aufgebauten Frisur über den weitausladenden Reifrock bis zu den hochgestelzten Schuhen ein wirbelndes Deutschtanzen nicht zulassen würde, ist durch ein Maskenkostüm ersetzt, das entsprechende Bewegungsfreiheit gewährt.

Zur Kehrseite der Medaille gehört eine Körperdisziplinierung des ausgehenden Ancien Régime, die gleichsam einen komplementären Kontrastpart zu „Air", „Grâce" und „Balance" bildet: der neue militärische Drill. In endlosen Stunden wird den Soldaten das „richtige" Stehen und Gehen mit und ohne Gewehr beigebracht, als ob die Bauernsöhne aus der Champagne oder der Altmark von Wickelkindern zu Automaten umgeschult werden müßten. So wird beispielsweise in der „Königlichen Verordnung vom ersten Juni 1776 nach welcher das Exercitium Dero sämtlichen Infanterie eingerichtet werden soll – Auf Höchstem Befehl aus dem Französischen ins Deutsche übersetzt" ausführlich beschrieben, „wie die Recruten nach und nach dressiert werden sollen". Bei der „Stellung des Soldaten" heißt es, daß er „an die Unbeweglichkeit" zu gewöhnen sei, wobei die Körperhaltung bis ins letzte – bis zur Stellung der Augen – vorgeschrieben ist. Es folgen Abschnitte über „Erster Unterricht des Schrittes für die Recruten" oder „Stück, worauf der Exerzitienmeister, sowohl bei dem ersten Unterricht des Schrittes als auch bei der Stellung unter dem Gewehr acht haben muß". In diesem Zusammenhang heißt es in der „Königlichen Verordnung": Der „Endzweck, den man durch diesen Schritt zu erhalten sucht, besteht hauptsächlich darin, daß man durch mechanische Gesetze dem natürlichen Gang so nahe als möglich beikommt". Es bedarf also auch hier „mechanischer Gesetze", um „natürliche" Bewegung einzuüben.

Der Mensch wird als Maschine verstanden, deren einzelne Teile so zugeschliffen werden müssen, daß sie – zusammengesetzt – nach mechanischen Bewegungsprinzipien als Ganzes funktionieren. Wenn drinnen in den Prunksälen der europäischen Fürstenhöfe sich Automatenfiguren nach komplizierten Mechanismen bewegen, werden draußen auf dem Exerzierplatz die Soldaten zu Menschenautomaten zugerüstet. Foucault bemerkt zu diesen militärischen Drillmethoden unter anderem: „So formiert sich eine Politik der Zwänge, die am Körper arbeiten, seine Elemente, seine Gesten, seine Verhaltensweisen kalkulieren und manipulieren. Der menschliche Körper geht in eine Machtmaschinerie ein, die ihn durchdringt, zergliedert und wieder zusammensetzt.

Rainer Beck

An Feiertagen ins Schlaraffenland

Beobachten wir, was sich im Laufe eines Jahres in Westerschondorf ereignet – im Lauf des Jahres 1740. Für die ersten Wochen ist in dem Rechnungsband nichts vermerkt. Der erste Eintrag kommt Ende Februar: Der „Baumeister" ließ „auf die Fassnacht" ein Saugkalb stechen und bezahlte dem Metzger sechs Kreuzer. Mitte April, „auf Ostern", stachen die Westerschondorfer das nächste Saugkalb und besorgten sich dazu noch vom Metzger 26 Pfund Rindfleisch. Dann vergingen wieder knapp zwei Monate, bis die Westerschondorfer Kirchweih heranrückte, die am sechsten Sonntag nach Ostern gefeiert wurde und so fast mit Pfingsten zusammenfiel. Auf die Kirchweih fiel der „Schlachterlohn von 1 Stierl" an; ferner wurde ein Schwein gestochen. Nachdem dieses Fest vorbei war, wurde der Metzger erst wieder vor Weihnachten geholt, um diesmal eine Kuh zu schlachten. Zum Vergleich die Pössinger Höfe im folgenden Jahr: Für den Neujahrstag hatte man sich meist schon Weihnachten eingedeckt: „Trischlhenget", den Tag, an dem man mit dem Dreschen fertig wurde, feierte man mit einem Saugkalb; auf Fastnacht wurden ein Kalb geschlachtet und 15 Pfund Fleisch gekauft. Auf „heilig Ostern" kaufte man sich Fleisch, an die 25 Pfund. Zur Kirchweih, in Pössing im Oktober, gab es ein Schaf, ein Kalb sowie 24 Pfund Fleisch extra. Dann leisteten sich die Pössinger an Martini (11. Nov.), zu Ende der Weidezeit, 10 Pfund und ein Kalb, und schließlich auf die „heiligen Weihnachten" und zum Neujahrstag 25 Pfund Fleisch. Dies alles klingt nach einem beträchtlichen Fleischverzehr, aber es gab auf diesen Höfen auch eine Menge Leute zu versorgen. Worauf es zunächst einmal ankommt, das ist die Ordnung der Schlachttermine und Fleischeinkäufe, und diese richtete sich einmal nach den „heiligen Zeiten" des Jahres, wie Ostern, eventuell Pfingsten und Weihnachten, den „drei hohen Festtagen", und zum anderen nach so populären Festtagen wie Fasnacht und Kirchweih, oder nach Festtagen, die vor allem mit dem bäuerlichen Kalender in Bezug standen, etwa „Trischlhenget" oder „Martini".

Fleischspeisen waren also nicht Sonntags-, sondern reine Festtagsgerichte, und die Frage war nur, an wievielen dieser Feste man sich Fleisch leisten konnte. War Ende des 15. Jahrhunderts in Kloster Indersdorf der Kalender der Fleischgerichte tatsächlich weitgehend mit den „heiligen Zeiten" des Jahres zusammengefallen, so hatte sich bis zum 18. Jahrhundert dieser enge Zusammenhang insofern aufgelöst, als nur noch sehr wenige kirchliche Festtage übrig geblieben waren, die man sich durch ein Fleischgericht verschönerte. [...]

Auch das Wenige, was wir über Unterfinning selbst wissen, sieht nicht nach einem reichhaltigen Fleischkonsum aus. Leider gibt es nur einige etwas vage Informationen, Informationen, die auf die Verpflegung der Alten im Dorf schließen lassen, die sich bei Übergabe oder Verkauf ihres Anwesens regelmäßige Lebensmittelgaben bedingten, um ihren Unterhalt bestreiten zu können. Sie ließen sich meist Mehl und Milch zusichern, und immer Schmalz, auch wenn es sich um noch so geringe Mengen handelte; Fleisch dagegen war in diesen Regelungen sehr selten enthalten, und wenn, dann nur bei den ‚besseren' Häusern des Dorfes. Als Magdalena Böckh zum Beispiel, die Müllerin, in Austrag ging, bedingte sie sich zu ihrer ‚Sustentation' zu Weihnachten 25 bis 30 Pfund Rindfleisch und zur Fastenzeit ein Saugkalb aus, zusammen an die 30 Kilo Fleisch für jeweils ein Jahr. Ihr Schwiegervater hatte sich 1706 sogar „alle Jahr zu Weihnachten ain jehrige Schwein und ain Viertel vom Rindt" ausbedungen, gut 50 Kilo Fleisch. Doch dies waren Ausnahmen. Vierzehn Kilogramm Fleisch und Knochen pro Jahr und Kopf, das war die Ration der relativ wohlhabenden Wirtsleute, die sich auch als Austrägler keineswegs zweitrangig behandeln ließen (auf 365 Tage verteilt hätte dies keine 40 Gramm gegeben); und Benedikt Echter, einer der beiden ‚Vollbauern' des Ortes, verzichtete bei seiner Übergabe 1731 auf jegliche Fleischration. Nun bedeutete dieser Verzicht nicht, daß er das ganze Jahr kein Fleisch zu sich nahm, denn er wie viele andere partizipierten ja am Tisch ihrer Gutsnachfolger; und zudem wäre er, so wie die Wirtseheleute, in der Lage gewesen, sich etwas Fleisch dazuzukaufen. Trotz alledem: Diese allseitige Zurückhaltung bei den vereinbarten jährlichen Fleischmengen, die sich bei anderen Nahrungsmitteln nicht beobachten läßt, kommt nicht von ungefähr – sie zeigt, daß Fleischnahrung eine sehr beschränkte Rolle spielte.

Wenn die Wirtsleute jeweils zu Weihnachten und Kirchweih ihre 25 Pfund bekamen, so war dies auf ein Jahr bezogen nicht viel, doch man könnte vorbringen, daß es immerhin genug sei, um es einzupökeln und einmal die Woche davon zu essen. Soviel die regionalen Quellen zeigen, verhielt es sich damit anders. Wenn zu einem Festschmaus Fleisch aufgetischt wurde, dann in anderen Portionen, als man heute gewohnt ist. Mitte des 19. Jahrhunderts berichtet – in nicht eben sehr verständnisvollen Worten – der in Pitzling lebende Leoprechting von einem solchen Festmahl und nennt es „eine Fraßordnung, welche wohl ihres gleichen suchen wird". Sein Beispiel ist das in der Gegend übliche Mittagsmahl am Tag nach Heilig Abend, wo es „Plunzen (= Blutwurst), Kuttelfleck, gesottenes und gebratenes Fleisch, Sulz und Bier (gibt), alles im höchsten Überfluß" – eine nach Leoprechting „in Beschaffenheit wie Menge ... wirklich barbarische Zehrung". Leoprechtings Wertung dahingestellt – diese in Mengen schwelgenden Festessen sind nicht Zeichen einer neuen Zeit, sondern Überbleibsel einer alten. Man feierte damals noch jene Art von Festen, wo sich ein Dutzend Leute zusammensetzen konnten und binnen zwei Tagen ein Kalb verspeisten, ohne noch irgend etwas übrig zu lassen. [...]

Es ist das Modell eines für heutige Verhältnisse maßlosen Verzehrs, das fast an die legendären Gelage erinnert, die in der mittelalter- und spätmittelalterlichen Gesellschaft gefeiert wurden. So konnte sich ein üppiger Fleischkonsum auch in diesem Zeitalter der Getreidekost halten, jedoch nur um den Preis, radikal auf einige wenige Tage des Jahres eingeschränkt zu werden – als Feiertags- und Festgericht. Und dies galt noch zu Leoprechtings Zeiten, der bestätigt, man werde „außer diesen heiligen Zeiten, auf Faßnacht und an Kirchweih, niemals ein Fleisch auf einem Tische finden" – allein schon, weil es die Gewohnheit so gebot.

Kannte man also zwischen einem halben Dutzend und einem Dutzend kalendarischer Fleischtage, so fielen diese über das Jahr verteilt – trotz im einzelnen beträchtlicher Mengen – sehr wenig ins Gewicht. Die alten Wirtsleute von Unterfinning ließen sich alljährlich 14 Kilo zusagen, die Dienstboten eines Pfarrers in Jesenwang dürften zwischen 10 und 15 Kilo erhalten haben; wohl eher ungewöhnlich gut ließen es sich die Dienstboten in Westerschondorf und Pössing gehen, die möglicherweise auf 20 bis 25 Kilo im Jahr kamen, und der Müller von Unterfinning war, wie schon gesagt, mit seiner Forderung nach 50 Kilo Fleisch im Dorf wohl die absolute Ausnahme. Man muß sich ganz klar darüber sein, daß eine zuverlässige Schätzung des genauen Fleischkonsums mit erheblichen Schwierigkeiten verbunden ist. Denn konnte sich wirklich ein Kleinhäusler für sich und seine Familie ein ordentliches Festtagsessen leisten? Und umgekehrt: Feierten die alten Wirtsleute von Unterfinning außer den gewöhnlichen Festtagen nicht vielleicht noch auf mancher Hochzeit mit? So manches hing davon ab, ob man sich durch Beziehungen oder kleine Dienstleistungen hier oder da Zugang zu einem Tisch verschaffen konnte, oder wenigstens eine Gabe mit nach Hause bekam – etwas, was man sich selbst schwer leisten konnte. Doch ungeachtet dieser Schwierigkeiten im Detail: Man wird nicht allzuweit fehlgehen, wenn man als häufigen Wert einen jährlichen

Fleischkonsum von nur 10 bis 20 Kilogramm annimmt, und dies entspräche auch etwa dem Konsumniveau, das man für die Mehrheit der europäischen Bevölkerung jener Zeit errechnet hat. Der dörfliche Fleischverbrauch läge damit noch erheblich unterhalb der ohnehin nicht sehr bedeutenden Erzeugung. Fleisch war zu teuer, um mehr zu sein als Ingredienz der Festzelebration. Ein relevantes Nahrungsmittel war es nicht. Wenn es hoch kam, lag sein (statistischer) Ernährungsbeitrag zwischen umgerechnet 50 bis 100 Kilokalorien pro Tag – eine vernachlässigenswert geringe Menge.

Walter Weber
Wo bleibt die Gastlichkeit?
Wirtshäuser im 18. Jahrhundert

Im Verlauf des 18. Jahrhunderts mehren sich kontinuierlich die Klagen über das mannigfaltige Ungemach, das den Reisenden in den Gasthäusern erwartet. Der ‚Deutsche Kundschafter' des Engländers Thomas Lediard (1738 erstmals erschienen) läßt jedenfalls nichts an drastischer Detailschilderung missen, angesichts der Verhältnisse in einem westfälischen Landgasthaus, in dem die Reisenden im Stall zusammengepfercht auf Strohbündeln nächtigen mußten. „So musten wir uns niederlegen, auf der einen Seite wiederkaueten die Kühe und auf der anderen grunzeten die Schweine. Eine Bucht vol schreyender Kinder, mit drey oder vier Weibsleuten, lag zur rechten, und ihre Männer in Kornbrantewein glücklich betrunken, einer schnarchend, der andere lärmend, der dritte kotzend zur linken. Ein Gestank, der von den Ausdünstungen so vielerley Thiere und aus anderen Nebenursachen entstand, machte, daß wir nicht wusten, ob wir einen Blumenstrauch oder einen Nachtstuhl rochen."

Grund zur Beschwerde über Gasthäuser hatten die unterschiedlichsten Reisenden, egal welchen Standes oder Berufes sie waren und zu welchem Zweck sie reisten. Die hochherrschaftliche Standesperson Herzog Carl Eugen von Württemberg berichtet 1786 von einem Wirtshaus in Rastatt, wo man vor der Nachtruhe erst „noch Ratten aus denen Zimmern fangen" mußte. Der Fußreisende Johann Gottfried Seume wiederum mußte in einem böhmischen Gasthaus eine lärmende Gesellschaft ertragen, die „trank, sang und zankte [. . .], ohne sich um meine Ästhetik einen Pfifferling zu bekümmern". Dafür hat er auch noch das Glück, die Nacht mit dieser Sippschaft zubringen zu müssen, „eng auf das Stroh" aufgeschichtet wie „auf dem britischen Transport nach Columbia".

Die Mißstände in den deutschen Gasthöfen des 17. und 18. Jahrhunderts provozierten immer wieder Reglementierungen und Ermahnungen der Obrigkeit. Ein Reichsdekret von 1671 verfügte, daß die Wirte fest taxierte Preise „auf eine Tafel aufschreiben und diese an den Wirtshäusern öffentlich anschlagen lassen", um der grassierenden Wirtshaus-Prellerei Einhalt zu gebieten. 1692 dekretierte Fürst Georg August zu Nassau, daß ein Wirt „alle[n] Reisenden [. . .] mit aller Freundlichkeit und guten Aufführung begegnen" und „sie mit einem billigen Preis der Zeit und Gelegenheit nach traktieren" solle. Vornehmste Pflicht des Wirtes sei es, „unter währendem Gottesdienst einig Gesöff [. . .] noch andere üppige und leichtfertige Insolentien" der Gäste zu unterbinden. Das preußische Landrecht des 18. Jahrhunderts unterwarf die Gastwirte „der genauesten Aufsicht der Polizey". Es gebot den Wirten, „sich alle zur Erhaltung der öffentlichen Ordnung und Sicherheit nöthig gefundenen Veranstaltungen ohne Widerrede gefallen [zu] lassen".

Da behördlichen Maßnahmen gewöhnlich nur begrenzter Erfolg beschieden war, fühlten sich die Autoren von Reisekompendien und Reiseanleitungen bemüßigt, dem Reisenden mit allerlei Hinweisen und Ratschlägen hilfreich zur

Seite zu treten. Als Prüfstein der Qualität eines Gasthauses galt allgemein dessen „Reinlichkeit", besonders in Hinsicht der Nachtquartiere. In Reichards ‚Passagier auf der Reise' (1801) wird dem Reisenden nahegelegt, sich stets selbst um größtmögliche Sauberkeit zu bemühen. Dies gelte für die „Reinlichkeit des Bettes und frisches Ueberziehen desselben" wie für die Beschaffenheit des Abtritts, bei dessen Verunreinigung „man zur Befriedigung des Naturbedürfnisses lieber das Feld [...] wählt". Dem Reisenden von einigem Vermögen empfiehlt Posselts ‚Apodemik oder die Kunst zu reisen' (1795) die Mitführung eines zerlegbaren „Reisebettes", um der allgemeinen Unsauberkeit der Wirtshäuser, den „beissenden und stechenden Insekten" in ihren Betten zu entgehen. Goethe pflegte auf seinen Reisen ein solches Reisebett zu benutzen. Auf jeden Fall aber sollte man sich seiner eigenen Bettwäsche bedienen und sich im Zweifelsfall lieber mit dem eigenen Reisemantel zudecken, „als mit einem schweren Federbette, unter welchem vielleicht mancher ungesunde Schwelger und Wollüstling geschwitzt hat". Die sichere Verwahrung des mitgeführten Eigentums wird dem Reisenden gleichfalls dringlich empfohlen. Die ‚Vornehmsten Europäischen Reisen' (1741) verordnen dem Reisenden die „General-Regel", „sich niemals in den Wirtshäusern mercken zu lassen, wie sie Geld oder Juwelen bey sich führen", um Diebstahl oder gar Totschlag vorzubeugen. Bei zweifelhaften Häusern wird geraten, gelegentlich sein gutes Gewehr zu zeigen und auch zu demonstrieren, wie wohl man sich auf seinen Gebrauch verstehe. Eigens angebrachte Vorhängeschlösser und Riegel hatten in der Nacht den Reisenden vor unliebsamen Überraschungen zu sichern.

Ganze Landstriche und Regionen werden von Reiseschriftstellern je nach dem Zustand ihrer Wirtshäuser mit Gütesiegeln oder Mängeletiketten versehen. Angewidert schildert der Journalist Johann Kaspar Riesbeck 1783 die Unkultur bayerischer Bauernschenken, in denen man stets

„in ein Gewölke von Tobakrauch eingehüllt ist und bey deren Eintritt ich von dem Gelärme der Säufer fast betäubt werde". In üblen Schimpftiraden und handfesten Wirtshausschlägereien offenbare sich der niedere bajuwarische Volkscharakter, der eine eigentümliche Mischung aus „Bigoterie" und „Liederlichkeit" sei. Für Riesbeck sind solche Zustände nur Ausdruck gesellschaftlicher Zurückgebliebenheit und katholischer Doppelmoral. Zustände, die vor allem ein Phänomen besonders sinnfällig mache: „Überall steht neben der Kirche eine Schenke und ein B[ordell]". Entsprechend sei eben auch die Aufführung der bayerischen Wirtshaussäufer, die sich bei ihren Trinkgelagen nicht einmal der Mühe unterzögen, vom Tisch aufzustehen. „Der Wirth mußte ihnen also einen Trog unter den langen Tisch anbringen lassen, worinn jeder sein Wasser ließ, ohne sich von der Stelle zu regen." Welchen Kontrast bildet hierzu das Konterfei eines Gasthofes in Leipzig um 1750. Der Gast nimmt am „weißgescheuerten Tisch" auf „sauber gescheuerter Lehnebank" Platz. Er empfängt das „Bewillkommungskompliment" des Wirts, und die Bedienung – „sauber gewaschen und gekämmet" – kredenzt ihm einen „mit dem edelen Trank des Merseburger Bieres appetitlich angefüllten Krug, welcher so fein polieret ist, daß sich mancher und zumalen das liebe Frauenzimmer darin seinen Kopf zurecht machen [...] kann".

Daß es auch mit den Wirtshäusern in den großen Städten, in Metropolen wie Wien und Berlin nicht zum Besten stand, davon zeugen viele kritische Stimmen zeitgenössischer Reisender. Der Wiener Staatsbeamte Johann Pezzl läßt in seiner ‚Skizze von Wien' (1786–1790) kein gutes Haar an den Wirtshäusern der Donaumetropole. Deren Hauptmerkmale seien „schmutzige, finstere Treppen, viel Geschrei, Lärmen und Verwirrung, dunkle Zimmer, mit altväterischen oder gar keinen Möbeln eingerichtet". Das einfache Volk verkehre in Wiens Weinkellern in einer dumpfen Atmosphäre, die „ganz mit Weindünsten schwanger" sei, „so daß man außer dem Glase auch noch durch Mund und Nase Wein in sich zieht, welches macht, daß die Gäste in diesen Kellern viel eher berauscht werden als an anderen Orten". Verhältnisse, die für den Aufklärer Pezzl in denkbar negativem Kontrast zu den lichtvollen Aufklärungs- und Reformbemühungen Kaiser Josephs II. stehen mußten. Friedrich Nicolai, kritischer Chronist der gesellschaftlichen Verhältnisse Wiens im ausgehenden 18. Jahrhundert, betrachtet die Lebensführung der wohlhabenden Wiener Schichten als unentwegtes Hin- und Herpendeln zwischen „Wohlleben", „Weichlichkeit" und endlosen „Schmauserayen". Der gutsituierte Wiener sei nach ausgiebigem Frühstück „im Sommer im Kirschweinkeller [...], im Winter im Methkeller anzutreffen". Nach üppigem Mittagessen und tüchtigem „Jausen oder Vesperbrot" am Nachmittag gehe er „im Sommer in einen öffentlichen Garten zum Kegelspiel [...]. Im Herbst oder Winter [...] ins Lothringer Bierhaus, oder in das bey der Schlange auf der Kärntnerstraße", wo er abermals Unmengen der verschiedensten Gerichte verzehre. Gegen soviel schwelgerische Unmäßigkeit setzt der preußisch-puritanische Aufklärer das Gegenbeispiel seiner Heimatstadt Berlin, dem vermeintlichen Hort nachahmenswerter Mäßigkeit und Moralität. Nicolai dürfte damit jedoch seine Rechnung ohne die Berliner Wirte gemacht haben. Die jedenfalls stellt der bereits zitierte Riesbeck im denkbar schlechtesten Licht dar. Wie selbstverständlich werden dem Reisenden während seines Berlin-Aufenthalts eindeutige Angebote gemacht. „Kriechend höflich, zudringlich bis zum Eckel" bedeuten die Wirte dem Fremden, daß sie „ihm nach Belieben mit einem lebendigen Bedürfniß zu Bette" dienen können. „Sie haben ihre Listen, worauf die Jugend der ganzen Nachbarschaft nach den verschiedensten Preisen sortiert ist, und der Hausknecht ist immer bereit, die Waare herbeyzuschaffen, die sich der Fremde auszusuchen beliebt."

Die besondere Gefährdung der akademischen Jugend durch die Wirtshaus-Prostitution suchte ein eifriger Warner am Beispiel Halles nachzuweisen. Dort besäßen die Bordelle „so ziemlich alle Prädicate der gemeinsten Kneipen", in denen herumreisende „Nymphen" ihre unheilvollen Gastspiele absolvierten – mit dem Ergebnis, „daß den Winter hindurch gewöhnlich 2 Drittheile der Studenten an der Lustseuche laboriren". Aber natürlich huldigten die Studiosi neben der Venus ebenso gern dem Bacchus. Ein profunder Kenner des studentischen Treibens war aus eigener Erfahrung der vagabundierende Magister und Söldner Friedrich Christian Laukhard. In seiner Autobiographie findet sich manch plastische Miniatur studentischer Trinkgelage und Exhibitionismen. Das allabendliche Besäufnis in einer Bierschenke rechnete demnach der „honorige Bursch" zu seinen vornehmsten Pflichten. Der bierselige Übermut der Musensöhne konnte sie auch schon einmal zu „groben Unanständigkeiten" verleiten. Als solche galt etwa die sogenannte „Generalstallung", die nach der Darstellung des kundigen Magisters dergestalt ablief, „daß zwanzig, dreißig Studenten, nachdem sie sich in einem Bierhaus ihren Bauch weidlich voll Bier geschlagen hatten, sich vor ein vornehmes Haus, worin Frauenzimmer waren, hinstellten, und nach ordentlichem Kommando und unter einem Gepfeife, wies bei Pferden gebräuchlich ist, – sich auch viehmäßig [...] erleichterten".

Aber nicht nur für sittengeschichtliche Milieustudien bietet das Wirtshaus des 18. Jahrhunderts eine nie versiegende Quelle. Für viele Autoren der Zeit dient das Treiben in den Wirtshäusern zugleich als Gradmesser der gesellschaftlichen und politischen Kultur eines Landes oder einer Stadt. Im Zeitalter absolutistischer Fürstenmacht und allmächtiger Polizeizensur war wohl kein Ort geeigneter für den Austausch von Meinungen und Informationen als das (öffentliche) Gast- bzw. das Kaffeehaus, das sich seit dem späten 17. Jahrhundert in ganz Europa verbreitete. Hier kreuzten sich die Wege von Einheimischen und Fremden jeglichen Standes, verkündeten die ausgelegten Zeitungen und Journale Nachrichten aus aller Welt und allen gesellschaftlichen Sphären. Das Raisonnieren über Gott und die Welt und der gesellschaftliche Klatsch, der literarische Disput und das politische „Kannegießern" gehörten zum Alltag der Wirts- und Kaffeehäuser.

Sven Aage Jørgensen
„Geheimnisvolle" Tugendschulen

Neben Kirche und Schule als den alten und primären Faktoren im Sozialisationsprozeß spielten in der bürgerlichen Schicht des 18. Jahrhunderts kleinere, sekundäre Gruppierungen eine immer wichtigere Rolle. Hierbei ist nicht mehr an diejenigen Gruppen zu denken, die von Standesgenossen und Kollegen zur Wahrnehmung partikulärer Interessen oder besonderer Ziele gebildet wurden, wie die Zünfte der Handwerker, die poetischen oder ‚teutschübenden' Orden des Barockzeitalters oder gelehrte Akademien, sondern an Gesellschaften, denen sich der einzelne frei anschließen konnte, wenn er sich mit deren Zielen identifizierte. Es dreht sich um lose oder festgefügte Gruppierungen – vom Lesezirkel und Klub bis zur Freimaurerloge –, deren Ziel die Überwindung bürgerlicher Beschränktheit und Partikularität war. Durch Zeitschriften und Bücher suchten Beamte und Bürger in den Leseklubs sich über die politische und wirtschaftliche Entwicklung zu informieren, durch Bildung und Tugend, durch philanthropisches Handeln auf die Gesellschaft einzuwirken in den Freimaurerlogen. Ihre Mitglieder sollten Menschenfreunde und Weltbürger sein oder werden.

Die Bedeutung der damaligen Maurerei für die Entstehung eines gebildeten Publikums mag dem heutigen Leser nicht ohne weiteres einleuchten, der in den Logen vielleicht eine nicht ganz ernstzunehmende Honoratiorengruppe versammelt wähnt, die Wohltätigkeit und gute Beziehungen pflegt. In der zweiten Hälfte des 18. Jahrhunderts waren die Logen jedoch ein wichtiger Faktor des gesellschaftlichen Lebens und der Bewußtseinsbildung. Fast alle bedeutenden Schriftsteller und viele Fürsten waren Logenbrüder – und schon in dieser Vokabel tritt ein wichtiges Moment der Maurerei zutage. Neben den pietistischen Konventikeln und vor den Lesegesellschaften bildeten die Logen einen Freiraum, wo die Gleichheit aller gebildeten Menschen guten Willens antizipiert wurde, wo die Schranken zwischen Bürgertum und Adel zwar nicht aufgehoben, aber doch zeitweilig suspendiert waren und somit nicht mehr absolute Gültigkeit beanspruchen konnten. Der Stand wird sowohl im Himmel als auch in einer künftigen, von Tugend und Vernunft geleiteten Gesellschaft hinfällig und von einer moralischen Hierarchie abgelöst, die in den Logen tendenziell und im Prinzip vorweggenommen wurde.

Die Freimaurer waren in den meisten Fällen nicht politisch, sondern eher ‚patriotisch‘. Obwohl einige Mitglieder des späteren Jakobinerklubs in Mainz Freimaurer gewesen waren, wäre es falsch, in den Logen Brutstätten einer demokratisch-republikanischen Gesinnung zu sehen. Zwar glaubten einige Zeitgenossen in den Freimaurern Atheisten und Jakobiner zu erkennen, was aber darauf zurückzuführen ist, daß Maurerei und Aufklärung weitgehend identische Ziele hatten und sich einig waren, daß Nation, Konfession und Geburt der wahren Humanität als höchstem Wert untergeordnet sind. Die Maurerei ließ weder Konfessionsunterschiede noch Landesgrenzen als Barrieren gelten, und das Geheimnis, das eifrig gepflegt wurde, ließ sowohl die Mitglieder der Logen in ihrer Selbsteinschätzung als auch Außenstehende in ihren Mutmaßungen sich über den tatsächlichen Einfluß der Logen und der unbekannten ‚Oberen‘ auf die hohe Politik täuschen. So wurden bekanntlich die Französische Revolution und später der Aufstieg Napoleons den Manipulationen der Freimaurer zugeschrieben, ja Wieland, der diesen Aufstieg voraussah, wurde infolgedessen verdächtigt, über dieses Komplott informiert gewesen zu sein. Die konservative Verschwörungstheorie wird bei jeder Umwälzung ins Feld geführt, ihre Plausibilität ist für viele Zeitgenossen in diesem Fall teils auf die Geheimniskrämerei, teils auf die sprunghafte Entwicklung der Freimaurerlogen und anderer Geheimbünde zurückzuführen.

Die Freimaurerei fing in England an, als vier Londoner ‚Bauhütten' 1717 eine Großloge gründeten. Die Entwicklung in Deutschland nahm 1737 mit der Loge ‚Absalom' in Hamburg, d. h. in einer Stadt, die dem Einfluß der englischen bürgerlichen Kultur sehr offenstand, ihren Anfang; bald folgten Gründungen in Berlin, Braunschweig, Halle, Leipzig, Frankfurt am Main, Dresden, Bayreuth, Prag usw. Auch in Polen, den skandinavischen Ländern und, schon früher als in Deutschland, in Frankreich gab es zahlreiche Logen. Diesen traten auch Fürsten wie Friedrich II. 1738, d. h. noch als Kronprinz, und Herzog Franz Stephan von Lothringen, der spätere Kaiser des Heiligen Römischen Reiches Deutscher Nation – schon 1731 – bei. Freimaurer waren u. a. auch Klopstock, Lessing, Herder, Bürger, Wieland und Goethe. Der Papst warnte 1738 und später 1751 vor den Logen, konnte ihre Verbreitung in den katholischen Staaten aber nur erschweren, nicht verhindern.

Anfangs war das einfache englische Modell mit den drei Graden: Lehrling, Geselle und Meister Vorbild, nach der Jahrhundertmitte drangen von Frankreich „schottische" Formen ein, die sich nicht auf die mittelalterlichen Bauhütten beriefen, sondern auf die Tempelritter, viele Hochgrade einführten, mystische Rituale und ‚unbekannte Oberen' hatten. Diese ‚strikte Observanz' wurde jedoch nach dem europäischen Freimaurerkonvent in Wilhelmsbad 1782 zurückgedrängt, weil sich die Tempelritterfiktion als völlig unhaltbar erwiesen hatte.

Neben der eigentlichen Freimaurerei, die schon viele Spielarten hatte, gab es besonders zwei Gruppierungen, die antiaufklärerischen und aufklärerischen Verschwörungsthesen Nahrung gaben: die *Illuminaten* und die *Rosenkreuzer*.

Der bayerische Professor der Rechte Adam Weishaupt gründete 1776 in Ingolstadt den radikal aufklärerischen Bund der *Illuminaten*, der besonders in katholischen Gebieten einen ‚langen Marsch durch die Institutionen' antrat, also nach Auffassung der Gegner zielstrebig Beamtenschaft und Publikationsorgane infiltrierte. Auch in nichtkatholischen Gebieten verbreitete der Bund sich und erregte das Mißtrauen der Obrigkeit. Die *Illuminaten* wurden 1785 in Bayern, 1792 in Österreich verboten, wirkten aber im Sinne einer mehr oder weniger radikal-demokratischen Aufklärung weiter in den Klubs und Lesegesellschaften.

Auf dem anderen Flügel standen die *Rosenkreuzer*, deren Kennzeichen die Verknüpfung der geheimnisvollen Hochgrade der ‚strikten Observanz' mit pansophischen, kabbalistischen und spiritistischen Elementen war. Hier wurden restaurative Tendenzen wirksam und konnten unter Friedrich Wilhelm II. (1786–1797) in Preußen politischen Einfluß ausüben. Die aufklärerischen *Illuminaten* ihrerseits – aber nicht nur sie – witterten überall und so auch hier die Machenschaften der Exjesuiten –, der Orden war 1773 aufgehoben worden. Zweifelsohne spielten viele ehemalige Ordensmitglieder immer noch eine Rolle im Kampf gegen die Aufklärung, aber auch für diesen Orden gilt, daß er seinen Einfluß so schnell verlor, daß die Furcht vor den Exjesuiten übertrieben scheint: Die *Rosenkreuzer* wurden schon 1793 in Österreich, 1800 in Preußen verboten.

Die Aufklärung in Deutschland wurde von einer bürgerlich-adligen Beamtenschicht und wenigen wohlhabenden Bürgern getragen. Diese Träger trafen sich in den gar nicht geheimnisvollen Lesegesellschaften und in den Logen, deren Charakter als eine Art Geheimbund anscheinend im Gegensatz zum Ideal der aufklärerischen Öffentlichkeit steht.

Bei näherem Zusehen haben nicht nur die eifrig gehüteten Geheimnisse, sondern auch die damit verbundenen Riten und Gebräuche, ja die Exklusivität der Logen einen aufklärerischen Sinn. Die Logen vertreten ja, wie schon erwähnt, eine teilweise quer zu den staatlichen und kirchlichen Autoritäten stehende Elitenbildung, wie sie Goethe in der Turmgesellschaft in *Wilhelm Meister* schildert. [...]

Die Esoterik der Maurerei wurde nicht nur von Goethe, sondern allgemein aufklärerisch interpretiert, und gleichzeitig mit der Auflösung ihrer geheimnisvollen Rituale wurde den eingeweihten Maurern bewußt, daß auch die christlichen ‚Mysterien' einen ‚vernünftigen' Kern hatten. Die überlieferten Wunder der positiven Religion und die Symbolik des Gottesdienstes erhielten so auf analoge Weise einen tieferen und zugleich rationalen und moralischen Sinn; hinter den anscheinend abergläubischen Gebräuchen verbarg sich ein vernünftiger Gehalt, der bei zunehmender Aufklärung nicht mehr diese Bildlichkeit nötig haben wird. So war das Mißtrauen der katholischen Kirche letzten Endes verständlich und berechtigt. Wie auch Lessing in seinen *Gesprächen für Freimäurer* hervorhob, war für die Aufklärung die humane, philanthropische Brüderlichkeit entscheidend – nicht die esoterische Geheimniskrämerei. Aber auch die manchmal etwas abstrus anmutende bald ritterliche, bald altägyptische Symbolik war den Zeitgenossen wichtig und tritt uns noch als Trägerin der Ideale der Maurer in Mozarts *Thamos* und in der *Zauberflöte* entgegen.

Hans-Ulrich Wehler
Warum gab es keine deutsche Revolution?

Im Hinblick auf Frankreich hat die geschichtswissenschaftliche Forschung drei unterschiedliche Wellen der Revolution herausgearbeitet: Die Attacke von Teilen des gehobenen Bürgertums und liberalen Adels gegen das Ançien Régime; die

Bauernaufstände und die Erhebung der städtischen Unterschichten und verarmten Kleinbürger. Prüft man auf der Linie dieser Differenzierung die Bedingungen für eine Revolution auf deutschem Boden, erkennt man als erstes, daß die Grundlagen für einen vergleichbaren Elitenkonflikt fehlten. Der deutsche Adel war weit weniger mächtig als der französische. Hier und da reichte es zu Adelsfronden gegen Reformmaßnahmen des aufgeklärten Absolutismus, in den österreichischen Niederlanden sogar zu einer siegreichen Adelsempörung gegen den zentralistischen Rigorismus Josephs II. Im allgemeinen jedoch war der deutsche Adel auf all seinen Rangstufen viel zu fest in die Verwaltung, in das Militär, in die Diplomatie, kurzum: in den Staatsdienst und das höfische Leben eingebunden, dazu in seinem lokalen Herrschaftsbereich viel zu sichergestellt, als daß er Möglichkeit und Anlaß gehabt hätte, eine monarchiefeindliche Gegenmacht zu mobilisieren.

Das Stadtbürgertum der Reichsstädte und zahlreicher west- und süddeutscher Kleinstädte war mehrheitlich erzkonservativ, die städtische Untertanschaft in Ostdeutschland an Unselbständigkeit gewöhnt worden. Auf jede Stadt, in der seit 1789 Unruhen ausbrachen, wie z. B. in Boppard, Trier, Koblenz, Köln und Aachen, kamen Aberhunderte von Städten, die völlig ruhig blieben. Die kleine Bourgeoisie spielte numerisch eine minimale Rolle. Mit den selbstbewußten Reedern, Verlegern, Staatsfinanziers in Frankreich ist sie überhaupt nicht zu vergleichen. Ein bergischer Geheimrat mochte an einer Vereinigung vermögender Kaufleute mit aufgeregter Übertreibung rügen, daß dort „Zügellosigkeit, Freiheitsschwindel und Geringschätzung der Landesregierung ziemlich zu Hause" seien, die wenigen westdeutschen „Capitalisten" beschworen jedoch alles andere als politische Gefahren herauf.

Und das Bildungsbürgertum verfolgte ohnehin seine berufliche Laufbahn zum größeren Teil in den öffentlichen Einrichtungen: nicht unkritisch, aber reformgläubig eingestellt, aufgeklärt, aber staatsbezogen denkend. Die allermeisten von denen, die sich mit ihren Sympathien nach 1789 weiter vorgewagt hatten, traten nach 1793/94, der Schrecken saß tief, den Rückzug in den Elfenbeinturm des bürgerlichen Geisteslebens an. Dem korrespondierte sowohl eine beträchtliche Überschätzung des revolutionären Charakters der eigenen Ideen – sozusagen als Ersatz für die fehlende revolutionäre Veränderung der Gesellschaft, wie sich das an Fichte, Schlegel, Schiller und vielen anderen beobachten läßt – als auch ein eskapistisches Ausweichen vor den Aufgaben pragmatischen politischen Denkens. Eine breitere revolutionäre Intelligenz fehlte daher in den 1790er Jahren durchaus. Die Konsequenz radikalen Handelns wurde nur selten aus den hochgeschätzten Aufklärungsideen gezogen, die Einsicht in die begrenzten Möglichkeiten, die Intellektuelle in der praktischen Politik besaßen, war bis hin zur Resignation überscharf ausgeprägt, zumal die handlungsfähigen Adressaten revolutionärer Appelle weit und breit nicht zu sehen waren.

Stellten aber nicht die „deutschen Jakobiner" den ausdehnbaren Kern einer aktionsbereiten Revolutionspartei? Unter den kleinen äußerst heterogenen Grüppchen, die man mit dem eher verdunkelnden als erhellenden Sammelbegriff der „deutschen Jakobiner" zu bezeichnen sich angewöhnt hat – weit besser trifft als gemeinsamer Nenner für die große Mehrheit „Republikaner" zu –, reichte die Spannweite von maßvollen Anhängern der konstitutionellen Monarchie bis hin zu beredten Verfechtern des Republikanismus. Die Ablehnung des Ançien Régime bildete das einzige einigende Band. Einige Feuerköpfe riefen auch zur Revolution auf. Diese echten Jakobiner bildeten jedoch eine winzige Minderheit innerhalb einer ohnehin nur wenige Köpfe zählenden Minorität. Weitaus häufiger setzten die Sympathisanten der Französischen Revolution, wie sie sich vor allem im Süden und Westen, aber auch in Wien, Hamburg und Königsberg regten, die längst vertraute Kritik der Aufklärung am deutschen Spätabsolutismus zugespitzt fort, bauten auf staatliche Reformgesetze und die Kraft ihrer Argumente. Nirgendwo wurden Massen von ihnen in Bewegung versetzt. Die Resonanz unter der Bevölkerung blieb aus, wie auch das Mainzer Beispiel zeigt. Wo es zu einer eng begrenzten Wirksamkeit von „Jakobinern" kam, war diese abhängig vom Schutz der französischen Truppen, mithin auf West- und Süddeutschland beschränkt. In Norddeutschland nahmen die Angriffe einer dezidiert frühliberalen Publizistik zu, von zielbewußter Umsturzplanung kann indessen dort erst recht nicht die Rede sein.

An keinem Ort waren die „Jakobiner" „stark genug", um „auch nur ihren eigenen Regierungen Kopfschmerzen zu verursachen" (Hobsbawm). Nicht einmal im Rheinland hätten die Franzosen mit ihrer Hilfe einen Satellitenstaat errichten können. Sie haben es auch gar nicht versucht, da sie die numerische und politische Schwäche dieser Gruppe exakt einschätzten. In Wien wurde 1794 eine Verschwörung eher josephinischer als jakobinischer Opponenten durch Todesurteile und langjährige Kerkerstrafen zerschlagen. Seit dem Rastatter Gesandtenkongreß lag es dann ohnehin auf der Hand, daß das revolutionäre Frankreich sich auf die willige Kooperation deutscher Fürsten, nicht jedoch der deutschen „Jakobiner" stützen wollte. Ihre führenden Persönlichkeiten – Forster vor seinem frühen Tode, auch Rebmann und Görres – wandten sich spätestens um 1800 vom französischen Vorbild enttäuscht ab.

Mehr als ein schlechthin zu vernachlässigendes Randphänomen hat diese Schar frankophiler Kritiker jedoch schon dargestellt. Aber das Wesentliche für ein solches Urteil bleibt die gedankliche Alternative, welche sie dem deutschen Status quo entgegensetzten, die Unerschrockenheit ihrer Polemik, die Vision nobler Ziele, für die einige wortgewandt stritten – vielleicht nur die „fruchtbare Illusion" (Scheel) einer freiheitlichen, volksnahen Bürgerrepublik, die damals manchem dieser „Jakobiner" greifbar nahe und des

Einsatzes von Leben und Gut würdig erschien. Eine ernst zu nehmende revolutionäre Gefahr, als die sie die revolutionsfeindliche Hysterie seit 1790/93 oder die Verschwörungstheorie der Konservativen hinstellte, haben sie dagegen nie verkörpert.

Ohne die ganz Frankreich erfassenden Erhebungen der Bauern hätte das Pariser Revolutionszentrum den historischen Bruch mit dem Feudalismus vermutlich nicht vollenden können, wie auch den Bolschewiki ohne die Bauernrevolution der Sturz des Zarismus schwerlich so bald geglückt wäre. Begrenzte lokale oder regionale Unruhen brachen nach 1790 auch in mehreren deutschen Landschaften aus. Vom Rheinland bis Mecklenburg, von Hohenlohe über Sachsen bis Schlesien empörten sich Teile der ländlichen Bevölkerung, die offenbar auch durch die Nachrichten über die französischen Vorgänge zum Kampf gegen Mißbräuche und für ihr „gutes, altes Recht" ermutigt worden waren. Meistens fielen diese spontanen Protestaktionen nach kurzer Zeit erfolglos in sich zusammen. Sie blieben punktueller Natur, lösten keine übergreifende Bewegung aus. In Sachsen freilich sah die Lage anders aus: Hier mußten Truppen den Aufstand von rd. 10 000 aufbegehrenden Bauern blutig ersticken; danach trug die taktisch geschickte Politik des Kurfürsten zur Beruhigung bei. Auch in Schlesien, wo nach der Meinung des Provinzialministers v. Hoym, „durch Lesung von Zeitungen und Zeitschriften blendende Sätze von Freiheit und Gleichheit eben unter den niederen Volksklassen [...] Wurzel gefaßt" hätten, wo aber insbesondere die schwere Belastung der Landbevölkerung mit der Güterspekulation der Gutsherren grell kontrastierte, wurde Militär rücksichtslos eingesetzt. Dennoch flackerte dort der Widerstand mehrfach auf. Die Weberunruhen im Erzgebirge und die Breslauer Handwerksgesellenrevolte vom April 1793 trugen dazu bei, die Unsicherheit zu verschärfen.

Bauernaufstände von der eruptiven Kraft der Französischen Revolution im Zeichen der „Großen Furcht" hat es trotz der sächsischen und schlesischen Erhebungen in Deutschland nicht gegeben. Auch hier enthüllt der Vergleich die Ursachen. Die westelbisch-süddeutschen Bauern standen rechtlich besser da als die französischen, denn 90 % von ihnen besaßen ein Miteigentum am Hof, in Frankreich waren es nur 35 %. Dort lagen auch die Rentenzahlungen höher, die Fronarbeit war im Zuge der Ausbeutung des Landes durch städtisches Kapital während des 18. Jahrhunderts noch verschärft worden, während die Dienstleistungen in West- und Süddeutschland nur mehr eine geringfügige, städtische Investoren gar keine Rolle spielten. Der bittere Gegensatz zwischen Adligen, städtischen Agrarkapitalisten und ihren Pächtern einerseits, den Bauern und Landarbeitern andrerseits besaß östlich des Rheins kein Pendant, zumal dort der landesherrliche Bauernschutz wirksamer ausgeübt wurde. Während der französische Bauer in der Patrimonialgerichtsbarkeit bis zu vier Instanzen durchlaufen mußte, was selbst einen Michael Kohlhaas abschrecken mußte, besaß in West- und Süddeutschland der Staat entweder mehr Einfluß auf die Justitiare oder selber die niedere Gerichtsbarkeit, der z. B. in Bayern 56 %, nach 1803 sogar 76 % der Bauernhöfe unterstanden. Vermutlich lag außerdem in Frankreich der Anteil der landlosen und landarmen Bevölkerung noch höher als im Reich. Das barg zusätzlichen Sprengstoff.

In Ostdeutschland mit seiner andersartigen Agrar- und Sozialverfassung übte der Landadel eine ziemlich effektive soziale Kontrolle aus, die im Bereich der Gutsherrschaften am schärfsten durchgreifen konnte. Wenn die Herrschaft der Ritter dennoch angezweifelt wurde, setzte eine starke Staatsgewalt Soldaten ein. Nicht zuletzt wirkte sich die jahrhundertealte, religiös fundierte Untertanenmentalität als Barriere gegen offene Unbotmäßigkeit aus. Aus all diesen Gründen hat sich eine allgemeine Bauernrevolte in den deutschen Ländern nicht ausgebreitet. Das aber hieß: Die Mehrheit der Bevölkerung blieb stumm und passiv.

Die städtischen Unterschichten schließlich waren in Deutschland noch lange nicht konfliktfähig. Auch der arme Kleinbürger fand sich in der Mehrzahl der deutschen Städte: in den Kleinstädten, noch relativ fest eingebunden. „Mehr Phlegma" und „mehr vernünftige Religiosität" als in Frankreich standen nach Knigges Meinung in Deutschland gerade in den „unteren Volksklassen" einem revolutionären Ausbruch entgegen. Die strenge Reglementierung in Ostelbien erzeugte ohnehin eher Apathie als den Wunsch, sich offen aufzulehnen.

Gewiß darf man nicht in den Fehler verfallen, die Zahl und Intensität der Konflikte in Deutschland herunterzuspielen. Es knisterte an vielen Stellen im Gebälk des Alten Reiches, und an einigen Orten herrschte zeitweilig offener Aufruhr, der brutal unterdrückt wurde. Mindestens so oft, wie sich der Einfluß der Revolution stimulierend auswirkte, traten aber auch ganz rückwärts gewandte, auf die Restauration traditionaler Lebensverhältnisse fixierte Einstellungen als dominante Ursachen zutage. Eine ausgereifte sozialrevolutionäre Situation war, wägt man alles ab, trotz der offenen Zusammenstöße, die manchen Zeitgenossen bestürzten, in Deutschland nicht vorhanden.

Autoren- und Quellenverzeichnis

Alle genannten Werke sind im
Verlag C.H. Beck erschienen.

RICHARD ALEWYN (1902–1979), war Professor für deutsche Sprache und Literatur in Köln, Berlin und Bonn. Studien zur Kultur des Barock, des 18. Jahrhunderts sowie zur neueren deutschen Literatur, hier insbesondere zum Werk Hugo von Hofmannsthals.
Werke: Das große Welttheater. Die Epoche der höfischen Feste, ²1989.
Die Nacht zum Tage machen 202
Aus: Das große Welttheater, S. 37–39.

ARNOLD ANGENENDT, geb. 1934, ist ordentlicher Professor für Kirchengeschichte an der Universität Münster.
Werke: Heilige und Reliquien. Die Geschichte ihres Kultes vom frühen Christentum bis zur Gegenwart, 1994.
Prozession und Wallfahrt im Reformkatholizismus 192
Aus: Heilige und Reliquien, S. 248–250.

REINHARD BAUMANN, geb. 1948, Dr. phil., arbeitet als Geschichtslehrer am Bertolt-Brecht-Gymnasium in München. Mehrere Untersuchungen zum Landsknechtwesen.
Werke: Landsknechte. Ihre Geschichte und Kultur vom späten Mittelalter bis zum Dreißigjährigen Krieg, 1994.
„Gewaltige" Geschäfte: die Sölnerunternehmer 80
Aus: Landsknechte, S. 180–183.

RAINER BECK, geb. 1950, Dr. phil. habil., lebt als Historiker in München und Unterfinning. Zahlreiche Studien zur Sozial- und Kulturgeschichte der Frühen Neuzeit.
Werke: Ders. (Hg.), Der Tod. Ein Lesebuch von den letzten Dingen, 1995; ders. (Hg.), Streifzüge durch das Mittelalter. Ein historisches Lesebuch, ⁴1994; Unterfinning. Ländliche Welt vor Anbruch der Moderne, 1993; ders. (Hg.), Die Welt zur Zeit des

Kolumbus. Ein Lesebuch, 1992; ders. (Hg.), Deutschland. Ein historisches Lesebuch, 1990.
Kein Platz für Romantik. Der Wald als Ressource der Landwirtschaft 210
Aus: Unterfinning, S. 61–65.
An Feiertagen ins Schlaraffenland 305
Aus: Ebd., S. 191–196.

HANS BELTING, geb 1935, ordentlicher Professor für Kunstgeschichte an der Universität München.
Werke: Das Ende der Kunstgeschichte. Eine Revision nach zehn Jahren, 1995; Die Deutschen und ihre Kunst. Ein schwieriges Erbe, 1993; Bild und Kult. Eine Geschichte des Bildes vor dem Zeitalter der Kunst, ²1991.
Wider die papistischen Götzen. Die Logik des Bildersturms. . 54
Aus: Bild und Kult, S. 512–515.

PETER BLICKLE, geb. 1938, ist ordentlicher Professor für Neuere Geschichte an der Universität Bern. Zahlreiche Veröffentlichungen zur spätmittelalterlichen Agrar- und Verfassungsgeschichte, zu Protest und Widerstand in der Frühen Neuzeit.
Werke: Landschaften im Alten Reich, 1973. Deutsche Untertanen. Ein Widerspruch, 1981.
Unchristliche Steuern. 59
Aus: Uwe Schultz (Hg.), Mit dem Zehnten fing es an. Eine Kulturgeschichte der Steuer, ³1992, S. 144–152.

NICHOLAS BOYLE, geb. 1946, lehrt deutsche Literatur- und Geistesgeschichte an der University of Cambridge und ist Fellow am Magdalene College, Cambridge. Sein Arbeitsschwerpunkt liegt seit vielen Jahren auf der deutschen Literaturgeschichte des 18. Jahrhunderts.
Werke: Goethe. Der Dichter in seiner Zeit. 2 Bände.Band I: 1749–1790, 1995.
Fürstenhof mit Stallgeruch: Weimar 1775 292
Aus: Goethe, Band I: 1749–1790, S. 271–278.

RUDOLF BRAUN, geb. 1930, war ordentlicher Professor für Allgemeine und Schweizer Geschichte der neueren und neuesten Zeit an der Universität Zürich. Er war Fellow mehrerer in- und ausländischer Forschungsinstitute, zuletzt am Wissenschaftskolleg in Berlin.

Werke: Ders./David Gugerli, Macht des Tanzes – Tanz der Mächtigen. Hoffeste und Herrschaftszeremoniell 1550–1914, 1993.
Das Bürgertum tanzt aus der Reihe 299
Aus: Macht des Tanzes, S. 170–174.

WOLFGANG BRAUNFELS (1911–1987), war Professor für Kunstgeschichte an der Universität München.
Die Hybris von Landesfürsten 243
Aus: Uwe Schultz (Hg.), Das Fest. Eine Kulturgeschichte von der Antike bis zur Gegenwart, 1988, S. 211–220.

JOHANNES BROSSEDER, geb. 1937, ist ordentlicher Professor für Systematische Theologie an der Universität Köln.
Augsburg 1530 – ein „ökumenischer" Reichstag 69
Aus: Heinrich Fries/Georg Kretschmar (Hg.), Klassiker der Theologie. Erster Band: Von Irenäus bis Martin Luther, 1981, S. 299–302.

BERNHARD DIESTELKAMP, geb. 1929, ist emeritierter Professor für Deutsche Rechtsgeschichte und Bürgerliches Recht an der Universität Frankfurt.
Werke: Rechtsfälle aus dem Alten Reich. Denkwürdige Prozesse vor dem Reichskammergericht, 1995.
Köln bleibt katholisch 92
Aus: Rechtsfälle aus dem Alten Reich, S. 64–75.
Ein Gotteslästerer in den Mühlen fremder Justiz 135
Aus: Ebd., S.111–116.

RICHARD VAN DÜLMEN, geb. 1937, ist Professor für Neuere Geschichte an der Universität des Saarlandes. Zahlreiche Veröffentlichungen zur Kulturgeschichte der Frühen Neuzeit.
Werke: Theater des Schreckens. Gerichtspraxis und Strafrituale in der frühen Neuzeit, ⁴1995; Kultur und Alltag in der frühen Neuzeit. 16. bis 18. Jahrhundert. 3 Bde.;
Die vielen Gesichter der Stadtgesellschaft 110
Aus: Kultur und Alltag in der frühen Neuzeit. Zweiter Band: Dorf und Stadt 16.–18. Jahrhundert, 1992, S. 74–83.

SHMUEL ETTINGER (1919–1988), war Professor für Jüdische Geschichte an der Hebräischen Universität Jerusalem.
Jüdische Aufklärung 267

Aus: Ben-Sasson/Haim Hillel (Hg.), Geschichte des jüdischen Volkes. Von den Anfängen bis zur Gegenwart, ³1994, S. 957–960.

RUTH GAY, freie Schriftstellerin, hat zahlreiche Bücher und Artikel zur Geschichte jüdischen Lebens und jüdischer Kultur veröffentlicht.
Werke: Geschichte der Juden in Deutschland. Von der Römerzeit bis zum Zweiten Weltkrieg, 1993.
Zwischen Repression und Toleranz: Die jüdische Gemeinde von Berlin 225
Aus: Geschichte der Juden in Deutschland, S.93–97.

HANS-JÜRGEN GOERTZ, geb. 1937, Dr. theol., ist Professor am Institut für Sozial- und Wirtschaftsgeschichte der Universität Hamburg.
Werke: Thomas Müntzer. Mystiker, Apokalyptiker, Revolutionär, 1989; Die Täufer. Geschichte und Deutung, 1988.
Die Verfolgung der Täufer 64
Aus: Die Täufer, 1980, S. 121–126.

MARTIN GRESCHAT, geb. 1934, ist Professor für Kirchengeschichte und Kirchliche Zeitgeschichte in Gießen. Zahlreiche Publikationen v. a. zur Reformationszeit, Mitherausgeber der „Deutschen Werke" Martin Bucers.
Werke: Martin Bucer. Ein Reformator und seine Zeit 1491–1551, 1990.
Der Sieg des göttlichen Wortes. Eine Reichsstadt wird reformatorisch 45
Aus: Martin Bucer, S. 64–74.
Krieg für den rechten Glauben 77
Aus: Ebd., S. 214–218.

HANS JAKOB CHRISTOFFEL GRIMMELSHAUSEN (1621/22–1676), deutscher Dichter. Bekannt wurde er v. a. durch „Der abenteuerliche Simplicissimus Teutsch"
Verkehrte Ehewelt 172
Aus: Lebensbeschreibung der Ertzbetrügerin und Landstörtzerin Courache, in: Albrecht Schöne (Hg.), Die Deutsche Literatur.

Texte und Zeugnisse. Band 3: Das Zeitalter des Barock, ³1988, S. 1109–1112.

MICHAEL HARBSMEIER, geb. 1951 , ist Professor für Anthropologie an der Universität Odense. Publikation ethnologischer Untersuchungen zur europäischen und außereuropäischen Geschichte der Frühen Neuzeit.
Drei Deutsche in Amerika 36
Aus: H. Bausinger/K. Beyrer/G. Korff (Hg.), Reisekultur. Von der Pilgerfahrt zum modernen Tourismus, 1991, S. 92–95.

URS HERZOG, geb. 1942, ist Professor für Deutsche Literatur an der Unversität Zürich. Zahlreiche Publikationen v. a. zur Literatur des Barock.
Werke: Geistliche Wohlredenheit. Die katholische Barockpredigt, 1991.
Märlein und Moral von der Kanzel 195
Aus: Geistliche Wohlredenheit, S. 46–48.

URSULA HESS, Dr. phil, wiss. Mitarbeiterin u. a. an der historisch-kritischen Celtis-Ausgabe. Publikationen zu humanistischer Literatur und Briefwechseln.
Humanistische Musterehe 24
Aus: Gisela Brinker-Gabler (Hg.), Deutsche Literatur von Frauen. Erster Band: Vom Mittelalter bis zum Ende des 18. Jahrhunderts, 1988, S. 129–137 (gekürzt).

OTFRIED HÖFFE, geb. 1943, Professor für Philosophie an der Universität Tübingen.
Werke: Ders. (Hg.), Klassiker der Philosophie, 1994/1995; ders. (Hg.), Lexikon der Ethik, 1992; Immanuel Kant, ³1992.
Ein Leben für die Vernunft 262
Aus: Klassiker der Philosophie. Zweiter Band: Von Immanuel Kant bis Jean-Paul Sartre, ³1995, S. 8–13.

ULRICH IM HOF, geb 1917, ordentlicher Professor und bis zu seiner Pensionierung Direktor der Abteilung Schweizergeschichte am Historischen Institut der Universität Bern. Zahlreiche Bücher und Aufsätze zur Geschichte der Schweiz und zum Sozietätswesen im 18. Jahrhundert.

Werke: Das Europa der Aufklärung, 1993; Das gesellige Jahrhundert. Gesellschaft und Gesellschaften im Zeitalter der Aufklärung, 1982
Fürstliche Wissenschaft 230
Aus: Das Europa der Aufklärung, S. 98–100.

SVEN AAGE JØRGENSEN, geb. 1929, ist Professor für deutsche Philologie an der Universität Kopenhagen. Zahlreiche Publikationen v. a. zur deutschen Literatur des 18. Jahrhunderts.
Werke: Ders./H. Jaumann/J. McCarthy/H. Thome (Hg.), Christoph Martin Wieland. Epoche – Werk – Wirkung, 1994; ders./K.Bohnen/P. Ohrgaard, Aufklärung, Sturm und Drang, Frühe Klassik 1740–1789. (= Geschichte der Deutschen Literatur, Band 6), 1990.
Medienrevolution 253
Aus: Aufklärung, Sturm und Drang, Frühe Klassik 1740–1789, S. 85–87.
„Geheimnisvolle" Tugendschulen 315
Aus: Ebd., S. 43–48.

BÄRBEL KERN, Dr. phil. disc. pol., Ministerialrätin, zur Zeit abgeordnet zur Europäischen Kommission.
Werke: Dies./Horst Kern, Madame Doctorin Schlötzer. Ein Frauenleben in den Widersprüchen der Aufklärung, ²1990.
HORST KERN, geb. 1940, ordentlicher Professor an der Universität Göttingen.
Werke: ders./Michael Schumann, Das Ende der Arbeitsteilung? Rationalisierung in der industriellen Produktion: Bestandsaufnahme, Trendbestimmung, ⁴1990; Empirische Sozialforschung. Ursprünge, Ansätze, Entwicklungslinien, 1982.
Die Kindheit als Experiment............................. 256
Aus: Madame Doctorin Schlözer, S. 52–57.

MARGARET L. KING ist Professorin für Geschichte an der City University in New York. Sie steht der „Renaissance Society of America" vor und publizierte zahlreiche Aufsätze und Bücher zum Humanismus und zur Geschichte Italiens im 15. Jahrhundert.

Werke: Frauen in der Renaissance, 1993.
Standhafte Klosterfrauen 50
Aus: Frauen in der Renaissance, S.121–124.

META KLOPSTOCK (1728–1758), geb. Moller, Ehefrau des deutschen Dichters Friedrich Gottlieb Klopstock. Sie stirbt bei der Geburt ihres ersten Kindes.
Empfindsame Liebe mit familiären Seitenhieben 271
Aus: Franziska und Hermann Tiemann (Hg.), Es sind wunderliche Dinger, meine Briefe. Meta Klopstocks Briefwechsel mit Friedrich Gottlieb Klopstock und mit ihren Freunden 1751–1758, 1980, S. 162–165.

ALFRED KOHLER, geb. 1943, ist Professor für Neuere Geschichte an der Universität Wien. Publikationen zur Geschichte der Frühen Neuzeit.
Das Ende des Universalreiches 72
Aus: Anton Schindling/ Walter Ziegler (Hg.), Die Kaiser der Neuzeit. Heiliges Römisches Reich, Österrreich, Deutschland, 1990, S. 50–54

HANSJÖRG KÜSTER, geb. 1956, Privatdozent an der Forstwissenschaftlichen Fakultät der Universität München.
Werke: Geschichte der Landschaft in Mitteleuropa. Von der Eiszeit bis zur Gegenwart, 1995; Wo der Pfeffer wächst. Ein Lexikon zur Kulturgeschichte der Gewürze, 1987.
Die Zähmung der Natur 275
Aus: Geschichte der Landschaft in Mitteleuropa, S. 257–262.

BRIAN P. LEVACK, Professor für Geschichte an der Universität von Texas in Austin, Texas.
Werke: Hexenjagd. Die Geschichte der Hexenverfolgung in Europa, 1995.
Kleine und große Hexenjagd 122
Aus: Hexenjagd, S. 164–168.

WOLFGANG AMADEUS MOZART (1756–1791), Komponist.
Wortspiele eines Wunderknaben 289

Aus: Reinhard Ermen (Hg.), Wolfgang Amadeus Mozart: ... und der nähmliche Narr bleibe ich. Wolfgang Amadeus Mozart schreibt an Maria Anna Thekla Mozart, 1991. S. 60–67.

ULRICH MUHLACK, Professor für Allgemeine historische Methodenlehre und Geschichte der Geschichtsschreibung an der Universität Frankfurt am Main.
Werke: Geschichtswissenschaft im Humanismus und in der Aufklärung. Die Vorgeschichte des Historismus, 1991.
Die Geburt der Neuzeit im Geist der Antike 19
Aus: Geschichtswissenschaft im Humanismus und in der Aufklärung, S. 30–34.

CORNELIUS NEUTSCH, Dr. phil., Akademischer Rat am Lehrstuhl für Wirtschafts- und Sozialgeschichte, Westfälische Landesgeschichte und Didaktik der Geschichte an der Universität Gesamthochschule Siegen.
HARALD WITTHÖFT, Dr. phil., emeritierter Professor für Wirtschafts- und Sozialgeschichte, Westfälische Landesgeschichte und Didaktik an der Universität Gesamthochschule Siegen.
Anleitungen zum richtigen Reisen 205
Aus: Bausinger, Reisekultur (vgl. Nachweis Harbsmeier), S. 75–81.

MICHAEL NORTH, geb. 1954, Professor für Allgemeine Geschichte der Neuzeit am Historischen Institut der Universität Greifswald. Publikationen zur Wirtschafts- Sozial- und Kulturgeschichte.
Werke: Ders. (Hg.), Von Aktie bis Zoll. Ein historisches Lexikon des Geldes, 1995; Das Geld und seine Geschichte. Vom Mittelalter bis zur Gegenwart, 1994.
Schlechtes Geld und großer Gewinn: die Kipper und Wipper. 146
Aus: Das Geld und seine Geschichte, S. 101–107.

HANS POSER, geb. 1937, Professor für Philosophie an der TU Berlin.
Nichts ist ohne Grund. Die Philosophie des Gottfried Wilhelm Leibniz.............................. 233
Aus: Otfried Höffe (Hg.), Klassiker der Philosophie. Erster Band: Von den Vorsokratikern bis David Hume, ³1994, S. 383–386.

VOLKER PRESS (1939–1993), war Professor für Mittlere und Neuere Geschichte an der Universität Tübingen. Er hat zahlreiche Publikationen zur Sozial- und Verfassungsgeschichte der Frühen Neuzeit vorgelegt.
Ein Außenseiter auf dem Kaiserthron 98
Aus: Anton Schindling/Walter Ziegler (Hg.), Die Kaiser der Neuzeit 1519–1918. Heiliges Römisches Reich, Österreich, Deutschland, 1990, S. 99–104.
Auf dem Weg zur Staatsmacht 236
Aus: Kriege und Krisen. Deutschland 1600–1715, 1991, S. 328–341 (gekürzt).

HORST RABE, geb. 1930, Professor für Geschichte an der Universität Konstanz. Seine Veröffentlichungen konzentrieren sich auf die Geschichte Deutschlands im 16. und 17. Jahrhundert.
Werke: Deutsche Geschichte 1500–1600. Das Jahrhundert der Glaubensspaltung, 1991; Reich und Glaubensspaltung. Deutschland 1500–1600. (= Neue Deutsche Geschichte, Bd. 4), 1989.
Die Bevölkerung des Reichs zu Beginn der Neuzeit 14
Der Augsburger Religionsfrieden 84
Aus: Deutsche Geschichte 1500–1600, S.42–48 (gekürzt); S. 454–458.

BERND ROECK, geb. 1953, ist Professor für Mittlere und Neuere Geschichte an der Universität Bonn.
Werke: Vespasiano da Bisticci: Große Männer und Frauen der Renaissance. 38 biographische Porträts, 1995; Als wollt die Welt schier brechen. Eine Stadt im Zeitalter des Dreißigjährigen Krieges, 1991; ders./Walter Demel (Hg.), Eberhard Weis: Deutschland und Frankreich um 1800. Aufklärung, Revolution, Reformation, 1990.
Kleider machen Ordnung 116
Eine Reichsstadt unter Beschuß. Augsburg im Dreißigjährigen Krieg 153
Aus: Als wollt die Welt schier brechen, S. 99–107; S. 308–314 (gekürzt).

HANS RUPPRICH (1898–1972), war Ordinarius für deutsche Literaturgeschichte an der Universität Wien.

Werke: Die Deutsche Literatur vom späten Mittelalter bis zum Barock. Zweiter Teil: Das Zeitalter der Reformation (1520–1570). (= Geschichte der Deutschen Literatur, Band IV/2), 1973.
Die Heilige Schrift in klarem Deutsch 41
Der „Urfaust" 106
Aus: Die deutsche Literatur vom späten Mittelalter bis zum Barock, Zweiter Teil, S.34–38; S. 194–196.

WALTER SALMEN, geb. 1926, war Professor für Musikwissenschaft an der Universität Innsbruck. Er hat Zahlreiche Werke zur Sozialgeschichte und Ikonographie der Musik vorgelegt.
Werke: Das Konzert. Eine Kulturgeschichte, 1988; ders./Gabriele Salmen, Musik im Porträt. 5 Bde., 1983 ff..
Am Hof spielt die Musik 285
Aus: Das Konzert, S.88–91.

HEINRICH SCHIPPERGES, geb. 1918, war als Arzt und Historiker von 1961–1986 Direktor des Instituts für Geschichte der Medizin in Heidelberg.
Werke: Hildegard von Bingen, 1995; Gute Besserung! Ein Lesebuch über Gesundheit und Heilkunst, 1994; Die Kranken im Mittelalter, ³1993.
„Ganzheitliche" Heilkunst. Die Lehren des Paracelsus 30
Aus: Dietrich von Engelhardt/Fritz Hartmann (Hg.), Klassiker der Medizin. Erster Band: Von Hippokrates bis Christoph Wilhelm Hufeland, 1991, S. 101–108 (gekürzt).

ALBRECHT SCHÖNE, geb. 1925, ist ordentlicher emeritierter Professor der Deutschen Philologie in Göttingen.
Werke: Götterzeichen, Liebeszauber, Satanskult. Neue Einblicke in alte Goethetexte, ³1993; Aufklärung aus dem Geist der Experimentalphysik. Lichtenbergs Konjunktive, ³1993; Emblematik und Drama im Zeitalter des Barock, ³1993; Goethes Farbentheologie, 1987; ders./U. Joost (Hg.): Lichtenberg. Briefwechsel, 1983 ff.; Kürbishütte und Königsberg. Modellversuch einer sozialgeschichtlichen Entzifferung poetischer Texte. Am Beispiel Simon Dach, ²1982.
Als die Bilder sprechen lernten 198
Aus: Emblematik und Drama im Zeitalter des Barock, S. 217–221.

KNUT SCHULZ, ist ordentlicher Professor für mittelalterliche Geschichte an der FU Berlin. Zahlreiche Studien zur Wirtschafts- und Sozialgeschichte des Mittelalters.
Gemeinde kontra Kurfürst 141
Aus: Wolfgang Ribbe (Hg.), Geschichte Berlins, Erster Band: Von der Frühgeschichte bis zur Industrialisierung. 1987. S. 334–337.

HAGEN SCHULZE, geb. 1943, ist ordentlicher Professor für Neuere Deutsche und Europäische Geschichte an der FU Berlin.
Werke: Kleine Deutsche Geschichte. Mit Bildern aus dem Deutschen Historischen Museum, 1996; Staat und Nation in der europäischen Geschichte, ²1995.
Spielarten des Absolutismus 181
Aus: Staat und Nation in der europäischen Geschichte, S. 76–81.

MICHAEL STOLLEIS, geb. 1941, ist Professor für öffentliches Recht und Neuere Rechtsgeschichte an der Universität Frankfurt a.M.und Direktor am Max-Planck-Institut für Europäische Rechtsgeschichte.
Werke: Ders. (Hg.), Staatsdenker in der frühen Neuzeit, ³1995; ders. (Hg.), Juristen. Ein biographisches Lexikon von der Antike bis zum 20. Jahrhundert, 1995; ders./H. Heinrichs/H. H. Franski/K. Schmalz: Deutsche Juristen jüdischer Herkunft, 1993; ders. (Hg.), Gagner. Die Bedeutung der Wörter. Studien zur europäischen Rechtsgeschichte. Festschrift für Sten Gagner zum 70. Geburtstag, 1991; Geschichte des öffentlichen Rechts in Deutschland. Bd. I 1988, Bd. II 1992.
Westfälischer Frieden und Reichsverfassung 161
Lektüre für gute Hausväter 176
Aus: Geschichte des öffentlichen Rechts in Deutschland. Erster Band: Reichspublizistik und Policeywissenschaft 1600–1800, 1988, S. 225–228; S. 338–342.

WILHELM TREUE (1909–1992), war Professor, an den Universitäten Salzburg und Hannover. Er lehrte Kultur-, Sozial- und Wirtschaftsgeschichte in Göttingen, Oxford, Hannover und Salzburg; er gehörte dem Vorstand der historischen Kommission zu Berlin an und leitete dort die Sektion Kulturgeschichte.

Werke: Eine Frau, drei Männer und eine Kunstfigur. Barocke Lebensläufe, 1992.
Gesellenwanderung im 17. Jahrhundert 215
Aus: Eine Frau, drei Männer und eine Kunstfigur, S. 78–89.

ERICH TRUNZ, geb. 1905, hat zahlreiche Arbeiten zum Zeitalter des Barock und zur Goethezeit vorgelegt. International bekannt wurde er durch seine vierzehnbändige, kommentierte Hamburger Goethe-Ausgabe.
Werke: Deutsche Literatur zwischen Späthumanismus und Barock. Acht Studien, 1995; Ein Tag aus Goethes Leben. 8 Studien zu Leben und Werk, ⁴1994; ders. (Hg.), Johann Wolfgang von Goethe: Hamburger Ausgabe, 1993 ff.; Weltbild und Dichtung im deutschen Barock. Sechs Studien, 1992; Johann Matthäus Meyfart. Theologe und Schriftsteller in der Zeit des Dreißigjährigen Krieges, 1987.
Biographisches an der Bahre 131
Aus: Johann Matthäus Meyfart, S. 260–264.

MANFRED VASOLD, geb. 1943, Dr. phil., hat als Sozialhistoriker viele Jahre lang Erfahrungen im öffentlichen Gesundheitswesen gesammelt.
Werke: Pest, Not und schwere Plagen. Seuchen und Epidemien vom Mittelalter bis heute, 1991.
Die Allmacht des Todes: Pest in den Städten 128
Aus: Pest, Not und schwere Plagen, S. 124–126.

VOLTAIRE (1694–1778), eigentl. François Arouet, französischer Philosoph und Schriftsteller.
Werke: Candide oder der Optimismus, 1989
Preußen oder die beste aller Welten 279
Aus: Candide oder der Optimismus, 1989, S. 5–13.

WALTER WEBER, freier Publizist, Bremen.
Wo bleibt die Gastlichkeit? Wirtshäuser im 18. Jahrhundert . 309
Aus: Bausinger (Hg.), Reisekultur (vgl. Nachweis Harbsmeier), S. 85–88.

HANS-ULRICH WEHLER, geb. 1931, ist Professor für Allgemeine Geschichte an der Universität Bielefeld. Er hat zahlreiche Werke zur deutschen Geschichte des 19. und 20. Jahrhunderts sowie zur amerikanischen Geschichte der neuesten Zeit vorgelegt.
Werke: Die Gegenwart als Geschichte. Essays, 1995; ders. (Hg.), Scheidewege der deutschen Geschichte. Von der Reformation bis zur Wende – 1517–1989, 1995; Bibliographie zur neueren deutschen Sozialgeschichte, 1993; Aus der Geschichte lernen? Essays, 1988; Entsogung der deutschen Vergangenheit? Ein polemischer Essay zum „Historikerstreit", 1988; Deutsche Gesellschaftsgeschichte, 4 Bde., 1987 ff..
Dezentralisierter Frühkapitalismus: das Verlagswesen 250
Warum gab es keine deutsche Revolution? 319
Aus: Deutsche Gesellschaftsgeschichte. Erster Band: Vom Feudalismus des Alten Reiches bis zur Defensiven Modernisierung der Reformära 1700–1815, 1987, S. 94–97; S. 355–359.

JÜRGEN RAINER WOLF, geb. 1947, Archivoberrat am Hessischen Staatsarchiv in Darmstadt.
Geld braucht das Land 186
Aus: Schultz (Hg.), Mit dem Zehnten fing es an (vgl. Nachweis Blickle), S. 162–170.

HEIDE WUNDER, geb. 1939, ist Professorin für Sozial- und Verfassungsgeschichte der Frühen Neuzeit in Kassel.
Werke: Er ist die Sonn', sie ist der Mond. Frauen in der Frühen Neuzeit, 1992.
Frühneuzeitliche Partnerschaftsvermittlung 168
Professionelles Haushalten 220
Aus: Er ist die Sonn', sie ist der Mond, S. 226–229; S. 130–134.

Abbildungsverzeichnis

S. 13: Kaiser Karl V., 1548, Tizian. Aus: Erich Steingräber, Die Alte Pinakothek München, Museen der Welt, 1985

S. 91: Nachkommen des Kaufmanns Peter Firnhaber (1570–1620) und seiner Frau Marie Busch (1568–1647). Sankt Michael, Schwäbisch Hall. Aus: Heide Wunder „Er ist die Sonn', sie ist der Mond", 1992

S. 167: Allegorie auf die Krönung Friedrich I. in Preußen, Kupferstich von Johann Georg Wolfgang (1662–1744). Aus: Hagen Schulze, Kleine Deutsche Geschichte, 1996

S. 249: Musikgesellschaft, Deutschland Mitte 18. Jh. Aus: Hagen Schulze, Kleine Deutsche Geschichte, 1996

Buchanzeigen

Geschichte der Frauen

Edith Ennen
Frauen im Mittelalter
5., überarbeitete und erweiterte Auflage. 1994.
320 Seiten mit 24 Abbildungen und einer Karte im Text. Leinen
Beck's Historische Bibliothek

Margaret L. King
Frauen in der Renaissance
Aus dem Englischen von Holger Fliessbach
1993. 364 Seiten mit 25 Abbildungen. Leinen

Monica Kurzel-Runtscheiner
Töchter der Venus
Die Kurtisanen Roms im 16. Jahrhundert
1995. 348 Seiten mit 28 Abbildungen. Leinen

Gerda Marko
Das Ende der Sanftmut
Frauen in Frankreich 1789–1795
1993. 392 Seiten mit 29 Abbildungen. Leinen

Ingeborg Weber-Kellermann
Frauenleben im 19. Jahrhundert
Empire und Romantik, Biedermeier, Gründerzeit
3. Auflage. 1991. 245 Seiten mit 265 Abbildungen,
davon 16 in Farbe. Kartoniert

Heide Wunder
„Er ist die Sonn', sie ist der Mond"
Frauen in der Frühen Neuzeit
1992. 368 Seiten mit 75 Abbildungen. Leinen

Verlag C. H. Beck München

Lesebücher in der Beck'schen Reihe

Andrea van Dülmen (Hrsg.)
Frauen

Ein historisches Lesebuch
6. Auflage. 1995. 396 Seiten mit 7 Abbildungen. Paperback
Beck'sche Reihe Band 370

Maria Haarmann (Hrsg.)
Der Islam

Ein historisches Lesebuch
2., unveränderte Auflage. 1994. 380 Seiten
mit 11 Abbildungen. Broschiert
Beck'sche Reihe Band 479

Herrad Schenk (Hrsg.)
Frauen und Sexualität

Ein historisches Lesebuch
1995. 306 Seiten mit 10 Abbildungen. Paperback

Herrad Schenk (Hrsg.)
Lebensläufe

Ein Lesebuch
Herausgegeben von Herrad Schenk
1992. 415 Seiten mit 7 Abbildungen. Paperback
Beck'sche Reihe Band 480

Günter Stemberger (Hrsg.)
Die Juden

Ein historisches Lesebuch
4. Auflage. 1995. 348 Seiten mit 3 Abbildungen. Paperback
Beck'sche Reihe Band 410

Stephan Wehowsky (Hrsg.)
Die Welt der Religionen

Ein Lesebuch
1991. 300 Seiten mit 8 Abbildungen. Paperback
Beck'sche Reihe Band 470

Verlag C. H. Beck München